职业教育"十三五"规划教材
财会专业课证岗一体化教材·校企合作系列

企业会计岗位实务

（第二版）

蒙丽容　陈素萍 ○ 主编

立信会计出版社
LIXIN ACCOUNTING PUBLISHING HOUSE

图书在版编目(CIP)数据

企业会计岗位实务 / 蒙丽容,陈素萍主编. —2版. —上海：立信会计出版社,2021.2
职业教育"十三五"规划教材　财会专业课证岗一体化教材. 校企合作系列
ISBN 978-7-5429-6735-0

Ⅰ.①企…　Ⅱ.①蒙…②陈…　Ⅲ.①企业会计—高等职业教育—教材　Ⅳ.①F275.2

中国版本图书馆 CIP 数据核字(2021)第 025837 号

策划编辑	余　榕
责任编辑	余　榕
封面设计	南房间

企业会计岗位实务(第二版)
Qiye Kuaiji Gangwei Shiwu

出版发行	立信会计出版社		
地　　址	上海市中山西路 2230 号	邮政编码	200235
电　　话	(021)64411389	传　　真	(021)64411325
网　　址	www.lixinaph.com	电子邮箱	lixinaph2019@126.com
网上书店	http://lixin.jd.com		http://lxkjcbs.tmall.com
经　　销	各地新华书店		
印　　刷	浙江临安曙光印务有限公司		
开　　本	787 毫米×1092 毫米	1/16	
印　　张	21		
字　　数	550 千字		
版　　次	2021 年 2 月第 2 版		
印　　次	2021 年 2 月第 1 次		
印　　数	1—3100		
书　　号	ISBN 978-7-5429-6735-0/F		
定　　价	49.00 元		

如有印订差错,请与本社联系调换

职业教育"十三五"规划教材
财会专业课证岗一体化教材·校企合作系列
编委会名单

主　　　任　　张红梅　广西金融职业技术学院(广西银行学校)
　　　　　　　　　　　　　副教授

副　主　任　　徐建宁　北京东大正保科技有限公司
　　　　　　　　　　　　　(中华会计网校)高级会计师

参编行业专家　（排名不分先后）
　　　　　　　　　农初勤　广西南宁海翔会计师事务所所长　高级会计师
　　　　　　　　　蒋海娟　广西安驰财务管理有限责任公司　总经理
　　　　　　　　　冯雅竹　北京东大正保科技有限公司
　　　　　　　　　　　　　(中华会计网校)会计师
　　　　　　　　　王芳萍　北京东大正保科技有限公司
　　　　　　　　　　　　　(中华会计网校)会计师

主要编写人员　（排名不分先后）
　　　　　　　　　韦雁玲　蒙丽容　李　燕　苏　梅　李思静
　　　　　　　　　周平欢　陈素萍　张　祺　陈苗苗　陈　添
　　　　　　　　　朱梅英　麦　海

GENERAL PREFACE 总　序

随着"互联网＋"的快速发展,教育信息化"十三五"规划提出了职业教育信息化建设的目标任务和重点措施,在线教育、数字化教材已经成为传统教育行业转型的重要方向。开发符合"互联网＋"教育的教材,以教育信息化全面推动教育现代化,促进教育公平,提升教育质量,为培养现代化建设所需要的高素质人才提供保障,已成为当前教材建设和改革的重中之重。

广西金融职业技术学院(广西银行学校)作为广西唯一的专门培养财经人才的全日制高等职业教育学校,享有"广西金融人才培养的摇篮"之美誉,其会计专业实力雄厚,有一支业务水平高、教学能力强、专兼结合、双师型结构的优秀教学团队。近年来,学校在大力推进教育教学改革的基础上,在专业建设方面取得了明显成效,毕业生就业率达到95％以上,毕业生双证率达到99％以上,地域品牌效应显著,已经成为广西职业院校中会计专业学生规模最大的学校。近年来,学校专任教师依据教学改革成果,结合职业教育人才培养目标和会计专业特点,与中华会计网校合作,带动兄弟学校,在会计专业理事分会的指导下,联合行业企业专家,推出一套基于"互联网＋"教育教学改革理念的课证岗融合的高质量的职业教育"十三五"规划教材。

本套教材系校企共研,着重体现课证岗融合和产学合作的特点：

(1) 从职业岗位能力培养出发,注重学生职业能力的养成。职业

能力培养是职业院校教育的培养目标,会计职业能力围绕学生的职业道德素养的养成和职业技能训练来开展。本套教材从会计职业能力入手,每个模块把"基础知识""岗位技能""职业素养"等教学目标有机结合,按任务和活动设置职业能力目标,明确工作任务,引导学生有效地学习。

(2) 关注学生职业资格证书考试的需求,立体化特色鲜明。当前,会计从业资格证书已经被取消,学生在校能够考取的会计职业资格证书为初级会计师资格证书,本套教材注重初级会计师资格证书相关知识考试的规划和整合,文字通俗易懂,配备各个知识点归纳、比较、总结的图表,以及大量形象化的案例和典型考点等内容,让学生边思边学,边做边学,对于重要事项和考点列有"温馨提示"和"特别提醒"等内容,并配备二维码链接,将教材学习和实训、测试、互动等辅助教学资源紧密结合,实现资源立体化,为教师和学生提供全面的教学支持。

(3) 注重学生可持续发展和继续教育的需求。在突出培养学生动手能力的同时,本套教材充分考虑职业院校学生的职业发展需求和综合能力培养,融合会计专业理论知识的同时兼顾学生继续教育和终身教育的要求,丰富教学资源的内容及其呈现途径,引导学生持续性学习。

(4) 校企合作。为了更好地融合课证岗的知识内容,本套教材由我校与中华会计网校共同组织专业老师编写,融合了学校专职任课老师丰富的教学经验以及中华会计网校老师所提供的大量的题库资源和资深的证书考试指导,校企共同确定教材大纲和编写内容,既满足了学生职业岗位能力培养的需要,又满足了证书考试的需求。

本套教材根据我国现行的企业会计准则体系和最新的税收政策法规编写,不论是课程标准开发,还是项目载体的设计、教学方法的改革和创新,都凝结了编写队伍在会计示范特色专业及实训基地建设中的心血和多年的教学经验。本套教材的出版,将会为财会专业职业教育教材建设的不断发展提供新的助力。

张红梅

2021 年 2 月

FOREWORD 第二版前言

随着市场经济的日益发展,交易事项的日趋复杂,我国现行《企业会计准则》的确认、计量和实施中面临越来越多的问题,为切实解决这些具体问题,进一步规范相关业务的确认、计量和相关信息披露,并保持我国企业会计准则体系与国际财务报告准则持续趋同,财政部借鉴国际会计准则和我国的实际情况,先后下文对部分具体会计准则进行了重新修订。

第二版教材紧跟我国《企业会计准则》修订步伐,根据截至2020年12月31日已修订的准则,对第一版教材中的收入、资产负债表、利润表、固定资产取得、交易性金融资产、债权投资等内容进行了重新编写,并相应补充完善了应收票据、预收账款、货币性薪酬等内容,根据新的增值税税率修改了全书的例题、练习题;同时,根据变化了的内容补充"练一练"习题,对第一版各模块末的模块测试及其答案进行了重新调整、更换和补充,重新安排了两套模拟试题及其答案。修订后的第二版教材结构更加严谨,内容更加翔实,体现了时效性,与会计实务工作紧密联系,更加适合高职高专、中职学校会计及相关财经类专业学生学习和考取会计专业技术资格证书使用。

第二版教材修订时主要参考的依据有:

(1)《财政部 税务总局 海关总署关于深化增值税改革有关政策的公告》(财政部 税务总局 海关总署公告2019年第39号),该公告将增值税一般纳税人发生增值税应税销售行为或者进口货物,原适用16%税率的,税率调整为13%;原适用10%税率的,税率调整为9%。该公告同时规定,自2019年4月1日起,纳税人取得不动产或者不动产在建工程的进项税额不再分2年抵扣。

(2)《财政部关于修订印发2019年度一般企业财务报表格式的通知》(财会〔2019〕6号)(以下称"新报表格式")。资产负债表新报表格式主要变化为:两项分拆、四项新增;利润表新报表格式主要变化为:一项新增,两项位置调整;所有者权益变动表的变化主要为"其他权益工具持有者投入资本"项目的项目说明变化。

(3)《企业会计准则第14号——收入》(财会〔2017〕22号,以下称"新收入准则")。新收入准则自2018年1月1日起分阶段实施:其他境内上市企业,自2020年1月1日起施行;执行《企业会计准则》的非上市企业,自2021年1月1日起施行。而在境内外同时上市的企业以及在境外上市并采用国际财务报告准则或《企业会计准则》编制财务会计报告的企业,已经在2018年1月1日起施行。新收入准则改革了现有的收入确认模型,将原收入和建造合同两项具体准则纳入统一的收入确认模型,设定了统一的收入确认计量的五步法模型。新收入准则要求采用统一的收入确认模型来规范所有与客户之间的合同产生的收入,并且就"在某一时段内"还是"在某一时点"确认收入提供具体指引,有助于更好地解决目前收入确认时点的问题,提高会计信息可比性。

第二版教材的修订主要由蒙丽容负责完成,本教材在修订过程中,得到许多企业专家、学院老师的大力支持和帮助,在此我们表示衷心的感谢。

本教材配套的PPT课件也随改版内容进行了相应更新,有需要的读者可通过填写本教材末的"教学课件索取单"来获得。

由于时间有限,修改工作量大,加之编者水平有限,教材中难免存在不足之处,欢迎广大读者和同行批评指正。

编 者

2021 年 2 月

模拟试题一

模拟试题二

模拟试题一参考答案　　模拟试题二参考答案

FOREWORD 前 言

职业教育教材质量是保证职业教育教学质量的关键。本教材的编写遵循职业教育创新改革理念,充分吸收多所高职院校示范性建设工学结合课程教学改革成果,突出实践性、开放性和职业性;按照"理论必须、够用就好,能力本位,就业导向"的职业教育原则,从"教中做,做中学、学中练"的前提出发,在编写体例上,与职业岗位需求同步,条理清晰,结构新颖;充分利用网络技术手段,将纸质教材与信息化教学资源紧密结合,有利于教学互动和提高学生的学习兴趣。

本教材以新修订后的企业会计准则为准绳,以全国初级会计师专业技术资格考试大纲为参考标准,考虑了学生未来的学习和工作需要加以适当延伸,以会计职业岗位实践能力培养为主线,按工作岗位组织教材体系,以会计核算岗位典型工作任务为载体,设置了10个工作岗位,涵盖企业日常经济业务的主要会计核算工作,系统地介绍了企业经济业务的确认、计量和披露,实现了教材内容与工作岗位的无缝对接,突出学生职业能力与职业技能的培养,注重职业素质与职业道德的养成,旨在增强学生的岗位适应能力。

本教材由广西金融职业技术学院的蒙丽容、陈素萍任主编,蒙环宁任副主编,由多位具有会计实践和教学经验的教师参与编写。本教材的具体编写分工如下:蒙丽容(模块1、模块2、模块5、各岗位工作职责、附录、模拟试题一及其参考答案、模拟试题二及其参考答案);张红梅(模块4);陈素萍(模块7、模块8);蒙环宁(模块10);张祺(模块3);吴雨婧(模块6);韦昕晨(模块9)。

本教材适用于财经类高职高专院校和中等职业学校的会计、会计电算化、会计与审计、财务管理及其他财会方向专业学生学习,也可作为在职会计人员职业岗位培训和自学用书。

在本教材的编写过程中,我们深入制造企业做了大量的调研和实践,从中获得了启发和借鉴,并得到了许多会计学者和专家的大力支持和帮助,在此表示衷心的感谢!

由于编者水平有限,我们虽经认真审阅书稿,但疏漏和不足之处在所难免,敬请会计专家和使用本教材的师生批评指正,我们将不胜感激!

编　者
2019年2月

CONTENTS 目 录

模块 1　出纳岗位 ·· 001
　任务 1.1　出纳岗位概述 ··· 002
　任务 1.2　货币资金收付业务 ··· 003
　任务 1.3　货币资金清查与票据、印鉴管理 ·· 012
　复习思考题 ··· 017
　模块测试 ·· 017

模块 2　筹资会计岗位 ·· 023
　任务 2.1　股东权益资本 ··· 024
　任务 2.2　债务资本 ··· 036
　复习思考题 ··· 046
　模块测试 ·· 046

模块 3　存货会计岗位 ·· 053
　任务 3.1　存货的确认与初始计量 ·· 054
　任务 3.2　存货收发的核算 ·· 061
　任务 3.3　存货的清查盘点 ·· 082
　任务 3.4　存货的期末计量 ·· 083
　复习思考题 ··· 086
　模块测试 ·· 086

模块 4　固定资产会计岗位 ·· 092
　任务 4.1　固定资产的确认和初始计量 ·· 093
　任务 4.2　固定资产的后续计量 ··· 102
　任务 4.3　固定资产的处置 ·· 112
　任务 4.4　固定资产的清查 ·· 117
　复习思考题 ··· 121
　模块测试 ·· 121

模块 5　无形资产与长期待摊费用会计岗位 ··· 131
　任务 5.1　无形资产概述 ··· 132
　任务 5.2　无形资产的初始计量 ··· 133
　任务 5.3　无形资产的后续计量 ··· 137

任务 5.4	无形资产的处置和报废	140
任务 5.5	长期待摊费用	141
复习思考题		142
模块测试		142

模块 6　往来结算业务会计岗位 …… 147
任务 6.1	应收款项	148
任务 6.2	预付账款	160
任务 6.3	应付款项	161
任务 6.4	预收账款	166
复习思考题		168
模块测试		168

模块 7　金融资产与长期股权投资会计岗位 …… 173
任务 7.1	金融资产	173
任务 7.2	长期股权投资	188
复习思考题		199
模块测试		200

模块 8　薪酬会计岗位 …… 207
任务 8.1	职工和职工薪酬的范围及分类	208
任务 8.2	短期薪酬的确认与计量	210
任务 8.3	离职后福利的确认与计量	218
任务 8.4	辞退福利的确认与计量	220
任务 8.5	其他长期职工福利的确认与计量	222
复习思考题		223
模块测试		224

模块 9　财务成果会计岗位 …… 229
任务 9.1	收入	230
任务 9.2	费用	249
任务 9.3	利润	254
复习思考题		262
模块测试		263

模块 10　财务会计报告会计岗位 …… 271
任务 10.1	财务会计报告概述	271
任务 10.2	资产负债表	274
任务 10.3	利润表	284

任务 10.4　现金流量表 ·· 291
任务 10.5　所有者权益变动表 ·· 298
任务 10.6　会计报表附注 ·· 301
复习思考题 ··· 302
模块测试 ·· 302

附录 ·· 309
附录 1　网络资源推荐 ··· 309
附录 2　会计基本操作技能 ··· 309

模块 1

出 纳 岗 位

[考核目标] 通过本岗位学习,学生应掌握出纳岗位的工作内容和要求,能办理现金、银行存款等业务的会计核算和账务处理;准确地填制银行结算凭证、内部结算票据、销售发票、增值税专用发票等原始凭证;树立良好的职业道德情操,达到出纳工作岗位要求。

[实践目标] 掌握资金收入、资金支出流程,确保收入、支出的合理合法,能够熟练地登记现金日记账、银行存款日记账,并按规定要求管理库存现金、银行存款、有价证券、重要空白凭证及印鉴。

[知识点思维导图]

```
         ┌ 出纳岗  ┌ 出纳工作内容——管理货币资金、票据、有价证券
         │ 位概述  └ 出纳工作流程——资金收入、资金支出流程
         │
出       │ 货币资金 ┌ 现金业务——范围、限额、收支管理、总分类及序时核算、现金管理
纳       │ 收付业务 ├ 银行存款业务——银行结算账户、总分类及序时核算、存款管理
岗       │         └ 其他货币资金业务——银行汇票、本票、信用卡、信用证、存出投资款等
位       │
         │ 货币资金清查与 ┌ 库存现金清查——清查目的、清查方法及清查结果处理
         │ 票据、印鉴管理 ├ 银行存款清查——清查方法、未达账项、银行存款余额调节表的编制方法
         └              └ 票据、印鉴管理——有价证券、重要空白凭证、预留印鉴
```

 出纳岗位工作职责

(1) 恪守会计从业人员职业道德,宣传、贯彻执行《中华人民共和国会计法》(以下简称《会计法》),遵守财经法纪。(会计职业共同遵守,下同)

(2) 严格按照企业有关现金管理和银行结算制度的规定,根据授权人员审核签章的收、付款凭证进行复核和结算操作。

(3) 保管和管理与收、付款业务相关的单证、票据,保证财务单证的有效管理和使用。

(4) 规范企业银行账户的使用,保证资金结算的及时性和规范性。

(5) 协助制定和完善企业资金管理制度及管理流程,并对企业内部各机构的资金工作执行进行监督管理,保证资金的安全使用。

(续上)

(6) 及时与各银行进行定期对账,确保各银行账户余额的准确性。
(7) 保管好库存现金,做到日清月结,保证库存现金和有价证券的安全与完整。
(8) 保管好有关印章、重要空白凭证和印鉴。

任务 1.1　出纳岗位概述

活动 1.1.1　认知出纳工作

什么是出纳?出纳的工作是什么?出纳,顾名思义,出即支出,纳即收入。广义的出纳人员既包括会计部门的出纳工作人员,也包括业务部门的各类收款员(收银员)。狭义的出纳人员仅指财务部门的出纳人员。

出纳工作是管理货币资金、票据、有价证券的一项工作。具体地讲,出纳是按照有关制度规定,办理本单位的现金收付、银行结算,保管库存现金、有价证券、财务印章及有关票据等工作的总称。出纳工作直接与货币打交道,出纳人员除了要有过硬的业务知识以外,还必须具备良好的财经法纪素养和职业道德情操。

出纳工作是会计循环中的起始环节,是连接国家与企业、企业与企业、企业内部各部门经济关系的中间环节。物资采购、工资发放、零星费用开支、货款收入、税金解缴等都离不开出纳工作。因此,出纳工作的质量和效率,直接关系到整个会计核算工作的质量和效率。大多数从事财务工作的人员都是从出纳人员做起的。

活动 1.1.2　认知出纳工作流程

出纳人员每天都要面对大量的经济业务,熟悉出纳工作基本流程,才能减少差错,使工作效率事半功倍。

一、资金收入的基本流程

(一) 收入的来源

出纳人员与钱打交道,对于每笔资金,出纳人员只有明确知道它的来源,才能确保收入的合理性和合法性。

(二) 清点收入与开具票据

(1) 对于现金收入,出纳人员应与交款人当面清点,一笔一清,不得将几笔款项混收;在清点过程中,发现有短缺、假钞等现象时,要及时指出,并由交款人负责;若事后才发现现金短缺或假钞,出纳人员应负责并赔偿损失。

收入现金开票与收款，按要求应分开两个人分工办理，防止出现差错与作弊现象。出纳人员清点核对无误后，在收款单据上加盖"现金收讫"章。

（2）对于银行存款收入，出纳人员应与银行核实，在取得银行有关的收款凭证后，才能确认收入。通过电话询问或查询的款项，不能作为记账的依据，出纳人员必须在取得银行有关的收款凭证后才能将其登记入账。

二、资金支出的基本流程

出纳人员需要严格核实支出金额、用途及有关审批手续。按规定程序办理货币资金支出业务。资金使用流程如下：

（1）用款人提出用款申请。单位有关部门或个人用款时，应当提前向审批人提交货币资金支付申请，注明款项的用途、金额、预算、支付方式等内容，并附上有效的经济合同或相关证明。

（2）审批人审批用款申请。审批人根据其职责、权限和相应程序对支付申请进行审批。对不符合规定的货币资金支付申请，审批人应当拒绝批准。

（3）复核人复核用款申请。复核人应当对批准后的货币资金支付申请进行复核，复核货币资金支付申请的批准范围、权限、程序是否正确，手续及相关单证是否齐全，金额计算是否准确，支付方式、支付单位是否无误等；复核无误后，交由出纳人员办理支付手续。

（4）出纳人员办理资金支付。在支出任何一笔资金前，出纳人员都应明确支出的用途、收款人和金额，严格按合同、发票或有关依据记载的收款人进行付款，使用现金支付的，应在付款单据上加盖"现金付讫"章。对于用途不明的，出纳人员可以拒绝办理；对于不合法、不合理的付款，出纳人员应当坚决抵制，并向有关领导报告。

温馨提示

出纳人员应提高风险防范意识，没有办妥审批手续的款项，不能办理付现或转账，避免资金不当流出，给国家和企业带来损失。

任务1.2　货币资金收付业务

活动1.2.1　现金业务

现金是指存放于企业财会部门、由出纳人员经管的货币，是企业流动性最强的资产。

一、现金的使用范围

根据《现金管理暂行条例》规定，企业使用现金的范围主要包括以下几个方面：职工的工资、津贴；个人劳务报酬；根据国家规定发给个人的科学技术、文化、艺术、体育等各种奖金；各种劳保、福利费用以及国家规定的对个人的其他支出；向个人收购农副产品和其他物资的价款；出差人员必须随身携带的差旅费；结算起点（1 000元）以下的零星开支；中国人民银行确定需要支付现金的其他支出。

属于上述现金结算范围的支出,企业可以根据需要向银行提取现金支付;不属于上述现金结算范围的款项支付,一律通过银行办理转账结算。

(选择题)下列项目中,企业可以用现金支付的是(　　)。

A. 支付个人劳动报酬 500 元

B. 偿还银行小额借款 5 000 元

C. 支付所欠某单位货款 1 200 元

D. 向个人收购农副产品 30 000 元

二、库存现金限额

库存现金限额是指为保证各单位日常零星支出按规定允许留存的现金最高数额。库存现金限额由单位申请,开户银行根据开户单位的实际需要和距离银行远近等情况核定。其限额原则上根据企业 3~5 天的日常零星现金开支所需现金量确定,边远地区和交通不发达地区的库存现金限额,可以多于 5 天,但最多不得超过 15 天。

库存限额一经核定,企业必须严格遵守,不得随意违反。库存现金超过核定的现金限额的,企业必须将其及时送存银行;不足限额时,可签发现金支票向银行提取现金补足。

(选择题)下列关于企业现金管理的说法中,正确的有(　　)。

A. 向个人收购农副产品或其他物资可以使用现金

B. 单位留存现金的最高数额为 10 000 元

C. 出差人员必须随身携带的差旅费可以使用现金支付

D. 1 000 元以下的办公用品购置费可以使用现金支付

企业将当日超过备用限额的现金送存银行,应如何编制会计分录?

三、库存现金日常收支管理的规定

根据《现金管理暂行条例》的规定,开户单位现金收支应依照下列规定办理:

(1) 开户单位现金收入应当及时送存银行。开户单位当日送存银行确有困难的,由开户银行确定送存时间。

(2) 开户单位支付现金,可以从本单位库存现金限额中支付或者从开户银行提取,不得从本单位的现金收入中直接支付(即坐支)。因特殊情况需要坐支现金的,应当事先报经开户银行审核批准,由开户银行核定坐支范围和限额。坐支单位应向开户银行报送坐支金额和使用情况。未经银行批准,企业不得擅自坐支现金。因采购地点不固定、交通不便、抢险救灾和其他特殊情况必须使用现金的,开户单位应当向开户银行提出申请,由本单位财会部门负责人签字盖章,经开户银行审核后,予以支付现金。未经批准坐支或者未按开户银行核定的坐支范围使用现金的行为都属于违规行为。

（3）需从开户银行提取现金时，应当写明用途，由本单位财会部门负责人签字盖章，经开户银行审核后，予以支付现金。

（4）企业不准用不符合国家统一会计制度的凭证顶替库存现金，即不得白条抵库；不得隐瞒提取现金的实际用途，以差旅费的名义或其他名义套取现金；不准保留账外公款，即不得"公款私存"，不得设置"小金库"。

一客户持现金到出纳人员处交款，出纳人员收款后没将钱交存银行，而是直接付给企业采购员用于采购。这一做法是否合规？

四、库存现金的核算

（一）库存现金的总分类核算

为了总括反映企业库存现金的收入、支出和结存情况，企业应设置"库存现金"账户。该账户属于资产类账户，借方登记库存现金的增加；贷方登记库存现金的减少；期末余额在借方，反映实际持有的库存现金数额。有外币现金的企业，还应按照人民币和外币进行明细核算。"库存现金"总分类账由会计人员登记。

【例1-1】 2021年1月，杰西公司根据发生的现金收付业务编制会计分录如下：

(1) 9日，签发现金支票一张，从工行海滨市青城支行提取现金20 000元备用。

借：库存现金 20 000
　　贷：银行存款——工行海滨市青城支行 20 000

(2) 11日，零售产品，货款为5 000元，增值税额为650元，共收入现金5 650元。

借：库存现金 5 650
　　贷：主营业务收入 5 000
　　　　应交税费——应交增值税（销项税额） 650

(3) 16日，销售部黄芳因公出差，预借差旅费3 000元。

借：其他应收款——黄芳 3 000
　　贷：库存现金 3 000

(4) 31日，销售部黄芳出差归来，报销差旅费3 600元，补付现金600元。

借：销售费用 3 600
　　贷：其他应收款——黄芳 3 000
　　　　库存现金 600

（二）库存现金的序时核算

企业通过设置现金日记账对库存现金进行序时核算。现金日记账必须采用订本式，由出纳人员根据审核无误的收、付款凭证，按照业务发生的先后顺序逐日逐笔登记。出纳人员要坚持"日清月结"制度，对当日发生的收、付款业务全部登记入账，每日终了，应结出库存现金余额,并与实际库存现金数相核对。月份终了,现金日记账的余额应与会计登记的"库存现金"总分类账的余额相符。现金日记账的基本格式如表 1-1 所示。

表 1-1　　　　　　　　　　　　　现金日记账

年		凭证		摘要	对方科目	借方									贷方									余额								
月	日	字	号			百	十	万	千	百	十	元	角	分	百	十	万	千	百	十	元	角	分	百	十	万	千	百	十	元	角	分

练一练

(实务题)假设库存现金上年结转数为 3 686.82 元,根据[例 1-1]中涉及的现金业务,在表 1-1 中登记现金日记账,并结出余额。

五、现金的保管

企业应建立健全的现金保管制度,防止由于制度不严、工作疏忽而给犯罪分子以可乘之机,给国家和企业造成损失。现金的保管应遵循如下原则:

(1)超过库存限额以外的现金应于下班前送存银行。

(2)为加强对现金的管理,除工作时间需要的小量备用金可放在出纳人员的抽屉内,其余则应放入出纳专用的保险柜内,不得随意存放。保险柜应靠出纳室内墙放置,保险柜钥匙由出纳人员专人保管,不得交由其他人员代管。保险柜密码应由出纳人员严格保密。出纳人员工作变换时,应及时更换密码。保险柜钥匙或密码丢失或发生故障,出纳人员要立即报请领导处理,不得随意找人修理或另配钥匙。

(3)对于限额内的库存现金,出纳人员当天核对无误后,一律放在保险柜内,不得放在办公桌内过夜。

活动 1.2.2　银行存款业务

一、银行结算账户

银行结算账户是指银行为存款人开立的办理资金收付结算的人民币活期存款账户。

按《支付结算办法》《人民币银行结算账户管理办法》规定,企业应在银行开立账户,开立账户后才能办理存款、取款及转账等结算业务。企业银行结算账户按用途分为基本存款账户、一般存款账户、专用存款账户、临时存款账户。个体工商户凭营业执照以字号或经营者姓名开立的银行结算账户纳入单位银行结算账户管理。

基本存款账户是存款人因办理日常转账结算和现金收付需要开立的银行结算账户。企业的工资、奖金等现金的支取只能通过基本存款账户办理。一个企业只能选择在一家银行的一个营业机构开立一个基本存款账户,不能在多家银行机构开立基本存款账户。

一般存款账户是存款人因借款或其他结算需要,在基本存款账户开户银行以外的银行借款转存,以及与基本存款账户的企业不在同一地点的附属非独立核算单位开立的账户。企业可以通过本账户办理借款转存、借款归还和现金缴存,但不能办理现金支取。

专用存款账户是存款人按照法律、行政法规和规章,对其特定用途资金进行专项管理和使用而开立的银行结算账户,如基本建设资金、更新改造资金、社会保障基金、粮油棉收购资金、住房基金等。企业的销货款不得转入专用存款账户。

临时存款账户是存款人因临时需要并在规定期限内使用而开立的银行结算账户,如企业进行异地产品展销、临时性采购等。企业可通过本账户办理转账结算或按现金管理规定办理现金收付。临时存款账户的有效期最长不得超过2年。

(选择题)达邦公司基本存款账户开在海滨市工行,现需向海滨市建行申请贷款1 000万元,经审查同意贷款,达邦公司在海滨市建行应开设( )。

A. 基本存款账户　　　　　　　　　B. 一般存款账户
C. 专用存款账户　　　　　　　　　D. 临时存款账户

企业通过开立的银行存款账户,采用"三票一卡"(支票、汇票、本票及银行卡)和"三方式"(汇兑、托收承付及委托收款)即可办理支付结算,实现各方的货币资金清算。

二、银行存款的核算与管理

(一) 银行存款总分类核算

为了总括反映银行存款的收入、支出和结存情况,企业应设置"银行存款"总分类账户。该账户属于资产类账户,该账户核算企业存入银行或其他金融机构的各种款项。该账户借方登记银行存款的增加数;贷方登记银行存款的减少数;期末余额在借方,反映企业存在银行或其他金融机构的各种款项。银行存款总分类账采用订本式账簿,由会计人员登记。

1. 银行存款收入的核算

【例1-2】 2021年1月,杰西公司根据发生的银行存款收入业务编制会计分录如下:

(1) 16日,采用支票结算方式向安木公司销售一批商品,开出的增值税专用发票上注明的售价为6 000 000元,增值税税率为13%,款项已存入银行。

借:银行存款——工行海滨市青城支行　　　　　　　　　　6 780 000
　　贷:主营业务收入　　　　　　　　　　　　　　　　　　6 000 000
　　　　应交税费——应交增值税(销项税额)　　　　　　　　780 000

(2) 18日,收到安木公司前欠货款8 120 000元。

借：银行存款——工行海滨市青城支行　　　　　　　　　　　　　　8 120 000
　　贷：应收账款——A公司　　　　　　　　　　　　　　　　　　　　8 120 000

2. 银行存款支出的核算

【例1-3】 2021年1月，杰西公司根据发生的银行存款付款业务编制会计分录如下：

（1）18日，购入A材料一批，增值税专用发票上记载的货款为500 000元，增值税税率为13%，全部欠款已用转账支票付讫，材料已验收入库。

借：原材料——A材料　　　　　　　　　　　　　　　　　　　　　500 000
　　应交税费——应交增值税（进项税额）　　　　　　　　　　　　　65 000
　　贷：银行存款——工行海滨市青城支行　　　　　　　　　　　　　565 000

（2）19日，根据购销合同，为购买E材料向联众公司预付400 000元货款的80%，共计320 000元。

借：预付账款——联众公司　　　　　　　　　　　　　　　　　　　320 000
　　贷：银行存款——工行海滨市青城支行　　　　　　　　　　　　　320 000

（实务题）编制下列经济业务的会计分录：
（1）以银行存款支付前欠新华公司材料价税款986 000元。
（2）收到达兴公司前欠货款696 000元，存入银行。

（二）银行存款的序时核算

企业应设置银行存款日记账对银行存款进行序时核算。银行存款日记账可根据开户银行、币种等设置。银行存款日记账是反映和监督银行存款收、支和结存情况的序时账簿，账簿采用订本式。出纳人员根据银行存款业务发生的先后顺序逐日逐笔登记，每日终了应当结出余额，定期与银行对账单核对，做到账实相符。银行存款日记账格式如表1-2所示。

表1-2　　　　　　　　　　　　　　　银行存款日记账
开户行名称：工行海滨市青城支行

年		凭证		摘要	对方科目	借方									贷方									余额								
月	日	字	号			百	十	万	千	百	十	元	角	分	百	十	万	千	百	十	元	角	分	百	十	万	千	百	十	元	角	分

（实务题）假定上年结转数为2 126 389.65元，根据[例1-2]和[例1-3]中银行存款业务，登记"银行存款日记账"（见表1-2），并结出余额。

(三) 银行存款的管理

企业的银行存款与库存现金一样,应由出纳人员管理,企业要切实加强内部控制制度,实行钱账分管。银行结算账户的开立和使用应当遵守法律、行政法规的规定,不得利用银行结算账户进行偷逃税款、逃废债务、套取现金及其他违法犯罪活动。企业不得为了还贷、还债和套取现金而多头开立基本户,不得出租、出借银行账户。企业办理银行存款收付业务必须使用银行统一规定的结算凭证,并定期与银行核对账目,发现不符的款项要及时向银行查明原因,编制银行存款余额调节表,进行账项调整。中国人民银行是银行结算账户的监督管理部门。

活动1.2.3　其他货币资金业务

其他货币资金是指企业除库存现金、银行存款以外的各种货币资金。从性质上看,其他货币资金同属于货币资金,由于用途和存放地点不同,列入其他货币资金核算。其他货币资金主要包括银行汇票存款、银行本票存款、信用卡存款、信用证保证金存款、外埠存款、存出投资款等。

一、银行汇票存款

银行汇票是指由出票银行签发的,由其在见票时按照实际结算金额无条件支付给收款人或者持票人的票据。银行汇票的背书转让以不超过出票金额的实际结算金额为准;银行汇票的提示付款期限为自出票日起1个月,持票人超过付款期限提示付款的,银行将不予受理。收款人可以将银行汇票背书转让给被背书人。

【例1-4】　2021年1月10日,杰西公司为增值税一般纳税人(下同),向银行申请办理银行汇票用于购买原材料,将款项500 000元交存银行转作银行汇票存款。杰西公司编制会计分录如下:

借:其他货币资金——银行汇票　　　　　　　　　　　　　　　　　　500 000
　　贷:银行存款——工行海滨市青城支行　　　　　　　　　　　　　　　　500 000

【例1-5】　承[例1-4],1月15日,杰西公司购入原材料一批,取得的增值税专用发票上的原材料价款为400 000元,增值税税率为13%,已用银行汇票办理结算,多余款项48 000元返回开户银行,杰西公司已收到银行多余款收账通知。杰西公司编制会计分录如下:

用银行汇票结算材料价款和增值税款时:

借:原材料　　　　　　　　　　　　　　　　　　　　　　　　　　　400 000
　　应交税费——应交增值税(进项税额)　　　　　　　　　　　　　　　52 000
　　贷:其他货币资金——银行汇票　　　　　　　　　　　　　　　　　　452 000

收到退回的银行汇票多余款项时:

借:银行存款——工行海滨市青城支行　　　　　　　　　　　　　　　　48 000
　　贷:其他货币资金——银行汇票　　　　　　　　　　　　　　　　　　48 000

练一练

(实务题)达邦公司申请银行汇票100 000元,用银行汇票购买办公用品80 000元,增值税税率为13%,余款已收回。请编制会计分录。

二、银行本票存款

银行本票是指申请人将款项交存银行,由银行签发的承诺自己在见票时无条件支付确定的金额给收款人或者持票人的票据。银行本票的提示付款期限为自出票日起最长不得超过2个月,持票人超过付款期限提示付款的,银行将不予受理。收款人可以将银行本票背书转让给被背书人。

【例1-6】 2021年1月15日,杰西公司为取得银行本票,将20 000元银行存款转作银行本票存款。杰西公司编制会计分录如下:

借:其他货币资金——银行本票 20 000
　　贷:银行存款——工行海滨市青城支行 20 000

【例1-7】 承[例1-6],杰西公司用银行本票购买办公用品20 000元。杰西公司编制会计分录如下:

借:管理费用 20 000
　　贷:其他货币资金——银行本票 20 000

银行本票的提示付款期为多长时间?

三、信用卡存款

信用卡存款是指企业为取得信用卡按照规定存入银行信用卡专户的款项。信用卡可分为单位卡和个人卡。凡在中国境内金融机构开立基本存款账户的单位可申领单位卡;单位卡账户的资金一律从其基本存款账户转账存入,不得交存现金,不得将销货收入的款项存入其账户。信用卡一律不得用于10万元以上的商品交易、劳务供应款项的结算,不得支取现金。

【例1-8】 2021年1月16日,杰西公司向银行申领信用卡,向银行交存50 000元。杰西公司编制会计分录如下:

借:其他货币资金——信用卡 50 000
　　贷:银行存款——工行海滨市青城支行 50 000

【例1-9】 承[例1-8],杰西公司用信用卡支付购买办公用品价款30 000元。杰西公司编制会计分录如下:

借:管理费用 30 000
　　贷:其他货币资金——信用卡 30 000

单位信用卡账户可以支取现金吗?

四、信用证保证金存款

信用证保证金存款是指采用信用证结算方式的企业为取得信用证而按规定存入银行信用

证保证金专户的款项。

【例 1-10】 2021 年 1 月 19 日，杰西公司向银行申请开具信用证 2 000 000 元，用于支付境外采购材料价款，已向银行缴纳保证金。杰西公司编制会计分录如下：

借：其他货币资金——信用证保证金　　　　　　　　　　　　　2 000 000
　　贷：银行存款——工行海滨市青城支行　　　　　　　　　　　　2 000 000

【例 1-11】 承［例 1-10］，杰西公司收到银行转来的境外销货单位信用证结算凭证以及所附发票账单、海关进口增值税专用缴纳书等有关凭证，材料价款为 1 500 000 元，增值税税率为 13%。杰西公司编制会计分录如下：

借：原材料　　　　　　　　　　　　　　　　　　　　　　　　1 500 000
　　应交税费——应交增值税（进项税额）　　　　　　　　　　　　195 000
　　贷：其他货币资金——信用证保证金　　　　　　　　　　　　1 695 000

【例 1-12】 承［例 1-10］和［例 1-11］，杰西公司收到银行收款通知，对该境外销货单位开出的信用证余款 305 000 元已转回银行账户。杰西公司编制会计分录如下：

借：银行存款——工行海滨市青城支行　　　　　　　　　　　　　305 000
　　贷：其他货币资金——信用证保证金　　　　　　　　　　　　　305 000

五、外埠存款

外埠存款是指企业到外地进行临时或零星采购时，汇往采购地银行开立采购专户的款项。该账户的存款不计利息、只付不收、付完清户，除了采购人员可从中提取少量现金外，一律采用转账结算。

【例 1-13】 2021 年 1 月 23 日，杰西公司派采购员到异地采购原材料，委托开户银行汇款 100 000 元到采购地设立采购专户。杰西公司编制会计分录如下：

借：其他货币资金——外埠存款　　　　　　　　　　　　　　　　100 000
　　贷：银行存款——工行海滨市青城支行　　　　　　　　　　　　100 000

【例 1-14】 承［例 1-13］，采购员交来从采购专户付款购入材料的有关凭证，增值税专用发票上的原材料价款为 85 000 元，增值税税率为 13%。杰西公司编制会计分录如下：

借：原材料　　　　　　　　　　　　　　　　　　　　　　　　　85 000
　　应交税费——应交增值税（进项税额）　　　　　　　　　　　　11 050
　　贷：其他货币资金——外埠存款　　　　　　　　　　　　　　　96 050

【例 1-15】 承［例 1-13］和［例 1-14］，杰西公司收到开户银行的收款通知，该采购专户中的结余款项已经转回。杰西公司编制会计分录如下：

借：银行存款——工行海滨市青城支行　　　　　　　　　　　　　3 950
　　贷：其他货币资金——外埠存款　　　　　　　　　　　　　　　3 950

温馨提示

当收款单位收到采用其他货币资金结算的款项时，列入"银行存款"账户核算。以上其他货币资金的核算基本上分为三个步骤：一是资金性质改变，取得其他货币资金；二是使用其他货币资金支付；三是若有多余款时转回。

六、存出投资款

存出投资款是指企业已存入证券公司但尚未进行短期投资的现金。

【例 1-16】 2021 年 1 月 24 日，杰西公司向证券公司划出投资款 1 000 000 元，款项已通过开户行转入证券公司投资款账户。杰西公司编制会计分录如下：

借：其他货币资金——存出投资款　　　　　　　　　　　　　　　1 000 000
　　贷：银行存款——工行海滨市青城支行　　　　　　　　　　　　　　　1 000 000

【例 1-17】 承[例 1-16]，1 月 28 日，杰西公司委托证券公司买入股票支出 200 000 元，列入交易性金融资产。杰西公司编制会计分录如下：

借：交易性金融资产——成本　　　　　　　　　　　　　　　　　　200 000
　　贷：其他货币资金——存出投资款　　　　　　　　　　　　　　　　　200 000

(实务题)达邦公司 2021 年 1 月发生以下涉及其他货币资金的业务：

(1) 10 日，向银行申请并得到一张面额为 300 000 元的银行汇票。

(2) 12 日，委托银行将 200 000 元汇往外地建立采购专户。

(3) 19 日，持银行汇票向甲公司购买 A 材料，增值税专用发票上注明的价款为 250 000 元，增值税额为 32 500 元，A 公司已退回多余款 17 500 元。

(4) 22 日，采购员回单位报销以采购专户存款购买的材料，其价款为 150 000 元，增值税额为 19 500 元，材料已验收入库，并接到银行通知，采购专户剩余款项已转回。

请编制相关会计分录。

任务 1.3　货币资金清查与票据、印鉴管理

活动 1.3.1　库存现金清查的核算

一、清查目的、清查人员及清查方法

在坚持日清月结制度，由出纳人员自身对库存现金进行检查、清点的基础上，为了加强对出纳工作的监督，及时发现可能发生的现金差错或丢失，防止贪污、盗窃、挪用公款等不法行为的发生，查清账款是否相符、有无白条抵库、公款私存、挪用公款、账外资金等违纪违法行为，确保库存现金安全完整。

各单位应建立库存现金清查制度，由有关领导和专业人员组成清查小组，定期或不定期地对库存现金进行清查盘点。库存现金清查以财务部门为主，包括出纳人员每日的清查核对和清查小组定期和不定期的清查。

库存现金清查的基本方法是实地盘点法,通过清点各种面额的现金来确定库存现金的实存数。库存现金的实存数是指存放在保险柜内实有的现金数额,借条、收据等单据都不得抵充现金数。出纳人员确定库存现金的实存数后,再与现金日记账的账面余额进行核对,以查明盈亏情况。盘点库存现金时,出纳人员必须在场。

二、盘点结果的处理

现金盘点后,若出现盘盈(长款)或盘亏(短款)情况,应填制现金盘点报告表,并由盘点人员和出纳人员签章。

现金盘点报告表兼有盘存单和实存账存对比表的作用,是反映现金实有数和调整账簿记录的重要原始凭证。现金盘点报告表的格式如表1-3所示。

企业应设置"待处理财产损溢"账户,用来记录、反映库存现金的盘盈和盘亏情况。该账户是资产类账户,借方登记财产物资的盘亏金额和批准转销的财产物资盘盈数;贷方登记财产物资的盘盈和批准转销的财产物资盘亏数。该账户设置"待处理流动资产损溢"和"待处理非流动资产损溢"两个明细分类账户。其账务处理如表1-4所示。

表1-3　　　　　　　　　　现金盘点报告表
单位名称:　　　　　　　　　　　　年　月　日

实存金额	账存金额	实存与账存对比结果		备注
		盘盈	盘亏	

盘点结果处理意见:　　总经理:　　　　主管经理:　　　　财务主管:

监盘人:　　　　　　　　　　　　　　　　　　　　　　　　　　　　盘点人:

表1-4　　　　　　　　　　库存现金清查的账务处理

清查结果	批准前	批准后
盘盈	借:库存现金 　贷:待处理财产损溢——待处理流动资产损溢	借:待处理财产损溢——待处理流动资产损溢 　贷:其他应付款(查明原因) 　　　营业外收入(无法查明原因)
盘亏	借:待处理财产损溢——待处理流动资产损溢 　贷:库存现金	借:管理费用(企业承担部分) 　　其他应收款(责任赔偿部分) 　贷:待处理财产损溢——待处理流动资产损溢

【例1-18】 杰西公司2021年1月进行现金清查,清查结果处理如下:

(1) 15日,清查现金时发现短缺现金120元。经查,其中80元是由于出纳人员左宇保管不善引起的,应由其赔偿,另外40元经反复清查,无法查明原因。杰西公司编制会计分录如下:

A. 批准前处理:

借:待处理财产损溢——待处理流动资产损溢　　　　　　　　　　120
　贷:库存现金　　　　　　　　　　　　　　　　　　　　　　　　　120

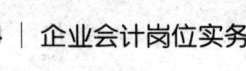

B. 批准后处理：

借：其他应收款——左宇　　　　　　　　　　　　　　　　　　　　　80
　　管理费用　　　　　　　　　　　　　　　　　　　　　　　　　　40
　　贷：待处理财产损溢——待处理流动资产损溢　　　　　　　　　120

（2）31日，现金清查时发现库存现金比账面余额多出55元，经反复核查，原因不明。经批准后结转营业外收入。杰西公司编制会计分录如下：

A. 批准前处理：

借：库存现金　　　　　　　　　　　　　　　　　　　　　　　　　55
　　贷：待处理财产损溢——待处理流动资产损溢　　　　　　　　　55

B. 批准后处理：

借：待处理财产损溢——待处理流动资产损溢　　　　　　　　　　　55
　　贷：营业外收入　　　　　　　　　　　　　　　　　　　　　　55

（实务题）达邦公司财务部门于2021年1月31日对库存现金进行了监盘，情况如下：100元币50张，50元币70张，10元币150张，5元币80张，2元币120张，1元币50张，1角币100张，当日现金日记账的账面余额为10 800元。请将盘点结果填入表1-3中，并对清查结果进行账务处理。

活动1.3.2　银行存款清查

一、银行存款清查方法

银行存款的清查与现金和实物的清查方法不同，它通常是采用与开户银行核对账目的方法进行的，一般在和银行核对账目之前，出纳人员应检查本单位的银行存款日记账的正确性和完整性；然后，再与银行对账单逐笔核对。为防止银行存款账目发生差错，企业每月至少一次与银行进行对账，用来查明银行存款的实有数额。在对账时，若银行存款日记账与银行对账单出现不相符情况，究其原因主要有两个：一是记账错误；二是存在未达账项。

由于企业与银行取得凭证的时间不同，导致记账时间不一致，而发生的一方已取得结算凭证且已登记入账，而另一方未取得结算凭证尚未入账的款项，即未达账项。未达账项通过编制银行存款余额调节表来进行调整。未达账项的类型如表1-5所示。

表1-5　　　　　　　　　　未达账项的类型

类型	说明
企业已收，银行未收	企业已记银行存款增加，而银行未收到结算凭证尚未登记
企业已付，银行未付	企业已记银行存款减少，而银行未收到结算凭证尚未登记
银行已收，企业未收	银行已记银行存款增加，而企业未收到结算凭证尚未登记
银行已付，企业未付	银行已记银行存款减少，而企业未收到结算凭证尚未登记

二、银行存款余额调节表及其编制方法

银行存款余额调节表是在银行对账单余额与企业银行存款日记账账面余额的基础上,各自加上对方已收、本单位未收账项数额,减去对方已付、本单位未付账项数额,以调整双方余额使其一致的一种调节方法。编制银行存款余额调节表的目的是为了核对账目,因此该表不能作为调整银行存款账面余额的原始凭证。出纳人员只有在收到未达账项的有关原始凭证后,才可据以进行账务处理。

银行存款余额调节表的编制,就是在开户银行和企业现有的银行存款余额的基础上,各加减未达账项进行调节的方法。具体调节的方式又可分为以下两种。

(一)补记式

即在双方原有余额的基础上,各自补记对方已入账,而本单位尚未入账的账项(包括增加和减少的款项),然后检查经过调节后的账面余额是否相等。

(二)还原式

还原式又称冲销式,也就是双方将本单位已入账的而对方尚未入账的账项(包括增加或减少的款项),从本单位账面余额中冲销,然后检查经过调节后的账面余额是否相等。还原式也可用如下等式表示:

企业银行存款日记账余额 − 企业已收入账、银行尚未入账款项 + 企业已支付入账、银行尚未入账款项 = 银行对账单余额 − 银行已收入账、企业尚未入账款项 + 银行已支付入账、企业尚未入账款项

【例1-19】 2021年1月31日,杰西公司银行存款日记账的账面余额为165 400元,银行对账单的余额为170 420元。经逐笔核对,出纳人员发现以下未达账项:

(1) 公司送存银行转账支票一张,金额为3 800元,银行尚未登记入企业存款账户。

(2) 银行已收到公司托收的货款6 000元,收款通知尚未送达公司。

(3) 公司开出转账支票一张,金额为3 000元,持票单位尚未到银行办理转账,银行尚未登记入账。

(4) 银行代公司支付电费180元,公司尚未记账。

要求:编制银行存款余额调节表。

银行存款余额调节表如表1-6所示。

表1-6　　　　　　　　　　　银行存款余额调节表
2021年1月31日

项目	金额	项目	金额
企业银行存款日记账余额	165 400	银行对账单余额	170 420
加:银行已收、企业未收款	6 000	加:企业已收、银行未收款	3 800
减:银行已付、企业未付款	180	减:企业已付、银行未付款	3 000
调节后的存款余额	171 220	调节后的存款余额	171 220

练一练

(选择题)下列各项中,使得企业银行存款日记账余额大于银行对账单余额的是(　　)。

A. 企业开出支票,对方未到银行兑现
B. 银行代扣水电费,企业尚未接到通知
C. 企业收到购货方转账支票一张,送存银行,银行尚未入账
D. 银行收到委托收款结算方式下的结算款项,企业尚未收到通知

温馨提示

调节后双方余额相符,说明一般没有记账错误;调节后双方余额仍不相符,说明企业或银行存在记账错误,应进一步查明原因,属于记账错误的,应予以更正。调节后的余额是企业可以动用的银行存款实有数额。

活动 1.3.3 票据、印鉴管理

出纳人员经办和保管现金、有价证券、重要票据、各种印鉴,若安保措施不严密,极容易诱发安全问题,给企业造成损失。出纳人员应树立牢固的安全意识,并密切配合企业保安部门做好安全保护工作。

一、有价证券的保管

有价证券是一种具有储蓄性质的,可以最终兑换成人民币的票据,包括国库券、存单、金融债券和股票等。有价证券可视同现金,与现金的保管要求基本一样。值得注意的是,要对各种有价证券的面额和号码予以保密。另外,为掌握各种有价证券的到期时间,企业应建立"认购有价证券登记簿"。

二、重要空白凭证的保管

支票、汇票、电汇单、收据等都属于重要空白凭证,一经填写,并加盖有关印鉴,即可成为办理转账结算和现金支付的书面证明,关系到资金的安全。企业应建立重要空白凭证登记簿,由专人负责保管,不得撕毁或丢失重要空白凭证。

三、预留银行印鉴的保管

预留银行印鉴又称预留印鉴,即企业在银行开设账户,开户时需要在银行预留的印章式样。当企业需要通过银行对外支付时,必须加盖预留银行印鉴。银行经过核对,确认对外支付单据上的印鉴与预留印鉴相符,才可代企业进行支付。

单位预留银行印鉴不得由一人保管,必须遵循内部控制,由不同的人员分别保管;同时,还要贯彻票印分管原则,空白支票和印章不能由一人负责保管,以防止舞弊行为发生。

温馨提示

印章保管人员应遵循"人离章收"的基本制度,若印章被不法分子"克隆"或盗用,凭盗盖印鉴到银行骗购支票等重要空白凭证,再转走企业的银行存款,将会给国家和企业造成重大损失,千万不可掉以轻心。

复习思考题

1. 货币资金包括哪几部分内容？
2. 哪些支出可以使用现金？现金日记账和总账都由出纳人员登记，对吗？
3. 资金收入、资金支出的基本流程是什么？
4. 如何进行现金清查？现金清查结果如何处理？
4. 什么是未达账项？如何编制银行存款余额调节表？
5. 出纳人员应怎样才能做到"常在河边走，就是不湿鞋"？

模块测试

参考答案

一、单项选择题

1. 企业无法查明原因的现金溢余，应作的处理是（　　）。
   A. 冲减管理费用　　　　　　　　B. 增加营业外收入
   C. 增加其他应付款　　　　　　　D. 增加其他业务收入
2. 根据《现金管理暂行条例》规定，下列经济业务中，可以使用现金支付的是（　　）。
   A. 归还前欠货款 5 000 元
   B. 支付零星办公用品购置费 1 200 元
   C. 支付物资采购货款 8 900 元
   D. 支付出差人员必须随身携带的差旅费 4 000 元
3. 经银行存款余额调节表调整后的银行存款余额是（　　）。
   A. 企业账上的银行存款额　　　　B. 银行对账单的银行存款额
   C. 资产负债表中反映的银行存款余额　　D. 可以动用的银行存款额
4. 下列各项中，会导致企业银行存款日记账余额大于银行对账单余额的是（　　）。
   A. 企业开出支票，对方未到银行兑现
   B. 银行误将其他公司的存款记入本企业"银行存款"账户
   C. 银行代扣水电费，企业尚未接到通知
   D. 银行收到委托收款结算方式下结算款项，企业尚未收到通知
5. 2021 年 3 月末，企业银行存款日记账余额为 150 万元，与银行对账单对比，发现以下情况：3 月 14 日，企业收到货款 10 万元，银行没有收到通知；3 月 30 日，银行代缴水电费 2 万元，企业未收到通知。则调节后的银行存款余额调节表的金额为（　　）万元。
   A. 148　　　B. 142　　　C. 162　　　D. 158
6. 下列各项中，不通过"其他货币资金"账户核算的是（　　）。
   A. 信用证保证金存款　　　　　　B. 备用金
   C. 外埠存款　　　　　　　　　　D. 银行本票存款
7. 企业通过现金清查发现库存现金短缺 90 元，无法查明原因，经批准后，应借记的会计

账户是( )。
  A."待处理财产损溢" B."营业外支出"
  C."其他应收款" D."管理费用"

8. 企业在现金清查中,对于现金短缺应由相关责任人赔偿的,经批准后应记入的账户是( )。
  A."管理费用" B."营业外支出" C."财务费用" D."其他应收款"

9. 对于无法查明原因的现金短缺,经批准后,企业正确的处理是( )。
  A. 记入"管理费用"账户的借方 B. 记入"管理费用"账户的贷方
  C. 记入"营业外支出"账户的借方 D. 记入"营业外收入"账户的贷方

10. 下列各项中,企业盘点现金发现并经批准的短缺或溢余相关会计处理的表述中,不正确的是( )。
  A. 无法查明原因的现金短缺应计入营业外支出
  B. 属于应支付给有关单位的现金溢余应计入其他应付款
  C. 属于应由责任人赔偿的现金短缺应计入其他应收款
  D. 无法查明原因的现金溢余应计入营业外收入

11. 下列关于企业现金清查的说法中,错误的是( )。
  A. 现金清查一般采用实地盘点法
  B. 对于现金清查结果,应编制现金盘点报告单
  C. 对于无法查明原因的现金短缺,经批准后应计入营业外支出
  D. 对于无法查明原因的现金溢余,经批准后应计入营业外收入

12. 在编制银行存款余额调节表时,下列未达账项中,会导致企业银行存款日记账的账面余额大于银行对账单余额的是( )。
  A. 企业开出支票,银行尚未支付
  B. 企业开出银行汇票,对方尚未到银行承兑
  C. 银行代收款项,企业尚未接到收款通知
  D. 企业车辆违章被罚款200元,银行已经扣款,但企业未接到扣款通知

13. 企业核算银行汇票存款时采用的账户是( )。
  A."其他货币资金" B."银行存款" C."应收票据" D."库存现金"

14. 下列各项中,通过"其他货币资金"账户核算的是( )。
  A. 现金支票 B. 银行本票存款 C. 银行承兑汇票 D. 转账支票

15. 企业将款项汇往异地银行开立采购专户,下列处理中,正确的是( )。
  A. 借记"应收账款"账户,贷记"银行存款"账户
  B. 借记"其他货币资金"账户,贷记"银行存款"账户
  C. 借记"其他应收款"账户,贷记"银行存款"账户
  D. 借记"材料采购"账户,贷记"其他货币资金"账户

16. 下列关于银行存款业务的表述中,正确的是( )。
  A. 企业单位信用卡存款账户可以存取现金
  B. 企业信用证保证金存款余额不可以转存其开户行结算户存款
  C. 企业银行汇票存款的收款人不得将其收到的银行汇票背书转让

D. 企业外埠存款除采购人员可从中提取少量现金外,一律采用转账结算

17. 某企业2021年1月31日银行存款日记账账面余额为216万元,收到银行对账单的余额为212.30万元。经查,该企业存在记账差错及未达账项:从银行提取现金6.9万元,会计人员误记为9.6万元;银行代企业支付电话费6.4万元,但企业未接到银行付款通知,尚未入账。该企业1月31日调节后的银行存款余额为(　　)万元。

　　A. 212.30　　　　　　B. 225.10　　　　　　C. 205.90　　　　　　D. 218.70

18. 下列各项中,不会引起其他货币资金发生变动的是(　　)。

　　A. 企业销售商品收到商业汇票
　　B. 企业用银行本票购买办公用品
　　C. 企业将款项汇往异地开立采购专户
　　D. 企业为购买债券将资金存入由证券公司指定银行开立的投资款专户

二、多项选择题

1. 下列有关现金的说法中,正确的有(　　)。

　　A. 向个人收购农副产品或其他物资,超过50 000元,就不能使用现金
　　B. 单位留存现金的最高数额为20 000元
　　C. 发生现金短缺,经批准由责任人赔偿的,计入其他应收款
　　D. 发生现金溢余,属于应该支付给有关人员的,计入其他应付款

2. 在编制银行存款余额调节表时,下列未达账项中,会导致企业银行存款日记账账面余额小于银行对账单余额的有(　　)。

　　A. 企业开出支票,银行尚未支付　　　　B. 企业送存支票,银行尚未入账
　　C. 银行代收款项,企业未接到收款通知　　D. 银行代付款项,企业尚未接到付款通知

3. 下列各项中,应确认为企业其他货币资金的有(　　)。

　　A. 企业持有的3个月内到期的债券投资
　　B. 企业为购买股票向证券公司划出的资金
　　C. 企业汇往外地建立临时采购专户的资金
　　D. 企业向银行申请银行本票拨付的资金

4. 下列各项中,企业可以用现金支付的有(　　)。

　　A. 职工的工资　　　　　　　　　　　B. 个人劳务报酬
　　C. 结算起点(1 000元)以上的支出　　　D. 出差人员的差旅费

5. 某公司出纳小王在现金清查中,发现短缺50元,经查明系业务员李某报销时计算错误导致,经批准后由李某偿还。下列关于该项经济业务的会计处理中,正确的有(　　)。

　　A. 借:库存现金　　　　　　　　　　　　　　　　　　　　　　50
　　　　　贷:待处理财产损溢　　　　　　　　　　　　　　　　　　　　50
　　B. 借:待处理财产损溢　　　　　　　　　　　　　　　　　　　50
　　　　　贷:库存现金　　　　　　　　　　　　　　　　　　　　　　　50
　　C. 借:其他应收款　　　　　　　　　　　　　　　　　　　　　50
　　　　　贷:待处理财产损溢　　　　　　　　　　　　　　　　　　　　50
　　D. 借:营业外支出　　　　　　　　　　　　　　　　　　　　　50
　　　　　贷:待处理财产损溢　　　　　　　　　　　　　　　　　　　　50

6. 企业在现金清查中,经检查仍无法查明原因的现金溢余,经批准后处理时,可能涉及的账户有(   )。
   A. "其他应付款"   B. "管理费用"
   C. "待处理财产损溢"   D. "营业外收入"

7. 对于现金短缺,企业在进行会计处理时,可能涉及的账户有(   )。
   A. "管理费用"   B. "其他应收款"
   C. "待处理财产损溢"   D. "营业外支出"

8. 下列存款中,应通过"其他货币资金"账户核算的有(   )。
   A. 信用卡存款   B. 存出投资款   C. 银行汇票存款   D. 外埠存款

9. 下列各项中,企业应通过"其他货币资金"账户核算的有(   )。
   A. 存入证券公司指定银行的存出投资款
   B. 申请银行汇票划转出票银行的款项
   C. 开具信用证存入银行的保证金款项
   D. 汇往采购地银行开立采购专户的款项

10. 下列各项中,属于未达账项的有(   )。
    A. 企业已开出,但银行尚未兑付的支票
    B. 企业已收款入账,但银行尚未收款入账
    C. 银行收到委托款项,但尚未通知企业
    D. 银行划付电话费,但未将其通知单送达企业

三、判断题

1. 企业与银行核对银行存款账目时,对已发现的未达款项,应当编制银行存款余额调节表进行调节,并以银行存款余额调节表作为原始凭证进行相应的账务处理。(   )

2. 库存现金的清查包括出纳人员每日的清点核对和清查小组的定期、不定期的清查。(   )

3. 无法查明原因的现金溢余,应冲减管理费用。(   )

4. 在现金清查中,经批准后,属于无法查明原因的现金溢余,应记入"营业外收入"账户。(   )

5. 在现金清查中,属于无法查明原因的现金短缺,应记入"营业外支出"账户。(   )

6. 企业可以根据银行存款余额调节表直接调整银行存款的账面金额。(   )

7. 某企业收到对方以转账支票形式支付的货款,记入"其他货币资金"账户中。(   )

四、业务计算及处理题

1. 2021年1月9日,达邦公司以面值为25万元的银行汇票购买M材料800千克,每千克不含增值税销售价格为250元,价款共计200 000元,增值税税率为13%。由销货方代垫运费并取得增值税专用发票,注明的价款为3 000元,增值税额为270元。材料验收入库,银行汇票多余款项通过银行退回并已收妥。
   要求:请编制相关会计分录。

2. 2021年1月15日,达邦公司委托银行将600 000元汇往外地建立采购专户。采购员回单位报销以采购专户存款购买的材料价款为500 000元,增值税额为65 000元。材料已验收入库。1月25日,公司接到银行通知,采购专户的剩余款项已划回。

要求:请编制相关会计分录。

3. 2021年1月18日,甲公司向乙公司销售商品,价款为200 000元,增值税销项税额为26 000元,收到银行汇票一张,注明的金额为226 000元,甲公司已收存银行。

要求:请编制相关会计分录。

4. 2021年1月,达邦公司的银行存款日记账和银行对账单如表1-7和表1-8所示。

表1-7　　　　　　　　　　　银行存款日记账

开户行名称:滨海市农行相思湖支行　　　　　　　　　　　　　　　　账号:45020067124088

2021年		凭证		摘要	结算凭证	借方	贷方	余额
月	日	字	号			百十万千百十元角分	百十万千百十元角分	百十万千百十元角分
1	1			期初余额				9 8 7 5 0 0 0
1	2	记	1	支付设备款	转支#4302		2 3 4 2 0 0 0	7 5 3 3 0 0 0
1	8	记	4	汇出采购款	电汇		2 5 2 0 0 0 0	5 0 1 3 0 0 0
1	10	记	6	收到货款	托收承付	4 7 8 1 0 0 0		9 7 9 4 0 0 0
1	15	记	11	支付材料款	转支#4303		3 0 5 0 0 0 0	6 7 4 4 0 0 0
1	20	记	15	销售商品	转支#3379	3 1 6 8 0 0 0		9 9 1 2 0 0 0
1	25	记	22	提现	现支#2210		1 0 6 0 0 0	9 8 0 6 0 0 0
1	29	记	24	房租	委托收款		4 5 7 0 0 0	9 3 4 9 0 0 0
1	31	记	30	销售商品	转支#5502	2 8 9 9 0 0 0		1 2 2 4 8 0 0 0
				合计				

表1-8　　　　　　　　　　中国农业银行客户存款对账单

户名:达邦公司　　　账号:45020067124088　　　币种:人民币　　　单位:元

2021年		凭证号数	摘要	借方	贷方	借或贷	余额
月	日						
1	1	(略)	期初余额			贷	98 750
1	8		电汇汇出采购款	25 200		贷	73 550
1	9		转支#4302 支付设备款	23 420		贷	50 130
1	10		托收承付(收到货款)		47 810	贷	97 940
1	19		托收承付(收到货款)		22 000	贷	119 940
1	20		转支#3379 收到销货款		31 680	贷	151 620
1	25		现支#2210 提现	1 060		贷	150 560
1	29		委托收款(房租)		4 570	贷	145 990
1	31		短期借款利息	3 360		贷	142 630

要求:

(1) 将银行存款日记账与银行对账单逐笔核对,找出未达账项。

(2) 编制银行存款余额调节表(见表1-9)。

表 1-9　　　　　　　　　　　　　**银行存款余额调节表**

　　　　　　　　　　　　　　　　　年　　月　　日

项目	金额	项目	金额
企业银行存款日记账余额		银行对账单余额	
加：银行已收、企业未收款		加：企业已收、银行未收款	
减：银行已付、企业未付款		减：企业已付、银行未付款	
调节后的存款余额		调节后的存款余额	

模块 2

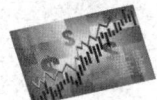

筹资会计岗位

[考核目标] 通过本岗位学习,学生应熟悉实收资本的管理规定;了解资本公积的来源和留存收益的内容;掌握实收资本、资本公积、留存收益的账务处理;掌握短期借款、长期借款取得、计息、归还的计算和账务处理;掌握应付债券发行、计息、利息调整、偿还的账务处理。

[实践目标] 能够根据实验操作资料,正确理解并审核原始凭证,并能够对企业权益筹资及负债筹资进行相关会计核算。

[知识点思维导图]

```
                    ┌ 实收资本(股本)——确认、计量及增加、减少业务
                    │ 其他权益工具——处理的基本原则及业务处理
                    │ 资本公积——来源、资本(股本)溢价及其他资本公积
          股东权益资本┤           ┌ 盈余公积——计提、转增资本、补亏、发放股利
                    │ 留存收益 ┤
筹资会               │           └ 未分配利润——计算、结转及使用
计岗位  ┤            └ 其他综合收益——未在损益中确认的各项利得和损失、典型业务
                    ┌ 短期借款——取得、计息、归还
          债务资本 ┤ 长期借款——取得、计息、利息调整摊销、归还
                    │           ┌ 一般公司债券——发行、计息及利息调整摊销、偿还
                    └ 应付债券 ┤
                                └ 可转换公司债券——认知可转债、可转债账务处理
```

 筹资会计岗位工作职责

(1) 根据企业的生产经营计划,协助筹资主管编制筹资预算、设计筹资方案。
(2) 协助筹资主管拟写筹资合同或筹资协议。
(3) 为筹资主管编制筹资预算方案提供帮助。
(4) 审核筹资的会计凭证,对企业筹资活动进行准确的会计核算。
(5) 计算企业筹资活动应付的股利或应付的利息。
(6) 及时向财务负责人报告筹资进程及结果。

任务 2.1　股东权益资本

企业的股东权益也称所有者权益,是企业资产减去负债后由所有者享有的剩余权益。它主要包括实收资本(或股本)、资本公积、留存收益、其他综合收益和其他权益工具等。股东权益资本和债务资本构成了企业取得资金的两大来源。

股东权益资本,除非发生减资、清算等情况,在一般情况下无需偿还,可以长期周转使用,债务资本到期需要还本付息。

活动 2.1.1　实收资本(或股本)的会计处理

实收资本是指企业按照章程规定或合同、协议约定,接受投资者投入企业的资本。股本是指经股份有限公司章程授权、代表公司所有权的全部股份。实收资本(或股本)的构成比例,即投资者的出资比例或股东的股份比例,通常是确定所有者在企业所有者权益中所占的份额和参与企业财务经营决策的基础,也是企业进行利润分配(或股利分配)的依据。

根据国务院批准执行的《注册资本登记制度改革方案》规定,注册资本由实缴制改为认缴制,投资者按公司章程的规定,可分期或一次缴纳公司章程中载明的认缴额。公司实收资本不再作为工商登记事项。公司登记时,无需提交验资报告。但金融机构、证券公司等暂不实行注册资本认缴登记制,仍实行注册资本实缴登记制。公司注册资本是公司作为一个经济主体,对外宣称的能承担的责任大小的标志。大部分的公司都叫"××有限公司"或"××有限责任公司",这里的有限责任,指的就是公司的股东对公司的债务承担有限的责任,而责任的额度就是公司的注册资本。在一般情况下,实收资本与注册资本相等。

一、实收资本(或股本)的确认和计量

企业(或股份有限公司)应当设置"实收资本"(或"股本")账户,用来核算接受投资者投入的实收资本。股份有限公司的实收资本划分为股份,每股的金额相等,为此,股份有限公司的实收资本通常称为股本。

(1)股东以货币出资的,应当将货币出资存入公司在银行开设的账户。按股东占注册资本份额的比例记入"实收资本"或"股本"账户,超过注册资本份额的部分列入"资本公积"账户核算。

(2)股东以非货币出资的,应当依法办理其财产转移手续,按投资合同或协议约定价值确定非现金资产价值(投资合同或约定价值不公允的除外)和在注册资本中所占的份额记入"实收资本"账户,超过份额部分列入"资本公积"账户。

(3)股份制企业通过发行股票筹集资金时,应按照股票面值总额记入"股本"账户,超过面

值总额部分列入"资本公积——股本溢价"账户。

练一练

(1)（实务题）AB 公司由 A 和 B 共同出资设立的，注册资本为 2 000 000 元，B 以一台设备进行投资，该台设备的原价为 800 000 元，投资双方经协商确认的价值为 650 000 元，设备投资当日公允价值为 600 000 元。投资后，B 占 AB 公司原注册资本的 25%。假定不考虑其他相关税费，则 AB 公司由于 B 进行设备投资而应确认的实收资本为多少？

(2)（实务题）某上市公司发行普通股 1 000 万股，每股面值为 1 元，每股发行价格为 5 元，支付手续费 600 000 元，支付咨询费 200 000 元。该公司发行普通股计入股本的金额为多少？

二、实收资本（或股本）的账务处理

（一）实收资本（或股本）增加业务

1. 所有者投入资本（包括原企业所有者和新投资者）

《中华人民共和国公司法》（以下简称《公司法》）规定，股东可以用货币出资，也可以用货币估价并可以依法转让的非货币财产（如实物、知识产权、土地使用权等）作价出资，但法律、行政法规规定不得作为出资的财产除外。企业收到投资，一般应作会计分录如下：

借：银行存款（或固定资产、原材料、无形资产等）
　　应交税费——应交增值税（进项税额）
　贷：实收资本（或股本）（在注册资本或股本中所占份额）
　　　资本公积——资本溢价或股本溢价（求差计算）

【例 2-1】 A、B、C 共同投资设立 ABC 有限责任公司，注册资本为 8 000 000 元，A、B、C 持股比例分别为 55%、25% 和 20%。按照章程规定，A、B、C 投入资本分别为 4 400 000 元、2 000 000 元和 1 600 000 元。ABC 有限责任公司已如期收到各投资者一次缴足的款项。ABC 有限责任公司应编制会计分录如下：

借：银行存款　　　　　　　　　　　　　　　　　　　　　　　　8 000 000
　贷：实收资本——A　　　　　　　　　　　　　　　　　　　　　4 400 000
　　　　　　　——B　　　　　　　　　　　　　　　　　　　　　2 000 000
　　　　　　　——C　　　　　　　　　　　　　　　　　　　　　1 600 000

【例 2-2】 甲股份有限公司发行普通股 1 000 000 股，每股面值为 1 元，每股发行价格为 3 元。假定股票发行成功，发行费用为 260 000 元。甲股份有限公司应编制会计分录如下：

借：银行存款　　　　　　　　　　　　　　　　　　　　　　　　2 740 000
　贷：股本（1×1 000 000）　　　　　　　　　　　　　　　　　　1 000 000
　　　资本公积——股本溢价（3 000 000−1 000 000−260 000）　　　1 740 000

温馨提示

股份有限公司发行股票支付的手续费、佣金等发行费用，从发行股票的溢价中抵扣，股票发行没有溢价或溢价不足以抵扣发行费用的部分，应将不足抵扣的部分冲减盈余公积和未分配利润。

【例 2-3】 XYZ 有限责任公司于设立时收到 X 公司作为资本投入的不需要安装的机器设备一台,合同约定该机器设备的价值为 850 000 元,增值税进项税额为 110 500 元;收到 Y 公司作为资本投入的土地使用权一项,投资合同约定价值为 500 000 元,增值税进项税额为 45 000 元;收到 Z 公司作为资本投入的原材料一批,该批原材料投资合同或协议约定价值为 200 000 元,增值税进项税额为 26 000 元。以上三项投入均开具增值税专用发票,合同约定的价值与公允价值相符,不考虑其他因素。XYZ 公司应编制会计分录如下:

借:固定资产　　　　　　　　　　　　　　　　　　　　　　850 000
　　无形资产　　　　　　　　　　　　　　　　　　　　　　500 000
　　原材料　　　　　　　　　　　　　　　　　　　　　　　200 000
　　应交税费——应交增值税(进项税额)　　　　　　　　　181 500
　　贷:实收资本——X 公司　　　　　　　　　　　　　　　960 500
　　　　　　　　——Y 公司　　　　　　　　　　　　　　　545 000
　　　　　　　　——Z 公司　　　　　　　　　　　　　　　226 000

【例 2-4】 甲、乙、丙三人共同投资设立了 A 有限责任公司,原注册资本为 4 000 000 元,甲、乙、丙分别出资 500 000 元、2 000 000 元和 1 500 000 元。为扩大经营规模,经批准,A 有限责任公司注册资本扩大为 5 000 000 元,引入丁投资者。按照投资协议,新投资者需缴入现金 1 200 000 元,占注册资本的 20%。A 有限责任公司已收到该现金投资。假定不考虑其他因素,A 有限责任公司应编制会计分录如下:

借:银行存款　　　　　　　　　　　　　　　　　　　　　1 200 000
　　贷:实收资本——丁(5 000 000×20%)　　　　　　　　 1 000 000
　　　　资本公积——资本溢价　　　　　　　　　　　　　　200 000

2. 将资本公积、盈余公积转为实收资本(或股本)

资本公积、盈余公积可按规定用于转增资本,转增资本应按照程序办理相关批准手续,转增时应按原投资者各自出资比例相应增加各投资者的出资额。资本公积、盈余公积转增资本不会引起所有者权益总额的变化。

【例 2-5】 承[例 2-4],因扩大经营规模需要,经批准,A 有限责任公司按原出资比例将资本公积 2 000 000 元和盈余公积 1 000 000 元转增资本。原甲、乙、丙、丁持股比例分别为 10%、40%、30% 和 20%。A 有限责任公司应编制会计分录如下:

借:资本公积　　　　　　　　　　　　　　　　　　　　　2 000 000
　　盈余公积　　　　　　　　　　　　　　　　　　　　　1 000 000
　　贷:实收资本——甲　　　　　　　　　　　　　　　　　300 000
　　　　　　　　——乙　　　　　　　　　　　　　　　　1 200 000
　　　　　　　　——丙　　　　　　　　　　　　　　　　　900 000
　　　　　　　　——丁　　　　　　　　　　　　　　　　　600 000

3. 股份有限公司采用发放股票股利方式实现增资

经股东大会或类似机构决议,分配给股东的股票股利,应在办理增资手续后,借记"利润分配——转作股本的股利"账户,贷记"股本"账户。企业可能会由于缺少足够的现金,或现有的现金有其他投资安排,或出于资本重整及其他原因,不向股东发放现金股利,而是发放股票股利,股票股利能提高股东持股的数量,不需要发生实际的资产流出,但股票数量会因股票股利的发放而增加,从而导致每股账面价值的下降。

(二) 实收资本(股本)减少业务

有限责任公司和一般企业按法定程序报经批准减少注册资本的,借记"实收资本"账户,贷记"银行存款"等账户。股份有限公司因减少注册资本而回购本公司股份,按注销股票的面值总额减少股本,购回股票支付的价款超过面值总额的部分应冲减"资本公积——股本溢价",股本溢价不足冲减的部分应冲减盈余公积和未分配利润,相反增加"资本公积——股本溢价"。企业减少实收资本(或股本)一般发生在企业资本过剩等需要减资的情况下。

【例 2-6】 甲股份有限公司股东权益中,股本为 80 000 000 元(每股面值为 1 元),"资本公积——股本溢价"为 8 000 000 元,盈余公积为 7 000 000 元,未分配利润为 0。经董事会批准回购本公司股票并注销。甲股份有限公司 2019 年发生如下业务:

(1) 以每股 3 元的价格回购本公司股票 7 000 000 股。甲股份有限公司编制会计分录如下:

借:库存股　　　　　　　　　　　　　　　　　　　　　21 000 000
　　贷:银行存款　　　　　　　　　　　　　　　　　　　　21 000 000

(2) 注销股票。甲股份有限公司编制会计分录如下:

借:股本　　　　　　　　　　　　　　　　　　　　　　7 000 000
　　资本公积——股本溢价　　　　　　　　　　　　　　　8 000 000
　　盈余公积　　　　　　　　　　　　　　　　　　　　　6 000 000
　　贷:库存股　　　　　　　　　　　　　　　　　　　　21 000 000

(选择题)某上市公司通过回购本公司股票方式减资,回购股票支付的总价款高于面值总额,在注销回购的股票时,可能涉及的账户有(　　)。

A."盈余公积"　　　　　　　　　　　　B."资本公积"
C."股本"　　　　　　　　　　　　　　D."利润分配——未分配利润"

活动 2.1.2　其他权益工具的会计处理

一、其他权益工具确认与计量

(一) 其他权益工具会计处理的基本原则

企业发行的除普通股以外的归类为权益工具的各种金融工具,称为其他权益工具,如优先股和永续债。优先股和永续债同属混合型债券工具,同时兼有债性和股性。优先股是普通股对称,是股份公司发行的在分配红利和剩余财产时比普通股具有优先权的股份。优先股既具有基本的股权特征,又有明显的债权特征,如股息固定、不与普通股东一起参与剩余利润分配等,债权属性较大,风险相对较小。但优先股又不同于公司债券,因为优先股股东分取收益和公司资产的权利只能在公司满足了债权人的要求之后才能行使。永续债是没有明确到期日或期限非常长的债券,在理论上永久存续,也称可续期债券或无固定期限债券。对发行人来说,永续债可以帮助补充长期资本,降低资产负债率。

财政部发布的相关规定中明确了若发行人对于金融工具不存在支付本息的义务,那么金融工具可计入权益,否则计入负债。

对于归类为权益工具的金融工具,无论其名称中是否包含"债",其利息支出或股利分配都应当作为发行企业的利润分配,其回购、注销等作为权益的变动处理;对于归类为金融负债的金融工具,无论其名称中是否包含"股",其利息支出或股利分配原则上按照借款费用进行处理,其回购或赎回产生的利得或损失等计入当期损益。发行方发行金融工具,其发生的手续费、佣金等交易费用,如分类为债务工具且以摊余成本计量的,应当计入所发行工具的初始计量金额;如分类为权益工具的,应当从权益中扣除。

(二) 账户设置

金融工具发行方应当设置下列账户,对发行的金融工具进行会计核算:

(1) 发行方对于归类为金融负债的金融工具在"应付债券"账户核算。

(2) 归类为权益工具的,在所有者权益类账户中增设"4401 其他权益工具"账户,核算企业发行的除普通股以外的归类为权益工具的各种金融工具。该账户应按发行金融工具的种类等进行明细核算。

二、其他权益工具的账务处理

财政部印发《金融负债与权益工具的区分及相关会计处理规定》,规范了优先股、永续债等金融工具的会计处理。发行方发行的金融工具归类为权益工具的,一般作以下账务处理:

(1) 发行归类为权益工具的金融工具时。

借:银行存款(按实际收到的金额)
　　贷:其他权益工具——优先股、永续债等

【例2-7】 2021年1月1日,F股份有限公司发行优先股500 000股,每股面值为10元,公司可以自主决定派发优先股股利。F股份有限公司编制会计分录如下:

借:银行存款　　　　　　　　　　　　　　　　　　　　　　　5 000 000
　　贷:其他权益工具——优先股　　　　　　　　　　　　　　　　　5 000 000

(2) 存续期间分派股利。分类为权益工具的金融工具,在存续期间分派股利(含分类为权益工具的工具所产生的利息)的,作为利润分配处理。

借:利润分配——应付优先股股利、应付永续债利息
　　贷:应付股利——优先股股利、永续债利息等

【例2-8】 承[例2-7],2021年3月20日,F股份有限公司分派现金股利,每10股派发现金股利10元。F股份有限公司编制会计分录如下:

借:利润分配——应付优先股股利　　　　　　　　　　　　　　　　500 000
　　贷:应付股利——应付优先股股利　　　　　　　　　　　　　　　　500 000

(3) 发行方按合同条款约定赎回所发行的除普通股以外的分类为权益工具的金融工具。

借：库存股——其他权益工具（按赎回价格）
　　　　贷：银行存款

　注销所购回的金融工具时：

　借：其他权益工具（按该工具对应的其他权益工具的账面价值）
　　　贷：库存股——其他权益工具（按该工具的赎回价格）
　　　　　资本公积——股本溢价（按其差额，借记或贷记）

　　如资本公积不够冲减的，依次冲减盈余公积和未分配利润。

【例2-9】 承[例2-7]，F股份有限公司以每股8元的价格收回并注销50 000股优先股。F股份有限公司编制会计分录如下：

　　借：库存股——其他权益工具　　　　　　　　　　　　　　　400 000
　　　　贷：银行存款　　　　　　　　　　　　　　　　　　　　400 000
　　借：其他权益工具——优先股　　　　　　　　　　　　　　　500 000
　　　　贷：库存股——其他权益工具　　　　　　　　　　　　　400 000
　　　　　　资本公积　　　　　　　　　　　　　　　　　　　　100 000

活动2.1.3　资本公积的会计处理

一、资本公积的来源

　　企业应将收到投资者出资额超出其在注册资本（或股本）中所占份额的部分即资本、股本溢价列入资本公积核算，资本公积还包括除资本溢价或股本溢价、其他综合收益和利润分配以外所有者权益的其他变动。形成资本溢价（或股本溢价）的原因有溢价发行股票、投资者超额缴入资本等。资本公积由全体股东所有，资本公积主要用于转增资本或股本，在资本公积转增资本时，按各个股东在实收资本（或股本）中所占的投资比例计算的金额，分别转增各个股东的投资额。

　　（选择题）甲公司收到某投资者作为资本投入的银行存款820万元，在注册资本中所占的份额为800万元，则该业务计入甲公司资本公积的金额为（　　）。
　　A. 20万元　　　　　　B. 820万元　　　　　　C. 0　　　　　　D. 800万元

二、资本公积的账务处理

　　企业应通过"资本公积"账户核算资本公积的增减变动情况，并分别"资本溢价（股本溢价）""其他资本公积"进行明细核算。经股东大会或类似机构决议，用资本公积转增资本时，应冲减资本公积（资本溢价或股本溢价）。

　（一）资本（或股本）溢价的核算

【例2-10】 B有限责任公司由两位投资者共同投资200 000元设立，每人各出资100 000元。1年后，为扩大经营规模，经批准，B有限责任公司注册资本增加到300 000元，并引入第三位投资者加入。按照投资协议,新投资者需缴入现金 110 000 元,同时享有该公司 1/3 的股份。B 有限责任公司已收到该现金投资。假定不考虑其他因素,B 有限责任公司应编制会计分录如下:

  借:银行存款   110 000
    贷:实收资本   100 000
      资本公积——资本溢价   10 000

(选择题)某股份有限公司首次公开发行普通股 6 000 万股,每股面值为 1 元,每股发行价格为 3 元,发生手续费、佣金等 500 万元,该项业务应计入资本公积的金额为(　　)万元。
  A. 11 500   B. 12 000   C. 12 500   D. 17 500

【例 2-11】 B 股份有限公司首次公开发行普通股 30 000 000 股,每股面值为 1 元,每股发行价格为 3 元。B 股份有限公司与证券公司约定,按发行收入的 3% 收取佣金,从发行收入中扣除,假定收到的股款已存入银行。B 股份有限公司编制会计分录如下:

  借:银行存款   90 000 000
    贷:股本   30 000 000
      资本公积——股本溢价   60 000 000

  借:资本公积——股本溢价(90 000 000×3%)   2 700 000
    贷:银行存款   2 700 000

或者:

  借:银行存款   87 300 000
    贷:股本   30 000 000
      资本公积——股本溢价   57 300 000

(选择题)甲公司委托证券公司代理发行普通股 300 万股,面值为 1 元,每股发行价为 10 元。按协议约定,证券公司按照发行价收入的 3% 收取佣金。甲公司发行股票应计入资本公积的金额为(　　)万元。
  A. 90   B. 2 700   C. 2 610   D. 300

(二) 其他资本公积

涉及其他资本公积核算,比较典型的业务是采用权益法核算的长期股权投资,被投资单位除净损益、其他综合收益和利润分配以外的所有者权益的其他变动,计入其他资本公积,应编制会计分录如下:

  借:长期股权投资——其他权益变动
    贷:资本公积——其他资本公积

当处置采用权益法核算的长期股权投资时,应当将原计入资本公积(其他资本公积)的相关金额转入投资收益(除不能转入损益的项目外)。

【例 2-12】 A 有限责任公司于 2021 年 1 月 1 日向 B 公司投资 8 000 000 元,拥有该公司 20% 的股份,并对该公司有重大影响,因而对 B 公司长期股权投资采用权益法核算。2021 年 12 月 31 日,B 公司除净损益、其他综合收益和利润分配以外的所有者权益增加了 1 000 000 元。不考虑其他因素,A 有限责任公司应编制会计分录如下:

借:长期股权投资——其他权益变动　　　　　　　　　　　　　　　　200 000
　　贷:资本公积——其他资本公积　　　　　　　　　　　　　　　　　　　200 000

活动 2.1.4　留存收益的会计处理

留存收益来源于企业生产经营活动实现的利润。留存收益是指企业从历年实现的利润中提取留存于企业的内部积累。它包括盈余公积和未分配利润两类。

(选择题)2021 年 1 月初,某公司股东权益总额是 12 000 000 元,其中股本为 6 000 000 元(股数为 6 000 000 股,每股面值为 1 元),资本公积为 3 000 000 元,盈余公积为 1 000 000 元,未分配利润为 2 000 000 元。该公司 1 月初留存收益的金额是(　　)元。

A. 3 000 000　　　　B. 6 000 000　　　　C. 1 000 000　　　　D. 12 000 000

一、盈余公积的会计处理

(一)关于盈余公积的相关规定

盈余公积是指企业按照规定从净利润中提取的各种积累资金。公司制企业的盈余公积分为法定盈余公积和任意盈余公积,两者的区别就在于其各自计提的依据不同,前者以国家的法律或行政规章为依据提取,后者则由公司自行决定提取。

根据《公司法》等有关法规的规定,企业当年实现的净利润,一般应当按照如下顺序进行分配。

1. 提取法定盈余公积

公司制企业的法定盈余公积按照税后利润 10% 的比例提取(非公司制企业也可按照超过 10% 的比例提取),公司法定盈余公积累计额为公司注册资本的 50% 以上时,可以不再提取法定盈余公积。

在计算提取法定盈余公积的基数时,不应包括企业年初未分配利润;如果以前年度有亏损(即年初未分配利润余额为负数),应先弥补以前年度亏损再提取盈余公积。

2. 提取任意盈余公积

公司从税后利润中提取法定盈余公积后,经股东大会决议,还可以从税后利润中提取任意盈余公积。非公司制企业经类似权力机构批准也可提取任意盈余公积。

3. 向投资者分配利润或股利

公司弥补亏损和提取盈余公积后结余的税后利润，有限责任公司股东按照实缴的出资比例分取红利，股份有限公司按照股东持有的股份比例分配，但公司章程规定不按比例分配的除外。

（选择题）下列各项中，属于企业留存收益的有（　　）。

A. 发行股票的溢价收入

B. 按规定从净利润中提取的法定盈余公积

C. 累计未分配利润

D. 按股东大会决议从净利润中提取的任意盈余公积

（二）盈余公积的用途

企业提取的盈余公积主要用于以下方面。

1. 弥补亏损

企业发生亏损时，应由企业自行弥补。企业以提取的盈余公积弥补亏损时，应由公司董事会提议，并经股东大会批准。

2. 转增资本

企业将盈余公积转增资本时，必须经股东大会决议批准。在实际将盈余公积转增资本时，要按股东原有持股比例结转。企业提取的盈余公积，无论是用于弥补亏损，还是用于转增资本，只不过是在企业所有者权益内部作结构上的调整，不会引起所有者权益总额的变动。

盈余公积除了用于以上两个方面，还可用盈余公积发放现金股利或利润，企业用盈余公积发放现金股利时，借记"盈余公积——应付现金股利"账户，贷记"应付股利"账户。

对比资本公积、盈余公积的来源和用途，资本公积可以用于弥补亏损吗？

（三）盈余公积的会计处理

1. 提取盈余公积

企业提取盈余公积时，借记"利润分配——提取法定盈余公积""利润分配——提取任意盈余公积"账户，贷记"盈余公积——法定盈余公积""盈余公积——任意盈余公积"账户。

【例2-13】 某企业2021年年初"利润分配——未分配利润"账户借方余额为200 000元，本年度该企业实现净利润3 200 000元，按净利润的10%提取法定盈余公积，按5%计提任意盈余公积。该企业编制会计分录如下：

借：利润分配——提取法定盈余公积　　　　　　　　　　　300 000
　　　　　　——提取任意盈余公积　　　　　　　　　　　150 000
　　贷：盈余公积——法定盈余公积　　　　　　　　　　　300 000
　　　　　　　　——任意盈余公积　　　　　　　　　　　150 000

2. 盈余公积补亏

企业发生亏损时,弥补亏损的渠道主要有三个:一是用以后年度税前利润弥补。按照现行制度规定,企业发生亏损时,可以用以后5年内实现的税前利润弥补,即税前利润弥补亏损的期间为5年。二是用以后年度税后利润弥补。企业发生的亏损经过5年税前弥补尚未补足的亏损应用所得税后的利润弥补。三是以盈余公积弥补亏损。企业用盈余公积弥补亏损时,借记"盈余公积"账户,贷记"利润分配——盈余公积补亏"账户。

【例 2-14】 经股东大会批准,B股份有限公司用以前年度提取的盈余公积弥补当年亏损,当年弥补亏损的数额为860 000元。假定不考虑其他因素,B股份有限公司编制会计分录如下:

借:盈余公积　　　　　　　　　　　　　　　　　　　　　　　8 600 000
　　贷:利润分配——盈余公积补亏　　　　　　　　　　　　　　　860 000

3. 盈余公积转增资本

企业将盈余公积转增资本时,必须经股东大会决议批准。在实际将盈余公积转增资本时,要按股东原有持股比例结转。按照《公司法》的规定,法定公积金(资本公积和盈余公积)转为资本时,所留存的该项公积金不得少于转增前公司注册资本的25%。

经股东大会或类似机构决议,用盈余公积转增资本,借记"盈余公积"账户,贷记"实收资本"(或"股本")账户。经股东大会决议,用盈余公积派送新股,按派送新股计算的金额,借记"盈余公积"账户,按股票面值和派送新股总数计算的股票面值总额,贷记"股本"账户。

【例 2-15】 因扩大经营规模需要,经股东大会批准,B股份有限公司将盈余公积500 000元转增资本。假定不考虑其他因素,B公司编制会计分录如下:

借:盈余公积　　　　　　　　　　　　　　　　　　　　　　　　500 000
　　贷:股本　　　　　　　　　　　　　　　　　　　　　　　　　500 000

【例 2-16】 N公司宣布用盈余公积发放股票股利,比例为10送1(即10%的比例),该公司原有股份1 000 000股,每股面值为1元,每股股价为3元。N公司编制会计分录如下:

借:盈余公积　　　　　　　　　　　　　　　　　　　　　　　　300 000
　　贷:股本　　　　　　　　　　　　　　　　　　　　　　　　　100 000
　　　　资本公积　　　　　　　　　　　　　　　　　　　　　　　200 000

温馨提示

资本公积和盈余公积转增资本,只会引起所有者权益内部结构的变化,不会引起所有者总额变化,也不会改变各位投资者在所有者权益中所占的份额。

二、未分配利润的会计处理

企业的可供分配利润由年初未分配利润(或未弥补亏损)、当年实现的净利润(或亏损)和盈余公积补亏转入等构成,未分配利润是可供分配利润在提取各种盈余公积和分出利润后的余额。

从数量上来讲,未分配利润是期初未分配利润,加上本期实现的净利润,减去提取的各种盈余公积和应付股利(利润)后的余额。它是企业留待以后年度进行分配的结存利润,也是企业所有者权益的组成部分。

某企业"利润分配——未分配利润"账户2021年年初借方余额为400 000元,2021年度该企业实现净利润为1 500 000元,根据净利润的10%提取法定盈余公积。2021年年末,该企业可供分配利润、未分配利润分别是多少?

在会计处理上,未分配利润是通过"利润分配"账户进行核算,"利润分配"账户应当分别设置"提取法定盈余公积""提取任意盈余公积""应付现金股利或利润""转作股本的股利""盈余公积补亏"和"未分配利润"等进行明细核算。

(一) 分配股利或利润的会计处理

(1)经股东大会或类似机构决议,分配给股东或投资者的现金股利或利润:

借:利润分配——应付现金股利或利润
　　贷:应付股利

(2)经股东大会或类似机构决议,分配给股东的股票股利,应在办理增资手续后:

借:利润分配——转作股本的股利
　　贷:股本

(二) 期末结转

企业期(月)末结转利润时,应将各损益类账户的金额转入"本年利润"账户,结平各损益类账户。结转后"本年利润"账户的贷方余额为当期实现的利润,借方余额为当期发生的亏损。年度终了,企业应将本年实现的净利润自"本年利润"账户转入"利润分配——未分配利润"账户,借记"本年利润"账户,贷记"利润分配——未分配利润"账户,亏损则作相反分录;同时,将"利润分配"账户所属其他明细账户的余额转入"利润分配——未分配利润"明细账户。结转后,"本年利润"账户除"利润分配——未分配利润"明细账户外,其他明细账户应无余额。"利润分配——未分配利润"明细账户的贷方余额就是未分配利润的金额;如出现借方余额,则表示未弥补的亏损。

【例 2-17】 A 公司 2021 年年初未分配利润为 3 500 000 元,本年实现净利 6 000 000 元,按 10%计提法定盈余公积,公司实现稳定的股利政策,每股分派现金股利 0.1 元,流通在外的普通股总计 30 000 000 股,每股面值为 1 元。A 公司编制会计分录如下:

A. 结转当年净利润:

借:本年利润　　　　　　　　　　　　　　　　　　　　　　　　　　　6 000 000
　　贷:利润分配——未分配利润　　　　　　　　　　　　　　　　　　　　6 000 000

B. 计提法定盈余公积:

借：利润分配——提取法定盈余公积 600 000
　　贷：盈余公积——法定盈余公积 600 000

C. 分派现金股利：

借：利润分配——应付现金股利或利润 3 000 000
　　贷：应付股利 3 000 000

D. 将"利润分配"账户所属其他明细账户的余额转入"利润分配——未分配利润"明细账户：

借：利润分配——未分配利润 3 600 000
　　贷：利润分配——提取法定盈余公积 600 000
　　　　　　　　——应付现金股利或利润 3 000 000

E. 当年分配后的未分配利润＝3 500 000＋6 000 000－600 000－3 000 000＝5 900 000（元）

"利润分配"账户各明细账户结转后，只有哪一个明细账户仍有余额？

（三）弥补亏损

无论是以税前利润还是以税后利润弥补亏损，其会计处理方法均相同。企业应将当年实现的利润自"本年利润"账户转入"利润分配——未分配利润"账户的贷方，其贷方发生额与"利润分配——未分配利润"账户的借方余额自然抵补，不必进行会计处理。

盈余公积补亏和税前税后利润补亏，在会计上处理上有何不同？

活动 2.1.5　其他综合收益

其他综合收益是指企业根据会计准则规定未在损益中确认的各项利得和损失，包括以后会计期间不能重分类进损益的其他综合收益和以后会计期间满足规定条件时将重分类进损益的其他综合收益两类。其他综合收益核算涉及内容较多，长期股权投资核算权益法下"长期股权投资——其他综合收益"明细账户的核算最具有代表性。具体规定如下：被投资单位其他综合收益发生变动的，投资方应当按照归属于本企业的部分，相应调整长期股权投资的账面价值，同时增加或减少其他综合收益。

【例2-18】　A公司持有B公司30%的股份，能够对B公司施加重大影响。当期B企业因持有的其他权益工具投资公允价值变动计入其他综合收益的金额为12 000 000元，假定不考虑其他因素，A企业当期按照权益法确认其他综合收益所编制的会计分录如下：

借：长期股权投资——其他综合收益 3 600 000
　　贷：其他综合收益（12 000 000×30%） 3 600 000

任务2.2 债务资本

活动2.2.1 短期借款

一、短期借款概述

短期借款是指企业向银行或其他金融机构等借入的期限在1年以下（含1年）的各种借款。短期借款通常是为了满足正常生产经营的需要而借入。

企业应设置"短期借款"账户核算短期借款本金，短期借款利息属于筹资费用，应记入"财务费用"账户。在实际工作中，企业的短期借款利息一般采用月末预提、按季支付的做法。如果利息是按月支付的，或者利息是在借款到期时连同本金一起归还，数额不大的，可以不采用月末预提的方法，而在实际支付或收到银行的计息通知时，直接计入财务费用。

二、短期借款的账务处理

（1）取得借款时：

借：银行存款
　　贷：短期借款

（2）资产负债表日计提短期借款利息费用：

借：财务费用
　　贷：应付利息

（3）支付利息：

借：应付利息
　　贷：银行存款

（4）短期借款到期偿还本金时（还本）：

借：短期借款
　　贷：银行存款

【例2-19】 甲股份有限公司于2021年1月1日向银行借入一笔生产经营用短期借款，共计240 000元，期限为9个月，年利率为4%。根据与银行签订的借款协议，该项借款的本金到期后一次归还，利息按季支付。甲股份有限公司编制会计分录如下：

A. 1月1日，借入短期借款：

借：银行存款　　　　　　　　　　　　　　　　　　　　　　　240 000
　　贷：短期借款　　　　　　　　　　　　　　　　　　　　　　240 000

B. 1月末，计提1月份应计利息：

借：财务费用　　　　　　　　　　　　　　　　　　　　　　　　　800
　　贷：应付利息（240 000×4%÷12）　　　　　　　　　　　　　　800

2月末计提2月份利息费用的会计分录同1月末。

C. 3月末支付第一季度银行借款利息：

借：财务费用　　　　　　　　　　　　　　　　　　　　　　　　800
　　应付利息　　　　　　　　　　　　　　　　　　　　　　　1 600
　　　贷：银行存款　　　　　　　　　　　　　　　　　　　　2 400

第二、第三季度的会计分录同3月末。

D. 10月1日，偿还银行借款本金：

借：短期借款　　　　　　　　　　　　　　　　　　　　　　240 000
　　　贷：银行存款　　　　　　　　　　　　　　　　　　　240 000

（选择题）2021年3月1日，某企业向银行借入一笔经营周转资金100万元，期限为6个月，到期一次还本付息，年利率为6%，借款利息按月预提，该短期借款在到期时应支付的本利和为（　　）万元。

A. 103　　　　　　B. 106　　　　　　C. 102　　　　　　D. 104

活动2.2.2　长期借款

长期借款是指企业从银行或其他金融机构借入的期限在1年以上（不含1年）的借款。长期借款一般是因大型设备购进、固定资产更新改造、科技开发或新产品试制需要长期资金而借入。

一、取得长期借款

企业应通过"长期借款"账户，核算长期借款的借入、归还等情况。企业借入长期借款，应按实际收到的金额，借记"银行存款"账户，贷记"长期借款——本金"账户；如借、贷方存在差额，还应借记"长期借款——利息调整"账户。

二、计提长期借款的利息

在资产负债表日，企业应按长期借款的摊余成本和实际利率计算确定长期借款的利息费用，利息费用应记入有关成本、费用类账户。企业应编制会计分录如下：

借：管理费用（属于筹建期间发生的不符合资本化条件的利息支出）
　　财务费用（属于生产经营期间不符合资本化条件的支出）
　　在建工程（符合资本化条件的利息支出）
　　研发支出（长期借款用于无形资产的研发发生的利息）
　　　贷：应付利息（分期付息到期还本的借款）
　　　　　长期借款——应计利息（一次还本付息的长期借款）

（选择题）长期借款发生的利息支出，可能借记的账户有（　　）。

A. "在建工程"　　B. "销售费用"　　C. "管理费用"　　D. "财务费用"
E. "研发支出"

三、归还长期借款的本金和利息

长期借款按照其付息方式的不同分为以下两种：一是到期一次还本付息的长期借款；二是分期付息、到期还本的长期借款。采取不同付息方式的长期借款，其在核算上所使用的账户也有所不同。

（1）一次还本付息借款：

借：长期借款——本金
　　　　　——应计利息
　　贷：银行存款

（2）分次付息、到期还本借款：

借：长期借款——本金
　　应付利息（最后一期利息）
　　贷：银行存款

（选择题）偿还分期付息，一次还本的长期借款的利息，其会计处理应为（　　）。
A. 借记"预提费用"账户，贷记"银行存款"账户
B. 借记"财务费用"账户，贷记"银行存款"账户
C. 借记"长期借款"账户，贷记"银行存款"账户
D. 借记"应付利息"账户，贷记"银行存款"账户

【例 2-20】 A 公司于 2020 年 12 月 31 日从市工商银行借入资金 2 400 000 元，所借款已存入银行。借款期限为 2 年，借款利率按市场利率定为 8%（分期付息到期还本）。A 公司将该借款用于公司厂房建设，分别于 2021 年 1 月及 2022 年 1 月各支付工程款 1 200 000 元，该工程于 2022 年 8 月 31 日完工，达到预定可使用状态。假定不考虑闲置的专门借款资金存款的利息收入，也不考虑增值税。A 公司编制会计分录如下：

A. 2020 年 12 月 31 日，取得借款时：

借：银行存款　　　　　　　　　　　　　　　　　　　　　　　　2 400 000
　　贷：长期借款——市工商银行——本金　　　　　　　　　　　　　　2 400 000

B. 2021 年 1 月，支付工程款时：

借：在建工程——厂房　　　　　　　　　　　　　　　　　　　　1 200 000
　　贷：银行存款　　　　　　　　　　　　　　　　　　　　　　　　1 200 000

C. 2021 年 12 月 31 日，计算 2021 年应计入工程成本的利息费用时：

借：在建工程——厂房（2 400 000×8%）　　　　　　　　　　　　　192 000
　　贷：应付利息——市工商银行　　　　　　　　　　　　　　　　　　192 000

D. 2021年12月31日,支付借款利息时:

借:应付利息——市工商银行　　　　　　　　　　　　　　　　　192 000
　　贷:银行存款　　　　　　　　　　　　　　　　　　　　　　　　　192 000

E. 2022年1月,支付工程款时:

借:在建工程——厂房　　　　　　　　　　　　　　　　　　　1 200 000
　　贷:银行存款　　　　　　　　　　　　　　　　　　　　　　　　1 200 000

F. 2022年8月31日,工程达到预定可使用状态时:

借:在建工程——厂房(2 400 000×8%÷12×8)　　　　　　　　　　128 000
　　贷:应付利息——市工商银行　　　　　　　　　　　　　　　　　128 000

同时:

借:固定资产——厂房　　　　　　　　　　　　　　　　　　　2 720 000
　　贷:在建工程——厂房　　　　　　　　　　　　　　　　　　　2 720 000

G. 2022年12月31日,计算2020年9~12月的利息费用时:

借:财务费用(2 400 000×8%÷12×4)　　　　　　　　　　　　　64 000
　　贷:应付利息——市工商银行　　　　　　　　　　　　　　　　　64 000

H. 2022年12月31日,支付利息时:

借:应付利息——市工商银行　　　　　　　　　　　　　　　　　192 000
　　贷:银行存款　　　　　　　　　　　　　　　　　　　　　　　　　192 000

I. 2023年1月1日,到期还本时:

借:长期借款——本金　　　　　　　　　　　　　　　　　　　2 400 000
　　贷:银行存款　　　　　　　　　　　　　　　　　　　　　　　　2 400 000

练一练

(实务题)甲公司为增值税一般纳税人,适用的增值税税率为13%。该公司为建造一生产线,于2021年1月1日从银行借入2 000 000元,当日以银行存款支付设备安装工程款1 200 000元。借款期限为2年,年利率为6%,利息每年支付,2021年12月1日,用银行存款支付工程款800 000元。2022年3月31日,设备全部安装完工,并交付使用。请编制相关分录。

【例2-21】 A公司于2021年1月1日向B银行借款500 000元,为期3年,每年年末偿还利息,到期日偿还本金。借款合同利率为3%,实际利率为4%,为取得借款发生手续费15 495元。A公司编制会计分录如下:

A. 2021年年初,取得借款时:

借:银行存款　　　　　　　　　　　　　　　　　　　　　　　　484 505
　　长期借款——利息调整　　　　　　　　　　　　　　　　　　　15 495
　　贷:长期借款——本金　　　　　　　　　　　　　　　　　　　　500 000

B. 2021年年末,计提利息时:

借：财务费用(484 505×4%) 19 380.20
　　贷：应付利息(500 000×3%) 15 000.00
　　　　长期借款——利息调整 4 380.20

C. 2021年年末，支付利息时：

借：应付利息 15 000
　　贷：银行存款 15 000

D. 2022年年末，计提利息时：

借：财务费用(488 885.20×4%) 19 555.41
　　贷：应付利息 15 000.00
　　　　长期借款——利息调整 4 555.41

E. 2022年年末，支付利息时：

借：应付利息 15 000
　　贷：银行存款 15 000

F. 2023年年末，计提利息时：

借：财务费用 21 559.39
　　贷：应付利息 15 000.00
　　　　长期借款——利息调整(15 495－4 380.20－4 555.41) 6 559.39

最后一期计算时应先计算未摊销的利息调整数，再用利息调整总额减去以前各期已摊销的金额计算。实际利率法的具体计算方法见活动2.2.3。

G. 2023年年末，支付利息时：

借：应付利息 15 000
　　贷：银行存款 15 000

H. 2024年1月1日，归还本金时：

借：长期借款——本金 500 000
　　贷：银行存款 500 000

(1)（填空题）E公司于2021年1月1日向B银行借款500 000元，为期3年，每年年末偿还利息，到期日偿还本金。借款合同利率为6%，实际利率为8%，为取得借款发生手续费25 787元。2021年年末，E公司"长期借款"账户的余额为(　　)元。

(2)（填空题）F公司2021年1月1日从银行取得长期借款500万元，期限为5年，利率为8%，用于建造固定资产项目，该项目于2023年6月30日完工并投入使用。另外，2023年6月30日，公司从银行取得短期借款100万元，期限为6个月、利率为5%。则2023年度的利息对当年的损益影响额为(　　)万元。

活动 2.2.3　应 付 债 券

应付债券是指企业为筹集长期使用资金而发行的一种书面凭证。企业发行的期限超过 1 年的债券构成了一项长期负债。企业发行的债券,其价格可以与债券的票面价值一致,也可以高于或低于债券的票面价值。当债券的票面利率高于市场利率时,可按超过债券票面价值的价格发行,称为溢价发行;当债券的票面利率低于市场利率时,可按低于债券票面价值的价格发行,称为折价发行;当债券的票面利率与市场利率一致时,可按票面价值发行,称为面值发行。

(1)(选择题)发行债券的方式有(　　)。
A. 按溢价发行　　　B. 按折价发行　　　C. 按成本发行　　　D. 按面值发行
(2)(选择题)公司折价发行债券,债券面值与发行收入的差额实质是(　　)。
A. 为以后少付利息而付出的代价　　　　B. 为后期多付利息而得到的补偿
C. 为当期利息收入　　　　　　　　　　D. 为以后期间的利息收入

一、一般公司债券的会计处理

企业应设置"应付债券"账户,核算企业应付债券的发行、计提利息、还本付息等情况。该账户一般需要设置"面值""利息调整""应计利息"等明细账户,并按债券的种类设置明细账进行明细核算。

(一) 发行债券

企业发行债券时,按实际收到的款项,借记"银行存款"等账户;按债券票面价值,贷记"应付债券——面值"账户;按其差额(即存在溢价、折价的情况),贷记或借记"应付债券——利息调整"账户。

(二) 计提利息及利息调整

企业债券应按期计提利息。溢价或折价发行债券的,其债券发行价格与债券面值总额的差额即利息调整,应当在债券存续期间分期摊销。其摊销方法采用实际利率法。当实际利率与合同约定的名义利率差异不大时,也可以采用合同约定的名义利率计算确定利息费用。

1. 面值发行的债券

企业应按计提的利息,借记"在建工程""制造费用""财务费用"等账户,贷记"应付债券——应计利息"(到期一次还本付息债券,下同)或"应付利息"(分期付息、一次还本债券,下同)账户。

2. 溢价或折价发行的债券

企业应按摊余成本和实际利率计算确定的利息费用,借记"在建工程""制造费用""财务费用"等账户;按票面金额与票面利率计算确定的金额,贷记"应付债券——应计利息"或"应付利息"账户;按其差额,借记或贷记"应付债券——利息调整"账户。

(选择题)为了进行应付债券的核算,企业应在"应付债券"账户下设置的明细账户有(　　)。

A. "面值"　　　　B. "债券溢价"　　　　C. "利息调整"　　　　D. "应计利息"

按实际利率摊销溢、折价的计算方法如下所述。

一、溢价

按票面利率计算的利息＝票面值×票面利率

按实际利率计算的利息＝(债券面值＋溢价－上期累积已摊销的溢价)×实际利率

应摊销溢价＝按票面利率计算的利息－按实际利率计算的利息

最后一期计算应摊销溢价时不再按上述公式计算，而直接用溢价总额减去以前各期已摊销的溢价计算。

二、折价

按票面利率计算的利息＝票面价值×票面利率

按实际利率计算的利息＝(债券面值－债券折价＋上一期累积已摊销折价)×实际利率

应摊销折价＝按实际利率计算的利息－按票面计算的利息

最后一期计算应摊销的折价方法与溢价相同。

（三）债券的偿还

对于一次还本付息的债券，债券到期支付债券本息时，借记"应付债券——债券面值、应计利息"账户，贷记"银行存款"账户。对于分期付息、一次还本的债券，在每期支付利息时，借记"应付利息"账户，贷记"银行存款"账户；债券到期偿还本金并支付最后一期利息时，借记"应付债券——面值""在建工程""财务费用"等账户，贷记"银行存款"账户。如果存在利息调整，则还应按借贷双方之间的差额，借记或贷记"应付债券——利息调整"账户。

【例 2-22】　甲公司经批准于 2020 年 12 月 31 日发行债券 10 000 张，每张面值为 100 元，票面利率为 6%，实际利率为 4.07%，期限为 4 年，每年年末付息，到期还本。发行价为每张 110 元，券商发行费用为 3 万元，自发行收入中扣除。债券溢折价采用实际利率法摊销。甲公司编制会计分录如下：

A. 2020 年 12 月 31 日，发行债券时：

借：银行存款　　　　　　　　　　　　　　　　　　　　　　　1 070 000
　　贷：应付债券——面值　　　　　　　　　　　　　　　　　　1 000 000
　　　　　　　　——利息调整　　　　　　　　　　　　　　　　　　70 000

B. 2021 年 12 月 31 日，计算利息时：

借：财务费用(1 070 000×4.07%)　　　　　　　　　　　　　　　43 549
　　应付债券——利息调整　　　　　　　　　　　　　　　　　　16 451
　　贷：应付利息(1 000 000×6%)　　　　　　　　　　　　　　　60 000

C. 2021 年 12 月 31 日，支付利息时：

借：应付利息　　　　　　　　　　　　　　　　　　　　　　　　60 000
　　贷：银行存款　　　　　　　　　　　　　　　　　　　　　　60 000

D. 2022年12月31日,计算利息时:

借:财务费用(1 053 549×4.07%)　　　　　　　　　　　　　　42 879.44
　　应付债券——利息调整　　　　　　　　　　　　　　　　　17 120.56
　　贷:应付利息(1 000 000×6%)　　　　　　　　　　　　　　　　　60 000.00

E. 2022年12月31日,支付利息时:

借:应付利息　　　　　　　　　　　　　　　　　　　　　　　60 000
　　贷:银行存款　　　　　　　　　　　　　　　　　　　　　　　60 000

F. 2023年12月31日,计算利息时:

借:财务费用(1 036 428.44×4.07%)　　　　　　　　　　　　　42 182.64
　　应付债券——利息调整　　　　　　　　　　　　　　　　　17 817.36
　　贷:应付利息(1 000 000×6%)　　　　　　　　　　　　　　　　　60 000.00

G. 2023年12月31日,支付利息时:

借:应付利息　　　　　　　　　　　　　　　　　　　　　　　60 000
　　贷:银行存款　　　　　　　　　　　　　　　　　　　　　　　60 000

H. 2024年12月31日,计提最后一期利息时:

借:财务费用(60 000-18 611.08)　　　　　　　　　　　　　　41 388.92
　　应付债券——利息调整(70 000-16 451-17 120.56-17 817.36)　　18 611.08
　　贷:应付利息(1 000 000×6%)　　　　　　　　　　　　　　　　　60 000.00

温馨提示

最后1年的利息调整摊销通过差额求得,用发行时形成的利息调整数减去前几年已摊销数计算求出。应付债券的摊余成本一般指的是应付债券的账面价值。

I. 2024年12月31日,还本及支付最后1年利息时:

借:应付债券——面值　　　　　　　　　　　　　　　　　　1 000 000
　　应付利息　　　　　　　　　　　　　　　　　　　　　　　60 000
　　贷:银行存款　　　　　　　　　　　　　　　　　　　　　　1 060 000

各期利息费用计算如表2-1所示。

表2-1　　　　　　　　　　各期利息费用计算表　　　　　　　　　　单位:元

日期	利息费用	支付现金	应付债券摊余成本
2020年12月31日			1 070 000
2021年12月31日	43 549	60 000	1 053 549
2022年12月31日	42 879.44	60 000	1 036 428.44
2023年12月31日	42 182.64	60 000	1 018 611.08
2024年12月31日	41 388.92	1 060 000	

规律总结

分次付息债券在溢价前提下,每期的实际利息费用小于票面利息,其差额会冲减债券摊余成本,直至面值。每期的摊余成本和利息费用呈下降态势。分次付息债券在折价前提下,每期的实际利息费用大于票面利息,其差额会追加债券摊余成本,直至面值。每期的摊余成本和利息费用呈上升态势。到期一次还本付息债券,无论折价还是溢价,每期的利息费用和摊余成本呈上升态势。

练一练

(选择题)2021年1月1日,甲公司发行分期付息、到期一次还本的5年期公司债券,实际收到的款项为18 800万元,该债券面值总额为18 000万元,票面年利率为5%。利息于每年年末支付;实际年利率为4%,2021年12月31日,甲公司该项应付债券的摊余成本为(   )万元。

A. 18 000　　　　　B. 18 652　　　　　C. 18 800　　　　　D. 18 948

二、可转换公司债券的会计处理

(一)认知可转换公司债券

可转换公司债券简称可转债,是一种可以在特定时间、按特定条件转换为普通股票的特殊企业债券。可转换公司债券具有债权和期权的双重属性,其持有人既可以选择持有债券到期,获取公司还本付息;也可以选择在约定的时间内转换成股票,享受股利分配或资本增值。

企业发行的可转换公司债券,既含有负债成分又含有权益成分,应当在初始确认时将负债成分和权益成分进行分拆,分别进行处理。企业在进行分拆时,应当先确定负债成分的公允价值并以此作为其初始确认金额,确认为应付债券,再按照该可转换公司债券整体的发行价格扣除负债成分初始确认金额后的金额确定权益成分的初始确认金额,确认为其他权益工具。对于可转换公司债券的负债成分,在转换为股份前,其会计处理与一般公司债券相同。

(二)可转换公司债券的会计处理

(1)发行可转换公司债券:

借:银行存款(发行收入,暂不考虑发行费用)
　　应付债券——可转换公司债券(利息调整)(倒挤认定,也可能记贷方)
　贷:应付债券——可转换公司债券(面值)
　　　其他权益工具(按权益成分的公允价值)

注:其他权益工具=发行收入-负债成分的公允价值(负债未来现金流量折现)

(2)转股前:其会计处理同普通债券,计提利息及摊销利息调整。
(3)转股时:

借：应付债券——可转换公司债券（面值）
　　应付债券——可转换公司债券（利息调整）（折价记贷方溢价记借方）
　　其他权益工具（当初的权益成分公允价值）
　　贷：股本
　　　　资本公积——股本溢价

【例2-23】　2021年1月1日，F公司经批准以5 000 000元的价格发行面值总额为5 000 000元、期限为5年的可转换公司债券，票面年利率为4%，利息按年支付；债券持有者可在债券发行1年后转换股份。该公司发行该债券时，二级市场上与之类似但没有转股权的债券的市场利率为6%。该应付债券面值及利息的未来现金流量折现4 578 980元，债券已发行完毕，款项均已收入银行。2021年12月31日，F公司计提本年度可转换公司债券利息，该可转换公司债券发生的利息费用不符合资本化条件。2022年1月2日，该可转换公司债券面值的40%转换成F公司的普通股股份，每10元转换1股，相关手续已于当日办妥。F公司编制会计分录如下：

A. 2021年1月1日，发行债券时：

借：银行存款　　　　　　　　　　　　　　　　　　　　　　　　　5 000 000
　　应付债券——可转换公司债券——利息调整　　　　　　　　　　 421 020
　　贷：应付债券——可转换公司债券——面值　　　　　　　　　　　5 000 000
　　　　其他权益工具——可转换公司债券（5 000 000－4 578 980）　　 421 020

B. 2021年12月31日，确认利息费用时：

借：财务费用（4 578 980×6%）　　　　　　　　　　　　　　　　　274 738.80
　　贷：应付利息（50 000 000×4%）　　　　　　　　　　　　　　　200 000.00
　　　　应付债券——可转换公司债券——利息调整　　　　　　　　　 74 738.80

C. 2022年1月1日，债券持有人行使转换权时：

转换的股份数＝5 000 000×40%÷10＝200 000（股）

借：应付债券——可转换公司债券——面值　　　　　　　　　　　　2 000 000.00
　　其他权益工具——可转换公司债券　　　　　　　　　　　　　　　168 408.00
　　贷：股本　　　　　　　　　　　　　　　　　　　　　　　　　　200 000.00
　　　　应付债券——可转换公司债券——利息调整　　　　　　　　　138 512.48
　　　　资本公积——股本溢价　　　　　　　　　　　　　　　　　 1 829 895.52

注：面值、其他权益工具、利息调整均按40%计算，股本溢价通过求差而得。

（实务题）甲上市公司经批准于2021年1月1日按每份面值100元发行了1 000 000份5年期一次还本、分期付息的可转换公司债券，共计100 000 000元，款项已收存银行，债券票面年利率为6%。该应付债券未来现金流量折现为88 328 200元，债券发行1年后可转换为甲上市公司普通股股票，转股时每份债券可转10股，股票面值为每股1元。假定2022年1月1日债券持有人将持有的可转换公司债券全部转换为甲上市公司普通股股票。甲上市公司发行可转换公司债券时二级市场上与之类似的没有转换权的债券市场利率为9%。该可转换公司债券发生的利息费用不符合资本化条件。请编制相关会计分录。

复习思考题

1. 企业的资金来源于哪两大部分？所有者权益的基本构成有哪几项？其经济内涵是什么？
2. 企业接受投资者投入的实收资本主要包括哪几项内容？
3. 在投资者投入资本环节涉及资本公积时，资本公积应如何计量？资本公积与盈余公积在用途上有何区别？
4. 留存收益包括哪两部分内容？盈余公积及未分配利润涉及的业务类型分别是什么？
5. 什么是其他权益工具？其会计处理的基本原则是什么？
6. 短期借款与长期借款的利息费用如何确认？
7. 在实际利率法下，如何摊销一般公司债券的溢、折价？

模块测试

参考答案

一、单项选择题

1. 下列各项中，不属于所有者权益的是（　　）。
   A. 投资收益　　　　B. 盈余公积　　　　C. 未分配利润　　　　D. 资本公积

2. 甲有限责任公司收到乙企业以一项专利技术投入的资本。甲公司的注册资本为100万元。该无形资产的原价为50万元，已摊销6万元，投资合同约定该专利技术的价值为30万元（假定是公允的）。投资后乙企业占原注册资本的20%，不考虑其他因素，则下列会计处理中，正确的是（　　）。

   A. 借：无形资产　　　　　　　　　　　　　　　　300 000
   　　　贷：实收资本　　　　　　　　　　　　　　　　　　　300 000
   B. 借：无形资产　　　　　　　　　　　　　　　　440 000
   　　　贷：实收资本　　　　　　　　　　　　　　　　　　　440 000
   C. 借：无形资产　　　　　　　　　　　　　　　　300 000
   　　　贷：实收资本　　　　　　　　　　　　　　　　　　　200 000
   　　　　　资本公积　　　　　　　　　　　　　　　　　　　100 000
   D. 借：无形资产　　　　　　　　　　　　　　　　500 000
   　　　贷：累计摊销　　　　　　　　　　　　　　　　　　　60 000

3. 甲股份有限公司委托证券公司发行股票2 000万股，每股面值为2元，每股发行价格为5元，向证券公司支付佣金400万元。该公司应记入"股本"账户的金额为（　　）万元。
   A. 7 500　　　　B. 4 000　　　　C. 8 000　　　　D. 6 500

4. 甲有限责任公司收到乙企业以一项专利技术投入的资本。甲有限责任公司的注册资本为100万元。该无形资产的原价为50万元，已摊销6万元，投资合同约定该专利技术的价值为40万元，假定合同约定的价值与公允价值相符，占原注册资本的30%，则确认的资本公积的金额为( )万元。

   A. 40　　　　　　B. 30　　　　　　C. 20　　　　　　D. 10

5. 股份有限公司采用收购本公司股票方式减资的,按注销股票的面值总额减少股本,购回股票支付的价款超过面值的部分,应依次冲减的账户是( )。

   A. "盈余公积""资本公积""利润分配——未分配利润"
   B. "利润分配——未分配利润""资本公积""盈余公积"
   C. "利润分配——未分配利润""盈余公积""资本公积"
   D. "资本公积""盈余公积""利润分配——未分配利润"

6. 某公司委托证券公司发行股票2 000万股,每股面值为1元,每股发行价格为3元,按发行总收入的3%向证券公司支付佣金费用。该公司应记入"资本公积——股本溢价"账户的金额为( )万元。

   A. 3 820　　　　　B. 180　　　　　C. 4 000　　　　D. 5 820

7. 下列关于股份公司溢价发行股票相关会计处理的表述中,正确的是( )。

   A. 发行股票溢价计入盈余公积
   B. 发行股票相关的税费计入股票成本
   C. 发行股票相关的手续费应从溢价中抵扣
   D. 发行股票取得的款项全部计入投资收益

8. AB公司年初"利润分配——未分配利润"账户借方余额50万元,本年实现净利润200万元,按净利润10%提取法定盈余公积,按5%提取任意盈余公积,向投资者分配利润80万元。AB公司年末未分配利润为( )万元。

   A. 140　　　　　B. 47.5　　　　　C. 120　　　　　D. 30

9. 某企业2021年1月1日所有者权益构成情况如下:实收资本1 000万元,资本公积600万元,盈余公积300万元,未分配利润200万元。本年净利润为1 000万元,按10%计提法定盈余公积,按5%计提任意盈余公积,宣告发放现金股利为80万元。资本公积转增资本100万元。下列有关所有者权益的表述中,正确的是( )。

   A. 2021年12月31日可供分配利润为1 000万元
   B. 2021年12月31日资本公积700万元
   C. 2021年12月31日未分配利润为970万元
   D. 2021年12月31日留存收益总额为970万元

10. 某上市公司2021年发生如下经济业务:将盈余公积15万元用于弥补亏损,将资本公积10万元用于转增股本,向所有者宣告分配现金股利5万元,则2021年度该公司所有者权益变动情况为( )。

    A. 增加5万元　　B. 减少5万元　　C. 增加15万元　　D. 增加30万元

11. 企业在生产经营期间发生的长期借款利息应记入( )账户。

    A. "在建工程"　　　　　　　　　B. "财务费用"
    C. "开办费"　　　　　　　　　　D. "长期待摊费用"

12. 企业在筹备期间发生长期借款利息的应记入( )账户。

    A. "财务费用"　　B. "在建工程"　　C. "管理费用"　　D. "研发支出"

13. 企业短期借款利息应记入( )账户。

A. "在建工程"　　　B. "财务费用"　　　C. "研发支出"　　　D. "短期借款"

14. 公司溢价发行债券,债券面值与发行收入的差额实质是(　　)。
    A. 为以后少付利息而付出的代价　　　B. 为后期多付利息而得到的补偿
    C. 为当期利息收入　　　　　　　　　D. 为以后期间的利息收入

二、多项选择题

1. 下列各项中,属于资本公积来源的有(　　)。
    A. 盈余公积转入
    B. 除净损益、其他综合收益和利润分配以外所有者权益的其他变动
    C. 资本溢价或股本溢价
    D. 从企业实现的净利润中提取

2. 甲公司注册资本总额为500万元,后收到乙公司投入的现金120万元,在原注册资本中占20%的份额,甲公司进行账务处理时,可能涉及的账户有(　　)。
    A. "银行存款"　　　　　　　　　　B. "实收资本"(或"股本")
    C. "资本公积"　　　　　　　　　　D. "盈余公积"

3. 甲有限责任公司为增值税一般纳税人,2021年年初,收到乙公司投入的设备,注明的价款为120万元,增值税额为15.6万元,合同约定设备的价款为120万元(假设与公允价值相同),甲有限责任公司收到乙公司投资后注册资金共1 000万元,乙公司占10%的份额,下列会计处理中,正确的有(　　)。
    A. 实收资本的入账金额为100万元
    B. 接受投资产生的溢价为35.6万元
    C. 实收资本增加为20万元
    D. 准予抵扣的进项税额为15.6万元

4. 实收资本增加的途径有(　　)。
    A. 接受投资者追加投资　　　　　　B. 本年度实现净利润
    C. 盈余公积转增资本　　　　　　　D. 资本公积转增资本

5. 下列关于所有者权益和负债的说法中,正确的有(　　)。
    A. 所有者权益和负债都是企业资金的来源
    B. 所有者权益和负债都是对企业资产的要求权,因此他们的性质一样
    C. 所有者和债权人都能够参与企业利润的分配
    D. 除非发生减资、清算或分派现金股利,企业不需要偿还所有者权益,负债是需要在规定的期限内进行偿还的

6. 下列各项中,属于企业所有者权益的有(　　)。
    A. 资本公积　　　B. 应付股利　　　C. 盈余公积　　　D. 库存股

7. 下列各项中,应直接记入"所有者权益"账户的有(　　)。
    A. 接受投资者以无形资产进行的投资
    B. 接受投资者追加投资
    C. 持有的交易性金融资产期末公允价值的变动额
    D. 出资者实际缴付的出资超出在实收资本中占有份额的部分

8. 企业实收资本或股本增加的途径有(　　)。

A. 接受固定资产捐赠　　　　　　　　　B. 经批准用盈余公积转增
C. 发放股票股利　　　　　　　　　　　D. 经批准用资本公积转增

9. 企业减少实收资本应按法定程序报经批准,一般发生在企业(　　)而需要减资的情况下。
A. 资本过剩　　B. 发生重大亏损　　C. 投资者要求　　D. 盈利

10. 股份有限公司委托其他单位发行股票时支付的手续费或佣金等相关费用,在进行账务处理时涉及的账户有(　　)。
A. "资本公积"　　　　　　　　　　　B. "盈余公积"
C. "利润分配——未分配利润"　　　　 D. "财务费用"

11. 股份有限公司委托其他单位发行股票,支付手续费或佣金等相关费用,如果发行股票的溢价不够冲减或者无溢价,其差额可能记入的账户有(　　)。
A. "利润分配——未分配利润"　　　　 B. "盈余公积"
C. "管理费用"　　　　　　　　　　　D. "财务费用"

12. 下列各项中,应记入"资本公积"账户贷方的有(　　)。
A. 无法支付的应付账款
B. 以资本公积转增资本
C. 接受投资者以现金投资200万元,其中属于资本溢价的部分是80万元
D. 接受投资者投入一批材料,投资双方确认的价值超过该投资者在注册资本中所占的份额

13. 下列各项中,可能引起资本公积变动的有(　　)。
A. 用资本公积转增资本
B. 企业接受投资者投入生产设备
C. 处置采用权益法核算的长期股权投资
D. 与发行股票直接相关的手续费、佣金等交易费用

14. 下列对未分配利润的各项表述中,不正确的有(　　)。
A. 当年的净利润是企业未指定特定用途的利润
B. 未分配利润是企业历年实现的净利润经过弥补亏损、提取盈余公积和向投资者分配利润后留存在企业的利润
C. "利润分配——未分配利润"账户如为贷方余额,表示累积未分配的利润数额;如为借方余额,则表示累积未弥补的亏损数额
D. 企业对于未分配利润的使用有严格的限制

15. 下列账户中,年度终了需要转入"利润分配——未分配利润"账户的有(　　)。
A. "本年利润"　　　　　　　　　　　B. "利润分配——应付现金股利或利润"
C. "利润分配——盈余公积补亏"　　　 D. "利润分配——提取法定盈余公积"

16. 下列各项中,不会引起所有者权益总额发生变动的有(　　)。
A. 用盈余公积弥补亏损
B. 用资本公积转增资本
C. 股东大会宣告分配现金股利
D. 为自建固定资产发行债券筹资

17. 下列各项中,不会使盈余公积减少的有( )。
   A. 计提盈余公积   B. 资本公积转增资本
   C. 盈余公积转增资本   D. 盈余公积补亏

18. 下列各项中,可以影响可供分配利润项目的因素有( )。
   A. 年初未分配利润   B. 当年实现的净利润
   C. 提取的盈余公积   D. 盈余公积补亏

19. 下列各项中,应计入资本公积的有( )。
   A. 注销的库存股账面余额低于所冲减股本的差额
   B. 投资者超额缴入的资本
   C. 交易性金融资产发生的公允价值变动
   D. 无法支付的应付账款

20. 某股份有限公司采用收购本公司股票方式减资,在注销库存股时,注销的库存股账面余额高于所冲减股本的差额部分,可能记入的账户有( )。
   A. "营业外支出"   B. "盈余公积"
   C. "利润分配——未分配利润" D. "资本公积——股本溢价"

21. 非流动负债包括( )。
   A. 长期借款   B. 应付工资
   C. 应付债券   D. 应付账款

22. "应付债券"账户的贷方反映的内容有( )。
   A. 债券发行时产生的债券溢价   B. 债券发行时产生的折价
   C. 期末计提应付债券利息   D. 债券的面值

23. "应付债券"账户的借方反映的内容有( )。
   A. 债券溢价的摊销   B. 债券折价的摊销
   C. 期末计提应付债券的利息 D. 归还债券本金

三、判断题

1. 对于固定资产借款发生的利息支出,在竣工决算前发生的,应予以资本化,将其计入固定资产的建造成本;在竣工决算后发生的,则应作为当期费用处理。( )
2. 为购建固定资产而发生的借款费用应全部计入所购建固定资产的成本。( )
3. "长期借款"账户的期末余额反映企业尚未支付的各种长期借款的本金和利息。( )
4. 企业发生的所有借款利息都应作为财务费用处理。( )
5. 企业计提长期借款利息时,应当借记"在建工程"或"财务费用"等账户,贷记"预提费用"账户。( )
6. 对于一次还本付息债券,每期期末计提的利息应记入"应付债券——应计利息"账户;而对于分期付息,到期一次还本的债券,每期期末计提利息时,记入"应付利息"账户。( )
7. 采用实际利率法摊销应付债券的溢价,每期计入的费用是逐期增加的;采用实际利率法摊销应付债券的折价,每期计入的费用是逐期减少的。( )
8. 当债券的票面利率高于市场利率时,债券按折价发行。( )
9. 应付债券每期的利息费用按实际利率乘以期初债券账面价值计算,按实际利率计算的

利息费用与按票面利率计算的应计利息的差额,即为本期摊销的溢价或折价。（　　）

10. 企业发行债券,无论是按面值发行,还是溢价或折价发行,均应按债券的面值,借记"银行存款"等账户,贷记"应付债券(面值)"账户。（　　）

四、业务计算及处理题

1. 甲公司委托某证券公司代理发行普通股 6 000 000 股,每股面值为 1 元,每股发行价为 2 元,甲公司与证券公司约定,按发行收入的 2% 支付发行费用,从发行收入中扣除,假定收到的股款已存入银行。

要求:编制甲公司相关会计分录。

2. 乙公司 2021 年 12 月 31 日的股本为 20 000 万股,每股面值为 1 元,资本公积(股本溢价)为 5 000 万元,盈余公积为 3 000 万元。经股东大会批准,乙公司以现金回购本公司股票 3 000 万股并注销。

要求:
(1) 假定每股回股价为 0.8 元,编制回购股票及注销股票的会计分录。
(2) 假定每股回购价为 3 元,编制回购股票和注销股票的会计分录。

3. 甲公司 2021 年 12 月发生如下业务:
(1) 2021 年实现税后利润 1 000 000 元。
(2) 按税后利润的 10% 计提法定盈余公积,按税后利润的 5% 计提任意盈余公积,向投资者分配利润 300 000 元。
(3) 用资本公积 300 000 元、盈余公积 100 000 元转增实收资本。
(4) 年末将"利润分配"账户所属其他明细账户余额转入"利润分配——未分配利润"明细账户。

要求:编制相关会计分录。

4. 2021 年 4 月 1 日,甲企业向银行借入 1 000 000 元,期限 6 个月,年利率为 6%,利息按月计息,按季支付。

要求:编制借入款项、按月预提利息、按季支付利息和到期归还本金的会计分录。

5. 某股份有限公司于 2021 年 1 月 1 日溢价发行 3 年期、每年年末付息,到期还本的公司债券。债券面值为 500 万元,票面年利率为 12%,发行价格为 524.86 万元,债券溢价采用实际利率法摊销,假定实际利率为 10%。

要求:编制该公司债券发行、各年计息并摊销溢价、到期归还时的会计分录。

6. 2021 年年初,甲股份有限公司(以下简称"甲公司")所有者权益总额为 3 000 万元,其中,股本 800 万元,资本公积 1 600 万元,盈余公积 300 万元,未分配利润 300 万元,甲公司适用的所得税税率为 25%。2021 年,甲公司发生如下事项:

(1) 1 月 13 日,甲公司委托证券公司代理发行普通股 200 万股,每股面值为 1 元,每股发行价为 4 元,按协议约定,证券公司从发行收入中提取 2% 的手续费。

(2) 3 月 5 日,经股东大会批准,甲公司以每股 3 元的价格回购本公司股票 100 万股并予以注销。

(3) 4 月 1 日,经股东大会批准,甲公司将资本公积 100 万元、盈余公积 100 万元转增股本。

(4) 2021 年度,甲公司共实现利润总额 2 000 万元(假定不存在纳税调整事项及递延所得税);甲公司按净利润的10%提取法定盈余公积,分配现金股利50万元。

要求:根据上述资料,假定不考虑其他因素,分析回答下列小题。

〈1〉根据资料(1),甲公司发行普通股应计入资本公积的金额为(　　)万元。
A. 600　　　　B. 584　　　　C. 588　　　　D. 616

〈2〉根据资料(2),下列关于该公司注销库存股时的会计处理中,正确的是(　　)。

A. 借:股本　　　　　　　　　　　　　　　　1 000 000
　　　资本公积——股本溢价　　　　　　　　2 000 000
　　　　贷:库存股　　　　　　　　　　　　　　　　3 000 000

B. 借:股本　　　　　　　　　　　　　　　　1 000 000
　　　资本公积——股本溢价　　　　　　　　1 500 000
　　　盈余公积　　　　　　　　　　　　　　　500 000
　　　　贷:银行存款　　　　　　　　　　　　　　　3 000 000

C. 借:库存股　　　　　　　　　　　　　　　3 000 000
　　　　贷:银行存款　　　　　　　　　　　　　　　3 000 000

D. 借:股本　　　　　　　　　　　　　　　　3 000 000
　　　　贷:银行存款　　　　　　　　　　　　　　　3 000 000

〈3〉根据上述资料,下列各项中会引起甲公司所有者权益总额发生增减变动的是(　　)。
A. 回购股票　　　　　　　　　　B. 提取盈余公积
C. 实现净利润　　　　　　　　　D. 分配现金股利

〈4〉根据资料(4),甲公司2021年度应提取盈余公积(　　)万元。
A. 50　　　　B. 100　　　　C. 150　　　　D. 200

〈5〉根据以上资料,甲公司2021年年末的所有者权益总额为(　　)万元。
A. 3 500　　　B. 4 934　　　C. 4 984　　　D. 5 800

模块 3

存货会计岗位

[考核目标] 通过本岗位学习,学生应了解存货的特点和分类;理解存货的确认条件;掌握存货的初始计量、发出存货的计量和期末计量;掌握存货清查的核算方法;熟练地掌握原材料的实际成本法和计划成本法;掌握库存商品的核算,达到存货会计岗位要求。

[实践目标] 能够根据实训操作资料,准确地对存货进行确认与计量,熟练地对各类存货按照实际成本和计划成本进行核算,进一步了解会计核算流程和岗位需求。

[知识点思维导图]

存货会计岗位
- 存货的确认与初始计量
  - 存货的概念、确认条件、存货的内容
  - 初始计量
    - 取得存货成本的确定、存货成本确认的原则
    - 发出存货计价——实际成本法、计划成本法
- 存货收发的核算
  - 原材料——实际成本、计划成本的收、发、存核算
  - 周转材料——包装物、低值易耗品购进、发出、摊销核算
  - 委托加工物资——发出材料、支付加工费、完工入库核算
  - 库存商品——工业企业、商业企业库存商品入库、出库核算
- 存货的清查盘点——清查方法和盘盈、盘亏的账务处理
- 存货的期末计量——成本与可变现净值孰低法、存货跌价准备

存货会计岗位工作职责

(1) 掌握相关存货知识、保管知识,以及国家及行业管理部门的相关管理规定。
(2) 协助会计主管人员建立健全存货清查制度、计量验收制度等内部会计控制制度。
(3) 负责存货跌价准备的合理计提,合理分摊材料成本差异。
(4) 审查汇编材料采购用款计划,控制采购成本;会同有关部门编制材料计划成本目录。
(5) 分析库存商品的残损、冷背、呆滞、积压情况,分析存货储存情况和使用效果。
(6) 定期或不定期地抽查账实相符情况,参与各项存货的清查盘点。查清盘盈、盘亏、毁损等情况及其原因,分清责任,并按权限直接处理或督促有关部门或责任人员及时处理。

（续上）

（7）按规定及时编制存货内部会计报表，向存货管理部门和相关领导提供存货信息。

（8）监督、指导、管理实物负责人登记保管账（卡），并定期或不定期地核对账目，做到账账、账实、证证相符。

任务 3.1　存货的确认与初始计量

活动 3.1.1　存货的认知

一、存货的概念及确认

（一）存货的概念

存货是指企业在日常活动中持有以备出售的产成品或商品，处在生产过程中的在产品、在生产过程或提供劳务过程中耗用的材料或物料等，包括各类材料、在产品、半成品、产成品、商品、包装物、低值易耗品、委托代销商品等。

（二）存货的确认

存货同时符合下列条件的，才能进行确认。

1. 与该存货有关的经济利益很有可能流入企业

在判断某一项目是否属于存货时，所有权是其考虑的首要因素，企业只有享有资产的所有权，才能排他性地从中获得现金或现金等价物的流入。存货区别于固定资产等非流动资产的最基本的特征是，企业持有存货的最终目的是为了出售，包括可供直接出售的产成品、商品以及需经过进一步加工后出售的原材料等。对外出售后回收货款，货款即为企业所获得的经济利益。

2. 该存货的成本能够可靠地计量

财务会计是一个确认、计量和报告的系统，其中，计量属性是所有会计要素确认的重要前提。存货作为企业的流动资产，只有成本能够可靠地计量才能进行确认。例如，企业购买或生产的存货，只要实际发生了采购成本或生产成本能够可靠地计量，就可确认符合了存货的可计量条件。

二、存货的内容

企业存货的具体内容如表 3-1 所示。

表 3-1　　　　　　　　　　存货的内容及相关概念

内容	概念
原材料	是指企业在生产过程中经加工改变其形态或性质并构成商品主要实体的各种原料及主要材料、辅助材料、外购半成品、修理用配件（备品备件）、包装材料、燃料等
在产品	是指企业正在制造尚未完工的生产物，包括正在各个生产工序加工的产品，以及已加工完毕但尚未检验或已检验但尚未办理入库手续的产品
半成品	是指经过一定生产过程并已检验合格交付半成品仓库保管，但尚未制造完工成为产成品，并需进一步加工的中间产品

(续表)

内容	概念
产成品	是指工业企业已经完成全部生产过程并验收入库,可以按照合同规定的条件送交订货单位,或者作为商品对外销售的产品
商品	是指商品流通企业外购或委托加工完成验收入库用于销售的各种商品
周转材料	是指企业能够多次使用,但不符合固定资产定义的材料,如各种包装物、各种工具、管理用具、劳动保护用品等低值易耗品
委托代销商品	是指企业委托其他单位代销的商品

工程物资不属于企业的存货。

图3-1所示的分别是什么类型的存货?该存货是在产品、半成品,还是产成品?

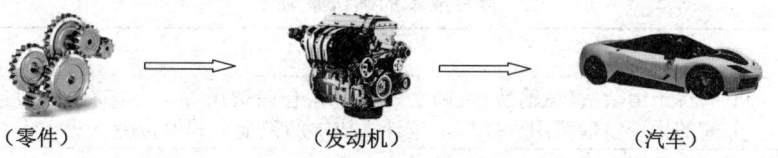

图3-1 汽车制造业产品图

活动3.1.2 存货的初始计量

一、存货成本的确定

《企业会计准则第1号——存货》明确规定,存货应当按照成本进行初始计量。存货成本包括采购成本、加工成本和其他成本。存货成本的组成如表3-2所示。

表3-2 存货成本的组成

组成	项目	具体内容
采购成本	买价	买价是指企业购入的材料或商品的发票账单上列明的款项,但不包括按规定可以抵扣的增值税额。小规模纳税人的存货采购成本包含增值税在内
	相关税费	包括计入存货的流转税(进口关税、消费税、资源税、不能抵扣的增值税进项税额等)
	运输费	对于增值税一般纳税人购进存货支付的运输费,按取得的运输增值税专用发票上注明的运输费金额计入存货成本,按其运输费与增值税税率9%计算的进项税额,也可以抵扣

(续表)

构成	项目	具体内容
采购成本	其他可归属于存货采购成本的费用	包括入库前的仓储费用、包装费、运输途中的合理损耗、入库前的挑选整理费用等。这些费用能分清负担对象的，应直接计入存货的采购成本；不能分清的，应选择合理的分配方法，分配计入有关存货的采购成本
		商品流通企业在采购商品过程中发生的运输费、装卸费、保险费以及其他可归属于存货采购成本的费用等，可以计入存货采购成本，或者先进行归集，期末根据存销情况进行分摊（已售存货的进货费用，计入当期损益；未售存货的进货费用，计入存货成本）。进货费用金额较小的，发生时直接计入当期损益
加工成本		在存货加工过程中发生的追加费用，包括存货的加工成本，由直接人工和制造费用构成
其他成本		其他成本是指除采购成本和加工成本之外的使存货达到目前场所和状态所发生的其他支出。例如，企业在生产过程中为达到下一个生产阶段所必需的仓储费用，应当计入存货成本。企业设计产品发生的设计费通常计入当期损益，但是为特定产品设计而发生的设计费用应计入存货的成本

二、存货成本的确认原则

存货成本的确认原则如表 3-3 所示。

表 3-3　　　　　　　　　　存货成本的确认原则

项目	确认原则
购入的存货	买价＋运杂费（运输费、装卸费、包装费、仓储费用等）＋运输途中的合理损耗＋入库前的挑选整理费用＋按规定应计入成本的税金＋其他费用
自制存货的成本	直接材料＋直接人工＋制造费用
委托加工存货的成本	实际耗用的原材料、半成品＋加工费＋运输费＋装卸费＋保险费＋按规定应计入成本的税金等

练一练

(1)（选择题）甲公司为增值税一般纳税人，购入原材料 750 千克，收到的增值税专用发票上注明的价款为 4 500 万元，增值税额为 585 万元；发生运输费用 9 万元，并取得增值税专用发票，增值税税率为 9%；发生包装费 3 万元、途中保险费用 2.7 万元。原材料运达后，验收入库数量为 748 千克，差额部分为运输途中发生的合理损耗。则该批原材料入账价值为（　　）万元。

　　A. 4 511.70　　　　B. 4 513.35　　　　C. 4 514.07　　　　D. 4 514.70

(2)（选择题）某企业为增值税一般纳税人，购入材料一批，增值税专用发票上标明的价款为 25 万元，增值税额为 3.25 万元，另支付材料的保险费 2 万元、包装物押金 2 万元。该批材料的采购成本为（　　）万元。

　　A. 27　　　　　　B. 29　　　　　　C. 29.25　　　　　D. 31.25

三、不计入存货成本的相关费用

下列费用不应当计入存货成本，而应在其发生时计入当期损益：

（1）非正常消耗的直接材料、直接人工和制造费用不得计入存货的成本。例如，由自然灾害而发生的直接材料、直接人工和制造费用，这些费用的发生，无助于使该存货达到目前场所和状态，不应计入存货成本，应计入当期损益。

（2）采购入库后发生的仓储费用，应计入当期损益。但在生产过程中为达到下一个生产阶段所必需的仓储费应计入存货成本。例如，某种酒类产品生产企业为使生产的酒达到规定的产品质量标准所必须发生的仓储费用，应计入酒的成本。

（3）不能归属于使存货达到目前场所和状态的其他支出，不符合存货的定义和确认条件，应在发生时计入当期损益，不得计入存货成本。

（4）企业设计产品发生的设计费用通常应计入当期损益，但是为特定客户设计产品所发生的、可直接确定的设计费用应计入存货的成本。

活动3.1.3　发出存货的计价方法

发出存货的计价方法有实际成本法和计划成本法，实际成本法又包括先进先出法、月末一次加权平均法、移动加权平均法和个别计价法等。实际成本法下发出存货的计价方法如图3-2所示。

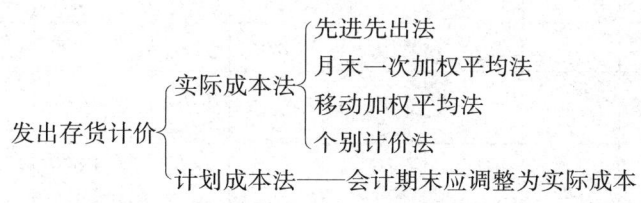

图3-2　实际成本法下发出存货的计价方法

按照《企业会计准则第1号——存货》的规定，企业应采用先进先出法、加权平均法和个别计价法确定发出存货的实际成本。存货取得时均采用实际成本计价。

一、先进先出法

先进先出法是指以先购入的存货先发出（销售或耗用）这样一种存货实物流转假设为前提，对发出存货进行计价，据此确定发出存货成本和期末存货成本的一种方法。

采用这种方法，收入存货时要逐笔登记每一批存货的数量、单价和金额；发出存货时要按照先进先出的原则计价，逐笔登记存货的发出余额和结存金额。

【例3-1】　某服装厂于2021年2月1日购进一批棉织布料200米，单价为45元，本月10日和12日分别购进100米（单价为50元）和300米（单价为43元），本月14日和20日分别由生产车间领用150米和250米。问本月发出棉织布料的总成本是多少？期末结存成本是多少？

根据先进先出法的原理，先购进的布料先领用，本月发出两批布料，相应的发出成本为：

14日发出布料的成本＝150×45＝6 750（元）
20日发出布料的成本＝50×45＋100×50＋100×43＝2 250＋5 000＋4 300＝11 550（元）
本月发出布料的总成本＝6 750＋11 550＝18 300（元）
本月结存布料成本＝200×43＝8 600（元）

【例 3-2】 健康面业有限公司 2021 年 1 月 1 日结存的原材料为 1 000 千克,单价为 6 元。该公司 2021 年 1 月发生下列业务:

(1) 4 日,厂部领用小麦粉 200 千克。

(2) 5 日,购入一批小麦粉 1 000 千克,单价为 7 元,材料已入库。

(3) 15 日,生产领用小麦粉 1 000 千克。

(4) 18 日,购入小麦粉 4 000 千克,单价为 8 元,材料已入库。

(5) 25 日,生产领用小麦粉 4 200 千克。

(6) 28 日,购进小麦粉一批,共 1 000 千克,单价为 6 元。

请采用先进先出法计算发出和月末库存的存货成本。

采用先进先出法,该公司的"原材料——小麦粉"明细分类账如表 3-4 所示。

表 3-4 明细分类账(先进先出法)

总账科目:原材料   数量单位:千克
明细科目:小麦粉   金额单位:元

2021年		摘要	收入			发出			结存		
月	日		数量	单价	金额	数量	单价	金额	数量	单价	金额
1	1	期初结存							1 000	6	6 000
1	4	厂部领用				200	6	1 200	800	6	4 800
1	5	购进	1 000	7	7 000				800 1 000	6 7	4 800 7 000
1	15	生产领用				800 200	6 7	4 800 1 400	800	7	5 600
1	18	购进	4 000	8	32 000				800 4 000	7 8	5 600 32 000
1	25	生产领用				800 3 400	7 8	5 600 27 200	600	8	4 800
1	28	购进	1 000	6	6 000				600 1 000	8 6	4 800 6 000
1	31	本月合计	6 000		45 000	5 400		40 200	600 1 000	8 6	4 800 6 000

练一练

(选择题)某企业采用先进先出法计算发出原材料的成本。2021 年 9 月 1 日,甲材料结存 200 千克,每千克实际成本为 300 元;9 月 7 日,该企业购入甲材料 350 千克,每千克实际成本为 310 元;9 月 21 日,购入甲材料 400 千克,每千克实际成本为 290 元;9 月 28 日,发出甲材料 500 千克。该企业 9 月份甲材料发出成本为(   )元。

A. 145 000   B. 150 000   C. 153 000   D. 155 000

二、月末一次加权平均法

月末一次加权平均法是指以本月全部进货数量加上月初存货数量作为权数,去除本月全部进货成本加上月初存货成本,计算出存货的加权平均单位成本,以此为基础计算本月发出存货的成本和期末存货的成本的一种方法。即平时收入时按数量、单价、金额登记,但每次不确定其结存单价,而是在月末时一次计算其本期的加权平均单价。其计算公式如下:

$$存货单位成本=\frac{月初结存存货的实际成本+本月收入存货的实际成本}{期初结存存货数量+本月收入存货的数量}$$

本月发出存货成本=本月发出存货数量×存货单位成本

月末库存存货成本=月末库存存货数量×存货单位成本

=月初结存存货实际成本+本月收入存货实际成本

－本月发出存货实际成本

【例3-3】 承[例3-2],请用月末一次加权平均法,计算发出和月末库存存货的成本。

采用月末一次加权平均法,该公司的"原材料——小麦粉"明细分类账如表3-5所示。

表3-5　　　　　　　　　明细分类账(月末一次加权平均法)　　　　　　　　　数量单位:千克

总账科目:原材料

明细科目:小麦粉　　　　　　　　　　　　　　　　　　　　　　　　　　　　金额单位:元

2021年		摘要	收入			发出			结存		
月	日		数量	单价	金额	数量	单价	金额	数量	单价	金额
1	1	期初结存							1 000	6	6 000
1	4	厂部领用				200			800		
1	5	购进	1 000	7	7 000				1 800		
1	15	生产领用				1 000			800		
1	18	购进	4 000	8	32 000				4 800		
1	25	生产领用				4 200			600		
1	28	购进	1 000	6	6 000				1 600		
1	31	本月合计	6 000		45 000	5 400	7.29	39 366	1 600		11 634

$$存货单位成本=\frac{6\,000+45\,000}{1\,000+6\,000}\approx 7.29(元/千克)$$

本月发出存货成本=5 400×7.29=39 366(元)

月末库存存货成本=6 000+45 000－39 366=11 634(元)

【例3-4】 某企业采用月末一次加权平均法计算发出材料成本。2021年2月1日,该企业结存甲材料200件,单位成本为40元;2月15日,购入甲材料400件,单位成本为35元;2月20日,购入甲材料400件,单位成本为38元;2月共发出甲材料400件。请计算该企业2021年2月份甲材料的单位成本、发出成本和月末库存成本。

$$甲材料的单位成本=\frac{200\times 40+(400\times 35+400\times 38)}{200+400+400}=37.20(元/件)$$

甲材料的发出成本=400×37.20=14 880(元)

甲材料的月末库存成本=(200+400+400－400)×37.20=22 320(元)

练一练

(实务题)飞扬有限公司2021年3月1日结存B材料300千克,每千克实际成本为10元;

3月5日和3月20日,分别购入该材料900千克和600千克,每千克实际成本分别为11元和12元;3月10日和3月25日,分别发出该材料1 000千克和600千克。请用月末一次加权平均法计算发出B材料成本和月末库存存货的成本。

三、移动加权平均法

移动加权平均法是指在每次进货以后,立即根据库存存货数量和总成本,计算出新的平均单位成本,作为下次进货前发出存货的单位成本的一种方法。移动加权平均法与月末一次加权平均法的计算原理基本相同,只是要求在每次(批)收入存货时重新计算加权平均单价。其计算公式如下:

$$移动加权平均单价 = \frac{库存存货成本 + 本批进货成本}{库存存货数量 + 本批进货数量}$$

移动加权平均法实际上是对月末一次加权平均法的改进,其优点在于能随时掌握库存存货的金额和单价,便于实物管理,而且计算的存货成本也比较客观。但是,每购进一次存货,均要重新计算一次加权平均单价,计算工作量较大,对存货收发频繁的企业不适用。

【例3-5】 承[例3-2],请用移动加权平均法计算发出和月末库存存货的成本。

采用移动加权平均法,该公司的"原材料——小麦粉"明细分类账如表3-6所示。

表3-6　　　　　　　　　　明细分类账(移动加权平均法)

总账科目:原材料　　　　　　　　　　　　　　　　　　　　　　数量单位:千克
明细科目:小麦粉　　　　　　　　　　　　　　　　　　　　　　金额单位:元

2021年		摘要	收入			发出			结存		
月	日		数量	单价	金额	数量	单价	金额	数量	单价	金额
1	1	期初结存							1 000	6	6 000
1	4	厂部领用				200	6	1 200	800	6	4 800
1	5	购进	1 000	7	7 000				1 800	6.56	11 800
1	15	生产领用				1 000	6.56	6 560	800	6.56	5 240
1	18	购进	4 000	8	32 000				4 800	7.76	37 240
1	25	生产领用				4 200	7.76	32 592	600	7.76	4 648
1	28	购进	1 000	6	6 000				1 600	6.66	10 648
1	31	本月合计	6 000		45 000	5 400		40 352	1 600	6.66	10 648

5日,第一次移动加权平均单价 $= \dfrac{4\,800 + 7\,000}{800 + 1\,000} \approx 6.56(元/千克)$

18日,第二次移动加权平均单价 $= \dfrac{5\,240 + 32\,000}{800 + 4\,000} \approx 7.76(元/千克)$

28日,第三次移动加权平均单价 $= \dfrac{4\,648 + 6\,000}{600 + 1\,000} \approx 6.66(元/千克)$

(实务题)某工业企业采用移动加权平均法计算发出材料成本。2021年1月1日,该企业乙

种材料的结存数量为 200 吨,账面实际成本为 40 000 元;1 月 4 日,购进该材料 300 吨,单价为 180 元;1 月 10 日,发出材料 400 吨;1 月 15 日,购进材料 500 吨,单价为 200 元;1 月 19 日,发出材料 300 吨;1 月 27 日,发出材料 100 吨。试计算乙材料 2021 年 1 月的发出成本和期末结存成本。

四、个别计价法

个别计价法要求按存货购入或生产时所确定的单位成本作为计算发出存货成本和期末存货成本的基础,虽然成本计算准确,但在收发频繁的情况下,其发出成本分辨的工作量较大,一般适用于不能替代的存货、为特定项目专门购入的存货,如珠宝、名画等贵重物品。

由于企业存货取得的渠道及批次不同,使得某一存货在账面上存在不同的实际单位成本。当发出存货时,企业应当根据各类存货的实物流转方式、企业管理的要求、存货的性质等实际情况,合理地选择发出存货成本的计量方法,以确定当期发出存货的实际成本。发出存货计价方法的比较如表 3-7 所示。

表 3-7　　　　　　　　　　　发出存货计价方法的比较

计价方法	优点	缺点
先进先出法	随时结转存货发出成本	较繁琐;如果存货收发业务较多且存货单价不稳定时,其工作量较大;在物价持续上升时,期末存货成本接近于市价,而发出成本偏低,会高估企业当期利润和库存存货价值;反之,会低估企业存货价值和当期利润
月末一次加权平均法	简化了成本计算工作	由于平时无法从账上提供发出和结存存货的单价及金额,因此不利于存货成本的日常管理与控制
移动加权平均法	及时了解存货的结存情况,计算的平均单位成本和发出、结存的存货成本比较客观	计算工作量较大,对收、发货较频繁的企业不适用
个别计价法	成本计算准确,符合实际情况	在收发频繁的情况下,成本分辨的工作量大

计价方法一经确定,不得随意变更。如需变更,应在附注中予以说明。

(选择题)下列各项中,适合采用个别计价法作为发出计价方法的有(　　　)。
A. 珠宝　　　　　B. 名画　　　　　C. 原材料　　　　　D. 委托加工物资

任务 3.2　存货收发的核算

活动 3.2.1　原材料的核算

一、原材料按实际成本计价的核算

企业采用实际成本计价是指存货的日常收、发、存核算均按实际成本计价,适用于规模较

小、存货品种较少、采购业务不多的企业。原材料按实际成本计价是指原材料在核算过程中，始终以实际成本作为记账依据。

（一）账户设置

1．"原材料"账户

该账户属于资产类账户，用来核算企业库存的各种材料。在原材料按实际成本核算时，"原材料"账户的借方登记入库材料的实际成本；贷方登记发出材料的实际成本；期末余额在借方，反映企业库存材料的实际成本。"原材料"账户可按材料的保管地点（仓库）、材料的类别、品种和规格等进行明细核算。

2．"在途物资"账户

该账户属于资产类账户，用来核算在途物资的采购成本。"在途物资"账户的借方登记企业购入的在途物资的实际成本；贷方登记验收入库的在途物资的实际成本；期末余额在借方，反映企业在途物资的采购成本。该账户可按供应单位和物资品种进行明细核算。

3．"应付账款"账户

"应付账款"为负债类账户，贷方表示增加；借方表示减少。"应付账款"账户的贷方登记企业因购入材料、商品和接受劳务等尚未支付的款项；借方登记支付的应付账款；期末余额一般在贷方，反映企业尚未支付的应付账款。

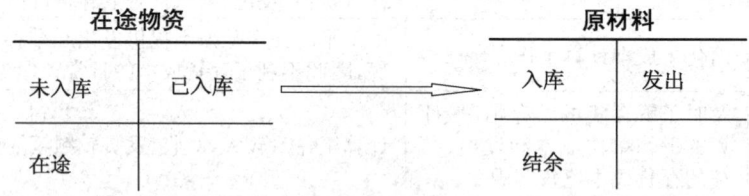

图 3-3　实际成本法下的账户设置

（二）账务处理

1．材料收入业务

1）购入材料

（1）材料入库：购进材料时，若发票账单已到，材料已验收入库，应根据增值税专用发票、材料验收入库单、结算凭证等进行账务处理。

借：原材料
　　应交税费——应交增值税（进项税额）
　贷：银行存款、其他货币资金、应付账款等

小规模纳税人企业购入材料支付的货款和增值税均应计入材料的成本。

【例 3-6】　甲公司为增值税一般纳税人，采用实际成本进行材料日常核算。2021 年 3 月 1 日，甲公司购入 C 材料一批，增值税专用发票上注明的价款为 500 000 元，增值税税率为 13%，税额为 80 000 元，款项已用转账支票付讫，材料已验收入库。甲公司应编制会计分录如下：

借：原材料——C 材料　　　　　　　　　　　　　　　　　500 000
　　应交税费——应交增值税（进项税额）　　　　　　　　　 65 000
　贷：银行存款　　　　　　　　　　　　　　　　　　　　565 000

【例3-7】 甲公司为增值税一般纳税人,采用实际成本进行材料日常核算。2021年1月19日,甲公司购入D材料一批,增值税专用发票上注明的价款为1 600 000元,增值税额为208 000元,材料已验收入库,同时收到公路内河货物运输业增值税专用发票,运杂费为1 000元,增值税额为90元,运费由购买方承担,全部款项尚未支付。甲公司应编制会计分录如下:

借:原材料——D材料　　　　　　　　　　　　　　　　　　　　1 601 000
　　应交税费——应交增值税(进项税额)　　　　　　　　　　　　208 090
　　贷:应付账款　　　　　　　　　　　　　　　　　　　　　　　1 809 090

(2) 材料尚未验收入库:如果材料尚未验收入库,需先通过"在途物资"账户核算;待材料验收入库后,再将原记入"在途物资"账户的数额转入"原材料"账户。

A. 采购业务发生,材料入库前:

借:在途物资
　　应交税费——应交增值税(进项税额)
　　贷:银行存款、应付账款等

B. 材料入库时:

借:原材料
　　贷:在途物资

【例3-8】 2021年2月18日,飞扬公司从方圆公司购入甲材料一批,价款为30 000元,增值税额为3 900元,发生装卸费200元,保险费300元(假设不考虑装卸费和保险费的增值税),全部款项均已用存款支付,材料尚未收到。飞扬公司应编制会计分录如下:

A. 采购支付款项时:

借:在途物资——甲材料　　　　　　　　　　　　　　　　　　　　30 500
　　应交税费——应交增值税(进项税额)　　　　　　　　　　　　3 900
　　贷:银行存款　　　　　　　　　　　　　　　　　　　　　　　34 400

B. 材料到达验收入库时:

借:原材料——甲材料　　　　　　　　　　　　　　　　　　　　　30 500
　　贷:在途物资——甲材料　　　　　　　　　　　　　　　　　　30 500

2) 购进免税农产品

企业购进农产品,除取得增值税专用发票或者海关进口增值税专用缴款书外,还应按照农产品收购发票或者销售发票上注明的农产品买价和9%的扣除率计算进项税额。其计算公式如下:

$$进项税额=买价×扣除率$$

收购价减去可以抵扣的增值税进项税额即为购进货物成本。

【例3-9】 A服装有限公司购进农产品一批,收购价为80 000元,材料已验收入库,价款以银行存款支付。A服装有限公司应编制会计分录如下:

借:原材料(80 000-7 200)　　　　　　　　　　　　　　　　　　72 800
　　应交税费——应交增值税(进项税额)(80 000×9%)　　　　　　7 200
　　贷:银行存款　　　　　　　　　　　　　　　　　　　　　　　80 000

3）其他原材料入库

（1）自制原材料完工入库时，应按其实际成本借记"原材料"账户，贷记"生产成本"账户。

（2）投资者投资转入的原材料，应按投资合同或协议的价值（不公允除外）记入"原材料"账户，核算方法详见所有者权益核算的内容。

4）暂估入账业务

如果货款尚未支付，材料已经验收入库，暂不作账务处理，待月末仍未收到相关发票凭证，按照暂估价入账。其账务处理分两步：一是月末暂估入账；二是下月初冲回。

（1）月末，发票账单未到：

借：原材料
　　贷：应付账款——暂估应付账款

注：增值税需要根据真实金额入账，此处暂估入账不涉及增值税。

（2）下月初（红字冲销）：

借：原材料　　　　　　　　　　　　　　　　　　　　　　　　　　　　　红字
　　贷：应付账款——暂估应付账款　　　　　　　　　　　　　　　　　　　红字

（3）收到发票账单：

借：原材料
　　应交税费——应交增值税（进项税额）
　　贷：银行存款/应付账款等

【例3-10】甲公司为增值税一般纳税人，采用实际成本进行材料日常核算。2021年3月1日，甲公司购入H材料一批，材料已验收入库，月末发票账单尚未收到也无法确定其实际成本，暂估价值为30 000元。甲公司应编制会计分录如下：

借：原材料——H材料　　　　　　　　　　　　　　　　　　　　　　　30 000
　　贷：应付账款——暂估应付账款　　　　　　　　　　　　　　　　　30 000

下月初，用红字冲销原暂估入账金额：

借：原材料——H材料　　　　　　　　　　　　　　　　　　　　　　　30 000
　　贷：应付账款——暂估应付账款　　　　　　　　　　　　　　　　　30 000

【例3-11】承[例3-10]，上述购入H材料于次月收到发票账单，增值税专用发票上注明的价款为31 000元，增值税额为4 030元，已用银行存款付讫。甲公司应编制会计分录如下：

借：原材料——H材料　　　　　　　　　　　　　　　　　　　　　　　31 000
　　应交税费——应交增值税（进项税额）　　　　　　　　　　　　　　4 030
　　贷：银行存款　　　　　　　　　　　　　　　　　　　　　　　　35 030

5）购料途中短缺与合理损耗的账务处理

（1）购料途中合理损耗的账务处理。发生定额内合理损耗时计入采购成本（如原材料等），注意入库数量与发票数量不同。定额内合理损耗不必进行账务处理，只是验收入库原材料的数量不再是发票单据上写明的数量，而是实际入库的数量，材料采购总成本不变，单位成本相应有所提高。

【例 3-12】 蓝天有限公司购进 A 材料 1 200 千克,单价为 30 元,货款为 36 000 元,增值税额为 4 680 元;运费为 2 000 元,增值税额为 180 元,取得货物运输业增值税专用发票。A 材料已验收入库,实收数为 1 185 千克,经查实短少 15 千克,为途中定额内的合理损耗。则该批 A 材料的成本计算如下:

$$材料采购总成本 = 36\,000 + 2\,000 = 38\,000(元)$$
$$单位成本 = 38\,000 \div (1\,200 - 15) \approx 32.07(元/千克)$$

(短少 15 千克,只影响单位成本,不影响总成本,不必进行单独的账务处理)

(2) 购料途中短缺与非合理损耗的账务处理。企业外购材料,对于采购材料途中发生的短缺及毁损,应根据造成短缺与毁损的原因,分别情况进行账务处理:

A. 查明原因前(审批前):

借:待处理财产损溢——待处理流动资产损溢
　　贷:在途物资

B. 查明原因后(审批后):

a. 短缺是由责任人引起,确定由供应单位、运输单位、保险公司或其他过失的责任人赔偿。

借:应付账款(由供应单位原因)
　　其他应收款(由运输单位、保险公司或其他过失原因)
　　贷:待处理财产损溢——待处理流动资产损溢
　　　　应交税费——应交增值税(进项税额转出)

除自然灾害引起的损失外,非正常损失引起的短缺还要将进项税额转出。非正常损失是指因管理不善造成被盗、丢失、霉烂变质的损失,以及被执法部门依法没收或者强令自行销毁的货物。

b. 由自然灾害造成,扣除残料及保险公司赔款后净损失列入营业外支出。

借:营业外支出(自然灾害造成,扣除残料及保险公司赔款后净损失)
　　贷:待处理财产损溢——待处理流动资产损溢

注:自然灾害引起的存货毁损,进项税额可以抵扣,不需转出。

c. 非正常损失造成的存货的净损失列入管理费用。

借:管理费用
　　贷:待处理财产损溢——待处理流动资产损溢
　　　　应交税费——应交增值税(进项税额转出)

【例 3-13】 甲有限公司向乙公司购入 A 材料 1 000 千克,单价为 30 元,增值税税率为 13%,款项已签发转账支票办理结算,材料未收。该公司收到材料时,发现短缺 50 千克,原因未明;后查明应由保险公司赔偿 1 000 元,其他经批准予以转销。甲有限公司应编制会计分录如下:

A. 采购原材料,款已付,材料尚未到达:

借:在途物资——乙公司(A 材料)　　　　　　　　　　　　　　　　30 000
　　应交税费——应交增值税(进项税额)　　　　　　　　　　　　　3 900
　　贷:银行存款　　　　　　　　　　　　　　　　　　　　　　　　33 900

B. 收到材料并验收入库，发现短缺 50 千克，原因未明：

借：原材料——A 材料　　　　　　　　　　　　　　　　　　28 500
　　待处理财产损溢——待处理流动资产损溢　　　　　　　　1 695
　　贷：在途物资——乙公司(A 材料)　　　　　　　　　　　　30 000
　　　　应交税费——应交增值税(进项税额转出)　　　　　　　195

C. 确认应由保险公司赔款 1 000 元，其余经批准予以转销：

借：其他应收款——应收保险公司赔款　　　　　　　　　　1 000
　　管理费用　　　　　　　　　　　　　　　　　　　　　　695
　　贷：待处理财产损溢——待处理流动资产损溢　　　　　　　1 695

（实务题）甲企业为增值税一般纳税人，原材料采用实际成本法核算。2021 年 5 月，甲企业原材料采购情况如下：

(1) 4 日，向光明工厂购入 A 材料 200 千克，单价为 210 元，增值税税率为 13%，材料尚未到达，款项已付。

(2) 10 日，A 材料已到达，实际验收入库 150 千克，短缺 50 千克。经查，短缺的 50 千克属于自然灾害毁损，经保险公司核定应赔偿 8 000 元，其余损失经批准列入营业外支出。

(3) 28 日，购入 B 材料一批，材料已验收入库，发票账单尚未到达。月末，发票账单尚未收到，也无法确定其实际成本，暂估价值为 30 000 元。

要求：编制相关会计分录。

2. 材料发出业务

采用实际成本进行材料日常核算的企业，发出原材料的计价，可以采用先进先出法、月末一次加权平均法、移动加权平均法和个别计价法进行计量。

企业发出材料需要办理发料手续，填制相关发料凭证，如领料单(材料出库单)、限额领料单等。在发料凭证数量较多时，企业可根据发料单定期汇总发料凭证汇总表后，据以填制记账凭证、登记总账。账务处理如下：

借：生产成本——基本生产成本(生产产品领用)
　　　　　　——辅助生产成本(辅助生产车间领用)
　　制造费用(车间管理及一般消耗领用)
　　管理费用(管理部门领用、固定资产修理支出)
　　销售费用(专设销售机构领用)
　　其他业务成本(结转销售材料成本)
　　在建工程(专项工程领用)
　　委托加工物资(发出委托外单位加工材料)
　　贷：原材料

发出材料计价方法一经确定，不得随意变更；如需变更，企业应在财务会计报告的附注中予以说明。

【例 3-14】　甲公司为增值税一般纳税人，根据发料凭证汇总表的记录，2021 年 3 月，基本生产车间领用 K 材料 500 000 元,辅助生产车间领用 K 材料 40 000 元,车间管理部门领用 K 材料 5 000 元,销售机构领用 K 材料 1 000 元,企业行政管理部门领用 K 材料 4 000 元,共计 550 000 元。甲公司采用实际成本进行材料日常核算。甲公司编制会计分录如下:

借:生产成本——基本生产成本　　　　　　　　　　　　　　500 000
　　　　　　——辅助生产成本　　　　　　　　　　　　　　 40 000
　　制造费用　　　　　　　　　　　　　　　　　　　　　　 5 000
　　销售费用　　　　　　　　　　　　　　　　　　　　　　 1 000
　　管理费用　　　　　　　　　　　　　　　　　　　　　　 4 000
　　贷:原材料——K 材料　　　　　　　　　　　　　　　　 550 000

(实务题)甲公司生产车间领用 W 材料 2 000 千克,用于生产 A 产品;车间管理部门领用 W 材料 700 千克,企业行政管理部门领用 W 材料 450 千克。W 材料的单价为 50 元。请编制相关会计分录。

【例 3-15】 蓝天公司建筑厂房领用原材料一批,该批材料的不含税价为 5 000 元,购进时的进项税额为 650 元。蓝天公司编制会计分录如下:

借:在建工程　　　　　　　　　　　　　　　　　　　　　　 5 000
　　贷:原材料　　　　　　　　　　　　　　　　　　　　　 5 000

【例 3-16】 黄河有限公司出售多余原材料乙材料 20 千克,不含税售价为 700 元,成本为 600 元,以现金收讫。黄河有限公司编制会计分录如下:

A. 出售原材料时,按实际收到的款项:

借:库存现金　　　　　　　　　　　　　　　　　　　　　　 791
　　贷:其他业务收入　　　　　　　　　　　　　　　　　　 700
　　　　应交税费——应交增值税(销项税额)　　　　　　　 91

B. 月末,根据领料单编制的发料凭证汇总表结转成本:

借:其他业务成本　　　　　　　　　　　　　　　　　　　　 600
　　贷:原材料　　　　　　　　　　　　　　　　　　　　　 600

二、原材料按计划成本计价的核算

原材料按照计划成本核算是要求所有材料收发凭证均按预先确定的计划成本计价,总分类账及明细分类账按计划成本登记,材料的实际成本与计划成本的差异通过"材料成本差异"账户核算;月度终了,通过分配材料成本差异,将发出材料的计划成本调整为实际成本。

(一)账户设置

1."原材料"账户

该账户属于资产类账户,用来核算企业采用计划成本进行材料日常核算时购入材料的采购成本。该账户借方表示入库原材料的计划成本;贷方表示发出原材料的计划成本;结存在借方,表示库存材料的计划成本。

2."材料采购"账户

该账户属于资产类账户,用来核算企业采用计划成本进行材料日常核算时购入材料的采购成本。该账户借方表示未入库原材料的实际成本;贷方表示已入库原材料的计划成本;结存在借方,表示实际成本大于计划成本的超支差异;结存在贷方,表示实际成本小于计划成本的节约差异。

3. "材料成本差异"账户

该账户属于资产类账户,用来核算企业采用计划成本进行日常核算时材料计划成本与实际成本的差额。该账户反映企业已入库各种材料的实际成本与计划成本的差异,借方登记取得材料的超支差异及发出材料的节约差异;贷方登记取得材料的节约差异及发出材料的超支差异;期末如为借方余额,反映企业库存材料的实际成本大于计划成本的差异(即超支差异);如为贷方余额,反映企业库存材料实际成本小于计划成本的差异(即节约差异)。计划成本法下的账户设置如图3-4所示。

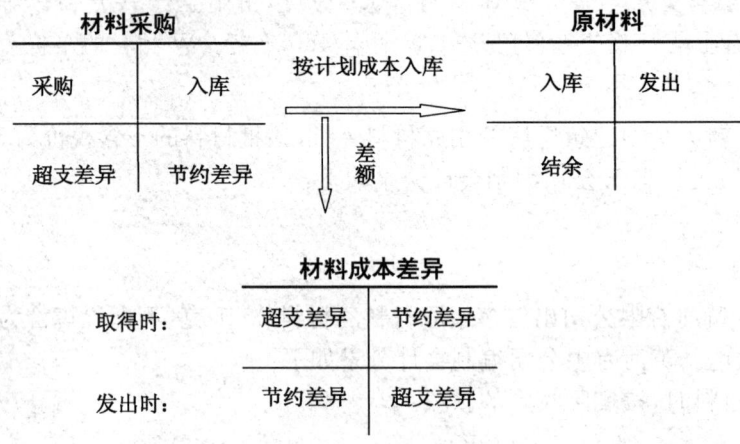

图3-4 计划成本法下的账户设置

企业对原材料按照计划成本法进行核算,采购时,采用实际成本;入库时,采用计划成本;发出时,先使用计划成本登记,再根据材料成本差异计算出材料成本差异率,最终计算出实际成本。

(二) 账务处理

1. 原材料取得的核算

根据结算凭证结算款项时,编制会计分录如下:

借:材料采购(实际采购成本)
　　应交税费——应交增值税(进项税额)
　　贷:银行存款/应付账款等

根据材料验收单,编制会计分录如下:

借:原材料
　　贷:材料采购
　　　　材料成本差异(借记或贷记)

如果材料已经验收入库,货款尚未支付,月末仍未收到相关发票凭证,按照计划成本暂估入账,即借记"原材料"账户,贷记"应付账款——暂估应付账款"等账户。下月初作相反分录予以冲回,收到账单后再进行账务处理。

在计划成本法下,购入的材料无论是否直接验收入库,都要先通过"材料采购"账户进行核算。

【例3-17】 乙公司为增值税一般纳税人,采用计划成本进行材料日常核算。2021年3月15日,乙公司购入L材料一批,增值税专用发票上注明的价款为3 000 000元,增值税额为390 000元,发票账单已收到。该批L材料的计划成本为3 200 000元,已验收入库,全部款项以银行存款支付。乙公司编制会计分录如下:

借:材料采购——L材料　　　　　　　　　　　　　　　　　　3 000 000
　　应交税费——应交增值税(进项税额)　　　　　　　　　　　　390 000
　　贷:银行存款　　　　　　　　　　　　　　　　　　　　　3 390 000

借:原材料——L材料　　　　　　　　　　　　　　　　　　　3 200 000
　　贷:材料采购——L材料　　　　　　　　　　　　　　　　　3 200 000

借:材料采购——L材料　　　　　　　　　　　　　　　　　　　200 000
　　贷:材料成本差异——L材料　　　　　　　　　　　　　　　　200 000

也可将上面两个会计分录合并:

借:原材料——L材料(计划成本)　　　　　　　　　　　　　　3 200 000
　　贷:材料采购——L材料(实际成本)　　　　　　　　　　　　3 000 000
　　　　材料成本差异——L材料(成本差异)　　　　　　　　　　　200 000

2.原材料发出的核算

原材料按照计划成本法计价,在处理发出业务时并不存在计算确定发出材料成本的问题,只需按照事先制定的计划成本和发出数量即可确定发出材料成本;发出材料时需将计划成本调整为实际成本,将材料成本差异额在发出材料和结存材料之间进行分摊。

在计划成本法下,"原材料"账户购进、发出和库存都反映计划成本。

(1)发出原材料时:

借:生产成本、制造费用等(计划成本)
　　贷:原材料

(2)结转材料成本差异时:

借:生产成本、制造费用等
　　贷:材料成本差异(或借记)

通过材料成本差异将计划成本还原成实际成本。其计算公式如下:

发出材料应分摊的材料成本差异＝发出材料的计划成本×材料成本差异率
发出材料的实际成本＝发出材料的计划成本±发出材料应承担的材料成本差异
结存材料计划成本＝月初结存材料的计划成本＋本月购进材料的计划成本－本月发出材料的计划成本
月末结存材料实际成本＝月末结存材料的计划成本±结存材料应分摊的材料成本差异

【例 3-18】 天元有限公司的材料采用计划成本核算。2021 年 9 月 1 日,该公司结存材料的计划成本为 400 万元,"材料成本差异"账户贷方余额为 6 万元;本月入库材料的计划成本为 2 000 万元,"材料成本差异"账户借方发生额为 12 万元;本月生产产品领用材料的计划成本为 1 600 万元。该公司本月领用和月末结存材料应编制的会计分录如下:

材料成本差异率＝(－6＋12)÷(400＋2 000)×100％＝0.25％
本月领用材料应负担的材料成本差异＝16 000 000×0.25％＝40 000(元)

A. 领用材料时:

借:生产成本——基本生产成本　　　　　　　　　　　　　　　　16 000 000
　　贷:原材料　　　　　　　　　　　　　　　　　　　　　　　　　　16 000 000

B. 结转领用材料的材料成本差异额时:

借:生产成本——基本生产成本　　　　　　　　　　　　　　　　　　40 000
　　贷:材料成本差异　　　　　　　　　　　　　　　　　　　　　　　　40 000

本月发出材料的实际成本＝16 000 000＋40 000＝16 040 000(元)
本月结存材料的实际成本＝(4 000 000＋20 000 000－16 000 000)×(1＋0.25％)＝8 020 000(元)

(实务题)乙公司为增值税一般纳税人,2021 年 2 月初,乙公司结存 L 材料的计划成本为 1 000 000 元,材料成本差异为超支 30 740 元;当月入库 L 材料的计划成本为 3 200 000 元,成本差异为节约 200 000 元。本月发出原材料的计划成本为 2 600 000 元,其中,生产部门生产产品领用 1 200 000 元,车间一般耗用 900 000 元,管理部门领用 500 000 元。请计算材料成本差异率,并编制乙公司发出材料的会计分录。

活动 3.2.2　周转材料的核算

周转材料是指企业能够多次使用,逐渐转移其价值但仍保持原有形态,不确认为固定资产的材料,包括包装物和低值易耗品。

一、包装物的核算

(一)包装物的内容

包装物是指为了包装本企业商品而储备的各种包装容器,如桶、箱、瓶、坛、袋等。其主要作用是盛装、装潢产品或商品。企业进行包装物核算时,应注意将包装物与各种包装材料(如纸、绳、铁丝等,不是包装容器,故非包装物,应在"原材料"账户下进行核算)区分开来。
包装物主要包括以下几类:

(1) 生产过程中用于包装产品组成部分的包装物。
(2) 随同商品出售且不单独计价的包装物。
(3) 随同商品出售且单独计价的包装物。
(4) 出租或出借给购买单位使用的包装物。

(二) 账务处理

企业应设置"周转材料——包装物"账户进行核算,也可以单独设置"包装物"账户进行核算。"周转材料——包装物"账户属于资产类账户,借方反映验收入库包装物的成本;贷方反映领用、摊销、对外销售等而减少的包装物成本;期末余额反映在库包装物的成本或在用包装物的摊余价值。

《企业会计准则第 1 号——存货》应用指南规定,包装物采用一次摊销法或五五摊销法核算。

1. 生产领用的包装物成本计入生产成本

企业生产过程中领用的包装物,应按月汇总,将其成本结转入产品的生产成本。

借:生产成本——基本生产成本
　　贷:周转材料——包装物

2. 随同产品出售但不单独计价

借:销售费用
　　贷:周转材料——包装物

3. 随同产品出售且单独计价

借:银行存款、应收账款等
　　贷:其他业务收入(包装物不含税收入)
　　　　应交税费——应交增值税(销项税额)

结转出售包装物成本时:

借:其他业务成本(包装物成本)
　　贷:周转材料——包装物

4. 出租、出借包装物

(1) 出租时:

出租包装物的核算与随同产品出售且单独计价的包装物的核算方法相同,在此不赘述。

(2) 出借时:

借:销售费用
　　贷:周转材料——包装物

【例 3-19】 蓝天有限公司随同产品出售一批包装桶,货款共计 2 000 元,增值税额为 260 元,款项已收到并存入银行,该批包装桶的账面价值为 1 500 元。蓝天有限公司编制会计分录如下:

借:银行存款　　　　　　　　　　　　　　　　　　　　　　　　　2 260
　　贷:其他业务收入　　　　　　　　　　　　　　　　　　　　　　2 000
　　　　应交税费——应交增值税(销项税额)　　　　　　　　　　　　260

结转出售包装物成本时:

借：其他业务成本（包装物成本）　　　　　　　　　　　　　　　　1 500
　　贷：周转材料——包装物　　　　　　　　　　　　　　　　　　　　　1 500

【例 3-20】 甲公司为增值税一般纳税人，对包装物采用计划成本核算。2021 年 3 月，甲公司生产产品领用包装物，其计划成本为 100 000 元，材料成本差异率为－3%。甲公司编制会计分录如下：

借：生产成本[100 000＋100 000×（－3%）]　　　　　　　　　　　97 000
　　材料成本差异　　　　　　　　　　　　　　　　　　　　　　　　3 000
　　贷：周转材料——包装物　　　　　　　　　　　　　　　　　　　　100 000

二、低值易耗品的核算

（一）低值易耗品的概念及类别

1. 概念

低值易耗品是指不符合固定资产确认的各种用具物品，如工具、管理用具、玻璃器皿、劳动保护用品和在经营过程中周转使用的容器等。

2. 类别

低值易耗品主要包括以下几类：

（1）一般工具。一般工具是指车间生产产品通用的工具，如刀具、量具和供生产周转使用的容器等。

（2）专用工具。专用工具是指为了生产某种特定产品所专用的工具，如专业模具、专用工具等。

（3）管理工具。管理工具是指在管理工作中使用的各种家具和办公用具，如办公桌、椅、柜子、计算器等。

（4）劳动保护用品。劳动保护用品是指为了保证安全生产而发给职工的劳动保护用的工作服、工作鞋、工作手套等。

（5）替换设备。替换设备是指容易磨损、更换频繁或为生产不同产品需要替换使用的各种设备，如轧制钢材用的轧辊、浇铸钢锭的锭模。

（6）其他低值易耗品。其他低值易耗品是指不属于以上各类的低值易耗品。

（二）账务处理

企业低值易耗品一般应设置"周转材料——低值易耗品"账户进行核算，也可以设置"低值易耗品"账户进行核算。

"周转材料——低值易耗品"属资产类账户，其借方反映验收入库的低值易耗品成本；贷方反映领用、摊销和盘亏等减少的低值易耗品成本；期末余额在借方，反映在库低值易耗品的成本或在用低值易耗品的摊余价值。

低值易耗品应按其种类，分别"在库""在用""摊销"进行明细核算。低值易耗品的采购、收发、储存、清查等业务的核算，与原材料基本相同。

低值易耗品在发出时，其价值也要摊销到相关的成本费用上去，摊销方法可采用一次摊销法或五五摊销法等。低值易耗品在摊销时，应按受益对象记入"制造费用""管理费用""销售费用"等账户。

1. 一次摊销法

一次摊销法是指低值易耗品的价值在领用时一次计入有关资产成本或当期损益的方法。其账务处理如下：

借：生产成本（生产或项目领用）
　　制造费用（车间领用）
　　管理费用（厂部领用）
　　销售费用（专设销售机构领用）
　　贷：周转材料——低值易耗品

2. 五五摊销法

五五摊销法是指低值易耗品的价值在领用时摊销50%，在报废时摊销50%的方法。其账务处理流程如图3-5所示。

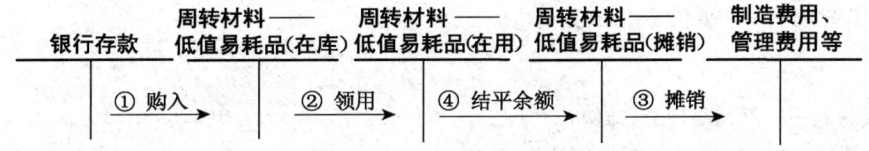

图3-5　低值易耗品的账务处理流程

其账务处理如下：

（1）领用时：

A. 将"在库"转"在用"：

借：周转材料——低值易耗品（在用）
　　贷：周转材料——低值易耗品（在库）

B. 按受益对象进行摊销50%：

借：生产成本（生产或项目领用）
　　制造费用（车间领用）
　　管理费用（厂部领用）
　　销售费用（专设销售机构领用）
　　贷：周转材料——低值易耗品（摊销）

（2）报废时：

A. 摊销余下的50%：

借：生产成本/制造费用/管理费用/销售费用等
　　贷：周转材料——低值易耗品（摊销）

B. 若有残料则收回，冲减原支出账户：

借：原材料——残料
　　贷：管理费用等

C. 转销已计摊销，即"摊销"与"在用"对冲：

借：周转材料——低值易耗品（摊销）
　　贷：周转材料——低值易耗品（在用）

【例3-21】 甲公司为增值税一般纳税人,对低值易耗品采用实际成本核算。2021年3月,甲公司基本生产车间领用专用工具一批,其实际成本为100 000元,不符合固定资产定义,采用分次摊销法进行摊销。该工具的估计使用次数为2次。甲公司编制会计分录如下:

A. 领用专用工具时:

借:周转材料——低值易耗品(在用) 100 000
　　贷:周转材料——低值易耗品(在库) 100 000

B. 第一次领用时摊销其价值的一半:

借:制造费用 50 000
　　贷:周转材料——低值易耗品(摊销) 50 000

C. 第二次领用时摊销其价值的另一半:

借:制造费用 50 000
　　贷:周转材料——低值易耗品(摊销) 50 000

同时:

借:周转材料——低值易耗品(摊销) 100 000
　　贷:周转材料——低值易耗品(在用) 100 000

【例3-22】 甲公司为增值税一般纳税人,对低值易耗品采用计划成本核算。2021年2月,甲公司基本生产车间领用专用工具一批,其实际成本为101 000元,计划成本为100 000元,不符合固定资产定义,采用分次摊销法进行摊销。该工具的估计使用次数为2次。该专用工具的材料成本差异率为1%。甲公司编制会计分录如下:

A. 领用专用工具时:

借:周转材料——低值易耗品(在用) 100 000
　　贷:周转材料——低值易耗品(在库) 100 000

B. 第一次领用时摊销其价值的一半:

借:制造费用 50 500
　　贷:周转材料——低值易耗品(摊销) 50 000
　　　　材料成本差异 500

C. 第二次领用时摊销其价值的另一半:

借:制造费用 50 500
　　贷:周转材料——低值易耗品(摊销) 50 000
　　　　材料成本差异 500

同时:

借:周转材料——低值易耗品(摊销) 100 000
　　贷:周转材料——低值易耗品(在用) 100 000

1.(选择题)甲企业销售产品领用单独计价的包装物一批,其计划成本为1 000元,材料成本差异率为1%,不考虑其他因素,下列关于此项业务会计处理结果的表述中,正确的是(　　)。

A. 计入销售费用1 010元　　　　　B. 计入销售费用990元
C. 计入其他业务成本1 010元　　　D. 计入其他业务成本990元

2. （选择题）下列各项中，不通过"其他业务成本"账户核算的是（　　）。
A. 出借包装物的摊销额
B. 出租包装物负担的修理费用
C. 出售原材料的成本
D. 随同商品销售且单独计价包装物的成本

3. （选择题）企业领用包装物可能记入的账户有（　　）。
A. "其他业务成本"　　B. "销售费用"　　C. "生产成本"　　D. "财务费用"

4. （选择题）某企业周转材料采用实际成本核算，生产车间领用低值易耗品一批，实际成本为10 000元，估计使用次数为2次，采用分次摊销法进行摊销，下列关于低值易耗品第二次摊销的会计处理中，正确的有（　　）。

A. 借：周转材料——低值易耗品——在用　　　　　　　10 000
　　　贷：周转材料——低值易耗品——在库　　　　　　　　　　10 000
B. 借：制造费用　　　　　　　　　　　　　　　　　10 000
　　　贷：周转材料——低值易耗品——在库　　　　　　　　　　10 000
C. 借：制造费用　　　　　　　　　　　　　　　　　 5 000
　　　贷：周转材料——低值易耗品——摊销　　　　　　　　　　 5 000
D. 借：周转材料——低值易耗品——摊销　　　　　　　10 000
　　　贷：周转材料——低值易耗品——在用　　　　　　　　　　10 000

活动3.2.3　委托加工物资的核算

一、委托加工物资的概念

委托加工物资是指企业为了满足生产经营的需要，在企业无法加工或加工能力不足的情况下，由企业提供原料物资及主要材料，通过支付加工费由受托加工企业按合同要求为企业加工所需要的原材料、半成品或商品。

二、委托加工物资的计量

委托加工物资原则上按实际成本计价，具体包括：
（1）发出加工消耗物资的实际成本。
（2）支付加工费（不含可以抵扣的增值税）。
（3）运杂费。
（4）应负担的相关税费等。

三、委托加工物资的核算

（一）账户设置

"委托加工物资"账户属于资产类账户，在资产负债表中列入"存货"项目反映。其借方反映发出加工物资的实际成本、支付的加工费、运杂费、相关税费等;贷方反映收回加工完成物资的实际成本和退回剩余物资的实际成本;期末余额在借方,反映企业尚未完工的委托加工物资的实际成本。

"委托加工物资"账户应按加工单位和加工物资的品种进行明细核算。

委托方或受托方是小规模纳税人时,发生的增值税计入委托加工物资的成本;收回后用于直接销售的委托加工物资发生的消费税计入委托加工物资的成本。

(二) 账务处理

1. 发出物资

借:委托加工物资
　　贷:原材料
　　　　(借或贷:材料成本差异)

2. 支付加工费、运杂费

借:委托加工物资
　　应交税费——应交增值税(进项税额)
　　贷:银行存款

3. 支付受托方代扣代缴的消费税(属于应税消费品时)

(1) 收回后直接销售或用于非应税消费品再加工:

借:委托加工物资
　　贷:银行存款

(2) 收回后用于连续生产应税消费品:

借:应交税费——应交消费税
　　贷:银行存款

4. 退回剩余物资

借:原材料等
　　贷:委托加工物资
　　借或贷:材料成本差异

5. 加工完成收回委托加工物资

借:原材料、库存商品等
　　贷:委托加工物资——××公司(××材料)
　　借或贷:材料成本差异

【例 3-23】 A 公司按实际成本对原材料进行日常核算。2021 年 3 月,A 公司委托 B 公司加工材料一批(属于应税消费品),原材料成本为 60 000 元,支付的加工费为 30 000 元(不含增值税),消费税税率为 13%,材料加工完成验收入库,收回后用于连续加工产品,加工费用、消费税已经支付。A、B 公司均为增值税一般纳税人,适用的增值税税率为 13%。A 公司编制会计分录如下:

A. 发出委托加工材料:

借:委托加工物资　　　　　　　　　　　　　　　　　　　　　　　　60 000
　　贷:原材料　　　　　　　　　　　　　　　　　　　　　　　　　　　60 000

B. 支付加工费、消费税：

消费税组成计税价格＝(60 000＋30 000)÷(1－10%)＝100 000(元)

受托方代收代缴的消费税＝100 000×10%＝10 000(元)

借：委托加工物资　　　　　　　　　　　　　　　　　　　　　　　30 000
　　应交税费——应交增值税(进项税额)　　　　　　　　　　　　　 3 900
　　　　　　——应交消费税　　　　　　　　　　　　　　　　　　 10 000
　　贷：银行存款　　　　　　　　　　　　　　　　　　　　　　　　43 900

C. 加工完成收回委托加工材料：

借：原材料　　　　　　　　　　　　　　　　　　　　　　　　　　　90 000
　　贷：委托加工物资　　　　　　　　　　　　　　　　　　　　　　90 000

【例 3-24】　甲公司为增值税一般纳税人，对材料和委托加工物资采用计划成本核算，委托丁公司加工 B 半成品(属于应税消费品)10 万件。甲公司 2021 年的有关经济业务如下：

(1) 1 月 20 日，发出 A 材料一批，计划成本为 6 000 000 元，材料成本差异率为－3%。发出委托加工材料时，甲公司编制会计分录如下：

借：委托加工物资　　　　　　　　　　　　　　　　　　　　　　　5 820 000
　　材料成本差异——A 材料　　　　　　　　　　　　　　　　　　 180 000
　　贷：原材料　　　　　　　　　　　　　　　　　　　　　　　　 6 000 000

(2) 2 月 20 日，支付半成品加工费 120 000 元，支付应当交纳的消费税 66 000 元，该半成品收回后用于连续生产，消费税可抵扣，增值税发票上注明的增值税额为 15 600 元。甲公司编制会计分录如下：

借：委托加工物资　　　　　　　　　　　　　　　　　　　　　　　120 000
　　应交税费——应交增值税(进项税额)　　　　　　　　　　　　　 15 600
　　　　　　——应交消费税　　　　　　　　　　　　　　　　　　 66 000
　　贷：银行存款　　　　　　　　　　　　　　　　　　　　　　　　201 600

(3) 3 月 4 日，用银行存款支付运费 10 000 元，增值税发票上注明的增值税额为 900 元。甲公司编制会计分录如下：

借：委托加工物资　　　　　　　　　　　　　　　　　　　　　　　10 000
　　应交税费——应交增值税(进项税额)　　　　　　　　　　　　　 900
　　贷：银行存款　　　　　　　　　　　　　　　　　　　　　　　　10 900

(4) 3 月 5 日，上述半成品 100 000 件(每件计划成本为 65 元)加工完毕，公司已办理验收入库手续。甲公司编制会计分录如下：

借：原材料　　　　　　　　　　　　　　　　　　　　　　　　　　　6 500 000
　　贷：委托加工物资　　　　　　　　　　　　　　　　　　　　　　5 950 000
　　　　材料成本差异——半成品　　　　　　　　　　　　　　　　　550 000

(1)（选择题）甲公司为增值税一般纳税人，采用实际成本法核算原材料。2020 年 12 月，甲公司委托乙公司(一般纳税人)加工应税消费品一批，收回后直接对外销售。甲公司发出原材料的成本为10万元,支付的加工费为3.5万元(不含增值税),乙公司代收代缴的消费税为1.5万元,该批应税消费品已经加工完成并验收入库。假定甲、乙公司均适用增值税税率13%、消费税税率10%,则甲公司将委托加工消费品收回时,其入账成本为( )万元。

  A. 13.5   B. 15   C. 15.2   D. 16.6

  (2)(实务题)甲公司为增值税一般纳税人,委托乙公司加工一批应税消费品,收回后直接对外出售。甲公司支付加工费100万元,增值税额13万元,并取得乙公司开具的增值税专用发票,另付乙公司代扣代缴消费税15万元。请编制甲公司支付加工费和相关税费的会计分录。

  (3)(实务题)A公司委托B公司加工材料一批(属于应税消费品),原材料成本为50 000元,支付的加工费为30 000元(不含增值税),消费税为12 000元,材料加工完成验收入库,收回后用于连续加工应税消费品,加工费用、消费税已通过转账支票支付。A、B公司均为增值税一般纳税人,适用的增值税税率为13%。A公司按实际成本对原材料进行日常核算。请编制相关会计分录。

活动 3.2.4 库存商品的核算

一、库存商品的概念

  库存商品是指在企业已完成全部生产过程并验收入库,合乎标准规格和技术条件,可以作为商品直接对外出售的产品以及外购的用于销售的各种商品。企业的库存商品包括库存产成品、外购商品、存放在门市部准备出售的商品、发出展览的商品、寄存在外的商品等。

  已完成销售手续但购买单位在月末未提取的产品,不应作为企业的库存商品,而应作为代管商品处理,单独设置"代管商品备查簿"进行登记。

二、库存商品的账务处理

(一)工业企业库存商品的账务处理

  工业企业产成品一般设置"库存商品"账户进行核算,该账户借方登记验收入库产成品成本;贷方登记发出产成品成本;期末借方余额反映结存产成品成本。该账户应按品种、规格设置明细账,明细账应采用数量金额式账页。

  1. 产成品入库

   借:库存商品——产成品(品种、规格)

    贷:生产成本——基本生产成本

  2. 发出产成品用于销售

   借:主营业务成本

    贷:库存商品——产成品(品种、规格)

  【例3-25】 甲公司的商品入库汇总表中记载,某月已验收入库Y产品1 000台,实际单位成本5 000元,共计5 000 000元;Z产品2 000台,实际单位成本1 000元,共计2 000 000元。甲公司编制会计分录如下:

```
借：库存商品——Y产品                                    5 000 000
         ——Z产品                                    2 000 000
    贷：生产成本——基本生产成本（Y产品）                    5 000 000
              ——基本生产成本（Z产品）                    2 000 000
```

【例 3-26】 月末，甲公司汇总的发出商品中，当月已实现销售的 Y 产品有 500 台，Z 产品有 1 500 台。该月 Y 产品的实际单位成本为 5 000 元，Z 产品的实际单位成本为 1 000 元。在结转其销售成本时，甲公司编制会计分录如下：

```
借：主营业务成本                                       4 000 000
    贷：库存商品——Y产品                                2 500 000
              ——Z产品                                1 500 000
```

（二）商业企业库存商品的核算

根据本企业商品经营的特点和商品管理的要求，商品采购和核算的方法有进价金额核算法和售价金额核算法两种。前者是指按照商品的进价来反映商品收发和结存变化情况的商品核算方法；后者是指按商品的售价来反映商品的收发结存情况的商品核算方法。

1. 进价金额核算法（批发企业适用）

购进商品的实际成本包括进价成本和采购费用。采购过程中发生的运输费、保险费、装卸费和其他可归属于存货采购成本的费用等，应当计入商品成本，也可以单独归集，期末根据所购商品存销情况进行分摊，已销的列入主营业务成本，库存的计入库存商品成本。

商品购进业务的核算类同于材料购进的核算。其会计分录如下：

```
借：库存商品
    应交税费——应交增值税（进项税额）
    贷：银行存款
```

销售商品时：

```
借：银行存款
    贷：主营业务收入
        应交税费——应交增值税（销项税额）
借：主营业务成本
    贷：库存商品
```

所不同的是：企业销售库存商品计算销售商品的成本在每一季度的前 2 个月可采用毛利率法匡算，季末最后月份通过实地盘点先确定季末库存商品价值，再用倒挤法计算本季商品销售总成本，然后从销售总成本中扣除前 2 个月的销售成本，即为季度内第三个月应结转的成本。毛利率法下，相关计算公式如下：

$$销售净额 = 商品销售收入 - 销货退回与折让$$
$$销售毛利 = 销售净额 \times 毛利率$$
$$销售成本 = 销售净额 - 销售毛利 = 销售净额 \times (1 - 毛利率)$$
$$期末存货成本 = 期初存货成本 + 本期购货成本 - 本期销货成本$$

【例 3-27】 某公司是一家商品批发企业。2021 年 5 月 7 日，该公司向甲公司购进 A 商品一批，总进价为 50 000 元，增值税额为 6 500 元，当日该公司以银行存款支付货款。5 月 10 日，商品验收入库。该公司 5 月销售 A 商品所获得的收入为 67 800 元（含税），采用毛利率法计算并结转当月 A 商品的销售成本,一季度 A 商品毛利率为 20%。该公司编制会计分录如下：

A. 5 月 7 日,根据增值税专用发票及支付结算凭证：

借：在途物资　　　　　　　　　　　　　　　　　　　　　　　50 000
　　应交税费——应交增值税(进项税额)　　　　　　　　　　　6 500
　　贷：银行存款　　　　　　　　　　　　　　　　　　　　　56 500

B. 5 月 10 日,根据入库单：

借：库存商品　　　　　　　　　　　　　　　　　　　　　　　50 000
　　贷：在途物资　　　　　　　　　　　　　　　　　　　　　50 000

C. 平时销售商品时：

借：银行存款　　　　　　　　　　　　　　　　　　　　　　　67 800
　　贷：主营业务收入　　　　　　　　　　　　　　　　　　　60 000
　　　　应交税费——应交增值税(销项税额)　　　　　　　　　7 800

D. 月末结转成本时：

借：主营业务成本[60 000×(1-20%)]　　　　　　　　　　　　48 000
　　贷：库存商品　　　　　　　　　　　　　　　　　　　　　48 000

2. 售价金额核算法(商品零售企业适用)

在这种方法下,库存商品的总分类账和明细分类账都按商品的销售价格记账。企业需要设置"商品进销差价"账户,该账户属于资产类账户,是"库存商品"的备抵调整账户,类似"材料成本差异"账户。该账户借方反映分摊结转已售商品的进销差价、转出其他原因减少商品的进销差价;贷方反映验收入库商品售价大于进价的差额;期末余额反映库存商品的进销差额。"商品进销差价"账户应按商品类别或实物负责人设置明细分类账,进行明细核算。

售价金额核算法的操作步骤及其会计分录如下：

第一步,购入商品支付货款。

借：在途物资
　　应交税费——应交增值税(进项税额)
　　贷：银行存款等(实付价税款)

借：库存商品(按售价)
　　贷：在途物资
　　　　商品进销差价(售价与进价的差额)

第二步,商品销售时,先按含税售价确认收入,并结转销售成本。

借：银行存款
　　贷：主营业务收入(含税售价)

借：主营业务成本
　　贷：库存商品(含税售价)

第三步,月末时将税款从收入中分离出来。

借：主营业务收入
　　贷：应交税费——应交增值税(销项税额)

注：不含税销售额＝当月含税销售收入÷(1＋16％)

第四步，计算商品进销差价率后，计算已销商品应负担的进销差价，并冲减主营业务成本。

$$商品进销差价率=\frac{期初库存商品的进销差价＋本期购入商品的进销差价}{期初库存商品的售价＋本期购入商品的售价}×100\%$$

本期已销商品应分摊的进销差价＝本期销售收入×商品进销差价率

本期已售商品的实际成本＝本期销售商品收入－本期已销商品的进销差价

$$\begin{matrix}期末结存商品\\应保留的进销差价\end{matrix}=\begin{matrix}期初库存商品\\进销差价\end{matrix}+\begin{matrix}本期购进商品\\进销差价\end{matrix}-\begin{matrix}本期已销商品\\应分摊的进销差价\end{matrix}$$

期末结存商品的实际成本＝期末结存商品的售价－期末结存商品应保留的进销差价

借：商品进销差价
　　贷：主营业务成本

【例3-28】　某小百货的柜组2021年6月初商品进销差价余额为30 360元，库存商品余额为380 000元。6月25日，该小百货组购进小百货成本为180 000元，增值税额为23 400元，以银行存款支付，商品已于当日收到，售价为280 800元，本月小百货共计销售收入185 600元。该小百货组编制会计分录如下：

A．购入商品支付货款：

借：在途物资　　　　　　　　　　　　　　　　　　　　　　　　　180 000
　　应交税费——应交增值税(进项税额)　　　　　　　　　　　　　 23 400
　　贷：银行存款　　　　　　　　　　　　　　　　　　　　　　　　203 400

借：库存商品　　　　　　　　　　　　　　　　　　　　　　　　　 208 800
　　贷：在途物资　　　　　　　　　　　　　　　　　　　　　　　　180 000
　　　　商品进销差价　　　　　　　　　　　　　　　　　　　　　　100 800

B．商品销售时，先按含税售价确认收入，并结转销售成本：

借：银行存款　　　　　　　　　　　　　　　　　　　　　　　　　 185 600
　　贷：主营业务收入　　　　　　　　　　　　　　　　　　　　　　185 600

借：主营业务成本　　　　　　　　　　　　　　　　　　　　　　　 185 600
　　贷：库存商品　　　　　　　　　　　　　　　　　　　　　　　　185 600

C．6月30日，将税款从收入中分离出来：

$$不含税销售收入=\frac{当月含税销售收入}{1+13\%}=\frac{185\ 600}{1+13\%}=164\ 248(元)$$

税额＝185 600－164 248＝21 352(元)

借：主营业务收入　　　　　　　　　　　　　　　　　　　　　　　 21 352
　　贷：应交税费——应交增值税(销项税额)　　　　　　　　　　　　 21 352

D．计算产品进销差价率后，再计算已销商品应分摊的进销差价，并冲减主营业务成本。

$$商品进销差价=\frac{30\ 360+100\ 800}{380\ 000+280\ 800}×100\%=20\%$$

已销商品应分摊的进销差价＝本期的销售收入×商品进销差价率＝185 600×20％＝37 120(元)

借：商品进销差价　　　　　　　　　　　　　　　　　　　　　　　　37 120
　　贷：主营业务成本　　　　　　　　　　　　　　　　　　　　　　 37 120

(实务题)某商场采用毛利率法进行核算,2021年4月1日,针织品库存余额为18 000 000元,本月购进针织品30 000 000元,本月针织品销售收入为34 000 000元,上季度该类针织品毛利率为25%。请计算本月已销商品和月末库存商品的成本。

任务3.3　存货的清查盘点

一、存货清查的目的和方法

存货清查是指对存货的实地盘点,确定存货的实有数量,并与账面结存数进行核对,从而确定存货的实存数和账面数是否相符的专门方法。存货清查的目的主要有以下三个:为保证各项存货的安全完整;保证存货账实相符;有利于防止存货积压和加速资金周转。企业应定期或不定期地对存货进行清查,以确保存货的安全完整。存货清查,一方面检查数量,是否账实相符;另一方面检查质量,检查是否有损坏。企业至少于每年年度终了开展全面的存货清查,对于存货的盘盈、盘亏,企业应填写存货盘存报告表,及时查明原因,按规定程序报批处理。

二、账务处理

存货清查的账务处理如表3-8所示。

表3-8　　　　　　　　　　存货清查的账务处理

存货清查	盘盈	盘亏
批准处理前	借:原材料、库存商品等 　　贷:待处理财产损溢——待处理流动资产损溢	借:待处理财产损溢——待处理流动资产损溢 　　贷:原材料等 　　　　应交税费——应交增值税(进项税额转出)
批准处理后	借:待处理财产损溢——待处理流动资产损溢 　　贷:管理费用	借:其他应收款——过失人或保险公司 　　　管理费用——收发计量差错等 　　　营业外支出(自然灾害) 　　贷:待处理财产损溢——待处理流动资产损溢
注意	存货盘盈一般是由于收发计量或核算上的错误等原因造成的,经批准后,应冲减管理费用	除自然灾害外的存货非正常原因的盘亏和毁损,应按规定税率计算转出增值税的进项税额,所以,存货非正常原因的盘亏和毁损的损失是包括增值税的(即含税价值)。存货盘亏和毁损应区别原因,按规定程序进行审批处理: (1) 定额内的自然损耗——经批准后转入管理费用 (2) 收发计量和管理不善造成盘亏或毁损——扣除残料价值、扣除保险公司和过失人赔款后,将净损失计入管理费用 (3) 自然灾害或意外事故引起的存货毁损——扣除残料价值和可以收回的保险赔款后,转入营业外支出

【例 3-29】 蓝天有限公司在进行存货清查时发现一批甲材料毁损,实际成本为 20 000元,经调查是因为台风造成的,根据保险责任及保险合同规定,由保险公司赔偿 12 000 元,另有残料作价 300 元回收入库,公司采用实际成本法对存货进行计价。蓝天有限公司编制会计分录如下:

A. 批准处理前:

借:待处理财产损溢——待处理流动资产损溢 　　　　　　　　　　　　20 000
　　贷:原材料 　　　　　　　　　　　　　　　　　　　　　　　　　20 000

注:如属于管理方面的原因,则需将进项税额转出。

B. 批准处理后:

借:原材料——残料 　　　　　　　　　　　　　　　　　　　　　　　　300
　　其他应收款——保险公司 　　　　　　　　　　　　　　　　　　　12 000
　　营业外支出——非常损失 　　　　　　　　　　　　　　　　　　　 7 700
　　贷:待处理财产损溢——待处理流动资产损溢 　　　　　　　　　　20 000

(实务题)明朗公司在存货清查过程中发现盘盈甲材料 500 千克,单价为 10 元。经查,该材料盘盈是由于收发计量误差造成的,经批准,冲减管理费用。请编制相关会计分录。

任务 3.4　存货的期末计量

一、存货期末计量的原则

存货期末计量的原则为成本与可变现净值孰低法,如表 3-9 所示。

表 3-9　　　　　　　　　　　成本与可变现净值孰低法

资产负债表日	计价方法
存货成本＜可变现净值	存货按成本计量,不需要计提存货跌价准备
存货成本＞可变现净值	存货按可变现净值计量,需要计提存货跌价准备

表 3-9 中,存货成本是指存货的历史成本;可变现净值是指存货预计未来净现金流量。

存货按照成本高于可变现净值的差额计提存货跌价准备,计入当期损益。其计算公式如下:

"存货跌价准备"账户余额＝存货账面价值－可变现净值

二、不同情况下可变现净值的确定

(一) 产成品、商品等直接用于出售的商品存货

其可变现净值的计算公式如下:

可变现净值＝估计售价－估计销售费用和相关税费

(二）需要经过加工的材料存货

其可变现净值的计算公式如下：

$$\text{可变现净值} = \text{该材料所生产的产成品的估计售价} - \text{至完工估计将要发生的成本} - \text{估计销售费用和相关税费}$$

可变现净值中估计售价的确定方法为：签订合同的，用合同价格；没有签订合同的，用市场价格。

三、计提存货跌价准备的方法

（一）通常应当按照单个存货项目计提

企业应当将每个存货项目的成本与其可变现净值逐一进行比较，按较低者计量存货，并且按成本高于可变现净值的差额计提存货跌价准备。需要注意的是，资产负债表日同一项存货中一部分有合同价格约定、其他部分不存在合同价格的，应当分别确定其可变现净值，并与其相对应的成本进行比较，分别确定存货跌价准备的计提或转回的金额。

（二）可以按照存货类别计提

如果某一类存货的数量繁多并且单价较低，企业可以按存货类别计量成本与可变现净值，即按存货类别的成本的总额与可变现净值的总额进行比较，每个存货类别均取较低者确定存货期末价值。

（三）全额计提存货跌价准备

存货存在下列情形之一的，通常表明存货的可变现净值为零。
（1）已霉烂变质的存货。
（2）已过期且无转让价值的存货。
（3）生产中已不再需要，并且已无使用价值和转让价值的存货。

四、存货跌价准备的账务处理

企业确认的存货跌价损失，应设置"存货跌价准备"账户进行核算。该账户属于资产类账户中的调整账户，结构与资产类账户相反。其贷方反映计提的存货跌价准备；借方反映恢复的存货跌价准备或其他原因冲减或结转的存货跌价准备；期末余额反映企业尚未转销的存货跌价准备。

（一）存货计提减值

其账务处理如下：

借：资产减值损失
　　贷：存货跌价准备

（二）存货跌价准备转回

当存货成本低于可变净值，说明存货未发生跌价，则不需作账务处理。但若该项存货之前曾计提过跌价准备，当出现存货成本低于可变净值时，表明前已计提跌价准备的存货的价值得以部分恢复，应按恢复部分的数额冲销，但转回的金额以将存货跌价准备的余额冲减至零为限。其账务处理如下：

借：存货跌价准备
　　贷：资产减值损失

（三）存货跌价准备的结转

企业计提了存货跌价准备，如果其中有部分存货已经销售，则企业在结转销售成本时，应同时结转已对其计提的存货跌价准备。

借：存货跌价准备
　　贷：主营业务成本
　　　　其他业务成本

【例3-30】 2020年12月31日，蓝天有限公司A产品账面成本为200万元，但由于A产品市场价格下跌，预计可变现净值为130万元，由此计提存货跌价准备70万元。假定：

（1）2021年6月30日，A产品的账面成本仍为200万元，但由于A产品市场价格有所上升，使得A产品的可变现净值为160万元。

（2）2021年12月31日，A产品账面成本仍为200万元，由于该产品市场价格进一步上升，预计可变现净值为250万元。

蓝天有限公司应编制会计分录如下：

A．2021年6月30日，转回存货跌价准备时：

借：存货跌价准备　　　　　　　　　　　　　　　　　　　　　300 000
　　贷：资产减值损失　　　　　　　　　　　　　　　　　　　　　　300 000

注意：由于市场价格上升，A产品可变现净值有所恢复，应计提的存货跌价准备为40万元（200－160），则当期应冲减的存货跌价准备为30万元（70－40），且小于已计提的存货跌价准备（70万元）。因此，应转回的存货跌价准备为30万元。

B．2021年12月31日，冲减存货跌价准备时：

借：存货跌价准备　　　　　　　　　　　　　　　　　　　　　400 000
　　贷：资产减值损失　　　　　　　　　　　　　　　　　　　　　　400 000

注意：2021年12月31日，A产品的可变现净值又有所恢复，应冲减存货跌价准备50万元（200－250），但A产品已计提的存货跌价准备的余额为40万元。因此，当期应冲回的存货跌价准备为40万元，而不是50万元（即将对A产品已计提的"存货跌价准备"账户余额冲销到零为止）。

练一练

（实务题）延吉股份公司采用备抵法核算存货跌价损失。假设各年存货数量种类未发生变动，2020年年末，A种存货的实际成本为50万元，可变现净值为45万元；2021年年末，该存货的预计可变现净值为48万元；2022年年末，该存货的预计可变现净值为51万元；2023年年末，该存货的可变现净值为55万元。请计算各年应计提的存货跌价准备并进行相应的会计处理。

复习思考题

1. 存货包含哪些内容？生产产品使用的机器设备是否属于存货？
2. 发出存货的核算方法有哪两种？计划成本如何结转为实际成本？
3. 原材料的核算中"材料采购"账户与"在途物资"账户应该如何区分？
4. 库存商品分别有哪些核算方法？
5. 存货跌价准备的计提和转回应该如何进行会计处理？

模块测试

参考答案

一、单项选择题

1. 下列各项中，不计入存货采购成本的是（　　）。
   A. 负担的运输费用　　　　　　　　B. 支付的进口关税
   C. 入库后的仓储费　　　　　　　　D. 入库前整理挑选费

2. 甲企业为增值税小规模纳税人，本月采购原材料 2 060 千克，单价为 50 元（含增值税），运输途中的合理损耗为 60 千克，入库前的挑选整理费为 500 元。甲企业该批原材料的入账价值为（　　）元。
   A. 100 500　　　B. 103 500　　　C. 103 000　　　D. 106 500

3. 某企业为增值税一般纳税人，2021 年 3 月，该企业购入一批原材料，增值税专用发票上注明的价款为 50 万元，增值税额为 6.5 万元，另以银行存款支付装卸费 0.3 万元（不考虑增值税）。原材料入库前发生挑选整理费 0.2 万元，运输途中发生合理损耗 0.1 万元（假定不考虑其他因素）。该批原材料的入账成本为（　　）万元。
   A. 50.5　　　B. 59　　　C. 50.6　　　D. 50.4

4. 某一般纳税人采购甲商品 2 000 千克，单价为 5 元，取得的增值税专用发票上注明的增值税额为 1 300 元，另支付采购费用 2 000 元。该一般纳税人采购的该批商品的单位成本为（　　）元。
   A. 5　　　B. 6　　　C. 5.2　　　D. 2.44

5. 某企业的材料采用计划成本核算。月初结存材料的计划成本为 130 万元，材料成本差异为节约 20 万元。当月购入材料一批，实际成本 110 万元，计划成本 120 万元，领用材料的计划成本为 100 万元。该企业当月领用材料的实际成本为（　　）万元。
   A. 88　　　B. 96　　　C. 100　　　D. 112

6. 某企业采用计划成本进行材料的日常核算。月初结存材料的计划成本为 80 万元，成本差异为超支 20 万元。当月购入材料一批，实际成本 110 万元，计划成本为 120 万元。当月领用材料的计划成本为 100 万元，当月领用材料应负担的材料成本差异为（　　）万元。
   A. 超支 5　　　B. 节约 5　　　C. 超支 15　　　D. 节约 15

7. 企业对随同商品出售而不单独计价的包装物进行会计处理时，该包装物的实际成本应结转到( )账户。
A. "制造费用" B. "销售费用"
C. "管理费用" D. "其他业务成本"

8. 下列各项中,随同商品出售而单独计价的包装物,应按其实际成本记入的账户是( )。
A. "管理费用" B. "其他业务成本" C. "营业外支出" D. "销售费用"

9. 甲、乙公司均为增值税一般纳税人,甲公司委托乙公司加工一批应交消费税的半成品,收回后用于连续生产应税消费品。甲公司发出原材料实际成本210万元,支付加工费6万元、增值税额0.78万元、消费税24万元。假定不考虑其他相关税费,甲公司收回该半成品的入账价值为( )万元。
A. 216 B. 216.96 C. 240 D. 240.96

10. 一般纳税人委托其他单位加工材料收回后直接对外销售的,其发生的下列支出中,不应计入委托加工材料成本的是( )。
A. 发出材料的实际成本 B. 支付给受托方的加工费
C. 支付给受托方的增值税 D. 受托方代收代缴的消费税

11. 某商场采用毛利率法计算期末存货成本。2021年4月1日,甲类商品期初成本为3 500万元,当月购货成本为500万元,当月销售收入为4 500万元。甲类商品第一季度实际毛利率为25%。2021年4月30日,甲类商品结存成本为( )万元。
A. 500 B. 1 125 C. 625 D. 3 375

12. 某商业企业的库存商品采用售价金额核算法核算。2021年4月初,库存商品成本为10 000元,售价总额为20 000元;本月购入库存商品成本为50 000元,售价总额为60 000元;4月销售收入为75 000元。不考虑其他因素,该企业4月份销售成本为( )元。
A. 62 500 B. 60 000 C. 56 250 D. 37 500

13. 某商场库存商品采用售价金额核算法进行核算。2021年5月初,库存商品的进价成本为34万元,售价金额为45万元;当月购进商品的进价成本为126万元,售价金额为155万元;当月销售收入为130万元。月末结存商品的实际成本为( )万元。
A. 30 B. 56 C. 104 D. 130

14. 下列关于企业原材料盘亏及毁损会计处理的表述中,正确的是( )。
A. 保管员过失造成的损失,计入管理费用
B. 因台风造成的净损失,计入营业外支出
C. 应由保险公司赔偿的部分,计入营业外收入
D. 经营活动造成的净损失,计入其他业务成本

15. 2021年3月31日,某企业乙存货的实际成本为100万元,加工该存货至完工产成品估计还将发生成本20万元,销售费用和相关税费为2万元,用该存货生产的产成品售价110万元。假定乙存货月初"存货跌价准备"账户余额为0,则2021年3月31日该企业应计提的存货跌价准备为( )万元。
A. -10 B. 0 C. 10 D. 12

二、多项选择题

1. 存货计价方法包括( )。

A. 先进先出法　　B. 个别计价法　　C. 后进先出法　　D. 加权平均法

2. 采用先进先出法,在物价持续上涨时,期末存货计价过高,可能会引起(　　)。

A. 当期收益增加　　　　　　　　B. 当期负债减少
C. 所有者权益增加　　　　　　　D. 销售成本减少

3. 核算出租包装物业务时,可能涉及的账户有(　　)。

A. "其他业务收入"　　　　　　　B. "其他业务成本"
C. "银行存款"　　　　　　　　　D. "应交税费"

4. 下列各项中,应记入"销售费用"账户的有(　　)。

A. 领用随产品出售单独计价的包装物
B. 领用随产品出售不单独计价的包装物
C. 摊销出租包装物的成本
D. 摊销出借包装物的成本

5. 某企业原材料采用计划成本法核算,下列各项中,应在"材料成本差异"账户贷方登记的有(　　)。

A. 入库原材料的成本超支差异
B. 发出原材料应负担的成本超支差异
C. 入库原材料的成本节约差异
D. 发出原材料应负担的成本节约差异

6. 低值易耗品价值可采用一次摊销法或五五摊销法进行摊销,摊销时可记入的账户有(　　)。

A. "管理费用"　　B. "制造费用"　　C. "销售费用"　　D. "财务费用"

7. 下列各项中,构成一般纳税企业委托加工物资成本的有(　　)。

A. 发出用于加工的材料成本　　　B. 支付的加工费
C. 支付的往返运杂费　　　　　　D. 支付的加工物资的增值税税款

8. 下列资产减值准备中,在符合相关条件时可以转回的有(　　)。

A. 坏账准备　　　　　　　　　　B. 存货跌价准备
C. 无形资产减值准备　　　　　　D. 固定资产减值准备

9. 下列各项中,影响企业资产负债表日存货的可变现净值的有(　　)。

A. 存货的账面价值
B. 销售存货过程中估计的销售费用及相关税费
C. 存货的估计售价
D. 存货至完工估计将要发生的成本

三、判断题

1. 在市场物价持续上升,发出存货采用先进先出法会导致背离近期市场价格,从而低估资产负债表中"存货"项目的金额和利润表中的当期利润。(　　)

2. 小规模纳税人采购材料发生的各种税费列入采购成本。(　　)

3. 采用移动加权平均法计算发出存货成本不能在月度内随时结转发出存货的成本。(　　)

4. 购进免税农产品时,按收购价的9%抵扣增值税后为购进货物的成本。(　　)

5. 购进尚未验收入库的原材料,要先通过"在途物资"账户核算,待材料到达验收入库后,应将"在途物资"账户的价税款转入"原材料"账户。（　　）

6. 在计划成本法下,本期发出材料应负担的成本差异应按期(月)分摊结转。（　　）

7. 企业的低值易耗品可以多次参加生产周转而不改变其原有的实物形态,所以,应列为固定资产进行管理和核算。（　　）

8. 低值易耗品等企业的周转材料符合存货定义和条件的,按照使用次数分次计入成本费用。金额较小的,可在领用时一次计入成本费用。（　　）

9. 委托加工物资收回后直接用于销售的消费税并计入委托加工物资成本,收回后用于连续生产的则列入"应交税费——应交消费税"。（　　）

10. 直接出售的存货与需要经过进一步加工出售的存货,两者可变现净值的确定方法是相同的。（　　）

四、业务计算及处理题

1. 甲公司为增值税一般纳税人,原材料采用实际成本法核算。2021年1月,甲公司发生如下经济业务:

(1) 采用托收承付结算购入A材料一批,增值税专用发票上注明的价款为50 000元,增值税额为6 500元。银行转来结算凭证已到,款项尚未支付,材料已验收入库。

(2) 购入B材料一批,材料已验收入库,月末发票账单尚未收到也无法确定其实际成本,暂估价值为20 000元。

(3) 上述购入B材料于次月收到发票账单,增值税专用发票上注明的价款为21 000元,增值税额为2 730元,公司已开出转账支票付讫。

要求:请编制上述业务的会计分录。

2. 2021年1月1日,健康面业有限公司荞麦米的计划成本为3 000元,实际成本为3 200元,本月购进荞麦米的计划成本为8 640元,实际成本为8 520元,本月发出荞麦米的计划成本为5 000元。

要求:

(1) 计算材料成本差异率。

(2) 计算发出材料应负担的材料成本差异。

(3) 计算发出材料的实际成本。

(4) 计算月末结存材料的计划成本。

(5) 计算月末结存材料的实际成本。

3. 甲公司为增值税一般纳税人,对包装物采用计划成本核算,某月销售商品领用单独计价包装物的计划成本为80 000元,销售收入为100 000元,取得的增值税专用发票上注明的增值税额为13 000元,款项已存入银行。该包装物的材料成本差异率为-3%。

要求:请编制相关会计分录。

4. 甲公司为增值税一般纳税人,委托丁公司(为增值税一般纳税人)加工产品100 000件。该公司2021年有关经济业务资料如下:

(1) 5月20日,发出材料一批,计划成本为6 000 000元,材料成本差异率为-3%。

(2) 6月20日,支付商品加工费120 000元,增值税专用发票上注明的增值税额为15 600元。

(3)7月4日,用银行存款支付往返运费10 000元,增值税专用发票上注明的增值税额为900元。

(4)7月5日,上述商品100 000件加工完毕,甲公司已办理验收入库手续。

要求:编制甲公司的会计分录。

5. 甲公司为增值税一般纳税人,增值税税率为13%。原材料采用实际成本法核算,发出材料采用月末一次加权平均法计价。甲公司2021年6月份发生的与A材料有关的业务如下:

(1)1日,"原材料——A材料"科目余额为20 000元(共2 000千克,其中含5月末验收入库但因发票账单未到而以2 000元暂估入账的A材料200千克)。

(2)5日,收到5月末以暂估价入账的A材料的发票账单,货款为1 800元,增值税额为234元;运输费为400元,增值税额为36元。全部款项已用转账支票付讫。

(3)8日,购入A材料3 000千克,发票账单已收到。货款为36 000元,增值税额为4 680元;运输费为1 000元,增值税额为90元。材料尚未到达,款项已用银行存款支付。

(4)11日,收到8日采购的A材料,验收时发现只有2 950千克。经检查短缺的50千克确定为运输途中的合理损耗。

(5)30日,根据"发料凭证汇总表"的记录,6月份基本生产车间为生产产品领用A材料6 000千克,车间管理部门领用A材料1 000千克,企业管理部门领用A材料1 000千克。

要求:根据上述资料,假定甲公司取得的增值税专用发票已经税务机关认证,不考虑其他因素,分析回答下列小题(计算结果保留两位小数)。

〈1〉根据资料(1),下列关于甲公司5月末暂估入账A材料的会计处理中,正确的是(　　)。

A. 借:在途物资　　　　　　　　　　　　　　　　2 000
　　　贷:应付账款　　　　　　　　　　　　　　　　2 000

B. 借:在途物资　　　　　　　　　　　　　　　　2 000
　　　应交税费——应交增值税(进项税额)　　　　260
　　　贷:应付账款　　　　　　　　　　　　　　　　2 260

C. 借:原材料　　　　　　　　　　　　　　　　　2 000
　　　贷:应付账款　　　　　　　　　　　　　　　　2 000

D. 借:原材料　　　　　　　　　　　　　　　　　2 000
　　　应交税费——应交增值税(进项税额)　　　　260
　　　贷:应付账款　　　　　　　　　　　　　　　　2 260

〈2〉根据资料(1)和资料(2),下列关于甲公司购入A材料相关会计处理结果的表述中,正确的是(　　)。

A. 6月1日冲减应付账款2 000元

B. 6月5日原材料增加1 800元

C. 6月1日冲减在途物资2 000元

D. 6月5日银行存款减少2 470元

〈3〉根据资料(3)和资料(4),甲公司6月8日购入A材料的单位成本为(　　)元。

A. 12　　　　　B. 12.33　　　　　C. 12.54　　　　　D. 12.20

〈4〉根据资料(1)~(4),甲公司6月30日发出A材料的单位成本为(　　)元。

A. 11.96　　　　　B. 11.44　　　　　C. 1.84　　　　　D. 11.55

〈5〉根据资料(5)，下列关于甲公司 6 月 30 日领用原材料会计处理结果的表述中，正确的是(　　)。

A. "生产成本"账户借方增加 69 300 元
B. "制造费用"账户借方增加 11 550 元
C. "管理费用"账户借方增加 23 100 元
D. "其他业务成本"账户借方增加 69 300 元

模块 4

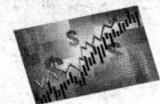

固定资产会计岗位

[考核目标] 通过本岗位学习,学生应认知固定资产的特征,理解固定资产的概念,熟悉固定资产增加的确认条件,能够完成通过各种方式增加固定资产的初始计量及账务处理;能够用不同的折旧方法完成固定资产折旧的计算并正确进行账务处理;能正确完成固定资产改良支出、修理支出、固定资产处置、固定资产清查的账务处理。

[实践目标] 能正确完成固定资产的确认及账务处理,可以应用不同的折旧方案完成折旧的计算及账务处理,掌握固定资产改良支出和修理支出、固定资产处置、固定资产清查的账务处理。

[知识点思维导图]

```
固定资产会计岗位
├─ 固定资产的确认和初始计量
│   ├─ 认知固定资产——特征、确认条件
│   └─ 固定资产的初始计量——外购、自建、投资者投入
├─ 固定资产的后续计量
│   ├─ 固定资产折旧
│   │   ├─ 固定资产的折旧方法
│   │   │   ├─ 年限平均法
│   │   │   ├─ 工作量法
│   │   │   ├─ 双倍余额递减法
│   │   │   └─ 年数总和法
│   │   └─ 固定资产折旧的账务处理
│   ├─ 固定资产后续支出
│   │   ├─ 固定资产资本化的后续支出(更新改造支出)
│   │   └─ 固定资产费用化的后续支出(修理修配支出)
│   └─ 固定资产减值
│       ├─ 固定资产减值准备的计算
│       └─ 计提固定资产减值准备的账务处理
├─ 固定资产的处置
│   ├─ 认知固定资产的处置
│   ├─ 完成固定资产的处置
│   └─ 认知持有待售的固定资产
└─ 固定资产的清查
    ├─ 固定资产盘盈
    └─ 固定资产盘亏
```

固定资产会计岗位工作职责

（1）会同有关部门建立健全固定资产管理制度，包括固定资产购建、保管、修理、减值、报废、折旧、账务核算等方面的程序和制度。

（2）编制固定资产目录，协助主管人员确定固定资产会计政策。

（3）按一定的方法计提固定资产折旧，及时取得并严格审核有关原始凭证及计划、合同、批件，进行固定资产的取得、折旧、修理、改扩建、处置、报废、内部调拨、清查的核算。

（4）建立固定资产台账，监督各项固定资产的购建、保管、使用、修理、处置、内部调拨、报废等。

（5）协同有关部门定期对固定资产进行盘点，编制盘点报告表，找出差异原因，并针对盘盈、盘亏固定资产进行账务处理。

（6）期末对固定资产进行价值检查，按照企业会计制度的规定计提固定资产减值准备。

任务4.1　固定资产的确认和初始计量

活动4.1.1　认知固定资产

一、认知固定资产

固定资产是指同时具有以下特征的有形资产：

（1）为生产商品、提供劳务、出租或经营管理而持有。

温馨提示

企业持有固定资产不是为了转售，所以"持有待售固定资产"不是固定资产，而应定为流动资产，类似于存货。

（2）使用寿命超过一个会计年度。

（3）为有形资产，如房屋、建筑物、机器、机械、运输工具、设备、器具、工具等，固定资产的单位价值由企业自行决定。

二、明确固定资产的确认条件

（1）与该固定资产有关的经济利益很可能流入企业。

（2）成本能够可靠地计量。

练一练

（判断题）企业购入的环保设备，不能通过使用直接给企业带来经济利益的，不应作为固定

资产进行管理和核算。（　　）

三、固定资产的分类

合理的固定资产分类是组织固定资产核算和管理的重要条件。企业可根据不同的管理需要和不同的分类标准对固定资产进行分类。常见的固定资产分类如表 4-1 所示。

表 4-1　　　　　　　　　　　　　固定资产分类

分类标准	分类内容	说明
按经济用途分类	生产经营用固定资产	如生产经营用的房屋、建筑物、机器设备、运输设备、办公设备等
	非生产经营用固定资产	如职工宿舍、食堂、浴室、健身场所的职工福利设施、设备、器具等
按使用情况分类	使用中固定资产	如本企业使用中的固定资产,经营性租出、季节性等原因暂时停用的固定资产
	未使用固定资产	等待使用的固定资产
	不需用固定资产	多余的、不适用、等待处置的固定资产
按所有权分类	自有固定资产	企业拥有的可供企业自行支配使用的固定资产
	融资租入固定资产	采用融资租赁方式租入的固定资产
综合分类	生产经营用固定资产	
	非生产经营用固定资产	
	租出固定资产	是指在经营租赁方式下出租给外单位使用的固定资产
	不需用固定资产	
	未使用固定资产	
	土地、融资租入固定资产	

温馨提示

税法将固定资产主要分为五类:房屋、建筑物,飞机、火车、轮船,机器、机械和其他生产设备,与生产经营活动有关的器具、工具、家具,飞机、火车、轮船以外的运输工具,电子设备等。

会计与税法对固定资产进行分类,其不同的原因主要在于:前者按固定资产的经济用途和使用情况进行综合分类,是为了加强管理,便于组织会计核算;而后者的着重点在于以该分类为基础,按照不同类别制定统一的折旧年限和残值率,应用简易分类法提取折旧。

活动 4.1.2　固定资产的初始计量

一、认知固定资产初始计量的原则

固定资产应当按照取得成本进行初始计量。

固定资产取得的成本是指企业购建某项固定资产达到预定可使用状态前所发生的一切合理、必要的支出。

二、固定资产的初始计量

(一) 外购的固定资产

外购固定资产的成本包括按实际支付的购买价款、相关税费(除可抵扣的进项税额除外)、使固定资产达到预定可使用状态前所发生的可归属于该项资产的运输费、装卸费、安装费和专业人员服务费、安装领用材料、库存商品等费用。

1. 账户设置

(1) "固定资产"账户用于核算购入不需要安装的固定资产或安装完成交付使用的固定资产。

(2) "在建工程"账户用于核算购入需要安装的固定资产。待固定资产安装完成后,应将其从"在建工程"账户转入"固定资产"账户。

2. 账务处理

1) 购入不需要安装的固定资产

借：固定资产
　　应交税费——应交增值税(进项税额)
　贷：银行存款、其他货币资金、应付账款、应付票据等

温馨提示

外购环节的增值税,通常可以抵扣,如为动产,则买价匹配的增值税税率为13%;如为不动产,则买价匹配的增值税税率为9%,均为认证当月一次性抵扣。运费匹配的增值税税率为9%。若为增值税小规模纳税人,增值税不允许抵扣,并入固定资产成本。

【例4-1】 2021年7月16日,甲公司购入一台不需要安装即可投入使用的设备,取得的增值税专用发票上注明的价款为40 000元,增值税额为5 200元;另支付包装费并取得增值税专用发票,其上注明的包装费为600元,增值税额为36元。款项均以银行存款支付。甲公司为增值税一般纳税人,应编制如下会计分录：

借：固定资产　　　　　　　　　　　　　　　　　　　　　　　　　　40 600
　　应交税费——应交增值税(进项税额)　　　　　　　　　　　　　　5 236
　贷：银行存款　　　　　　　　　　　　　　　　　　　　　　　　　45 836

(选择题)某企业为增值税一般纳税人,购入一台不需要安装的设备,增值税专用发票上注明的价款为50 000元,增值税额为6 500元。另发生运输费1 000元,包装费500元(均不考虑增值税)。假定不考虑其他因素,该设备的入账价值为(　　)元。

A. 50 000　　　　B. 58 000　　　　C. 56 500　　　　D. 51 500

2) 购入需要安装的固定资产

购入需要安装的固定资产,在固定资产达到预定可使用状态前发生的取得成本、安装费,以及在安装过程中耗用的人工、材料及领用产品均通过"在建工程"账户进行核算,待安装完毕

达到预定可使用状态后转入"固定资产"账户。

安装固定资产领用原材料,原材料的进项税通常可以抵扣,不必作进项税额转出,如果是集体福利设施的安装挪用原材料,则进项税额不予抵扣,需转出进项税额。

安装固定资产领用产品时,通常不作销售处理,如果集体福利设施的安装领用产品时,则作视同销售处理。领用产品如涉及消费税,需按产品售价正常计算消费税。

【例4-2】 2021年7月10日,甲公司购入一台需要安装的设备,取得的增值税专用发票上注明的设备价款为1 000 000元,增值税进项税额为130 000元,款项已通过银行存款支付;7月15日,用银行存款支付安装费100 000元,增值税额9 000元。安装设备时,甲公司领用原材料一批,成本为100 000元,购进该批原材料时支付的增值税进项税额为13 000元;支付安装工人工资50 000元;领用公司产品用于安装,产品的成本为250 000元,市价为300 000元,消费税税率为10%,增值税税率为13%。7月20日,设备达到预定可使用状态。甲公司应编制如下会计分录:

A. 购入时:

借:在建工程 1 000 000
　　应交税费——应交增值税(进项税额) 130 000
　贷:银行存款 1 130 000

B. 支付安装费时:

借:在建工程 100 000
　　应交税费——应交增值税(进项税额) 9 000
　贷:银行存款 109 000

C. 耗用人工、原材料及产品时:

借:在建工程 430 000
　贷:原材料 100 000
　　　库存商品 250 000
　　　应付职工薪酬 50 000
　　　应交税费——应交消费税(300 000×10%) 30 000

D. 安装完毕达到预定可使用状态时:

借:固定资产 1 530 000
　贷:在建工程 1 530 000

练一练

(实务题)甲公司于2021年1月取得一项需要安装的固定资产,与取得该资产相关的支出包括:①支付购买价款300万元,增值税进项税额39万元;另支付购入过程中运输费8万元,相关增值税进项税额0.72万元。②安装过程中领用本公司原材料6万元,相关增值税0.78万元;发生职工薪酬3万元;领用企业产品用于安装,产品的成本为250 000元,市价为300 000元。请编制相关会计分录。

3) 以一笔款项购入多项没有单独标价的固定资产

以一笔款项购入多项没有单独标价的固定资产，企业应当按照各项固定资产的公允价值比例对总成本进行分配。

固定资产的各组成部分具有不同使用寿命，或者以不同方式为企业提供经济利益，适用不同折旧率或折旧方法的，应当分别将各组成部分确认为单项固定资产。

【例 4-3】 2021 年 3 月 1 日，甲公司向乙公司（为增值税一般纳税人）一次性购进了三台不同型号且具有不同生产能力的设备 K1、K2、K3；取得的增值税专用发票上注明的价款为 880 000 元，增值税额为 114 400 元；另支付包装费 6 000 元，增值税额 360 元；全部款项以银行存款转账支付。假设设备 K1、K2、K3 的公允价值分别为 550 000 元、250 000 元和 200 000 元。甲公司为增值税一般纳税人，假定不考虑其他相关税费。

首先，确定固定资产的成本（包括购买价款、包装费）。

应计入固定资产的成本 = 880 000 + 6 000 = 886 000（元）

其次，确定设备 K1、K2、K3 的价值分配比例。

设备 K1 应分配的固定资产价值比例 = 550 000 ÷ (550 000 + 250 000 + 200 000) × 100%
= 55%

设备 K2 应分配的固定资产价值比例 = 250 000 ÷ (550 000 + 250 000 + 200 000) × 100%
= 25%

设备 K3 应分配的固定资产价值比例 = 200 000 ÷ (550 000 + 250 000 + 200 000) × 100%
= 20%

再次，确定设备 K1、K2、K3 各自的成本。

设备 K1 的成本 = 886 000 × 55% = 487 300（元）

设备 K2 的成本 = 886 000 × 25% = 221 500（元）

设备 K3 的成本 = 886 000 × 20% = 177 200（元）

最后，应编制如下会计分录：

借：固定资产——设备 K1	487 300
——设备 K2	221 500
——设备 K3	177 200
应交税费——应交增值税（进项税额）	114 760
贷：银行存款	1 000 760

（实务题）2021 年 2 月 21 日，甲公司（一般纳税人）向乙公司一次购入 3 套不同型号且具有不同生产能力的设备 A、B、C。甲公司为该批设备共支付价款 5 000 000 元，增值税进项税额 8 000 000 元，保险费 17 000 元，装卸费 3 000 元，全部以银行转账支付；假定设备 A、B、C 均满足固定资产确认条件，公允价值分别为 1 560 000 元、2 340 000 元和 1 300 000 元（假定不考虑其他相关税费）。请计算甲公司设备 A、B、C 的入账价值并进行账务处理。

（二）建造固定资产

建造的固定资产按建造该项资产达到预定可使用状态前所发生的全部支出作为入账价

值,包括工程用物资成本、人工成本、相关税费(可抵扣的增值税除外)、应予资本化的借款费用和其他间接费用。企业自行建造的固定资产包括自营和出包两种方式,无论企业采用哪种方式,所建工程都应当按照实际发生的支出来确定其工程成本。

1. 自营工程的会计核算

(1) 购入工程物资时:

借:工程物资
　　应交税费——应交增值税(进项税额)
　　贷:银行存款

(2) 领用工程物资时:

借:在建工程
　　贷:工程物资

(3) 在建工程挪用生产用原材料、本企业产品、自营工程发生的工程人员工资及发生其他费用时:

借:在建工程
　　贷:原材料
　　　　库存商品
　　　　应付职工薪酬
　　　　银行存款

(4) 辅助生产部门为工程提供水、电、设备安装、修理、运输等劳务时:

借:在建工程
　　贷:生产成本——辅助生产成本

(5) 在建工程发生的借款费用满足借款费用资本化条件时:

借:在建工程
　　贷:长期借款、应付利息等

(6) 自营工程达到预定可使用状态时:

借:固定资产
　　贷:在建工程(成本)

(7) 试车净支出发生时应追加工程成本,试车净收入应冲减工程成本。企业的在建工程在达到预定可使用状态前,因进行负荷联合试车而形成的、能够对外销售的产品,其发生的成本,计入在建工程成本,销售或转为库存商品时,按其实际销售收入或预计售价冲减在建工程成本。

(8) 单项或单位工程报废或毁损的净损失在工程项目尚未达到预定可使用状态时,计入工程成本;工程项目已达到预定可使用状态的,属于筹建期间的计入管理费用,属于正常经营期的,计入营业外支出;如为非正常原因造成的报废或毁损,或工程项目全部报废或毁损的,应将其净损失列入营业外支出。工程物资的盘盈、盘亏的处理原则等同于上述原则。

(9) 固定资产已达到预定可使用状态,但尚未办理竣工决算的,应自达到预定可使用状态之日起,根据工程预算、造价或者实际成本等,按估计价值转入固定资产,并提取折旧,待竣工决算后再作调整,对以前的折旧不再追溯调整。

【例4-4】 乙股份有限公司(以下简称"乙公司")为增值税一般纳税人,适用的增值税税率为13%。该公司在生产经营期间以自营方式建造一条生产线。2021年6~10月,乙公司发生的有关经济业务如下:

(1) 购入一批工程物资,收到的增值税专用发票上注明的价款为200万元,增值税额为26万元,款项已通过银行转账支付。乙公司编制会计分录如下:

借:工程物资　　　　　　　　　　　　　　　　　　　　　　　2 000 000
　　应交税费——应交增值税(进项税额)　　　　　　　　　　　　260 000
　　贷:银行存款　　　　　　　　　　　　　　　　　　　　　　　　　2 260 000

(2) 工程领用工程物资180万元。乙公司编制会计分录如下:

借:在建工程　　　　　　　　　　　　　　　　　　　　　　　1 800 000
　　贷:工程物资　　　　　　　　　　　　　　　　　　　　　　　　　1 800 000

(3) 工程领用生产用A原材料一批,实际成本为100万元;购入该批A原材料支付的增值税额为13万元;未对该批A原材料计提存货跌价准备。乙公司编制会计分录如下:

借:在建工程　　　　　　　　　　　　　　　　　　　　　　　1 000 000
　　贷:原材料——A原材料　　　　　　　　　　　　　　　　　　　　1 000 000

(4) 应付工程人员职工薪酬110万元。乙公司编制会计分录如下:

借:在建工程　　　　　　　　　　　　　　　　　　　　　　　1 100 000
　　贷:应付职工薪酬　　　　　　　　　　　　　　　　　　　　　　　1 100 000

(5) 工程建造过程中,由于非正常原因造成部分毁损,该部分工程实际成本为50万元,未计提在建工程减值准备;应从保险公司收取赔偿款5万元,该赔偿款尚未收到。乙公司编制会计分录如下:

借:营业外支出　　　　　　　　　　　　　　　　　　　　　　　450 000
　　其他应收款　　　　　　　　　　　　　　　　　　　　　　　　50 000
　　贷:在建工程　　　　　　　　　　　　　　　　　　　　　　　　　500 000

(6) 工程达到预定可使用状态前进行试运转,领用生产用B原材料实际成本为20万元;以银行存款支付其他支出5万元。乙公司未对该批B原材料计提存货跌价准备。工程试运转生产的产品完工转为库存商品。该库存商品的估计售价(不含增值税)为35万元。该库存商品成本中耗用B原材料的增值税额为2.6万元,经税务部门核定可以抵扣。乙公司编制会计分录如下:

借:在建工程　　　　　　　　　　　　　　　　　　　　　　　　250 000
　　贷:原材料——B原材料　　　　　　　　　　　　　　　　　　　　200 000
　　　　银行存款　　　　　　　　　　　　　　　　　　　　　　　　　50 000
借:库存商品　　　　　　　　　　　　　　　　　　　　　　　　350 000
　　贷:在建工程　　　　　　　　　　　　　　　　　　　　　　　　　350 000

(7) 工程达到预定可使用状态并交付使用。乙公司编制会计分录如下:

借：固定资产　　　　　　　　　　　　　　　　　　　　　　　　　3 300 000
　　贷：在建工程(1 800 000＋1 000 000＋1 100 000－500 000＋250 000－350 000)　　3 300 000

2. 出包工程的会计核算

(1) 企业按合理估计的发包工程进度和合同规定向建造承包商结算进度款时：

借：在建工程
　　应交税费——应交增值税(进项税额)
　　贷：银行存款

(2) 工程完成时按合同规定补付工程款时：

借：在建工程
　　应交税费——应交增值税(进项税额)
　　贷：银行存款

(3) 工程达到预定可使用状态时：

借：固定资产
　　贷：在建工程(成本)

【例4-5】 2021年8月1日，达邦公司(一般纳税人)将一幢办公大楼的建造工程出包给蓝天公司(一般纳税人)承建，按发包工程进度向有福公司结算进度款100万元，增值税额9万元。11月11日，工程完工后，达邦公司补付工程款50万元，增值税额4.5万元。工程完工并达到预定可使用状态。达邦公司编制会计分录如下：

A. 8月1日，按发包工程进度支付进度款时：

借：在建工程　　　　　　　　　　　　　　　　　　　　　　　　　1 000 000
　　应交税费——应交增值税(进项税额)　　　　　　　　　　　　　　　90 000
　　贷：银行存款　　　　　　　　　　　　　　　　　　　　　　　　1 090 000

B. 11月11日，补付工程款时：

借：在建工程　　　　　　　　　　　　　　　　　　　　　　　　　　500 000
　　应交税费——应交增值税(进项税额)　　　　　　　　　　　　　　　45 000
　　贷：银行存款　　　　　　　　　　　　　　　　　　　　　　　　　545 000

C. 11月11日，工程完工并达到预定可使用状态时：

借：固定资产　　　　　　　　　　　　　　　　　　　　　　　　　1 500 000
　　贷：在建工程　　　　　　　　　　　　　　　　　　　　　　　　1 500 000

【例4-6】 2021年，A公司建造一座发电厂，工程分厂房建设、设备采购和设备安装三个部分。其中，厂房建设分包给B公司，投标价为900万元；设备采购分包给C公司，投标价为200万元；设备安装分包给D公司，投标价为100万元，监理费用共计12万元(假定无其他待摊支出，不考虑增值税因素)。工程款于2021年3月1日一次支付到位。A公司编制分录如下：

A. 支付工程款时：

借：在建工程——厂房　　　　　　　　　　　　　　　　　　　　　　　9 000 000
　　　　　　——设备　　　　　　　　　　　　　　　　　　　　　　　2 000 000
　　　　　　——设备安装　　　　　　　　　　　　　　　　　　　　　1 000 000
　　　　　　——待摊支出　　　　　　　　　　　　　　　　　　　　　　120 000
　　贷：银行存款　　　　　　　　　　　　　　　　　　　　　　　　　12 120 000

B. 分摊待摊支出时：

待摊支出分摊率＝12÷（900＋200＋100）×100％＝1％
厂房分摊的待摊支出＝900×1％＝9（万元）
设备分摊的待摊支出＝200×1％＝2（万元）
设备安装分摊的待摊支出＝100×1％＝1（万元）

借：在建工程——厂房　　　　　　　　　　　　　　　　　　　　　　　　90 000
　　　　　　——设备　　　　　　　　　　　　　　　　　　　　　　　　20 000
　　　　　　——设备安装　　　　　　　　　　　　　　　　　　　　　　10 000
　　贷：在建工程——待摊支出　　　　　　　　　　　　　　　　　　　　120 000

C. 工程完工时：

借：固定资产——厂房　　　　　　　　　　　　　　　　　　　　　　　9 090 000
　　　　　　——设备　　　　　　　　　　　　　　　　　　　　　　　3 030 000
　　贷：在建工程——厂房　　　　　　　　　　　　　　　　　　　　　9 090 000
　　　　　　　　——设备　　　　　　　　　　　　　　　　　　　　　2 020 000
　　　　　　　　——设备安装　　　　　　　　　　　　　　　　　　　1 010 000

（三）投资者投入的固定资产

投资者投入的固定资产按投资合同或协议约定的价值确定入账价值，但合同或协议约定价值不公允的除外。

（四）接受捐赠的固定资产

接受捐赠的固定资产应按捐赠确认价值计列营业外收入，并按规定计征企业所得税。支付接受捐赠固定资产的相关税费，也应计入固定资产。账务处理如下：

借：固定资产（确认的捐赠价值＋支付的相关税费）
　　应交税费——应交增值税（进项税额）（可抵扣的增值税）
　　贷：营业外收入（确认的捐赠价值）
　　　　递延收益——接受捐赠非货币性资产收益
　　　　银行存款（支付的相关税费）

温馨提示

企业接受的非货币性资产捐赠金额较大，会造成所得税税负过重。经主管税务部门审核可在不超过5年内的期限内分期平均计入各年度应纳税所得额计交所得税。企业可在接受非货币性资产捐赠收入占当期应纳税所得额50％以上时，向主管税务机关申报，经审核确认可在不超过5年内的期限内分期平均计入各年度应纳税所得额计交所得税。

【例 4-7】 乙公司接受甲公司赠送新设备一台，按捐赠固定资产的发票、支付的相关税费等资料确定该设备入账价值为 15 万元。经税务机关核定，该设备分 5 年平均计交所得税。乙公司编制会计分录如下：

A. 接受新设备捐赠时：

借：固定资产　　　　　　　　　　　　　　　　　　　　　　　　150 000
　　贷：递延收益——接受捐赠非货币性资产收益　　　　　　　　　　150 000

B. 年末转入营业外收入(分 5 年均匀计入)时：

借：递延收益——接受捐赠非货币性资产收益　　　　　　　　　　　30 000
　　贷：营业外收入——捐赠利得　　　　　　　　　　　　　　　　　30 000

(五) 以盘盈方式取得的固定资产

以盘盈方式取得的固定资产按重置成本作为入账价值(相关案例详见固定资产的清查)。

任务 4.2　固定资产的后续计量

固定资产的后续计量是指固定资产在使用中需要计提折旧、大修理支出、更新改造支出、计提减值准备等的计量。

活动 4.2.1　认知固定资产的折旧

一、固定资产折旧的概念

固定资产折旧是指固定资产在使用过程中因逐渐损耗而转移到商品或费用中去的那部分价值，也是企业在生产经营过程中由于使用固定资产而在其使用年限内需要分摊的固定资产耗费。固定资产的损耗可以是有形的，也可以是无形的。有形损耗是指固定资产在使用过程中由于使用和自然力作用产生的损耗；无形损耗是指由于技术进步而引起的固定资产价值上的损耗。

二、影响固定资产折旧的因素

(1) 固定资产原价(原值)。
(2) 使用寿命或预计生产能力。

温馨提示

现行企业所得税法对固定资产使用寿命的相关规定如下：
(1) 房屋、建筑物折旧年限为 20 年。
(2) 飞机、火车、轮船、机器、机械和其他生产设备折旧年限为 10 年。
(3) 与生产经营活动有关的器具、工具、家具等折旧年限为 5 年。
(4) 飞机、火车、轮船以外的运输工具折旧年限为 4 年。
(5) 电子设备折旧年限为 3 年。

(3) 预计净残值。
(4) 资产减值准备。

固定资产应计折旧额的计算公式如下：

应计折旧额＝固定资产的原价－预计净残值－已计提的固定资产减值准备

（实务题）某设备原值为150万元，预计残值收入为15万元，预计处置费用为5万元，预计使用5年。请计算该项设备应计提折旧额。

三、固定资产折旧的范围

根据我国《企业会计准则第4号——固定资产》规定，企业应对所有固定资产计提折旧，但已提足折旧仍继续使用的固定资产和单独估价作为固定资产入账的土地除外。具体的折旧范围规定如下。

（一）时间范围

固定资产按月计提折旧；当月增加的固定资产当月不计提折旧，从下月起计提折旧；当月减少的固定资产当月照提折旧，从下月起不提折旧。

温馨提示

由固定资产折旧时间范围可见，企业计提折旧的固定资产是月初应计提折旧的固定资产，当月固定资产的增减不影响固定资产的应计折旧额。

（二）空间范围

企业应该按月对所有的固定资产计提折旧，但以下情况的除外：
(1) 单独计价入账的土地。
(2) 持有待售的固定资产。
(3) 已提足折旧仍继续使用的固定资产。
(4) 提前报废的固定资产，不再补提折旧。
(5) 处于更新改造过程停止使用的固定资产，不计提折旧。

温馨提示

(1) 因大修理而停用、未使用的固定资产照提折旧。
(2) "固定资产竣工决算日"通常晚于"达到预定可使用状态日"，在"达到预定可使用状态日"先按暂估原价计入固定资产，于第2个月开始计提折旧，等到"固定资产竣工决算日"有了准确的成本资料，再修正原暂估原价，但已提折旧不再追溯。
(3) 已经划归为持有待售的固定资产，在持有待售期间停止计提折旧。

（选择题）下列固定资产中，不需要计提折旧的有(　　)。

A. 闲置的固定资产
B. 单独计价入账的土地
C. 经营租出固定资产
D. 已提足折旧仍继续使用的固定资产

四、固定资产的折旧方法

固定资产的折旧方法可以采用年限平均法、工作量法、双倍余额递减法、年数总和法等。

固定资产折旧方法的选择，将影响其使用寿命期间内不同时期的折旧费用，因此，固定资产的折旧方法一经确定，不得随意变更；如确实需变更，应在财务会计报告附注中予以说明。

（选择题）下列固定资产中，应计提折旧的有（   ）。
A. 融资租入的固定资产　　　　B. 经营租入的固定资产
C. 大修理停用的固定资产　　　D. 持有待售的固定资产

活动 4.2.2　应用年限平均法计提折旧

年限平均法又称直线法，是指将固定资产的应计折旧额均衡地分摊到固定资产预计使用寿命内的一种方法。其特点为每年的每个期间的折旧率、折旧额相等。具体计算公式如下：

$$年折旧额 = \frac{原价 - 预计净残值}{预计使用年限} = 原价 \times 年折旧率$$

$$年折旧率 = \frac{1 - 预计净残值率}{预计使用年限}$$

【例 4-8】 2021 年 3 月 10 日，甲公司外购设备的原价为 120 万元，预计使用年限为 5 年，设备报废时预计的净残值率为 0.5%，采用年限平均法计提折旧。请计算该设备的年折旧额、月折旧额、月折旧率及 2021 年应计提的折旧额。

年折旧额 = (120 − 120 × 0.5%) ÷ 5 = 23.88（万元）
月折旧额 = 23.88 ÷ 12 = 1.99（万元）
月折旧率 = 1.99 ÷ 120 × 100% ≈ 1.66%

或：

月折旧率 = (1 − 0.5%) ÷ 5 ÷ 12 ≈ 1.66%
2019 年折旧额 = 120 × 1.66% × 9 = 17.93（万元）

（实务题）2021 年 3 月，乙公司（一般纳税人）购入一台设备，增值税专用发票注明的设备价款为 500 万元，增值税额为 65 万元，预计可使用 10 年，预计报废时的净残值率为 2%。请计算该设备的月折旧率、月折旧额及 2021 年的折旧额。

活动 4.2.3　应用工作量法计提折旧

工作量法是指根据固定资产的实际工作量计算固定资产每期应计提折旧额的一种方法。

该方法的特点是每单位工作量的折旧额相同，因不同期间的工作量不一定一样，因此，其折旧额不一定相同。具体计算公式如下：

$$单位工作量折旧额=\frac{原价-预计净残值}{预计总工作量}$$

$$某月固定资产折旧额=该项固定资产当月工作量×单位工作量折旧额$$

【例 4-9】 2021 年 3 月，甲企业（一般纳税人）购入一辆货车，增值税专用发票上注明的价款为 100 万元，增值税额为 13 万元，预计该货车总行驶里程为 50 万千米，预计报废时的净残值率为 5%，2021 年 4 月行驶 4 000 千米。则该辆汽车 2021 年 4 月的折旧额计算如下：

$$单位里程折旧额=1\,000\,000×(1-5\%)÷500\,000=1.9(元/千米)$$

$$2019\,年\,4\,月的折旧额=4\,000×1.9=7\,600(元)$$

（实务题）2021 年 3 月，乙企业购入运货汽车一辆，增值税专用发票上注明的价款为 60 万元，增值税额为 7.8 万元，该汽车预计行驶里程为 20 万千米，预计净残值率为 5%。2021 年 4 月，该车行驶 5 000 千米。请计算该汽车的 2021 年 4 月的折旧额。

活动 4.2.4 　应用双倍余额递减法计提折旧

双倍余额递减法是指在不考虑固定资产净残值的情况下，根据每期期初固定资产账面净值（固定资产账面余额减去计提的累计折旧）和双倍的直线法折旧率计算固定资产折旧的一种方法。该方法的特点为每年的折旧率相同（除最后 2 年外），每年的折旧额呈递减趋势，最后 2 年的折旧额则是根据固定资产账面净值扣除净残值后按直线法计提。具体计算公式如下：

$$年折旧率=2÷预计使用寿命(年)×100\%$$

$$年折旧额=期初固定资产账面净值×年折旧率$$

最后 2 年改按直线法提取折旧，计算公式如下：

$$年折旧额=(固定资产原价-累计折旧额-预计净残值)÷2$$

相关概念的区分公式：

　　固定资产账面余额=固定资产原价
　　固定资产账面净值（固定资产折余价值）=固定资产原价-计提的累计折旧
　　固定资产账面价值=固定资产原价-计提的累计折旧-计提的减值准备

【例 4-10】 2021 年 3 月，甲企业（一般纳税人）购进一台设备，增值税专用发票注明的设备价款为 100 万元，增值税额为 13 万元，预计使用年限为 5 年，预计净残值为 0.7 万元，按双倍余额递减法计提折旧。请计算该设备预计使用期限内各年应计提的折旧额和 2024 年应计提的折旧额。

年折旧率＝2÷5×100％＝40％
第一年(2021.4—2022.3)应计提折旧额＝100×40％＝40(万元)
第二年(2022.4—2023.3)应计提折旧额＝(100－40)×40％＝24(万元)
第三年(2023.4—2024.3)应计提折旧额＝(100－40－24)×40％＝14.4(万元)

从第四年起改用年限平均法(直线法)计提折旧：

第四年(2024.4—2025.3)、第五年(2025.4—2026.3)应计折旧额＝(100－40－24－14.4－0.7)÷2
＝10.45(万元)

2024年应计提的折旧额＝14.4×3÷12＋10.45×9÷12＝11.437 5(万元)

(1)(实务题)乙公司2019年6月购入一台设备，入账价值为100万元，预计使用年限为5年，预计净残值为4万元，采用双倍余额递减法计算折旧。请计算该项设备2019年、2020年应计提的折旧额。

(2)(选择题)甲公司购进一台设备，该设备的入账价值为100万元，预计净残值为5.60万元，预计使用年限为5年。在采用双倍余额递减法计提折旧的情况下，该项设备第三年应提折旧额为(　　)万元。

A. 24　　　　　　B. 14.40　　　　　　C. 20　　　　　　D. 8

活动4.2.5　应用年数总和法计提折旧

年数总和法是指按固定资产应计折旧额(固定资产原价减去预计净残值后的余额)，乘以一个逐年递减的折旧率计算每年的折旧额，各年折旧率为该年该固定资产尚可使用寿命除以该固定资产预计使用寿命总和来计算固定资产折旧的一种方法。该方法的特点是每年计提折旧的基数相同，每年的折旧率呈递减趋势，因此，各年折旧额递减。具体计算公式如下：

$$年折旧率＝\frac{尚可使用年数}{预计使用寿命的年数总和}$$

某年折旧额＝(固定资产原值－预计净残值)×该年折旧率

固定资产预计使用寿命年数总和是各年数字的总和。例如，预计使用寿命为5年，则年数总和＝1＋2＋3＋4＋5＝15；预计使用寿命为6年，则年数总和＝1＋2＋3＋4＋5＋6＝21；以此类推，预计使用年限为n，则年数总和＝$n(1+n)÷2$。

【例4-11】根据[例4-10]的资料，采用年数总和法计算各年折旧额。

预计使用寿命的年数总和＝1＋2＋3＋4＋5＝15
应计折旧额＝100－0.7＝99.3(万元)

各年的折旧额计算如表4-2所示。

表 4-2　　　　　　　　　　各年折旧计算表

年份	尚可使用年限(年)	应计折旧额(万元)	各年折旧率	各年折旧额(万元)	累计折旧(万元)
1	5	99.30	5/15	99.30×5÷15＝33.10	33.10
2	4	99.30	4/15	99.30×4÷15＝26.48	59.58
3	3	99.30	3/15	99.30×3÷15＝19.86	79.44
4	2	99.30	2/15	99.30×2÷15＝13.24	92.68
5	1	99.30	1/15	99.30×1÷15＝6.62	99.30

注：如各年折旧额为约等数，最后 1 年的折旧额计算，可采用倒减法。

1. （实务题）乙公司于 2021 年 6 月购入一台设备，其入账价值为 100 万元，预计使用年限为 5 年，预计净残值为 4 万元，采用年数总和法分别计算乙公司 2021 年、2022 年的折旧额。

2. （选择题）丙公司 2021 年 3 月 20 日购入一台不需要安装的机器设备，该设备售价为 3 500 万元，增值税额为 455 万元；发生的运费为 110 万元，增值税额为 9.9 万元。该设备预计使用 5 年，预计净残值为 10 万元，按年数总和法计提折旧。则丙公司 2021 年就该设备应计提的折旧额为(　　)万元。

　　A. 1 200　　　　　　B. 1 020　　　　　　C. 600　　　　　　D. 780

活动 4.2.6　完成固定资产折旧的账务处理

一、认知折旧计提的账户设置

固定资产计提的折旧应当记入"累计折旧"账户。该账户属于资产类账户，是固定资产的备抵账户，其贷方反映折旧增加额；借方反映因出售、报废、毁损、清理、盘亏等原因减少固定资产而相应转销的折旧额；余额在贷方，反映企业现有的固定资产的已计提的累计折旧额。

二、计提折旧费用的账务处理

固定资产折旧费用按资产用途分别计入相关资产的成本或者当期损益。基本生产车间使用的应记入"制造费用"账户，管理部门使用的应记入"管理费用"账户，经营性租出的固定资产记入"其他业务成本"账户，专设销售机构使用的应记入"销售费用"账户，研究开发无形资产的则记入"研发支出"账户等。

企业计提固定资产折旧的账务处理如下：

借：制造费用(生产用固定资产折旧)
　　管理费用(管理部门用固定资产折旧)
　　销售费用(销售部门用固定资产折旧)
　　其他业务成本(经营租出固定资产折旧)
　　研发支出(研究开发无形资产的固定资产折旧)
　　在建工程(在建工程中使用固定资产计提折旧)
　　应付职工薪酬(非货币性薪酬)
　　贷：累计折旧

【例 4-12】 甲企业 2021 年 3 月各部门应计固定资产折旧额分别为：一车间 1 500 000 元，二车间 2 400 000 元，三车间 3 600 000 元，管理部门 95 000 元，销售部门 63 000 元。该企业编制会计分录如下：

借：制造费用——一车间　　　　　　　　　　　　　　　　1 500 000
　　　　　　——二车间　　　　　　　　　　　　　　　　2 400 000
　　　　　　——三车间　　　　　　　　　　　　　　　　3 600 000
　　管理费用　　　　　　　　　　　　　　　　　　　　　　　95 000
　　销售费用　　　　　　　　　　　　　　　　　　　　　　　63 000
　　贷：累计折旧　　　　　　　　　　　　　　　　　　　7 658 000

（实务题）乙公司 2021 年 2 月固定资产的应计提折旧额为 150 000 元（其中，生产车间的固定资产折旧为 90 000 元，管理部门的固定资产折旧为 40 000 元，销售部门的折旧为 20 000 元）。乙公司 2 月份和 3 月份发生的有关固定资产增减业务如下：

(1) 2 月 6 日，购入不需要安装的 P 设备一台用于生产车间使用，采用平均年限法计提折旧。该设备原价为 86 000 元，预计使用 5 年，预计净残值为 6 000 元。

(2) 2 月 28 日，销售部门的一台货车使用期满报废，该车原价为 265 000 元，预计净残值为 5 000 元，预计使用年限内行驶 20 万千米，2 月份行驶 2 000 千米。该车采用工作量法计提折旧。

(3) 3 月 1 日，购进一台需要安装的生产设备，该设备的原价为 360 000 元，预计使用 8 年，预计净残值为 10 000 元。该设备采用平均年限法计提折旧。

请计算乙公司 2021 年 3 月应计提的折旧额，并编制计提折旧的会计分录。

活动 4.2.7　固定资产后续支出

一、认知固定资产后续支出

（一）固定资产后续支出的含义

固定资产后续支出是指固定资产在使用过程中发生的更新改造支出、修理费用等支出。《企业会计准则第 4 号——固定资产》将固定资产的改建、修理支出分别归类为固定资产后续支出和长期待摊费用（经营租入固定资产的改良支出）。固定资产的后续支出分为资本化的后续支出和费用化的后续支出。

（二）固定资产后续支出的处理原则

企业发生固定资产后续支出时，能够满足固定资产确认条件的，应当资本化，计入固定资产成本；不能满足资产确认条件的后续支出，应当费用化，在发生时计入当期损益。更新改造完成后的固定资产，应按重新确定的使用寿命、预计净残值和折旧方法来计提折旧。

二、固定资产更新改造支出

相关账务处理如下：

(1) 将固定资产转入改扩建：

借：在建工程
　　累计折旧
　　固定资产减值准备
　　贷：固定资产

(2) 发生改扩建工程支出：

借：在建工程
　　贷：银行存款、库存商品、原材料、应付职工薪酬等

(3) 替换出原固定资产的价值：

借：银行存款或原材料（残值价值）
　　营业外支出（净损失）
　　贷：在建工程（被替换部分的账面价值）

(4) 改扩建工程达到预定可使用状态时：

借：固定资产
　　贷：在建工程

【例 4-13】 2021 年 1 月，甲公司（一般纳税人）对一条生产线进行更新改造，该生产线的原价为 5 000 万元，已计提折旧为 1 450 万元，已计提减值准备为 50 万元。生产线在更新改造过程中拆除原冷却装置部分的账面价值为 500 万元，可收回净残值为 50 万元，已存入银行。甲公司在生产线的更新改造中发生以下费用或支出：

(1) 以银行存款购买新冷却装置，取得的增值税专用发票上注明的价款为 1 200 万元，增值税额为 156 万元。

(2) 更新改造期间内发生专门借款利息 80 万元，已用银行存款支付。

(3) 生产线更新改造过程中发生人工费用 320 万元。

(4) 生产线更新改造过程中领用库存原材料，其成本为 200 万元，增值税额为 26 万元。

(5) 生产线更新改造过程中外购工程物资，其成本为 400 万元（全部用于该生产线），增值税额为 52 万元。该改造工程于 2021 年 5 月达到预定可使用状态。

甲公司编制会计分录如下：

A. 固定资产转入改扩建时：

借：在建工程　　　　　　　　　　　　　　　　　　　　　　35 000 000
　　累计折旧　　　　　　　　　　　　　　　　　　　　　　14 500 000
　　固定资产减值准备　　　　　　　　　　　　　　　　　　　　500 000
　　贷：固定资产　　　　　　　　　　　　　　　　　　　　　　　　50 000 000

B. 拆除原冷却装置损失时：

借：银行存款　　　　　　　　　　　　　　　　　　　　　　　　500 000
　　营业外支出　　　　　　　　　　　　　　　　　　　　　　4 500 000
　　贷：在建工程　　　　　　　　　　　　　　　　　　　　　　　5 000 000

C. 发生改扩建工程相关支出时：

借：在建工程(12 000 000＋800 000＋3 200 000＋2 000 000＋4 000 000)   22 000 000
　　应交税费——应交增值税（进项税额）   1 560 000
　贷：银行存款(12 000 000＋1 560 000＋800 000)   14 360 000
　　　应付职工薪酬   3 200 000
　　　原材料   2 000 000
　　　工程物资   4 000 000

D. 改扩建完成并达到预定可使用状态时：

借：固定资产   52 000 000
　贷：在建工程   52 000 000

（实务题）2021年，甲公司为采用新技术生产更先进的环保设备，于3月1日起对某条生产线进行更新改造。该生产线的原价为10 000万元，已计提折旧6 500万元，需要拆除设备的账面价值为300万元（假定无残值），新安装设备的购进成本为8 000万元，增值税进项税额为1 040万元，相关支出均通过银行转账支付。生产线更新改造项目于2021年12月25日达到预定可使用状态。请编制与生产线更新改造相关的会计分录。

三、费用化的后续支出

固定资产的日常修理费用等支出只是为确保固定资产的正常工作状况，一般不产生未来的经济利益，因此，其通常不符合固定资产的确认条件，在发生时应直接计入当期损益。企业生产车间（部门）和行政管理部门等发生的固定资产修理费用等后续支出，计入管理费用；企业设置专设销售机构的，其发生的与专设销售机构相关的固定资产修理费用等后续支出，计入销售费用。对于处于修理、更新改造过程而停止使用的固定资产，如果其修理、更新改造支出不满足固定资产的确认条件，在发生时也应直接计入当期损益。账务处理如下：

借：管理费用
　　销售费用
　贷：原材料
　　　应付职工薪酬
　　　银行存款

【例4-14】 甲公司（一般纳税人）于2021年1月1日对生产车间使用的设备进行日常修理，发生维修费并取得增值税专用发票，其上注明的修理费为50 000元，增值税税率为13％，增值税额为6 500元。甲公司编制会计分录如下：

借：管理费用   50 000
　　应交税费——应交增值税（进项税额）   6 500
　贷：银行存款   56 500

（实务题）2021年3月，乙公司（一般纳税人）按常规对设备进行修理，发生修理费并取得

增值税专用发票,其上注明的修理费为 10 000 元,增值税税率为 13%,增值税额为 1 300 元。其中,行政管理部门使用的固定资产维修费用为 2 000 元,销售部门使用的固定资产维修费用 1 000 元,车间使用的固定资产维修费用 5 000 元,其他部门使用的固定资产维修费用 2 000 元。请编制相关会计分录。

经营租入固定资产后续支出的核算方法如下:

经营租入固定资产发生的改良支出,应通过"长期待摊费用"账户核算,并在剩余租赁期与租赁资产尚可使用年限两者中较短的期间内,采用合理的方法进行摊销。

活动 4.2.8　固定资产减值

资产负债表日,固定资产存在可能发生减值迹象时,其可收回金额低于账面价值的,应当将账面价值减记至可收回金额,减记的金额确认减值损失,计入当期损益,同时计提减值准备。可收回金额是指资产的公允价值减去处置费用后的净额与资产预计未来现金流量的现值两者之间较高者。固定资产减值损失一经确认,在以后会计期间不得转回。

一、固定资产减值的计算

(一) 确认固定资产可回收金额

固定资产出现减值迹象,应按照固定资产的公允价值减去处置费用后的净额与固定资产预计未来现金流量的现值孰高者确认固定资产可回收金额。

(二) 计算固定资产减值金额

固定资产减值金额的计算公式如下:

$$固定资产减值金额 = 固定资产原值 - 累计折旧 - 可回收金额$$

二、计提固定资产减值的账务处理

计提固定资产减值的账务处理如下:

借:资产减值损失
　　贷:固定资产减值准备

固定资产减值的迹象判断如下:

(1) 固定资产公允价值当期大幅度下跌,其跌幅明显高于因时间的推移或者正常使用而预计的下跌。

(2) 企业经营所处的经济、技术或者法律等环境和资产所处的市场在当期或者在近期发生重大变化,从而对企业产生不利影响。

(3) 市场利率或者其他市场投资报酬率在当期已经提高,从而影响企业计算资产未来现金流量现值的折现率,导致资产可回收金额大幅度降低。

（4）有证据表明固定资产已经陈旧或者其实体已经损坏。

（5）固定资产已经被闲置、终止使用或者计划提前处置。

（6）企业内部报告的证据表明固定资产的经济绩效已经低于预期,如固定资产所创造价值的净现金流量或者营业利润(或者亏损)远远低于(或者高于)预计金额。

（7）其他表明固定资产可能已经发生减值的迹象。

【例 4-15】 2021 年 12 月 31 日,乙公司某项设备在计提减值准备前账面价值为 1 200 万元,经测试该项设备的公允价值为 1 000 万元。预计处置费用为 100 万元,预计未来现金流量的现值为 960 万元。乙公司编制会计分录如下：

公允价值减去处置费用后的净额＝1 000－100＝900(万元)

预计未来现金流量现值＝960(万元)

960 万元＞900 万元,所以可收回金额确定为 960 万元。

固定资产减值＝1 200－960＝240(万元)

借：资产减值损失 2 400 000
　　贷：固定资产减值准备 2 400 000

练一练

（实务题）2021 年 12 月 31 日,甲公司某项设备在计提减值准备前的账面价值为 1 000 万元,公允价值为 950 万元,预计处置费用 50 万元,预计未来现金流量现值为 990 万元。请计算当日该项设备的可收回金额及固定资产减值金额并完成账务处理。

任务 4.3　固定资产的处置

活动 4.3.1　认知固定资产的处置

固定资产处置即固定资产的终止确认,具体包括固定资产的出售、报废、毁损、对外投资、非货币性资产交换、债务重组等。

固定资产满足下列条件之一的,应当予以终止确认：

（1）该固定资产处于处置状态。

（2）该固定资产预期通过使用或处置不能产生经济利益。

活动 4.3.2　完成固定资产的处置

一、账户设置

固定资产处置的核算涉及的账户主要有"固定资产清理""资产处置损益""营业外收入"

"营业外支出"等。根据《财政部关于修订印发一般企业财务报表格式的通知》(财会〔2017〕30号),利润表中新增了一个"资产处置收益"报表项目,该项目根据损益类账户中新设置的"资产处置损益"账户的发生额分析填列,其在利润表中的列报直接影响企业的营业利润。因此,固定资产处置的核算中也新增设了"资产处置损益"账户。该账户属于损益类账户,主要用来核算固定资产、无形资产因出售、转让等原因,产生的处置利得或损失。固定资产发生处置净损失的,借记"资产处置损益"账户;如为处置净收益,则贷记"资产处置损益"账户。

温馨提示

固定资产、无形资产处置发生的损益的处理原则如下:

(1) 处置固定资产或无形资产,如该项资产因丧失使用功能而报废或发生自然灾害而毁损(资产无使用价值)所产生的损益通过"营业外收入"或"营业外支出"账户核算。

(2) 处置固定资产或无形资产,如该资产尚有使用价值(包括出售、非货币性资产交换、债务重组、对外投资以及捐赠等),所产生的固定资产或无形资产处置损益,通过"资产处置损益"账户核算。

二、固定资产处置账务处理

(1) 将需要处置的固定资产转入"固定资产清理"账户时:

借:固定资产清理
　　累计折旧
　　固定资产减值准备
　　　贷:固定资产

(2) 支付清理费时:

借:固定资产清理
　　　贷:银行存款

(3) 产生固定资产处置回收价值时:

借:其他应收款、银行存款、原材料等
　　　贷:固定资产清理
　　　　　应交税费——应交增值税(销项税额)

(4) 产生固定资产处置损益时:

　A. 固定资产尚有使用价值:

　a. 发生处置损失:

借:资产处置损益
　　　贷:固定资产清理

　b. 发生处置收益:

借:固定资产清理
　　　贷:资产处置损益

B. 固定资产无使用价值：

a. 发生处置损失：

借：营业外支出
　　贷：固定资产清理

b. 发生处置收益：

借：固定资产清理
　　贷：营业外收入

【例 4-16】 2021 年 3 月，乙公司（一般纳税人）出售一台设备，其原价为 1 000 000 元，已使用 6 年，已计提折旧 600 000 元，支付清理费用 100 000 元，价值 80 000 元零件入库作为材料核算，出售收入为 400 000 元，增值税税率为 13%。乙公司编制会计分录如下：

A. 固定资产转入清理时：

借：固定资产清理　　　　　　　　　　　　　　　　　　　　　　400 000
　　累计折旧　　　　　　　　　　　　　　　　　　　　　　　　　600 000
　　贷：固定资产　　　　　　　　　　　　　　　　　　　　　　1 000 000

B. 支付清理费用时：

借：固定资产清理　　　　　　　　　　　　　　　　　　　　　　100 000
　　贷：银行存款　　　　　　　　　　　　　　　　　　　　　　　100 000

C. 取得出售收入时：

借：银行存款　　　　　　　　　　　　　　　　　　　　　　　　452 000
　　贷：固定资产清理　　　　　　　　　　　　　　　　　　　　　400 000
　　　　应交税费——应交增值税（销项税额）　　　　　　　　　　52 000

D. 残料入库时：

借：原材料　　　　　　　　　　　　　　　　　　　　　　　　　 80 000
　　贷：固定资产清理　　　　　　　　　　　　　　　　　　　　　 80 000

E. 结转固定资产清理后的净损益时：

借：资产处置损益　　　　　　　　　　　　　　　　　　　　　　 20 000
　　贷：固定资产清理　　　　　　　　　　　　　　　　　　　　　 20 000

【例 4-17】 2021 年 3 月，甲公司（一般纳税人）提前报废一台机器设备，设备原值为 200 000 元，已计提折旧 100 000 元，已计提减值准备 20 000 元，报废后处置废材料取得收入 10 300 元并存入银行，该设备处置符合简易计税条件，按 3% 的征收率开具了增值税专用发票。甲公司以银行存款支付清理费 2 000 元。甲公司编制会计分录如下：

A. 固定资产转入清理时：

借：固定资产清理　　　　　　　　　　　　　　　　　　　　　　 80 000
　　累计折旧　　　　　　　　　　　　　　　　　　　　　　　　　100 000
　　固定资产减值准备　　　　　　　　　　　　　　　　　　　　　 20 000
　　贷：固定资产　　　　　　　　　　　　　　　　　　　　　　　200 000

B. 报废后处置废材料取得收入时：

借：银行存款　　　　　　　　　　　　　　　　　　　　　　　　　　10 300
　　贷：固定资产清理　　　　　　　　　　　　　　　　　　　　　　　10 000
　　　　应交税费——简易计税　　　　　　　　　　　　　　　　　　　　300

C. 以银行存款支付清理费时：

借：固定资产清理　　　　　　　　　　　　　　　　　　　　　　　　2 000
　　贷：银行存款　　　　　　　　　　　　　　　　　　　　　　　　　　2 000

D. 结转清理净损益时：

借：营业外支出——非流动资产处置损失　　　　　　　　　　　　　　72 000
　　贷：固定资产清理　　　　　　　　　　　　　　　　　　　　　　　72 000

(1)（实务题）2021年2月28日，乙公司（一般纳税人）以不含增值税的价格100万元售出2012年购入的一台生产用机床，增值税销项税额为13万元，该机床原价为200万元（不含增值税），已计提折旧120万元，已计提减值准备30万元，以银行存款支付清理费10万元，不考虑其他因素。请完成乙公司资产处置的账务处理。

(2)（实务题）2021年3月1日，甲公司（一般纳税人）报废一条不能继续使用的生产线，设备原价为100万元，已计提折旧80万元，已计提减值准备10万元。甲公司处置废料取得收入5.15万元，存入银行。该设备处置符合简易计税条件，按3%征收率开具了增值税专用发票。甲公司以银行存款支付清理费用30 000元，不考虑其他因素。请完成甲公司资产处置的账务处理。

(3)（选择题）甲公司于2021年3月初从乙公司购入设备一台，实际支付买价300万元，增值税额为39万元，支付运费10万元（不考虑运费抵扣增值税的因素），途中保险费30万元，安装过程中发生安装费50万元。该设备预计可使用4年，无残值。甲公司固定资产采用年数总和法计提折旧。由于操作不当，该设备于2021年年末报废，甲公司责成有关人员赔偿18万元，收回变价收入12万元。则该设备的报废净损失为（　　）万元。

　　A. 216　　　　　　B. 243　　　　　　C. 234　　　　　　D. 255

活动 4.3.3　认知持有待售的固定资产

一、持有待售固定资产的认知

持有待售的非流动资产包括单项资产和处置组。其中，处置组是指作为整体出售或其他方式一并处置的一组资产。如果处置组是一个资产组，并且按照《企业会计准则第8号——资产减值》的规定，将企业合并中取得的商誉分摊至该资产组，那么处置组应包括商誉。

（一）非流动资产划分为持有待售的条件

同时满足下列条件的非流动资产（包括固定资产），应当划分为持有待售资产：

(1) 企业已经就处置该非流动资产作出决议。

(2) 企业已经与受让方签订了不可撤销的转让协议。

(3) 该项转让将在 1 年内完成。

(二) 持有待售固定资产的折旧和减值准备计提要求

企业持有待售的固定资产不计提折旧也不计提减值准备。按照《企业会计准则第 4 号——固定资产》第二十二条规定，企业对于持有待售的固定资产，应当调整该项固定资产的预计净残值，使该固定资产的预计净残值反映其公允价值减去处置费用后的金额，但不得超过符合持有待售条件时该项固定资产的原账面价值。

(三) 对持有待售固定资产的调整

某项资产或处置组被划分为持有待售，但后来不再满足持有待售的固定资产的确认条件，企业应当停止将其划分为持有待售，并按照下列两项金额中较低者计量：

(1) 该资产或处置组被划分为持有待售之前的账面价值，按照其假定在没有被划归为持有待售的情况下原应确认的折旧、摊销或减值进行调整后的金额。

(2) 决定不再出售之日的可收回金额。

二、划归持有待售固定资产的处理

(1) 企业对于持有待售的固定资产，应当调整该项固定资产的预计净残值，使该项固定资产的预计净残值能够反映其公允价值减去处置费用后的金额。企业应先比较其账面价值与公允处置净额(公允价值减去处置费用后的净额)，如果账面价值高于公允处置净额，应按其差额提取减值准备；如果账面价值低于公允处置净额，则不作处理。

(2) 持有待售固定资产的报表列示。持有待售的固定资产应由非流动资产重分类为流动资产列示。

温馨提示

根据《财政部关于修订印发一般企业财务报表格式的通知》(财会〔2017〕30 号)，为核算持有待售固定资产，新增"持有待售资产"和"持有待售资产减值准备"等资产类科目。

(3) 持有待售固定资产的账务处理。

A. 将固定资产划分为持有待售资产：

借：持有待售资产
　　累计折旧
　　固定资产减值准备
　　贷：固定资产

B. 持有待售资产减值：

借：资产减值损失
　　贷：持有待售资产减值准备

【例 4-18】 甲公司计划出售一项固定资产，该固定资产于 2021 年 3 月 31 日被划分为持有待售固定资产，公允价值为 300 万元，预计处置费用为 10 万元。该固定资产购买于 2014 年 9 月，原值为 1 000 万元，预计净残值为零，预计使用寿命为 10 年，采用年限平均法计提折旧，取得时已达到预定可使用状态，不考虑其他因素。甲公司编制会计分录如下：

A. 2021 年 3 月 31 日，划分为持有待售固定资产时：

借：持有待售资产　　　　　　　　　　　　　　　　　　　　　　　　3 500 000
　　累计折旧(10 000 000÷10×6.5)　　　　　　　　　　　　　　　　6 500 000
　　贷：固定资产　　　　　　　　　　　　　　　　　　　　　　　　　　10 000 000

持有待售资产减值损失＝350－(300－10)＝60(万元)

B. 计提持有待售资产减值准备时：

借：资产减值损失　　　　　　　　　　　　　　　　　　　　　　　　　600 000
　　贷：持有待售资产减值准备[3 500 000－(3 000 000－100 000)]　　　 600 000

该固定资产 2021 年 3 月 31 日应予列报的金额＝350－60＝290(万元)

任务 4.4　固定资产的清查

活动 4.4.1　认知固定资产的清查

一、固定资产清查的含义

固定资产清查是指从实物管理的角度对单位实际拥有的固定资产进行实物清查。固定资产清查的范围主要包括土地、房屋及建筑物、通用设备、专用设备、交通运输设备等。企业应建立固定资产清查制度，定期或不定期地对固定资产进行全面或局部的检查。财务部门需组织固定资产使用部门和管理部门至少于每年年末进行一次全面清查，明确资产权属，确保实物与账簿、卡片、报表相符，以保证固定资产的安全完整。

二、固定资产清查的范围

(1) 对固定资产要检查固定资产原值、待报废和提前报废固定资产的数额及固定资产损失、待核销数额等，关注固定资产分类是否合理，详细了解固定资产目前的使用状况等。

(2) 对出租的固定资产要检查相关租赁合同，检查各单位账面记录情况，检查是否已按合同规定收取租赁费。

(3) 对临时借出、调拨转出但未履行调拨手续的和未按规定手续批准转让出去的资产，要求各单位收回或者补办手续。

(4) 对清查出的各项账面盘盈(含账外资产)、盘亏固定资产，要查明原因，分清工作责任，提出处理意见。

(5) 检查房屋、车辆等产权证明原件并取得复印件，关注产权是否受到限制(如抵押、担保等)，检查取得的相关合同、协议。

(6) 对批量购进的单位价值低的图书等，如果被资产清查单位无法列示明细金额的，按加总数量清查核对实物，按总计金额填列固定资产清查明细表，并注明总数量。

三、固定资产清查的程序

(1) 对本单位拥有的固定资产进行实物清点，并登记造册。

(2) 将实物按品种、数量、型号等与固定资产账进行核对。

(3) 按照管理权限上报有关情况,并根据批复进行账务处理。

四、固定资产清查结果的处理

(1) 账实相符——不必进行账务处理。

(2) 账实不符——按照管理权限上报有关情况,并根据批复进行账务处理,调整账存数,使账存数与实存数一致。

清查结果的处理分以下两个步骤:其一,报经审批前,根据盘盈、盘亏报告表,编制记账凭证,调整账簿记录。其二,报批后,根据审批意见,编制记账凭证转销盘盈、盘亏或毁损资产。

在固定资产清查中,如固定资产实存数与账存数一致,但如不能正常使用,也无维修价值,则应报毁损。对于盘盈、盘亏的固定资产应当查明原因,编制固定资产盘盈、盘亏报告表,并写出书面报告,按规定程序上报。

活动 4.4.2　固定资产盘盈的处理

一、固定资产盘盈

固定资产盘盈是指固定资产在盘点清查过程中发现未曾入账或超过账面数量的固定资产。

对盘盈的固定资产要查明原因,并按规定报主管部门审批,调整账面记录。一般按重置完全价值和估计的折旧额,分别记入"固定资产"账户和"累计折旧"账户,增加固定资产卡片。

二、对盘盈固定资产的处理

财产清查中盘盈的固定资产,作为前期差错处理,在按管理权限报经批准处理前应先通过"以前年度损益调整"账户核算。具体账务处理如下:

(1) 盘盈审批前:调增资产账,使账实相符。

借:固定资产
　　贷:以前年度损益调整

(2) 审批后:计提所得税费用、结转留存收益。

A. 计提所得税费用:

借:以前年度损益调整
　　贷:应交税费——应交所得税

B. 结转留存收益:

借:以前年度损益调整
　　贷:盈余公积
　　　　利润分配——未分配利润

盘盈的固定资产,应按以下规定确定其入账价值:如果同类或类似固定资产存在活跃市场的,按同类或类似固定资产的市场价格,减去按该项资产的新旧程度估计的价值损耗后的余额,作为入账价值;若同类或类似固定资产不存在活跃市场的,按该项固定资产的预计未来现金流量的现值,作为入账价值。按此确定的入账价值,借记"固定资产"账户,贷记"以前年度损益调整"账户。

【例 4-19】 甲公司为增值税一般纳税人,2021 年 1 月 5 日,公司在财产清查过程中发现,一台设备尚未入账,其重置成本为 100 000 元。假定甲公司按净利润的 10% 提取法定盈余公积,所得税税率为 25%,不考虑其他因素的影响。甲公司编制会计分录如下:

A. 盘盈固定资产时:

借:固定资产　　　　　　　　　　　　　　　　　　　　　　　　100 000
　　贷:以前年度损益调整　　　　　　　　　　　　　　　　　　　　100 000

B. 经审批后计提所得税费用时:

借:以前年度损益调整　　　　　　　　　　　　　　　　　　　　　25 000
　　贷:应交税费——应交所得税　　　　　　　　　　　　　　　　　25 000

C. 结转为留存收益时:

借:以前年度损益调整　　　　　　　　　　　　　　　　　　　　　75 000
　　贷:盈余公积——法定盈余公积　　　　　　　　　　　　　　　　7 500
　　　　利润分配——未分配利润　　　　　　　　　　　　　　　　　67 500

(实务题)乙公司于 2021 年年末对固定资产进行全面清查,盘盈一台七成新的机器设备,该设备同类产品市场价格为 50 000 元,所得税税率为 25%,按 10% 计提盈余公积。请完成乙公司固定资产清查的相关账务处理。

活动 4.4.3　固定资产盘亏的处理

一、固定资产盘亏

固定资产盘亏是指固定资产在盘点清查过程中所发现的短缺。对盘亏固定资产要查明原因,确定责任,并按有关规定报请上级批准后,调整账面记录,保证账实相符。

二、对盘亏固定资产的处理

固定资产盘亏时,应及时办理固定资产注销手续,按盘亏固定资产的账面价值,借记"待处理财产损溢——待处理非流动资产损溢"账户,按已提折旧额,借记"累计折旧"账户,按其原价,贷记"固定资产"账户。对于盘亏的固定资产,应及时查明原因,按管理权限报经批准后,按过失人及保险公司应赔偿额,借记"其他应收款"账户,按盘亏固定资产的原价扣除累计折旧和过失人及保险公司赔偿后的差额,借记"营业外支出"账户,按盘亏固定资产的账面价值,贷记"待处理财产损溢——待处理非流动资产损溢"账户。具体账务处理如下:

(1) 盘亏固定资产时:

借:待处理财产损溢——待处理固定资产损溢(差额、账面净值)
　　累计折旧(已提折旧)
　　固定资产减值准备(已提减值准备)
　　贷:固定资产(账面原值)

(2) 转出不可抵扣的进项税额时:

借:待处理财产损溢
　　贷:应交税费——应交增值税(进项税额转出)

(3) 报经批准转销时:

借:其他应收款(保险公司或责任人赔偿部分)
　　营业外支出——盘亏损失(净损失)
　　贷:待处理财产损溢——待处理固定资产损溢

【例4-20】 乙公司在进行财产清查时发现销售部门短缺一台笔记本电脑,其原价为10 000元,购入时增值税额为1 300元,已计提折旧6 000元。经查明原因系管理员张明管理不善丢失,经董事会批准,由管理员赔偿3 000元。乙公司编制会计分录如下:

A. 盘亏固定资产时:

借:待处理财产损溢　　　　　　　　　　　　　　　　　　　4 000
　　累计折旧　　　　　　　　　　　　　　　　　　　　　　6 000
　　贷:固定资产　　　　　　　　　　　　　　　　　　　　　　10 000

B. 转出不可抵扣进项税额时:

借:待处理财产损溢　　　　　　　　　　　　　　　　　　　520
　　贷:应交税费——应交增值税(进项税额转出)　　　　　　　　520

C. 报经批准转销时:

借:其他应收款——张明　　　　　　　　　　　　　　　　　3 000
　　营业外支出——盘亏损失　　　　　　　　　　　　　　　1 520
　　贷:待处理财产损溢　　　　　　　　　　　　　　　　　　　4 520

练一练

乙公司于2021年年末组织人员对固定资产进行清查时,发现丢失一套多媒体设备,该设备原价为100 000元,已计提折旧30 000元,已计提减值准备20 000元。经查,设备丢失的原因在于设备管理员黄兰保管不当。经董事会批准,由设备管理员黄兰赔偿15 000元。假定不考虑相关税费,请完成固定资产清查的相关账务处理。

复习思考题

1. 固定资产有哪些特征？固定资产如何进行初始计量？
2. 固定资产折旧有哪些计提方法？固定资产折旧费用如何分配？
3. 在固定资产的后续计量中，如何区分资本性支出和费用性支出？
4. 在固定资产处置中，什么情况下用"资产处置损益"账户？该账户与"营业外收入""营业外支出"账户有何区别？
5. 固定资产盘盈如何进行账务处理？固定资产盘亏如何进行账务处理？

模块测试

参考答案

一、单项选择题

1. 甲公司购入一台需要安装的设备，取得的增值税专用发票上注明的设备买价为 60 000 元，增值税额为 7 800 元，支付的运输费为 1 200 元。设备安装时领用工程用材料物资价值 1 500 元，购进该批材料物资时支付的增值税额为 195 元，设备安装时支付有关人员工资费用 2 500 元，该项固定资产的成本为（　　）元。
   A. 60 000　　　B. 61 200　　　C. 65 200　　　D. 75 040

2. 甲公司为一般纳税人，2021 年购入一台设备，实际支付设备价款 5 000 元，增值税额 650 元，支付运杂费 500 元，安装费 1 000 元（运杂费和安装费暂不考虑增值税），则该设备入账价值为（　　）元。
   A. 6 500　　　B. 5 500　　　C. 1 500　　　D. 6 000

3. 甲公司购入需要安装的固定资产发生的安装费用应记入（　　）账户。
   A."固定资产"　　B."在建工程"　　C."管理费用"　　D."营业外支出"

4. 甲公司（一般纳税人）自建仓库一幢，购入工程物资 200 万元，增值税额为 26 万元，已全部用于建造仓库；耗用库存材料 50 万元，应负担的增值税额为 6.5 万元；支付建筑工人工资 36 万元。该仓库建造完成并达到预定可使用状态，其入账价值为（　　）万元。
   A. 250　　　B. 290　　　C. 286　　　D. 326

5. 甲公司购入需要安装的固定资产，不论采用何种安装方式，固定资产的全部安装成本（包括固定资产买价、包装费、运杂费和安装费）均应通过（　　）账户进行核算。
   A."固定资产"　　　　　　　　B."在建工程"
   C."工程物资"　　　　　　　　D."长期股权投资"

6. 下列各项中，不应计入在建工程项目成本的是（　　）。
   A. 在建工程试运行收入　　　　B. 建造期间工程物资盘盈净收益
   C. 建造期间工程物资盘亏净损失　　D. 弃置费用

7. 甲公司系增值税一般纳税人，购入一套需安装的生产设备，取得的增值税专用发票上注明的价款为 300 万元，增值税额为 39 万元，自行安装耗用材料成本为 20 万元，发生安装人工费5万元。不考虑其他因素,该生产设备安装完毕达到预定可使用状态时,转入固定资产的入账价值为(　　)万元。

  A. 320   B. 325   C. 348   D. 373

8. 在采用自营方式建造办公楼的情况下,下列项目中,不应计入办公楼成本的有(　　)。

  A. 生产车间为工程提供的水、电等费用

  B. 工程领用本企业自产产品的成本

  C. 企业行政管理部门为组织和管理生产经营活动而发生的费用

  D. 工程项目耗用的工程物资

9. 在建工程项目达到预定可使用状态前,试生产产品对外出售取得的收入应(　　)。

  A. 冲减工程成本   B. 计入营业外收入

  C. 冲减营业外支出   D. 计入其他业务收入

10. 企业接受投资者投入的一项固定资产,应按(　　)作为入账价值。

  A. 公允价值

  B. 投资方的账面原值

  C. 投资合同或协议约定的价值(与公允价值不一致)

  D. 投资方的账面价值

11. 2021年11月20日,甲公司(一般纳税人)购进一台需要安装的设备,增值税专用发票上注明的价款为950万元,增值税进项税额为123.5万元,款项已通过银行支付。安装A设备时,甲公司领用原材料36万元,支付安装人员工资14万元。2021年12月30日,A设备达到预定可使用状态。A设备预计使用年限为5年,预计净残值率为5%,甲公司采用双倍余额递减法计提折旧。则甲公司2023年度对A设备计提的折旧是(　　)万元。

  A. 400   B. 240   C. 187.34   D. 190

12. 甲公司(一般纳税人)于2021年5月10日购入需安装的设备一台,价款为500万元,可抵扣增值税进项税额为65万元。为购买该设备发生运输途中保险费20万元,可抵扣增值税进项税额为1.2万元。在设备安装过程中,甲公司领用原材料50万元,相关增值税进项税额为6.5万元;支付安装工人工资12万元。该设备于2021年12月30日达到预定可使用状态。甲公司对该设备采用年数总和法计提折旧,预计使用10年,预计净残值为零。假定不考虑其他因素,2022年该设备应计提的折旧额为(　　)万元。

  A. 102.18   B. 103.64   C. 105.82   D. 120.64

13. 下列固定资产中,本月应计提折旧的是(　　)。

  A. 本月购进的新设备   B. 本月报废的旧设备

  C. 经营性租入的设备   D. 已提足折旧的设备

14. 甲公司(一般纳税人)于2021年7月1日对某项生产用机器设备进行更新改造。当日,该设备原价为500万元,已计提累计折旧200万元,已计提减值准备50万元。该设备在更新改造过程中发生劳务费用100万元;领用本公司生产的产品一批,成本为80万元,市场价格(不含增值税额)为100万元。经更新改造后该机器设备于2022年3月10日达到预定可使用状态。假定上述更新改造支出符合资本化条件,则更新改造后该机器设备的入账价值为(　　)万元。

  A. 430   B. 466   C. 680   D. 717

15. 2021年12月31日,甲公司某项固定资产计提减值准备前的账面价值为1 000万元,公允价值为980万元,预计处置费用为80万元,预计未来现金流量的现值为1 050万元。2021年12月31日,甲公司应对该项固定资产计提的减值准备为( )。
    A. 0   B. 20万元   C. 50万元   D. 100万元

16. 甲公司一台用于生产M产品的设备预计使用年限为5年,预计净残值为零。假定M产品各年产量基本均衡。下列折旧方法中,能够使该设备第一年计提折旧金额最多的是( )。
    A. 工作量法   B. 年限平均法
    C. 年数总和法   D. 双倍余额递减法

17. 甲公司某项固定资产已完成改造,累计发生的改造成本为400万元,拆除部分的原价为200万元。改造前,该项固定资产原价为800万元,已计提折旧250万元,不考虑其他因素,甲公司该项固定资产改造后的账面价值为( )万元。
    A. 750   B. 812.5   C. 950   C. 1 000

18. 2021年2月28日,甲公司(一般纳税人)购入一台需安装的设备,以银行存款支付设备价款120万元,增值税进项税额15.6万元。3月6日,甲公司以银行存款支付装卸费0.6万元,增值税进项税额0.036万元。4月10日,设备开始安装,在安装过程中,甲公司发生安装人员工资0.8万元;领用原材料一批,该批原材料的成本为6万元,已抵扣增值税进项税额为0.78万元。设备于2021年6月30日完成安装,达到预定可使用状态。该设备预计使用10年,预计净残值为零,甲公司采用年限平均法计提折旧。则甲公司该设备2021年应计提的折旧是( )万元。
    A. 6.37   B. 6.39   C. 6.42   D. 7.44

19. 甲公司于2021年2月20日购入一台机器设备并投入使用,取得的增值税专用发票上注明的设备价款为200 000元,增值税额为26 000元,甲公司采用年限平均法计提折旧,该设备预计使用寿命为10年,预计净残值率为固定资产原价的3%。因产品转型,2023年2月28日,甲公司将该机器设备出售给乙公司,开具的增值税专用发票上注明的价款为160 000元,增值税额为20 800元。出售时,该设备已计提减值准备4 000元,已计提折旧38 800元,以银行存款支付该设备拆卸费5 000元。甲公司出售此设备发生的净损益为( )元。
    A. 2 500   B. -2 200   C. -3 000   D. 1 680

20. 甲公司(一般纳税人)于2021年2月以100万元(不含增值税)的价格售出一台生产用机床,增值税销项税额为13万元,该机床原价为200万元(不含增值税),已计提折旧120万元,已计提减值准备30万元,不考虑其他因素,甲公司处置该机床的利得为( )万元。
    A. 3   B. 20   C. 33   D. 50

21. 甲公司于2021年12月购入一台设备,其入账价值为100万元,预计使用年限为5年,预计净残值4万元,采用双倍余额递减法计算折旧,则该项设备2023年应计提的折旧额为( )万元。
    A. 25.6   B. 19.2   C. 40   D. 24

22. 某企业于2021年12月31日购入一台设备,其入账价值为200万元,预计使用寿命为10年,预计净残值为20万元,采用年限平均法计提折旧。2022年12月31日,该设备存在减值迹象,经测试预计可收回金额为120万元。则2022年12月31日该设备账面价值应为(　　)万元。

　　A. 120　　　　　　B. 160　　　　　　C. 180　　　　　　D. 182

23. 某企业对生产设备进行改良,发生资本化支出共计45万元,被替换旧部件的账面价值为10万元,该设备原价为500万元,已计提折旧300万元,不考虑其他因素。该设备改良后的入账价值为(　　)万元。

　　A. 245　　　　　　B. 235　　　　　　C. 200　　　　　　D. 190

24. 某企业对一条生产线进行改扩建,该生产线原价1 000万元,已计提折旧300万元,改扩建生产线发生相关支出800万元,满足固定资产确认条件,则改扩建后生产线的入账价值为(　　)万元。

　　A. 800　　　　　　B. 1 500　　　　　C. 1 800　　　　　D. 1 000

25. 某公司出售专用设备一台,取得价款30万元(不考虑增值税),发生清理费用5万元(不考虑增值税),该设备的账面价值为22万元,不考虑其他因素。下列关于此项交易净损益会计处理结果的表述中,正确的是(　　)。

　　A. 营业外收入增加3万元　　　　　　B. 资产处置损益增加3万元
　　C. 营业外收入增加25万元　　　　　 D. 资产处置损益增加27万元

26. 下列关于固定资产的表述中,正确的是(　　)。
　　A. 经营出租的生产设备计提的折旧记入"其他业务成本"账户
　　B. 当月新增固定资产,当月开始计提折旧
　　C. 生产线的日常修理费记入"在建工程"账户
　　D. 设备报废清理费记入"管理费用"账户

27. 某企业出售一栋建筑物,其原价为160 000元,已提折旧45 000元,出售该资产时发生各种清理费用3 000元,不含税售价113 000元,适用的增值税税率为9%。该资产出售净收益为(　　)元。

　　A. -5 650　　　　B. -10 000　　　　C. -5 000　　　　D. -10 650

28. 企业的固定资产在盘亏时应通过(　　)账户核算。
　　A. "在建工程"　　　　　　　　　　　B. "固定资产清理"
　　C. "待处理财产损溢"　　　　　　　　D. "以前年度损益调整"

29. 下列各项中,应确认为营业外收入的是(　　)。
　　A. 存货盘盈　　　　　　　　　　　　B. 固定资产出租收入
　　C. 固定资产盘盈　　　　　　　　　　D. 无法查明原因的现金溢余

30. 下列各项中,不应计提固定资产折旧的是(　　)。
　　A. 经营租入的设备
　　B. 融资租入的办公楼
　　C. 已投入使用但未办理竣工决算的厂房
　　D. 已达到预定可使用状态但未投产的生产线

二、多项选择题

1. 外购固定资产,其入账价值包括(　　)。
　　A. 支付的安装费　　　　　　　　　　B. 支付的专业人员服务费
　　C. 领用本企业产品交纳的资源税　　　D. 支付购买设备的价款

2. 核算取得固定资产业务可能涉及的账户有( )。
   A. "固定资产"   B. "应交税费"   C. "在建工程"   D. "实收资本"

3. 甲公司以出包方式建造厂房,发生的下列支出中,应计入所建造厂房成本的有( )。
   A. 支付给第三方监理公司的监理费
   B. 为取得土地使用权而缴纳的土地出让金
   C. 建造期间进行试生产发生的负荷联合试车费用
   D. 建造期间因可预见的不可抗力导致暂停施工发生的费用

4. 甲公司于2021年2月1日购入一台需要安装的生产用机器设备,取得的增值税专用发票上注明的设备价款为500 000元,增值税进项税额为65 000元;取得的运费增值税专用发票上注明的运费为2 500元,增值税额为225元,款项已通过银行存款支付;在安装设备时,领用本公司原材料一批,材料成本为30 000元,购进该批原材料时支付的增值税进项税额为3 900元;支付安装工人工资4 900元(假定不考虑其他税费)。下列基于上述资料的会计论断中,正确的有( )。
   A. 该设备购入时可抵扣的进项税为65 225元
   B. 该设备的入账成本为537 400元
   C. 安装设备领用原材料的进项税额可以抵扣
   D. 安装设备领用原材料应视同销售处理

5. 下列说法中,正确的有( )。
   A. 固定资产的入账价值中还应包括企业为取得固定资产而交纳的契税、耕地占用税、车辆购置税等相关税费
   B. 购置不需要安装的固定资产,一般按实际支付的买价、运输费、包装费等,作为入账价值
   C. 投资者投入的固定资产,按照投资合同或协议约定的价值作为入账价值,但合同或协议约定的价值不公允的除外
   D. 以一笔款项购入多项没有单独标价的固定资产,应当按照各项固定资产的账面价值比例对总成本进行分配,分别确定各项固定资产的成本

6. 企业在固定资产发生资本化后续支出并达到预定可使用状态时进行的会计处理中,正确的有( )。
   A. 重新预计净残值   B. 重新确定折旧方法
   C. 重新确定入账价值   D. 重新预计使用寿命

7. 下列固定资产中,应当计提折旧的有( )。
   A. 闲置的固定资产   B. 单独计价入账的土地
   C. 经营租出固定资产   D. 已提足折旧仍继续使用的固定资产

8. 下列各项中,会导致固定资产账面价值增减变动的有( )。
   A. 经营租入固定资产改良支出   B. 计提固定资产减值准备
   C. 自有固定资产转入改扩建   D. 计提折旧

9. 下列资产中,不需要计提折旧的有( )。
   A. 已划分为持有待售的固定资产
   B. 以公允价值模式进行后续计量的已出租厂房

C. 因产品市场不景气尚未投入使用的外购机器设备
D. 已经完工投入使用但尚未办理竣工决算的自建厂房

10. 下列关于固定资产折旧会计处理的表述中,正确的有( )。
A. 处于季节性修理过程中的固定资产在修理期间应当停止计提折旧
B. 已达到预定可使用状态但尚未办理竣工决算的固定资产应当按暂估价值计提折旧
C. 自用固定资产转为成本模式后续计量的投资性房地产后仍应当计提折旧
D. 与固定资产有关的经济利益预期实现方式发生重大改变的,应当调整折旧方法

11. 下列各项中,属于固定资产减值迹象的有( )。
A. 固定资产将被闲置
B. 计划提前处置固定资产
C. 有证据表明固定资产已经陈旧过时
D. 企业经营所处的经济环境在当期发生重大变化且对企业产生不利影响

12. 某公司在2021年6月1日购买一台设备,成本为10 000万元,预计使用年限为10年,预计净残值为500万元,采用年限平均法计提折旧。2022年12月31日,减值测试表明其可收回金额为3 000万元,经测定,设备尚可使用5年,预计净残值为50万元。下列基于上述资料计算的会计指标中,正确的有( )。
A. 2022年年末设备的折余价值为8 575万元
B. 2022年年末固定资产减值损失为5 575万元
C. 2023年年末计提全年的固定资产折旧590万元
D. 2023年年末固定资产账面余额为10 000万元

13. 下列各项中,影响固定资产处置损益的有( )。
A. 固定资产原价
B. 固定资产清理费用
C. 固定资产处置收入
D. 固定资产减值准备

14. 下列关于固定资产会计处理的表述中,正确的有( )。
A. 已转为持有待售的固定资产不应计提折旧
B. 至少每年年度终了对固定资产折旧方法进行复核
C. 至少每年年度终了对固定资产使用寿命进行复核
D. 至少每年年度终了对固定资产预计净残值进行复核

15. 下列关于固定资产会计处理的表述中,正确的有( )。
A. 未投入使用的固定资产不应计提折旧
B. 特定固定资产弃置费用的现值应计入该资产的成本
C. 融资租入固定资产发生的费用化后续支出应计入当期损益
D. 预期通过使用或处置不能产生经济利益的固定资产应终止确认

16. 为整合资产,甲公司于2021年9月经董事会决议处置部分生产线。2021年12月31日,甲公司与乙公司签订某生产线出售合同。合同约定:该项交易自合同签订之日起10个月内完成,原则上不可撤销,但因外部审批及其他不可抗力因素影响的除外。如果取消合同,主动提出取消的一方应向对方赔偿损失360万元。生产线出售价格为2 600万元,甲公司负责生产线的拆除并运送至乙公司指定地点,经乙公司验收后付款。甲公司该生产线2021年年末账面价值为3 200万元,预计拆除、运送等费用为120万元。2022年3月,在合同实际执行过

程中,因乙公司所在地方政府出台新的产业政策,乙公司购入资产属于新政策禁止行业,乙公司提出取消合同并支付了赔偿款。假定不考虑其他因素,下列关于甲公司对于上述事项的会计处理中,正确的有(　　)。

A. 自2022年1月起对拟处置生产线停止计提折旧
B. 2021年12月31日,资产负债表中该生产线列报为3 200万元
C. 2022年将取消合同取得的乙公司赔偿款确认为营业外收入
D. 自2022年3月知晓合同将予取消时起,对生产线恢复计提折旧

17. 下列各项中,影响固定资产折旧的因素有(　　)。
A. 固定资产原价　　　　　　　B. 固定资产的预计使用寿命
C. 固定资产预计净残值　　　　D. 已计提的固定资产减值准备

18. 下列关于企业固定资产折旧方法的表述中,正确的有(　　)。
A. 年限平均法需要考虑固定资产的预计净残值
B. 年数总和法计算的固定资产折旧额逐年递减
C. 双倍余额递减法不需要考虑固定资产的预计净残值
D. 年数总和法不需要考虑固定资产的预计净残值

19. 下列关于工业企业固定资产折旧会计处理的表述中,正确的有(　　)。
A. 基本生产车间使用的固定资产,其计提的折旧应计入制造费用
B. 经营租出的固定资产,其计提的折旧应计入其他业务成本
C. 建造厂房时使用的自有固定资产,其计提的折旧应计入在建工程成本
D. 行政管理部门使用的固定资产,其计提的折旧应计入管理费用

20. 下列各项中,应记入"固定资产清理"账户借方的有(　　)。
A. 因出售厂房而发生的清理费用
B. 因自然灾害损失的固定资产账面价值
C. 因自然灾害损失的固定资产取得的保险赔款
D. 清理固定资产计提的工资

三、判断题

1. 企业以一笔款项购入多项没有单独标价的固定资产,应将该款项按各项固定资产公允价值占公允价值总额的比例进行分配,分别确定各项固定资产的成本。(　　)

2. 按暂估价值入账的固定资产在办理竣工结算后,企业应当根据暂估价值与竣工结算价值的差额调整原已计提的折旧金额。(　　)

3. 企业接受投资者投入的一项固定资产,按照投资合同或者协议约定的价值入账。(　　)

4. 企业为建造厂房取得土地使用权而支付的土地出让金应当计入在建工程成本,并在完工后转入固定资产。(　　)

5. 建设期间发生的工程物资盘亏、报废及毁损净损失,借记"在建工程"账户,贷记"工程物资"账户;盘盈的工程物资或处置净收益,应作相反的会计分录。(　　)

6. 在建工程进行负荷联合试车形成的产品或副产品对外销售或转为库存商品的,借记"银行存款""库存商品"等账户,贷记"在建工程"账户。(　　)

7. 固定资产处于处置状态或者预期通过使用或处置不能产生经济利益的,应予终止确

认。( )

8. 企业持有待售固定资产,应按账面价值与公允价值减去处置费用后的净额孰低进行计量。( )

9. 企业当月新增加的固定资产,当月不计提折旧,自下月起计提折旧;当月减少的固定资产,当月仍计提折旧。( )

10. 企业生产车间发生的固定资产日常维修费,应作为制造费用核算,计入产品成本。( )

四、业务计算及处理题

1. 丙公司为增值税一般纳税人,适用的增值税税率为13%。2021年6月1日,丙公司购入一台需要安装的生产用设备,买价为400万元,进项税额为52万元;取得运费增值税专用发票,其中运费50万元,增值税4.5万元;装卸费5万元,保险费6万元,安装过程中领用生产用原材料10万元,其购进时的进项税额为1.3万元,领用企业的产品用于安装,产品的成本为16万元,计税价格为20万元,消费税税率为10%,2021年12月1日设备达到预定可使用状态。

要求:编制相关会计分录。

2. 2021年9月1日,甲公司以银行存款购入一栋办公楼,买价为1000万元,增值税额为90万元;房屋中介费20万元,增值税1.2万元(咨询费的增值税税率为6%),假定不考虑其他相关税费。

要求:编制相关会计分录。

3. 乙股份有限公司(以下简称"乙公司")为增值税一般纳税人,适用的增值税税率为13%。该公司在生产经营期间以自营方式建造一条生产线。2021年9~12月,该公司发生的有关经济业务如下:

(1)购入一批工程物资,收到的增值税专用发票上注明的价款为500万元,增值税额为65万元,款项已通过银行转账支付。

(2)工程领用所购入的全部工程物资500万元。

(3)工程领用生产用甲原材料一批,实际成本为60万元,购入该批A原材料支付的增值税额为7.8万元;领用库存商品一批,该批商品成本40万元,应付工程人员职工薪酬100万元。

(4)工程建造过程中,由于非正常原因造成部分毁损,该部分工程实际成本为50万元,未计提在建工程减值准备;应从保险公司收取赔偿款5万元,该赔偿款尚未收到。

(5)工程达到预定可使用状态前进行试运转,领用生产用乙原材料实际成本为20万元;以银行存款支付其他支出5万元。工程试运转生产的产品估计售价(不含增值税额)为32万元。

(6)2021年12月10日,工程达到预定可使用状态并交付使用。

要求:根据以上业务编制相关会计分录。

4. 2021年11月20日,甲公司购进一台需要安装的A设备,取得的增值税专用发票上注明的设备价款为950万元,可抵扣增值税进项税额为123.5万元,款项已通过银行支付。安装A设备时,甲公司领用原材料36万元(不含增值税额),支付安装人员工资14万元。2021年12月30日,A设备达到预定可使用状态。A设备预计使用年限为5年,预计净残值率为5%,

甲公司采用双倍余额递减法计提折旧。

要求:试计算 A 设备 2024 年的折旧额。

5. 甲公司为增值税一般纳税人,适用的增值税税率为 13%。2021 年 7 月 1 日,甲公司对某项生产用机器设备进行更新改造。当日,该设备原价为 500 万元,累计折旧为 200 万元,已计提减值准备 50 万元,更新改造过程中发生的工人工资为 100 万元;领用本公司生产的产品一批,成本为 80 万元。假定上述更新改造支出符合资本化条件。经更新改造的机器设备于 2021 年 9 月 10 日达到预定可使用状态。

要求:编制相关会计分录。

6. 2022 年 2 月 28 日,甲公司将 2020 年 2 月 20 日购入的一台机器设备出售给乙公司,开具的增值税专用发票上注明的价款为 160 000 元,增值税额为 20 800 元,出售时,该设备已计提减值准备 4 000 元,已计提折旧 38 800 元,该设备原价为 200 000 元。甲公司以银行存款支付该设备拆卸费用 5 000 元。

要求:编制该设备处置时的相关会计分录。

7. 甲公司为增值税一般纳税人,该公司 2021 年发生的与固定资产有关的经济业务如下:

(1) 1 月 20 日,管理部门购入一台不需安装的 A 设备,取得的增值税专用发票上注明的设备价款为 640 万元,增值税额为 83.2 万元;另发生运费 5 万元,增值税税额为 0.45 万元。上述款项均以银行存款支付,根据税法相关规定增值税可以抵扣。

(2) A 设备经过调试后,于 1 月 22 日投入使用,预计使用年限为 10 年,预计净残值为 35 万元,采用双倍余额递减法计提折旧。

(3) 7 月 15 日,公司生产车间购入一台需要安装的 B 设备,取得的增值税专用发票上注明的设备价款为 700 万元,增值税额为 91 万元;另发生保险费 10 万元,增值税额为 0.6 万元。上述款项均以银行存款支付。根据税法规定增值税额可以抵扣。

(4) 8 月 19 日,将 B 设备投入安装,以银行存款支付安装费 3 万元(不含增值税额)。B 设备于 8 月 25 日达到预定可使用状态,并投入使用。

(5) B 设备采用工作量法计提折旧,预计净残值为 35.65 万元,预计总工时为 5 万小时。9 月,B 设备实际使用工时为 720 小时。

要求:根据上述资料,不考虑其他因素,分析回答下列小题。

〈1〉根据资料(4)和资料(5),2021 年 9 月,B 设备应计提的折旧额为(   )万元(结果保留两位小数)。

A. 9.75　　　　B. 10.27　　　　C. 10.22　　　　D. 10.08

〈2〉根据资料(3)和资料(4),甲公司支付 B 设备安装费以及设备达到预定可使用状态时的会计处理中,正确的是(   )。

A. 支付安装费:

借:在建工程　　　　　　　　　　　　　　　　　　　　　　　　　　　　30 000
　　贷:银行存款　　　　　　　　　　　　　　　　　　　　　　　　　　　30 000

B. 支付安装费:

借:固定资产　　　　　　　　　　　　　　　　　　　　　　　　　　　　30 000
　　贷:银行存款　　　　　　　　　　　　　　　　　　　　　　　　　　　30 000

C. 达到预定可使用状态：

借：固定资产　　　　　　　　　　　　　　　　　　　　　　　　7 130 000
　　贷：在建工程　　　　　　　　　　　　　　　　　　　　　　　　　　7 130 000

D. 达到预定可使用状态：

借：在建工程　　　　　　　　　　　　　　　　　　　　　　　　7 130 000
　　贷：固定资产　　　　　　　　　　　　　　　　　　　　　　　　　　7 130 000

〈3〉根据资料(3)，甲公司购入 B 设备时，应借记的会计科目是（　　）。
A. "固定资产"　　　B. "工程物资"　　　C. "在建工程"　　　D. "固定资产清理"

〈4〉根据资料(1)和资料(2)，2021 年 2 月，A 设备的折旧额为（　　）万元。
A. 10.75　　　　　B. 10.17　　　　　C. 12.148　　　　　D. 12.201

〈5〉根据资料(1)，甲公司购入 A 设备的入账价值为（　　）万元。
A. 640　　　　　　B. 645.45　　　　　C. 645　　　　　　D. 728.65

模块 5

无形资产与长期待摊费用会计岗位

[考核目标] 通过本岗位学习,学生应理解无形资产的管理制度;掌握无形资产取得、摊销、出租、处置和期末计价业务的基本核算方法。

[实践目标] 能够根据实训资料对无形资产取得、摊销、出租、处置和期末计价业务进行账务处理,提高对会计岗位基本职能的理解,熟悉业务流程和操作技能。

[知识点思维导图]

无形资产与长期待摊费用会计岗位
- 无形资产概述
  - 无形资产的定义
  - 无形资产的确认条件
  - 无形资产的内容
- 无形资产的初始计量——外购、投资者投入、企业内部研究开发形成
- 无形资产的后续计量——计量原则、摊销方法、残值确定、摊销和减值的账务处理
- 无形资产的处置和报废——出售、出租、报废
- 长期待摊费用

无形资产与长期待摊费用会计岗位工作职责

(1) 协同相关部门制定企业无形资产管理规章制度。
(2) 会同归口管理部门编制无形资产投资可行性分析报告。
(3) 协同相关部门拟定无形资产购置、转让合同或协议书。
(4) 协同有关部门对无形资产的登记汇总及日常监督检查工作。
(5) 负责无形资产增加、摊销及减少的账务处理。
(6) 对企业的无形资产管理提出合理化建议。

任务5.1 无形资产概述

一、无形资产的定义

无形资产是指企业拥有或者控制的没有实物形态的可辨认非货币性资产。满足下列条件之一的,符合无形资产定义中的可辨认性标准:

(1) 能够从企业中分离或者划分出来,并能单独或者与相关合同、资产或负债一起,用于出售、转移、授予许可、租赁或者交换。商誉是企业合并中形成的,其存在无法与企业自身区分开来,不具有可辨认性,故商誉不构成无形资产。

(2) 源自合同性权利或其他法定权利,无论这些权利是否可以从企业或其他权利和义务中转移或者分离,如通过法律程序申请获得的商标权、专利权等。

二、无形资产的确认条件

无形资产不具有实物形态,看不见,摸不着,如土地使用权、非专利技术等。无形资产同时满足下列条件的,才能予以确认:

(1) 与该无形资产有关的经济利益很可能流入企业。企业在判断无形资产产生的经济利益是否很可能流入时,应当对无形资产在预计使用寿命内可能存在的各种经济因素作出合理估计,并且应当有明确证据支持,如企业是否有相应的硬件设备和原材料、是否有高素质的队伍、是否存在相关的新技术和新产品的冲击等。客户关系、人力资源,由于其带来的未来经济利益的不确定性,不能确认为无形资产。

(2) 该无形资产的成本能够可靠地计量。成本能够可靠地计量是成为资产的一项基本条件。企业内部产生的品牌、报刊名,因其成本无法可靠地计量,不能确认为无形资产。

(选择题)下列各项中,制造企业不应确认为无形资产的是( )。
A. 内部产生的品牌　　　　　　　　　　B. 企业合并产生的商誉
C. 以缴纳土地出让金方式取得的土地使用权　D. 聘用的高科技人才

三、无形资产的内容

无形资产包括专利权、非专利技术、商标权、著作权、土地使用权、特许权等。

(一) 专利权

专利权是指国家专利主管机关依法授予发明创造专利申请人,对其发明创造在法定期限内所享有的专有权利,包括发明专利权、实用新型专利权和外观设计专利权。根据我国的专利法规定,自申请日起计算,发明专利权的期限为20年,实用新型专利权和外观设计专利权的期限为10年。发明者在取得专利权后,在有效期限内将享有专利的独占权。

(二) 非专利技术

非专利技术也称专有技术,是指不为外界所知,在生产经营活动中已采用了的,不享有法律保护的,可以带来经济效益的各种技术和诀窍。非专利技术用自我保密的方式来维持其独占性。

(三) 商标权

商标权是指专门在某类指定的商品或产品上使用特定的名称或图案的权利。商标是用来辨认特定商品和劳务的标记,代表着企业的一种信誉,从而具有相应的经济价值。根据我国商标法规定,注册商标的有效期限为10年,期满可依法延长。

(四) 著作权

著作权又称版权,是指作者对其创作的文学、科学和艺术作品依法享有的某些特殊权利。著作权包括以下两个方面的权利,既包括署名权、发表权、修改权、保护作品的完整权,又包括出租权、展览权、放映权、摄制权等。

(五) 土地使用权

土地使用权是指某一企业按照法律规定所取得的在一定时期对国有土地进行开发、利用和经营的权利。企业取得土地使用权的方式大致有行政划拨、外购(如以缴纳土地出让金方式取得)及投资者投入。用于出租或增值后转让的土地使用权列入投资性房地产,不属于无形资产。

(六) 特许权

特许权又称特许经营权、专营权,是指企业在某一地区经营或销售某种特定商品的权利,或是一家企业接受另一家企业使用其商标、商号、秘密技术等权利,如烟草专卖权、水电、邮电、通信等专营权,连锁分店使用总店的名称等。

(选择题)下列各项中,属于企业无形资产的是( )。
A. 持有以备增值后转让的土地使用权　　B. 企业自创的商誉
C. 经营租入的无形资产　　　　　　　　D. 有偿取得的经营特许权

任务5.2　无形资产的初始计量

一、外购的无形资产

无形资产通常按实际成本计量,外购无形资产成本包括购买价款、相关税费(不包括可以抵扣的增值税)以及直接归属于使该项资产达到预定用途所发生的其他支出。其他支出包括使无形资产达到预定用途所发生的专业服务费用、测试无形资产是否能够正常发挥作用的费用等。为引入新产品进行宣传发生的广告费(计入销售费用)、管理费用及其他间接费用,无形资产达到预定用途后所发生的费用不包括在无形资产的初始成本中。外购无形资产一般作会计处理如下:

借:无形资产
　　应交税费——应交增值税(进项税额)
贷:银行存款等

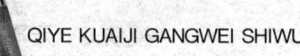

【例 5-1】 甲公司为增值税一般纳税人,购入一项非专利技术,取得的增值税专用发票上注明的价款为 900 000 元,增值税税率为 6%,增值税额为 54 000 元,以银行存款支付。甲公司编制会计分录如下:

借:无形资产——非专利技术   900 000
    应交税费——应交增值税(进项税额)   54 000
    贷:银行存款   954 000

(填空题)甲公司从乙公司购入一项专利权,按照协议约定以银行存款支付,实际支付的价款为 200 万元,并支付增值税额 12 万元;另支付专业服务费用 5 万元,其增值税额为 0.3 万元;款项已通过银行转账支付。该专利的入账价值为(　　)元。

二、投资者投入的无形资产

投资者投入的无形资产成本,应当按照投资合同或协议约定的价值确定。如果投资合同或协议约定价值不公允的,应按公允价值作为无形资产初始成本入账。

【例 5-2】 甲公司与乙公司协议商定,乙公司以其商标权投资于甲公司,开出的增值税专用发票上注明的价款为 800 000 元,增值税额为 48 000 元,甲公司通过银行转账支付印花税等相关税费 3 万元,假定不考虑其他因素。甲公司编制会计分录如下:

借:无形资产——商标权   830 000
    应交税费——应交增值税(进项税额)   48 000
    贷:实收资本(或股本)   848 000
        银行存款   30 000

除了外购和投资者投入外,企业取得无形资产的方式还有以非货币性交换(以存货、固定资产等)取得、通过债务重组取得(企业作为债权人取得债务人以无形资产偿还债务)、通过政府补助取得。

三、企业内部研究开发的无形资产

(一)支出分为研究和开发两个阶段

《企业会计准则第 6 号——无形资产》明确指出,企业内部研究开发项目的支出,应当区分研究阶段支出与开发阶段支出。研究是指为获取并理解新的科学知识或技术而进行的独创性的有计划的调查,具有计划性和探索性的特点。开发是指在进行商业性生产或使用前,将研究成果或其他知识应用于某项计划或设计,以生产出新的或具有实质性改进的材料、装置、产品等,具有针对性和形成成果的可能性较大的特点。

(二)内部研究开发无形资产的初始计量

内部研发的无形资产研究阶段的支出应当在发生时全部计入当期损益(管理费用),开发阶段的支出满足资本化条件时计入无形资产的成本。无法区分研究阶段和开发阶段的支出,应当在发生时作为管理费用,全部计入当期损益;形成无形资产的,其入账成本包括:开发该无形资产耗用的材料、劳务成本、注册费,开发该无形资产使用的其他专利权和特许权的摊销,按照借款费用的处理原则可资本化的利息支出。

(1)(选择题)下列关于企业内部研究开发项目支出的说法中,错误的是( )。
A. 企业内部研究开发项目的支出,应当区分研究阶段支出与开发阶段支出
B. 企业内部研究开发项目研究阶段的支出,应当于发生当期计入当期损益
C. 企业内部研究开发项目开发阶段的支出,符合资本化条件的计入无形资产,不符合资本化条件的计入当期损益
D. 企业内部研究开发项目开发阶段的支出,应确认为无形资产

(2)(填空题)甲公司于2021年2月开始研制一项新技术,该技术2022年5月研制成功,甲公司申请了专利技术。研究阶段发生相关费用18万元;开发过程发生工资薪酬费用11万元,材料费用59万元,发生其他相关费用2万元,并且开发阶段相关支出均符合资本化条件;申请专利时发生注册费等相关费用15万元。甲公司该项专利权的入账价值为( )万元。

(三) 内部研究开发支出的账务处理

企业应设置"研发支出"账户,用于核算在研究与开发过程中所使用的资产折旧、消耗的原材料、直接参与开发人员的工资及福利费、开发过程中发生的租金和借款费用等。"研发支出"账户为成本费用类账户,其借方登记实际发生的研发支出;贷方登记转为无形资产和管理费用的金额;借方余额反映企业正在进行的研究开发项目中满足资本化条件的支出。该账户按照研发项目分"费用化支出"和"资本化支出"两个明细账户进行明细核算。账务处理如下:

(1)发生研发费时:

借:研发支出——费用化支出
        ——资本化支出
    贷:银行存款
        原材料
        应付职工薪酬

(2)将研究费用和不符合资本化条件的开发费用列入当期管理费用时:

借:管理费用
    贷:研发支出——费用化支出

(3)将符合资本化条件的开发费用在无形资产达到预定可使用状态时转入无形资产成本时:

借:无形资产
    贷:研发支出——资本化支出

【例 5-3】 甲公司自行研究、开发一项技术,截至 2021 年 12 月 31 日,发生研发支出合计 800 000 元,经测试,该项研发活动完成了研究阶段,2022 年 1 月 1 日开始进入开发阶段。2022 年发生开发支出 1 000 000 元,假定符合《企业会计准则第 6 号——无形资产》规定的开发支出资本化的条件,取得的增值税专用发票上注明的增值税额为 130 000 元。2022 年 6 月 30 日,该项研发活动结束,甲公司最终开发出一项非专利技术。甲公司编制会计分录如下:

A. 2021 年发生研发支出时:

借:研发支出——费用化支出　　　　　　　　　　　　　　　800 000
　　贷:银行存款等　　　　　　　　　　　　　　　　　　　　　　800 000

B. 2021 年 12 月 31 日,研究阶段的研发支出计入管理费用时:

借:管理费用　　　　　　　　　　　　　　　　　　　　　　　800 000
　　贷:研发支出——费用化支出　　　　　　　　　　　　　　　　800 000

C. 2022 年,发生开发支出并符合资本化确认条件时:

借:研发支出——资本化支出　　　　　　　　　　　　　　　1 000 000
　　应交税费——应交增值税(进项税额)　　　　　　　　　　　130 000
　　贷:银行存款等　　　　　　　　　　　　　　　　　　　　　1 130 000

D. 2022 年 6 月 30 日,该技术研发完成并形成无形资产时:

借:无形资产　　　　　　　　　　　　　　　　　　　　　　1 000 000
　　贷:研发支出——资本化支出　　　　　　　　　　　　　　　1 000 000

(1)(选择题)2021 年 1 月 1 日,某企业开始自行研究开发一套软件,研究阶段发生支出 30 万元,开发阶段发生支出 125 万元。开发阶段的支出均满足资本化条件,4 月 15 日,该软件开发成功并依法申请了专利,支付注册费 1 万元。不考虑其他因素,该项无形资产的入账价值为(　　)万元。

A. 126　　　　　B. 155　　　　　C. 125　　　　　D. 156

(2)(选择题)2021 年 3 月 1 日,某企业开始自行研发一项非专利技术。2021 年 9 月 30 日,该非专利技术研发成功并达到预定可使用状态。该非专利技术研究阶段累计支出为 100 万元(均不符合资本化条件),开发阶段的累计支出为 320 万元(其中不符合资本化条件的支出为 50 万元)。不考虑其他因素,该企业该非专利技术的入账价值为(　　)万元。

A. 100　　　　　B. 320　　　　　C. 1420　　　　D. 270

(3)(实务题)2021 年 1 月 1 日,甲公司经董事会批准研发某项非专利技术。该公司在研究开发过程中发生材料费 100 万元、人工工资 300 万元,以及其他费用 50 万元(已用银行存款支付),其中符合资本化条件的支出为 200 万元(不考虑增值税税费)。请编制相关会计分录。

任务 5.3　无形资产的后续计量

一、无形资产后续计量的原则

企业应当于取得无形资产时分析判断其使用寿命,无形资产的使用寿命为有限的,应当估计该使用寿命的年限;无法预见无形资产为企业带来经济利益期限的,应当视为使用寿命不确定的无形资产。使用寿命有限的无形资产,其应摊销金额应当在使用寿命内系统合理摊销。使用寿命不确定的无形资产不应摊销。企业摊销无形资产,应当自无形资产可供使用当月起,至不再作为无形资产确认时止。即当月增加的无形资产,当月开始摊销,当月减少的无形资产,当月不再摊销。

二、无形资产的摊销方法和残值的确定

(一) 摊销方法

企业选择的无形资产摊销方法,应当反映与该项无形资产有关的经济利益的预期消耗方式作出决定,包括直线法和产量法等。受技术陈旧因素影响较大的专利权和专有技术,可采用类似固定资产加速折旧的方法进行摊销。无法可靠确定预期消耗方式的,应当采用直线法摊销。企业至少应当于每年年度终了,对使用寿命有限的无形资产的使用寿命及摊销方法进行复核。无形资产的使用寿命及摊销方法与以前估计不同的,应当改变摊销期限和摊销方法。对于使用寿命不确定的无形资产,在持有期间内不需要摊销,但应当在每个会计期间进行减值测试。

(二) 残值的确定

无形资产应摊销金额为其成本扣除预计残值后的金额。已计提减值准备的无形资产,还应扣除已计提的无形资产减值准备累计金额。使用寿命有限的无形资产,其残值应当视为零,但有下列情况的除外:

(1) 有第三方承诺在无形资产使用寿命结束时购买该无形资产。

(2) 可以根据活跃市场得到预计残值信息,并且该市场在无形资产使用寿命结束时很可能存在。

残值确定以后,至少应于每年年末进行复核,预计其残值与原估计金额不同的,应按照会计估计变更进行处理。

(选择题)下列关于无形资产残值确定的表述中,不正确的是(　　)。

A. 无形资产的应摊销金额为其成本扣除预计残值后的金额
B. 残值确定以后,在持有无形资产的期间内,至少应于每年年末进行复核
C. 使用寿命有限的无形资产一定无残值
D. 使用寿命有限的无形资产,其残值应当视为零,特殊情况的除外

三、无形资产摊销的账务处理

无形资产摊销一般应计入当期损益(管理费用);出租的无形资产,其摊销金额计入其他业

务成本;如果无形资产是专门用于生产某种产品或者其他资产,其所包含的经济利益是通过转入所生产的产品或其他资产中实现的,则无形资产的摊销费用应计入相关资产的成本(如生产过程中的专利技术,其摊销金额计入制造费用)。持有待售的无形资产不进行摊销,按照账面价值与公允价值减去处置费用后的净额孰低进行计量。无形资产摊销的账务处理如下:

借:管理费用(管理用)
　　其他业务成本(出租)
　　制造费用等(生产产品用)
　　贷:累计摊销

练一练

(1)(实务题)下列关于无形资产摊销会计处理的表述中,正确的是(　　)。
A. 无形资产摊销额应全部计入管理费用
B. 用于生产产品的无形资产的摊销额应计入其他业务成本
C. 使用寿命不确定的无形资产不应摊销
D. 使用寿命有限的无形资产自可供使用下月开始摊销

(2)(实务题)下列关于无形资产的表述中,不正确的是(　　)。
A. 使用寿命不确定的无形资产不应进行摊销
B. 无形资产的摊销方法应反映其经济利益的预期消耗方式
C. 各种无形资产的摊销额应全部计入当期损益
D. 使用寿命有限的无形资产自可供使用当月起开始摊销

【例 5-4】 2021 年 1 月 1 日,甲公司购买一项非专利技术,支付价款 600 000 元,增值税额为 36 000 元,款项已支付,估计该项非专利技术的使用寿命为 10 年,该项非专利技术用于产品生产;同时,购入一项商标权,支付价款 450 000 元,增值税额为 27 000 元,款项已支付,估计该商标权的使用寿命为 15 年。假定这两项无形资产的净残值均为零,并按直线法摊销。甲公司编制会计分录如下:

A. 取得无形资产时:

借:无形资产——非专利技术　　　　　　　　　　　　　　　　　　　600 000
　　　　　　——商标权　　　　　　　　　　　　　　　　　　　　　450 000
　　应交税费——应交增值税(进项税)　　　　　　　　　　　　　　 63 000
　　贷:银行存款　　　　　　　　　　　　　　　　　　　　　　　1 113 000

B. 按年摊销时:

借:制造费用　　　　　　　　　　　　　　　　　　　　　　　　　　60 000
　　管理费用　　　　　　　　　　　　　　　　　　　　　　　　　　30 000
　　贷:累计摊销——非专利技术　　　　　　　　　　　　　　　　　 60 000
　　　　　　　——商标权　　　　　　　　　　　　　　　　　　　　30 000

练一练

(1)(实务题)甲公司购买了一项管理用特许权,成本为 40 万元,合同规定受益年限为 10

年,甲公司将自行开发完成的非专利技术出租给丁公司,该非专利技术成本为120万元,双方约定的租赁期限为10年。甲公司对该非专利技术采用年限平均法按月摊销。请编制摊销时的会计分录。

(2)(选择题)某公司为增值税一般纳税人,2021年1月4日,购入一项无形资产,取得的增值税专用发票上注明的价款为880万元,增值税额为52.8万元。该无形资产使用年限为5年,按年进行摊销,预计净残值为零。下列关于该项无形资产的会计处理中,正确的有( )。

A. 2021年1月4日取得该无形资产的成本为880万元
B. 该项无形资产自2021年2月起开始摊销
C. 该无形资产的应计摊销总额为932.8万元
D. 2021年12月31日,该无形资产的累计摊销额为176万元

四、无形资产减值的账务处理

无形资产在资产负债表日,当其可收回金额低于账面价值的,企业应将该无形资产的账面价值减记至可收回金额,减记的金额确认为减值损失(可收回金额小于账面价值的差),计提相应的资产减值准备。企业应设置"无形资产减值准备"账户,资产负债表日无形资产发生减值的,借记"资产减值损失"账户,贷记"无形资产减值准备"账户。企业无形资产减值损失一经确认,在以后期间不得转回。

【例5-5】 2021年1月1日,A公司购入商标的成本为660 000元,增值税额为39 600元,该商标按规定还有6年的使用寿命。2021年12月31日,A公司对该商标按照资产减值的原则进行减值测试,该商标的公允价值为500 000元。A公司编制会计分录如下:

A. 2021年年初购入商标时:

借:无形资产——商标权　　　　　　　　　　　　　　　　　　　　　660 000
　　应交税费——应交增值税(进项税额)　　　　　　　　　　　　　　39 600
　　贷:银行存款　　　　　　　　　　　　　　　　　　　　　　　　　699 600

B. 2021年年末摊销时:

借:管理费用　　　　　　　　　　　　　　　　　　　　　　　　　　110 000
　　贷:累计摊销——商标　　　　　　　　　　　　　　　　　　　　　110 000

C. 2021年发生减值时:

借:资产减值损失　　　　　　　　　　　　　　　　　　　　　　　　 50 000
　　贷:无形资产减值准备——商标权　　　　　　　　　　　　　　　　 50 000

练一练

(选择题)某公司2021年年初购入一项专利权,价值1 000万元,预计使用寿命10年,按直线法摊销。2021年年末,该公司计提了无形资产减值准备100万元。那么2021年年末该无形资产的账面价值为(　　)万元。

A. 800　　　　　　B. 811.11　　　　　　C. 700　　　　　　D. 1 000

任务 5.4 无形资产的处置和报废

一、无形资产出售

企业出售无形资产时,应将所取得的价款与该无形资产账面价值及相关税费的差额作为资产处置利得或损失,计入当期损益(资产处置损益)。

【例 5-6】 甲公司于 2021 年 7 月 1 日出售一项商标权,不含增值税的价款为 300 000 元,开出增值税专用发票,增值税销项税额为 18 000 元,款项存入银行。该商标权成本为 250 000 元,出售时已摊销金额为 30 000 元,已计提的减值准备为 5 000 元。甲公司编制会计分录如下:

借:银行存款　　　　　　　　　　　　　　　　　　　　　　318 000
　　累计摊销　　　　　　　　　　　　　　　　　　　　　　 30 000
　　无形资产减值准备——商标权　　　　　　　　　　　　　 5 000
　贷:无形资产——商标权　　　　　　　　　　　　　　　　 250 000
　　　应交税费——应交增值税(销项税额)　　　　　　　　　 18 000
　　　资产处置损益　　　　　　　　　　　　　　　　　　　 85 000

(实务题)2021 年 1 月 1 日,甲公司拥有某项专利技术的成本为 100 万元,已摊销金额为 40 万元,已计提的减值准备为 10 万元。该公司于 2021 年将该项专利技术出售给乙公司,取得出售收入 70 万元,应交纳的增值税为 4.2 万元。请编制相关会计分录。

二、无形资产出租

企业让渡无形资产使用权形成的租金收入记入"其他业务收入"账户,同时按应交的增值税记入"应交税费——应交增值税(销项税额)"账户,发生的相关费用,记入"其他业务成本"账户。

【例 5-7】 2021 年 1 月 1 日,甲公司将某商标权出租给乙公司使用,租期为 4 年,每年收取不含税租金 700 000 元,在出租期间内甲公司不再使用该商标权。该商标权系甲公司 2020 年 1 月 1 日购入的,初始入账价值为 1 000 000 元,预计使用年限为 10 年,采用直线法摊销。假定按年摊销商标权,且不考虑增值税以外的其他相关税费。甲公司开出增值税专用发票,增值税销项税额为 42 000 元。甲公司按年确认租金收入和摊销。甲公司编制会计分录如下:

借:银行存款　　　　　　　　　　　　　　　　　　　　　　742 000
　贷:其他业务收入　　　　　　　　　　　　　　　　　　　700 000
　　　应交税费——应交增值税(销项税额)(700 000×6%)　　 42 000

借:其他业务成本　　　　　　　　　　　　　　　　　　　　100 000
　贷:累计摊销　　　　　　　　　　　　　　　　　　　　　100 000

三、无形资产报废

如果无形资产预期不能为企业带来经济利益,如该无形资产已被其他新技术所替代,则应将其报废并予转销,其账面价值转作当期损益。转销时,应按已计提的累计摊销,借记"累计摊销"账户;按其账面余额,贷记"无形资产"账户;按其差额,借记"营业外支出"账户。已计提减值准备的,还应同时结转减值准备。

【例5-8】 A公司原拥有一项非专利技术,采用直线法进行摊销,预计使用期限为10年。现该项非专利技术已被内部研发成功的新技术所替代,预期不能再为公司带来任何经济利益,故应当予以转销。转销时,该项非专利技术的成本为500 000元,已摊销6年,累计计提减值准备为40 000元,该项非专利技术的残值为零,假定不考虑其他相关因素。A公司编制会计分录如下:

借:累计摊销——非专利技术	300 000
无形资产减值准备	40 000
营业外支出	160 000
贷:无形资产	500 000

任务5.5 长期待摊费用

长期待摊费用是指企业已经发生但应由本期和以后各期负担,分摊期限在1年以上的各项费用,如以经营租赁方式租入的固定资产发生的改良支出等。长期待摊费用包括租入固定资产的改良支出和摊销期限在1年以上的其他待摊费用。

企业应设置"长期待摊费用"账户核算长期待摊费用,并按费用项目进行明细核算。企业发生的长期待摊费用,借记"长期待摊费用"账户,贷记"银行存款""原材料"等账户。摊销长期待摊费用,借记"管理费用""销售费用"等账户,贷记"长期待摊费用"账户。"长期待摊费用"账户期末借方余额反映企业尚未摊销完毕的长期待摊费用的摊余价值。

【例5-9】 L公司自行对经营租入生产设备进行大修理,经核算共发生大修理支出250 000元,修理间隔期为5年。L公司编制会计分录如下:

A. 发生大修理支出时:

借:长期待摊费用——大修理支出	250 000
贷:银行存款	250 000

B. 按修理间隔期5年平均摊销时:

借:管理费用	50 000
贷:长期待摊费用——大修理支出	50 000

知识延伸

根据《企业会计准则》规定,开办费和修理费均一次性计入当期损益。其中,开办费计入当期管理费用,修理费计入销售费用或管理费用(即修理费一律费用化)。开办费是指企业在筹建期间内所发生的费用,包括员工薪酬、办公费用、培训支出、差旅费、印刷费、注册登记费以及不计入固定资产价值的借款费用等。

复习思考题

1. 什么是无形资产？其特点是什么？它包括哪些内容？
2. 无形资产初始计量包括哪些内容？
3. 无形资产的摊销方法和残值有何规定？
4. 企业自行开发的无形资产发生的费用应如何处理？
5. 企业处置无形资产应如何进行账务处理？

模块测试

参考答案

一、单项选择题

1. 下列关于无形资产的说法中,正确的是(　　)。
   A. 无形资产不具有可辨认性　　　　B. 出租的土地使用权
   C. 专利权和非专利技术都属于无形资产　　D. 商誉属于无形资产

2. 某企业研发一项非专利技术,共发生研发支出250万元,其中研究阶段支出160万元,开发阶段支出90万元(其中符合资本化条件的支出为80万元),假定研发成功,则该非专利技术的入账价值为(　　)万元。
   A. 90　　　　B. 80　　　　C. 250　　　　D. 240

3. 2021年3月,某企业开始自行研发一项非专利技术,至2021年12月31日研发成功并达到预定可使用状态,累计研究支出为160万元,累计开发支出为500万元(其中符合资本化条件的支出为400万元)。该非专利技术使用寿命不能合理确定,假定不考虑其他因素,该业务导致企业2021年度利润总额减少(　　)万元。
   A. 100　　　　B. 160　　　　C. 260　　　　D. 660

4. 下列关于无形资产摊销的表述中,不正确的是(　　)。
   A. 使用寿命不确定的无形资产不应摊销
   B. 使用寿命有限的无形资产处置当月不再摊销
   C. 无形资产的摊销方法主要有直线法和生产总量法
   D. 出租无形资产的摊销额应计入管理费用

5. 甲公司为增值税一般纳税人,2021年1月5日以2 700万元购入一项专利权,另支付相关税费120万元。为推广由该专利权生产的产品,甲公司发生广告宣传费60万元。该专利权预计使用5年,预计净残值为零,采用直线法摊销。假设不考虑其他因素,2021年12月31日该专利权的账面价值为(　　)万元。
   A. 2 160　　　　B. 2 256　　　　C. 2 304　　　　D. 2 700

6. 下列各项中,不会引起无形资产账面价值发生增减变动的是(　　)。

A. 对无形资产计提减值准备 B. 研究阶段支出
C. 摊销无形资产 D. 转让无形资产所有权

7. 下列各项中,已计提减值后其价值又得以恢复,可以在原计提减值准备金额内转回的是(　　)。
A. 交易性金融资产 B. 固定资产
C. 应收账款 D. 无形资产

8. 某企业转让一项专利权,与此有关的资料如下:该专利权的账面余额50万元,已摊销20万元,计提资产减值准备5万元,开具增值税专用发票,注明价款28万元,应交税费1.68万元。假设不考虑其他因素,该企业应确认的转让无形资产净收益为(　　)万元。
A. -2 B. 3 C. 1.32 D. 8

9. 甲公司购入一项专利技术,购买价款为1 000万元、相关税费为20万元,为使无形资产达到预定用途发生的专业服务费用70万元、测试无形资产是否能够正常发挥作用的费用10万元。则该专利技术的入账价值为(　　)万元。
A. 102 B. 1 090 C. 1 080 D. 1 100

10. 下列项目中,不能够确认为无形资产的是(　　)。
A. 通过购买方式取得的土地使用权
B. 商誉
C. 通过吸收投资方式取得的土地使用权
D. 通过购买方式取得的非专利技术

11. 某公司自行研发非专利技术共发生支出460万元,其中,研究阶段共发生支出160万元;开发阶段发生支出300万元,符合资本化条件的支出为180万元。假定不考虑其他因素,该研发活动应计入当期损益的金额为(　　)万元。
A. 340 B. 160 C. 280 D. 180

二、多项选择题

1. 下列各项中,应计入相关资产成本的有(　　)。
A. 经营租入管理用设备的租赁费
B. 取得固定资产发生的专业人员服务费
C. 购进原材料在运输途中发生的合理损耗
D. 按法定程序申请取得专利而发生的费用

2. 企业对使寿命有限的无形资产进行摊销时,其摊销额应根据不同情况分别计入(　　)。
A. 管理费用 B. 制造费用 C. 财务费用 D. 其他业务成本

3. 2021年1月1日,某企业购入一项专利技术,当日投入使用,初始入账价值为500万元,摊销年限为10年,采用直线法进行摊销。2023年12月31日,该专利技术预计可收回金额为270万元。假定不考虑其他因素,2023年12月31日,下列关于该项专利技术的会计处理结果中,正确的有(　　)。
A. 2023年12月31日该项专利技术的账面价值为270万元
B. 2023年12月31日该项专利技术的账面价值为300万元
C. 2023年度的摊销总额为50万元
D. 2023年度的摊销总额为45万元

4. 下列各项中,应列入利润表"资产减值损失"项目的有( )。
   A. 原材料盘亏损失
   B. 固定资产减值损失
   C. 无形资产减值损失
   D. 无形资产处置净损失

5. 下列资产减值准备中,一经确认在相应资产持有期间内均不得转回的有( )。
   A. 坏账准备
   B. 固定资产减值准备
   C. 存货跌价准备
   D. 无形资产减值准备

6. 下列关于企业非专利技术摊销的会计处理表述中,正确的有( )。
   A. 应当自可供使用的下月起开始摊销
   B. 应当自可供使用的当月起开始摊销
   C. 出租非专利技术的摊销额
   D. 摊销方法应当反映与该非专利技术有关的经济利益的预期消耗方式

7. 下列各项中,不通过"长期待摊费用"科目核算的有( )。
   A. 行政管理部门发生的固定资产日常修理费用支出
   B. 自有固定资产的改良支出
   C. 租入使用权资产发生的改良支出
   D. 外购固定资产发生的折旧费

8. 下列关于无形资产摊销的表述中,正确的有( )。
   A. 使用寿命不确定的无形资产不应进行摊销
   B. 使用寿命有限的无形资产,其残值通常视为零
   C. 使用寿命有限的无形资产应当自可供使用当月起开始计提摊销,处置当月不再计提摊销
   D. 使用寿命有限的无形资产应当自可供使用的次月起开始计提摊销,处置当月仍需计提摊销

9. 企业外购无形资产的成本包括( )。
   A. 购买价款
   B. 支付的相关税费
   C. 直接归属于使该项资产达到预定用途所发生的其他支出
   D. 增值税进项税额

10. 下列各项中,属于无形资产的特征的有( )。
    A. 不具有实物形态
    B. 具有可辨认性
    C. 不具有可辨认性
    D. 属于非货币性长期资产

三、判断题

1. 如果无法可靠区分研究阶段的支出和开发阶段的支出,应将其所发生的研发支出全部资本化。( )

2. 使用寿命有限的无形资产应当自达到预定用途的下月起开始摊销。( )

3. 寿命有限的无形资产,如无法可靠确定预期经济利益消耗的方式,应采用直线法摊销。( )

4. 无法区分研究阶段支出和开发阶段支出,应当将其所发生的研发支出全部资本化,计入无形资产成本。( )

5. 企业出租无形资产取得的租金收入和出售无形资产的净收入,均计入营业外收入。
(　　)

6. 无形资产是企业拥有或者控制的没有实物形态的非货币性资产,包括可辨认无形资产和不可辨认无形资产。
(　　)

7. 企业出售无形资产,应当将取得的不含税价款与该无形资产的账面余额的差额,作为无形资产处置损益,计入资产处置损益。
(　　)

8. 根据《企业会计准则第8号——资产减值》的规定,企业的无形资产减值损失一经确认,在以后会计期间不得转回。
(　　)

9. 使用寿命不确定的无形资产,不应计提摊销。
(　　)

10. 除房地产企业以外的企业单独取得的土地使用权,应将取得时发生的支出资本化作为无形资产成本。
(　　)

四、不定项选择题

甲企业为增值税一般纳税人,2021—2023年,甲企业发生的与无形资产有关的业务如下:

(1) 2021年1月10日,甲企业开始自行研发一项行政管理用非专利技术,截至2021年5月31日,用银行存款支付外单位协作费74万元,领用本单位原材料成本26万元(不考虑增值税因素),经测试,该项研发活动已完成研究阶段。

(2) 2021年6月1日,研发活动进入开发阶段,该阶段发生研究人员的薪酬支出35万元,领用材料成本85万元(不考虑增值税因素),全部符合资本化条件,2021年12月1日,该项研发活动结束,最终开发形成一项非专利技术并投入使用,该非专利技术预计可使用年限为5年,预计净残值为零,采用直线法摊销。

(3) 2022年1月1日,甲企业将该非专利技术出租给乙企业,双方约定租赁期限为2年,每月末以银行转账结算方式收取租金1.5万元。

(4) 2023年12月31日,租赁期限届满,经减值测试,该非专利技术的可回收金额为52万元。

要求:根据上述资料,不考虑其他因素,分析回答下列小题。

〈1〉根据资料(1)和资料(2),甲企业自行研究开发无形资产的入账价值是(　　)万元。
A. 100　　　　B. 120　　　　C. 146　　　　D. 220

〈2〉根据资料(1)～(3),下列关于甲企业该非专利技术摊销的会计处理的表述中,正确的是(　　)。

A. 应当自可供使用的下月起开始摊销
B. 应当自可供使用的当月起开始摊销
C. 该非专利技术出租前的摊销额应计入管理费用
D. 摊销方法应当反映与该非专利技术有关的经济利益的预期消耗方式

〈3〉根据资料(3),下列关于甲企业2022年1月出租无形资产和收取租金的会计处理中,正确的是(　　)。

A. 借:其他业务成本　　　　　　　　　　　　　　20 000
　　　贷:累计摊销　　　　　　　　　　　　　　　　20 000
B. 借:管理费用　　　　　　　　　　　　　　　　20 000
　　　贷:累计摊销　　　　　　　　　　　　　　　　20 000

C. 借：银行存款　　　　　　　　　　　　　　　　　15 000
　　　贷：其他业务收入　　　　　　　　　　　　　　　　　15 000
D. 借：银行存款　　　　　　　　　　　　　　　　　15 000
　　　贷：营业外收入　　　　　　　　　　　　　　　　　　15 000

(4) 根据资料(4)，甲企业非专利技术的减值金额是(　　)。
A. 0　　　　　B. 18 万元　　　　　C. 20 万元　　　　　D. 35.6 万元

(5) 根据资料(1)～(4)，甲企业 2023 年 12 月 31 日应列入资产负债表"无形资产"项目的金额是(　　)万元。
A. 52　　　　　B. 70　　　　　C. 72　　　　　D. 88

五、业务计算及处理题

1. A 公司为增值税一般纳税人，2021—2023 年，该公司发生的与无形资产有关业务如下：

(1) 2021 年 1 月 10 日，A 公司开始自行研发一项行政管理用非专利技术，截至 2021 年 5 月 31 日，用银行存款支付调研费 14 万元，领用本单位原材料成本 26 万元(假设不考虑增值税因素)，经测试，该项研发活动已完成研究阶段。

(2) 2021 年 6 月 1 日，研发活动进入开发阶段，该阶段发生研究人员的薪酬支出 300 000 元，领用材料成本 200 000 元(不考虑增值税因素)，全部符合资本化条件，2021 年 12 月 31 日，该项研发活动结束，最终开发形成一项非专利技术并投入使用，该非专利技术预计可使用年限为 5 年，预计净残值为零，采用直线法摊销。

(3) 2022 年 1 月 1 日，A 公司将该非专利技术出租给 B 公司，双方约定租赁期限为 2 年，每月末以银行转账结算方式收取租金 20 000 元，增值税额 1 200 元。

(4) 2023 年 12 月 31 日，租赁期限届满，经减值测试，该非专利技术的可回收金额为 250 000 元。(提示：累计摊销期限 25 个月)

要求：根据上述资料，不考虑其他因素，编制相关会计分录。

2. A 公司为增值税一般纳税人，2021 年 A 公司发生的有关经济业务如下：

(1) 1 月 1 日，A 公司将其所有的专利权 N 的使用权转让给 B 公司，增值税税率为 6%，合同约定年末收取使用费，转让期为 1 年，开具的增值税专用发票上注明的价款为 20 万元，增值税额为 1.2 万元。2021 年度，该专利权计提的摊销额为 12 万元，每月计提金额为 1 万元。

(2) 1 月 20 日，开始自行研发某项非专利技术 S，截至 4 月 30 日，发生不符合资本化条件的研发支出 120 万元，经测试，该项研发活动完成了研究阶段。

(3) 5 月 1 日，开始进入开发阶段。6 月 20 日，该项非专利技术 S 达到预定用途，共发生开发支出 300 万元(符合资本化条件)，取得的增值税专用发票上注明的增值税税额为 39 万元，款项以银行存款支付。非专利技术预计使用年限为 10 年，预计净残值为 0，采用直线法计提摊销。

(4) 7 月 5 日，因宣传应用非专利技术 S 生产的新产品发生广告宣传费，取得的增值税专用发票上注明的价款为 3 万元，增值税额为 0.18 万元，款项以银行承兑汇票支付。

(5) 12 月 15 日，A 公司将自行研发的非专利技术 S 出售，开具的增值税专用发票注明的价款为 360 万元，增值税额为 21.6 万元，款项已收存银行。该非专利技术 S 未计提资产减值准备。

要求：根据上述资料，不考虑其他因素，编制相关会计分录。

模块 6

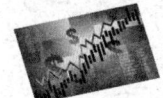

往来结算业务会计岗位

[考核目标] 通过本岗位学习,学生应了解商业汇票结算方式的相关规定;熟悉往来业务的内容;掌握应收及预付、应付及预收款项的账务处理流程和核算方法;掌握应收款项减值损失的确认和计量。

[实践目标] 能够根据实训操作资料正确理解并审核原始凭证,能够对应收款项、预付款项、应付款项和预收款项等业务进行账务处理,并能及时清算往来款项和加速资金回笼。

[知识点思维导图]

```
                    ┌─应收账款─┬─普通应收账款处理
                    │          └─含现金折扣应收账款处理
                    │
                    ├─应收票据─┬─应收商业承兑汇票
                    │          └─应收银行承兑汇票
                    │
          ┌─应收款项─┼─应收股利──投资获得股利的宣告和发放的账务处理
          │         │
          │         ├─应收利息──以债权方式获得利息的宣告和发放的账务处理
          │         │
          │         ├─其他应收款──应收账款、应收票据等以外业务处理
          │         │
          │         └─应收款项减值──坏账的计提、确认、转回的账务处理
          │
          ├─预付款项──预付款、收货、多退少补
往来结算业务│
会计岗位  │         ┌─应付账款─┬─普通应付账款的账务处理
          │         │          └─含现金折扣应付账款的账务处理
          │         │
          │         ├─应付票据─┬─应付商业承兑汇票
          │         │          └─应付银行承兑汇票
          ├─应付款项─┤
          │         ├─应付股利──宣告、发放
          │         │
          │         ├─应付利息──计提、发放
          │         │
          │         └─其他应付款──应付账款、应付票据等以外业务处理
          │
          └─预收款项──先预收款,再发货,最后多退少补
```

往来结算业务会计岗位工作职责

(1) 建立往来款项结算手续制度。

(续上)

(2) 办理往来款项的结算业务,负责往来款项结算的明细核算。
(3) 定期对往来款项进行清算、催收并与对方对账。
(4) 按照企业的信用政策和信用标准评判客户,减少坏账损失。
(5) 依据谨慎性的会计信息质量特征计提坏账准备。
(6) 办理企业的票据贴现业务,按规定支付各种应付款项。
(7) 期末按规定计提票据利息,及时清算往来款项,加速资金周转。

任务 6.1 应 收 款 项

应收款项泛指企业拥有的将来获取现款、商品或劳动的权利。它是企业在日常生产经营过程中发生的各种债权,是企业重要的流动资产。应收款项主要包括:应收账款、应收票据、应收股利、应收利息、其他应收款等。

活动 6.1.1 应 收 账 款

一、应收账款的基本业务

应收账款是指企业因销售商品、提供劳务等经营活动,应向购货单位或接受劳务单位收取的款项。它是以商业信用为基础,以购销合同、商品出库单、发票和发运单等书面文件为依据而确认的。在通常情况下,按照历史成本计价原则,应收账款应当按照实际发生的交易价格(主要包括发票销售价格、增值税和代垫运杂费等)入账。其账务处理如下:

（1）经济业务发生时：

借：应收账款(入账价值)
　　贷：主营业务收入、其他业务收入等
　　　　应交税费——应交增值税(销项税额)
　　　　银行存款(代垫运杂费)

（2）实际收到货款或商业汇票时：

借：银行存款/应收票据
　　贷：应收账款

练一练

(选择题)下列各项中,构成应收账款入账价值的是(　　)。
A. 销售商品的价款　　　　　　　　B. 增值税销项税额
C. 代购买方垫付的包装费　　　　　D. 预收的定金

【例 6-1】 2021 年 4 月 15 日,大华公司出售给甲公司 A 产品 100 件,每件商品不含税售价为 500 元,销售收入为 50 000 元,增值税税率为 13%,已开具增值税专用发票,但款项尚未收到。大华公司编制会计分录如下：

借：应收账款——甲公司　　　　　　　　　　　　　　　　　　56 500
　　贷：主营业务收入——A 产品　　　　　　　　　　　　　　　50 000
　　　　应交税费——应交增值税（销项税额）　　　　　　　　　6 500

【例 6-2】　2021 年 4 月 16 日，大华公司向乙公司销售一批产品，价款 1 500 000 元尚未收到，适用的增值税税率为 13%，以银行存款代垫运杂费 5 000 元，已办妥托收手续。大华公司编制会计分录如下：

借：应收账款——乙公司　　　　　　　　　　　　　　　　　　1 700 000
　　贷：主营业务收入——A 产品　　　　　　　　　　　　　　　1 500 000
　　　　应交税费——应交增值税（销项税额）　　　　　　　　　195 000
　　　　银行存款　　　　　　　　　　　　　　　　　　　　　　5 000

【例 6-3】　承[例 6-2]，2021 年 4 月 20 日，大华公司收到乙公司寄来的一张 3 个月期的银行承兑汇票，面值为 1 700 000 元，抵付 4 月 16 日所销售产品的价款和增值税款。大华公司编制会计分录如下：

借：应收票据——乙公司　　　　　　　　　　　　　　　　　　1 700 000
　　贷：应收账款——乙公司　　　　　　　　　　　　　　　　　1 700 000

二、现金折扣和商业折扣

现金折扣是指销售企业为了鼓励客户在规定的期限内尽可能提前还款而向客户提供的价格上的折扣。现金折扣的处理方法一般有总价法和净价法两种。我国要求采用总价法对现金折扣进行会计处理，即按全款价税列应收账款，现金折扣对应收账款、确认收入和计税没有影响。现金折扣一般用符号"折扣率/付款期限"表示，如"2/10，1/20，n/30"表示：债务人在 10 天内付款，销货企业将按商品价款或价税款合计给债务人 2% 的折扣；如在第 11 天至第 20 天内付款，将给予 1% 的折扣；超过 20 天付款则不再享受优惠，企业允许客户最长付款期限为 30 天。现金折扣金额记入"财务费用"账户。

账务处理如下：

借：银行存款
　　财务费用
　　贷：应收账款

商业折扣是企业为促进商品销售而在商品标价上给予的价格扣除。商业折扣的目的是为了促销。商业折扣发生时，按扣除商业折扣后的价款和折后价款的计税额计入应收账款。商业折扣无需进行账务处理。

【例 6-4】　大华公司销售给 L 公司商品一批，售价为 4 000 元，增值税税率为 13%，现金折扣（按不含增值税的售价计算）为"2/10，n/30"。其后，L 公司在 8 天内付款。大华公司编制相关会计分录。

A. 业务发生时：

借：应收账款　　　　　　　　　　　　　　　　　　　　　　　　4 520
　　贷：主营业务收入　　　　　　　　　　　　　　　　　　　　　4 000
　　　　应交税费——应交增值税（销项税额）　　　　　　　　　　520

B. 第8天收到货款时：

借：银行存款　　　　　　　　　　　　　　　　　　　　　　　　4 440
　　财务费用（4 000×2%）　　　　　　　　　　　　　　　　　　　80
　　贷：应收账款　　　　　　　　　　　　　　　　　　　　　　4 520

练一练

（1）（选择题）甲公司系增值税一般纳税人，适用的增值税税率为13%。2021年2月1日，甲公司向乙公司销售商品一批，不含税售价为100 000元，甲公司同意给予10%的商业折扣。为尽早收回应收账款，合同约定，甲公司给予乙公司的现金折扣（含税计算）条件为"2/10，1/20，n/30"。假定甲公司于2021年2月6日收到该笔账款，则实际收到的金额应为（　　）元。

A. 99 666　　　　　B. 101 700　　　　　C. 113 000　　　　　D. 110 740

（2）（实务题）2021年5月10日，甲有限公司向乙实业股份有限公司销售产品一批，发票上注明的价款为10万元，增值税额为1.3万元，付款条件为"2/10,1/20,n/30"（现金折扣不含增值税），商品已发出，并办好托收手续。2021年5月27日，收妥款项，存入银行。请编制相关会计分录。

活动6.1.2　应 收 票 据

一、应收票据概述

应收票据是指企业因销售商品、提供劳务等业务收到的商业汇票。商业汇票是由出票人签发的，委托付款人在指定日期无条件支付确定金额给收款人或者持票人的票据，其付款期限最长不得超过6个月。

商业汇票按照承兑人不同，分为商业承兑汇票和银行承兑汇票。由银行承兑的汇票为银行承兑汇票；由银行以外的企事业单位承兑的汇票为商业承兑汇票。两种汇票区别在于：银行承兑汇票到期时，如果购货企业不能足额支付票款，承兑银行按承兑协议，按逾期借款处理，并对购货企业计收罚息。银行将按时付款，持票人可以按期收回货款。商业承兑汇票到期时，若账户没有足够的金额，银行不负责付款，由购销双方自行处理。

商业承兑汇票的付款人应在收到付款通知的当日通知银行付款；接到通知日的次日起3日内（遇法定节假日顺延）未通知银行付款的，视同付款人承诺付款；账户不足支付的，银行应填制付款人未付票款通知书。

银行承兑汇票按票面金额的5‰交纳手续费；出票人于汇票到期前未能足额交存票款时，承兑银行无条件付款，并对出票人尚未支付的汇票金额按照每天5‰计收利息。

二、应收票据的会计处理

企业应当设置"应收票据"账户来反映和监督应收票据取得、票款收回等经济业务。

（一）不带息应收票据的会计处理

1. 赊销取得票据

借：应收票据
　　贷：主营业务收入
　　　　应交税费——应交增值税（销项税额）

2. 到期按面值收回票款

借：银行存款
　　贷：应收票据

3. 票据到期债务人无力支付款项：

借：应收账款
　　贷：应收票据

【例 6-5】 2021 年 4 月 16 日，大华公司向乙公司销售一批产品，价款为 1 000 000 元，增值税税率为 13%，收到为期 2 个月、面值为 1 130 000 元的商业汇票一张。大华公司编制会计分录如下：

（1）收到票据时：

借：应收票据　　　　　　　　　　　　　　　　　　　　　　1 130 000
　　贷：主营业务收入　　　　　　　　　　　　　　　　　　　　1 000 000
　　　　应交税费——应交增值税（销项税额）　　　　　　　　　　130 000

（2）若票据到期，如期收回货款时：

借：银行存款　　　　　　　　　　　　　　　　　　　　　　1 130 000
　　贷：应收票据——乙公司　　　　　　　　　　　　　　　　　1 130 000

（3）若票据到期，乙公司无力承付货款，大华公司将应收票据转入应收账款时：

借：应收账款　　　　　　　　　　　　　　　　　　　　　　1 130 000
　　贷：应收票据——乙公司　　　　　　　　　　　　　　　　　1 130 000

（二）带息应收票据的会计处理

1. 赊销取得票据

借：应收票据
　　贷：主营业务收入
　　　　应交税费——应交增值税（销项税额）

2. 带息票据的利息处理

计提利息的时点一般应在中期期末（即 6 月 30 日）和年末（12 月 31 日）计提利息。

（1）计提利息时：

借：应收票据
　　贷：财务费用

（2）到期收回票据本息时：

借：银行存款
　　贷：应收票据（面值＋已提利息）
　　　　财务费用（剩余的未提利息）

（3）如果票据到期，债务人无力支付票款时：

借：应收账款
　　贷：应收票据（面值＋已提利息）
　　　　财务费用（剩余的未提利息）

【例6-6】 2021年3月1日，A公司赊销商品给B公司，售价为100万元，成本为80万元，增值税税率为13%，当天B公司开出并承兑商业汇票一张，面值为113万元，期限为6个月，票面利率为6%。A公司编制会计分录如下：

（1）发生赊销时：

借：应收票据　　　　　　　　　　　　　　　　　　　　　　1 130 000
　　贷：主营业务收入　　　　　　　　　　　　　　　　　　　　1 000 000
　　　　应交税费——应交增值税（销项税额）　　　　　　　　　　130 000

借：主营业务成本　　　　　　　　　　　　　　　　　　　　　800 000
　　贷：库存商品　　　　　　　　　　　　　　　　　　　　　　800 000

（2）6月30日计提利息时：

借：应收票据（1 130 000×6%×4÷12）　　　　　　　　　　　　22 600
　　贷：财务费用　　　　　　　　　　　　　　　　　　　　　　22 600

（3）票据到期时：

借：银行存款（1 130 000＋1 130 000×6%×6÷12）　　　　　　1 163 900
　　贷：应收票据（1 130 000＋22 600）　　　　　　　　　　　　1 152 600
　　　　财务费用　　　　　　　　　　　　　　　　　　　　　　11 300

（1）（实务题）A公司销售一批产品给B公司，产品已发出，增值税专用发票上注明的价款为50万元，增值税额为6.5万元。B公司签发一张不带息90天到期的商业承兑汇票给A公司，面额为56.5万元。票据到期，A公司如期收到贷款。请编制相关会计分录。

（2）（实务题）向东公司于2021年10月1日销售一批产品给成达公司，增值税专用发票上注明的价税合计为22.6万元。向东公司收到成达公司交来的商业承兑汇票一张，期限为4个月，票面利率为8%。请编制收到票据、年末计提利息、到期收回款项时的分录。

（三）应收票据背书转让的会计处理

应收票据的背书转让是指应收票据到期前，持票人将其背书转让给他人，用以购买物资或偿还债务等。票据转让需经过背书手续，如果付款人到期不能兑付，背书人负有连带的付款责任。其一般会计处理如下：

借：在途物资/原材料
　　应交税费——应交增值税(进项税额)
　　银行存款(收到的补价)
　贷：应收票据
　　银行存款(支付的补价)

【例6-7】 甲公司为增值税一般纳税人,2021年10月15日,甲公司将票面金额为1 600 000元的应收票据背书转让,以取得生产经营所需的A种材料,该材料价款为1 500 000元,适用的增值税税率为13%。不足部分以银行存款支付。甲公司应编制如下会计分录：

借：原材料　　　　　　　　　　　　　　　　　　　　　　　　1 500 000
　　应交税费——应交增值税(进项税额)　　　　　　　　　　　　195 000
　贷：应收票据　　　　　　　　　　　　　　　　　　　　　　　1 600 000
　　　银行存款　　　　　　　　　　　　　　　　　　　　　　　　95 000

(四)票据贴现的会计处理

企业持有的商业汇票在到期前,可向银行申请贴现。贴现是指企业以将未到期的商业汇票转让给银行,向银行融通资金,银行从票据到期值中扣除贴现息后,将余额付给企业的融资行为。票据贴现实质上相当于企业以票据为担保从银行提取的一笔短期借款。

1. 票据到期日的确定

贴现利息的计算涉及票据到期日的确定。票据到期日通常采用以下方法确定：

(1) 按月表示——"对月对日"。票据期限按月表示时,应以到期月份中与出票日相同的那一天为到期日。例如,2021年10月10日签发的1个月到期的票据,则票据到期日应为2021年11月10日。月末签发的票据,不论月份大小,均以到期月份的月末那一天为到期日。例如,1月31日签发的为期1个月的票据,其到期日为2月28日(闰年为29日)。

(2) 按日表示——"算头不算尾"或"算尾不算头"。票据期限按日表示时,应从出票日起按实际经历天数计算。通常,出票日和到期日只能计算其中的一天,即"算头不算尾"或"算尾不算头"。例如,3月10日签发的90天票据,其到期日应为6月8日。

【例6-8】 求下面几种情形的商业汇票到期日。

(1) 7月18日出具的60天到期的商业汇票:可采取算头不算尾(见图6-1)和算尾不算头(见图6-2)两种方法来计算出商业汇票到期日。

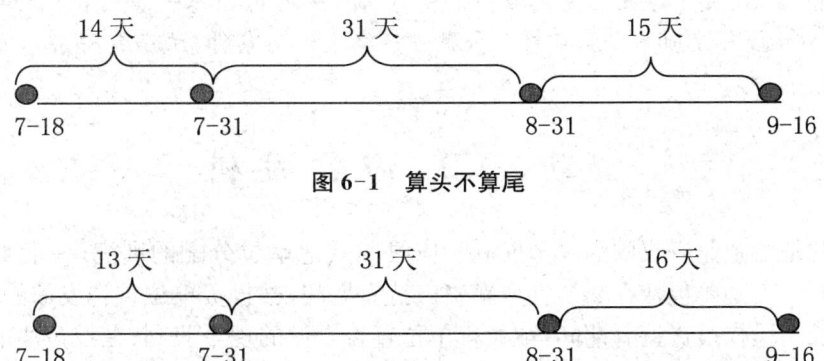

图6-1　算头不算尾

图6-2　算尾不算头

（2）3月17日出具的3个月到期的商业汇票：依据上述两种方法，均可计算出商业汇票的到期日为6月17日。

（3）3月17日出具的90天到期的商业汇票：依据上述两种方法，均可计算出商业汇票的到期日为6月15日。

2. 贴现利息的计算及票据贴现的会计处理

贴现利息的计算过程如下：

带息票据到期值＝票据面值×(1＋票面利率×票据期限)

不带息票据到期值＝面值

贴现利息＝票据到期值×贴现率×贴现期

贴现额＝票据到期值－贴现息

【例6-9】 2021年2月20日，甲公司向乙公司销售一批商品，不含税货款为50 000元，适用的增值税税率为13%。乙公司开来一张出票日为2月22日、面值为56 500元、票面年利率为6%、期限为60天的商业承兑汇票。3月18日，甲公司因急需资金，持该票据到银行贴现，贴现率为10%。若该项贴现业务符合金融资产终止确认条件，则甲公司取得贴现额时编制会计分录如下：

分析：票据到期日：4月23日(2月6天，3月31天，4月23天，合计60天)

贴现期：36天(3月18日～4月23日)

票据到期值＝56 500×(1＋6%×60÷360)＝57 065(元)

贴现息＝57 065×10%×36÷360)＝570.65(元)

贴现额＝57 065－570.65＝56 494.35(元)

借：银行存款　　　　　　　　　　　　　　　　　　　　　56 494.35
　　财务费用　　　　　　　　　　　　　　　　　　　　　　　570.65
　　贷：应收票据　　　　　　　　　　　　　　　　　　　　56 500.00

（实务题）2021年3月20日，甲公司向乙公司销售一批商品，不含税货款为600 000元，适用的增值税税率为13%。乙公司开来一张出票日为3月21日、面值为678 000元、票面年利率为6%、期限为90天的商业承兑汇票。5月20日，甲公司因急需资金，持该票据到银行贴现，贴现率为8%。若该项贴现业务符合金融资产终止确认条件，试编制甲公司取得贴现额的会计分录。

活动6.1.3　应　收　股　利

应收股利是指企业应收取的现金股利和应收取其他单位分配的利润，一般是由企业的权益投资产生的。其主要包括在交易性金融资产持有期间，被投资单位宣告发放的现金股利；在成本法下的长期股权投资持有期间，被投资单位宣告发放的现金股利；在权益法下的长期股权投资持有期间，被投资单位宣告发放的现金股利；收到实际发放的现金股利等。

账务处理有以下几种情况：

(1) 宣告发放股利时：

A. 在交易性金融资产持有期间，被投资单位宣告发放的现金股利；或者在成本法下的长期股权投资持有期间，被投资单位宣告发放的现金股利。

借：应收股利
  贷：投资收益

B. 权益法下的长期股权投资持有期间，被投资单位宣告发放的现金股利。编制会计分录如下：

借：应收股利
  贷：长期股权投资——损益调整

(2) 收到实际发放的现金股利时：

A. 收到上市公司发放的股利时：

借：其他货币资金——存出投资款
  贷：应收股利

B. 收到非上市公司发放的股利时：

借：银行存款
  贷：应收股利

【例 6-10】 甲公司持有丙上市公司股票，且作为以公允价值计量且其变动计入当期损益的金融资产（交易性金融资产）进行管理和核算。2021 年 5 月 10 日，丙上市公司宣告发放 2020 年现金股利，甲公司按其持有丙上市公司股份计算确定的应分得的现金股利为 200 000 元（假定不考虑相关税费）。甲公司编制会计分录如下：

借：应收股利——丙上市公司   200 000
  贷：投资收益   200 000

【例 6-11】 假定甲公司持有丁股份有限公司（非上市公司）股份，且采用权益法核算。2021 年 1 月 10 日，甲公司收到丁股份有限公司通知，向其分配 2020 年利润 5 000 000 元，款项尚未支付（假定不考虑相关税费）。甲公司编制会计分录如下：

借：应收股利——丁股份有限公司   5 000 000
  贷：长期股权投资——损益调整   5 000 000

【例 6-12】 2021 年 5 月 30 日，甲公司收到丙上市公司发放的现金股利 200 000 元，款项已存入银行（假定不考虑相关税费）。甲公司编制会计分录如下：

借：其他货币资金——存出投资款   200 000
  贷：应收股利——丙上市公司   200 000

【例 6-13】 2021 年 1 月 30 日，甲公司收到丁股份有限公司（非上市公司）分配的利润 5 000 000 元，款项已存入银行（假定不考虑相关税费）。甲公司编制会计分录如下：

借：银行存款   5 000 000
  贷：应收股利——丁股份有限公司   5 000 000

练一练

（1）（实务题）甲公司持有乙上市公司股票，作为交易性金融资产核算。2021年3月1日，乙公司宣告发放上年现金股利，甲公司应得10万元。3月10日，甲公司收到上述股利。试编制宣告股利和收到股利时的会计分录。

（2）（判断题）对于企业通过证券公司购入上市公司股票所形成的股权投资取得的现金股利，应借记"其他货币资金——存出投资款"账户；对于企业持有的其他股权投资取得的现金股利或利润，应借记"银行存款"账户。   （ ）

活动6.1.4　应收利息

应收利息是指企业根据合同或协议规定应向债务人收取的利息。"应收利息"账户的借方登记应收利息的增加；贷方登记已收的利息；期末余额一般在借方，反映企业应收未收到的利息。

应收利息与应收股利的区别在于：应收股利是权益投资（长期股权投资、交易性金融资产）产生的；应收利息是由债权产生的。权益投资获得的收益不确定因素比较大，债权获得的利息收入相对稳定。

账务处理如下：

借：应收利息
　　贷：投资收益

【例6-14】　大华公司因投资持有甲公司债券。2021年1月11日，大华公司收到通知，甲公司向其拟支付2020年利息1 000 000元，款项尚未支付（假定不考虑相关税费）。大华公司编制会计分录如下：

借：应收利息——甲公司　　　　　　　　　　　　　　　　　　　1 000 000
　　贷：投资收益　　　　　　　　　　　　　　　　　　　　　　　1 000 000

活动6.1.5　其他应收款

其他应收款是指企业除应收账款、应收票据、应收股利和应收利息以外的其他各种应收及暂付款项。其主要内容包括：应收的各种赔款、罚款，如因企业财产等遭受意外损失而向有关保险公司收取的赔款等；应收的出租包装物租金；应向职工收取的各种垫付款项，如为职工垫付的水电费、应由职工负担的医药费；存出保证金，如租入包装物支付的押金；其他各种应收、暂付款项。

【例6-15】　2021年4月23日，大华公司财务部人员张三出差，预借差旅费2 000元，填制"借款单"交财务部，出纳人员已经用现金支付。大华公司编制会计分录如下：

借：其他应收款——张三　　　　　　　　　　　　　　　　　　　　2 000
　　贷：库存现金　　　　　　　　　　　　　　　　　　　　　　　　2 000

【例 6-16】 2021 年 4 月 25 日，大华公司张三出差归来，报销差旅费 2 500 元。已填制"差旅费报销单"。经核算，除预借差旅费外，张三垫支的钱直接用现金支付。大华公司编制会计分录如下：

借：管理费用　　　　　　　　　　　　　　　　　　　　　　　　　　　2 500
　　贷：其他应收款——张三　　　　　　　　　　　　　　　　　　　　　2 000
　　　　库存现金　　　　　　　　　　　　　　　　　　　　　　　　　　　500

【例 6-17】 大华公司在采购过程中发生材料毁损，按保险合同规定，应由××保险公司赔偿损失 30 000 元，赔款尚未收到。假定大华公司对原材料采用计划成本进行日常核算。大华公司编制会计分录如下：

借：其他应收款——××保险公司　　　　　　　　　　　　　　　　　30 000
　　贷：材料采购　　　　　　　　　　　　　　　　　　　　　　　　　30 000

【例 6-18】 承[例 6-17]，大华公司如数收到上述××保险公司的赔款。大华公司编制会计分录如下：

借：银行存款　　　　　　　　　　　　　　　　　　　　　　　　　　30 000
　　贷：其他应收款——××保险公司　　　　　　　　　　　　　　　　30 000

【例 6-19】 大华公司向丁公司租入包装物一批，以银行存款向丁公司支付押金 10 000 元。大华公司编制会计分录如下：

借：其他应收款——丁公司　　　　　　　　　　　　　　　　　　　　10 000
　　贷：银行存款　　　　　　　　　　　　　　　　　　　　　　　　　10 000

【例 6-20】 承[例 6-19]，大华公司按期如数向丁公司退回所租包装物，并收到丁公司退还的押金 10 000 元，已存入银行。大华公司编制会计分录如下：

借：银行存款　　　　　　　　　　　　　　　　　　　　　　　　　　10 000
　　贷：其他应收款——丁公司　　　　　　　　　　　　　　　　　　　10 000

（实务题）出纳人员在清点企业库存现金时发现短款 50 元，经查实是由于出纳人员差错造成。经决定，由出纳人员赔偿。请编制相关会计分录。

活动 6.1.6　应收款项减值

企业的各项应收款项，可能会因购货人拒付、破产、死亡等原因而无法收回。这类无法收回的应收款项就是坏账。企业因坏账而遭受的损失为坏账损失或减值损失。

一、应收款项减值的核算方法

（一）直接转销法

在采用直接转销法时，日常核算中应收款项可能发生的坏账不予考虑，只有在实际发生坏账时,才作为坏账损失计入当期损益,同时直接冲销应收款项。直接转销法的优点是账务处理简单;其缺点是不符合权责发生制原则,也与资产定义相冲突。

（二）备抵法

备抵法是指在坏账损失实际发生前,就依据权责发生制原则估计损失,并同时形成坏账准备,待坏账损失实际发生时再冲减坏账准备的方法。采用备抵法,一般期末在检查应收款项收回的可能性的前提下,预计可能发生的坏账损失,并计提坏账准备,当某一应收款项全部或部分被确认为坏账时,将其金额冲减坏账准备并相应转销应收款项。我国《企业会计准则》规定,应收款项的减值只能采用备抵法。

备抵法的优点如下：一是预计不能收回的应收款项作为坏账损失及时计入费用,避免企业的虚盈实亏;二是在报表上列示应收账款净额,使报表阅读者能了解企业真实的财务状况;三是使应收账款实际占用资金接近实际,消除虚列的应收账款,有利于加快企业资金周转,提高经济效益。

坏账准备的计算公式如下：

当期应计提的坏账准备 = 当期按应收款项计算应计提的坏账准备金额 −（或+）"坏账准备"账户的贷方余额（或借方余额）

当期按应收款项计算应计提的坏账准备金额＝应收款项期末余额×坏账准备计提比例

二、应收款项减值的账务处理

应收账款减值即企业的坏账准备。坏账准备一般涉及计提、转回、实际发生、收回转销坏账几个方面。其会计分录如下：

（1）计提坏账（坏账准备的应有余额−坏账准备的已有余额＞0）时：

借：信用减值损失
　　贷：坏账准备

（2）坏账转回（坏账准备的应有余额−坏账准备的已有余额＜0）时：

借：坏账准备
　　贷：信用减值损失

（3）实际发生坏账/坏账转销时：

借：坏账准备
　　贷：应收账款

（4）收回已转销的坏账时：

借：应收账款
　　贷：坏账准备

借：银行存款
　　贷：应收账款

【例6-21】 2021年12月31日,甲公司对应收丙公司的账款进行减值测试。应收账款余额合计为1 000 000元,甲公司根据丙公司的资信情况确定应计提100 000元坏账准备。甲公司编制会计分录如下：

借：信用减值损失——计提的坏账准备　　　　　　　　　　　　　　　　100 000
　　贷：坏账准备　　　　　　　　　　　　　　　　　　　　　　　　　　　100 000

【例6-22】　2021年6月，甲公司对丙公司的应收账款实际发生坏账损失30 000元；同月收回2020年已作坏账转销的应收账款20 000元，并存入银行。甲公司编制会计分录如下：

（1）发生坏账时：

借：坏账准备　　　　　　　　　　　　　　　　　　　　　　　　　　　　30 000
　　贷：应收账款　　　　　　　　　　　　　　　　　　　　　　　　　　　30 000

（2）借：应收账款　　　　　　　　　　　　　　　　　　　　　　　　　　20 000
　　　　贷：坏账准备　　　　　　　　　　　　　　　　　　　　　　　　　　20 000

借：银行存款　　　　　　　　　　　　　　　　　　　　　　　　　　　　　20 000
　　贷：应收账款　　　　　　　　　　　　　　　　　　　　　　　　　　　20 000

【例6-23】　达成公司按应收账款的10%计提坏账准备，该公司的相关经济业务如下：

（1）2021年12月31日，应收账款10万元。达成公司编制会计分录如下：

借：信用减值损失　　　　　　　　　　　　　　　　　　　　　　　　　　100 000
　　贷：坏账准备　　　　　　　　　　　　　　　　　　　　　　　　　　　100 000

（2）2022年12月31日，应收账款150万元。达成公司编制会计分录如下：

借：信用减值损失　　　　　　　　　　　　　　　　　　　　　　　　　　　50 000
　　贷：坏账准备　　　　　　　　　　　　　　　　　　　　　　　　　　　50 000

（3）2023年5月31日，发生坏账损失10万元。达成公司编制会计分录如下：

借：坏账准备　　　　　　　　　　　　　　　　　　　　　　　　　　　　100 000
　　贷：应收账款　　　　　　　　　　　　　　　　　　　　　　　　　　　100 000

（4）2023年12月31日，应收账款180万元。达成公司编制会计分录如下：

借：信用减值损失　　　　　　　　　　　　　　　　　　　　　　　　　　130 000
　　贷：坏账准备　　　　　　　　　　　　　　　　　　　　　　　　　　　130 000

（5）2024年5月31日，收回已转销的应收账款5万元。达成公司编制会计分录如下：

A. 先恢复：

借：应收账款　　　　　　　　　　　　　　　　　　　　　　　　　　　　　50 000
　　贷：坏账准备　　　　　　　　　　　　　　　　　　　　　　　　　　　50 000

B. 后收款：

借：银行存款　　　　　　　　　　　　　　　　　　　　　　　　　　　　　50 000
　　贷：应收账款　　　　　　　　　　　　　　　　　　　　　　　　　　　50 000

（6）2024年12月31日，应收账款200万元。达成公司编制会计分录如下：

借：坏账准备　　　　　　　　　　　　　　　　　　　　　　　　　　　　　30 000
　　贷：信用减值损失　　　　　　　　　　　　　　　　　　　　　　　　　30 000

**练一练**

(实务题)达邦公司2021年年末应收账款的余额为1 000 000元,提取坏账准备的比例为5%;2022年,又发生坏账6 000元,年末应收账款的余额为1 100 000元;2023年,已冲销的应收账款又收回1 900元,年末应收账款的余额为1 200 000元。请计提各年的坏账准备并编制相关会计分录。

任务6.2 预付账款

一、预付账款概述

预付账款是指企业按照合同规定预付的款项,如预付的材料、商品采购款等。预付账款是因采购业务产生的债权,属于企业的资产。企业应该设置"预付账款"账户进行核算;预付款项情况不多的企业,也可以不设置"预付账款"账户,通过"应付账款"账户将预付的款项记入"应付账款"账户的借方。

二、预付账款的账务处理

预付账款的账务处理如下:
(1) 购货方预付款项时:

借:预付账款
　　贷:银行存款

(2) 购货方收到所购物资时:

借:原材料等
　　应交税费——应交增值税(进项税额)
　　贷:预付账款

(3) 购货方补付款项时:

借:预付账款
　　贷:银行存款

(4) 销货方退回多余款项时:

借:银行存款
　　贷:预付账款

【例6-24】 2021年5月3日,大华公司与丁公司签订协议,购入某特殊材料——b材料1 000千克,其不含税单价为500元,增值税税率为13%。由于材料特殊,丁公司要求先预付货款的10%为定金才进行生产。当日,大华公司转账支付50 000元的预付账款;10日,收到丁公司发来b材料1 000千克,材料已验收入库;13日,用银行存款支付余下货款。大华公司编制会计分录如下:

A. 3日,支付预付货款时:

借：预付账款——丁公司　　　　　　　　　　　　　　　　　　　　　　　50 000
　　贷：银行存款　　　　　　　　　　　　　　　　　　　　　　　　　　　50 000

B. 10日，收到材料并入库时：

借：原材料——b材料　　　　　　　　　　　　　　　　　　　　　　　　500 000
　　应交税费——应交增值税（进项税额）　　　　　　　　　　　　　　　　65 000
　　贷：预付账款——丁公司　　　　　　　　　　　　　　　　　　　　　565 000

C. 13日，向丁公司支付剩余货款时：

借：预付账款——丁公司　　　　　　　　　　　　　　　　　　　　　　　515 000
　　贷：银行存款　　　　　　　　　　　　　　　　　　　　　　　　　　515 000

【例6-25】 大华公司向乙公司采购材料5 000千克，单价为10元，总额为50 000元。按照合同规定大华公司向乙公司预付货款的50%（不含税），验收货物后补付其余款项，增值税税率为13%。大华公司编制会计分录如下：

A. 预付50%的货款时：

借：预付账款——乙公司　　　　　　　　　　　　　　　　　　　　　　　25 000
　　贷：银行存款　　　　　　　　　　　　　　　　　　　　　　　　　　25 000

B. 收到乙公司发来的材料时：

借：原材料　　　　　　　　　　　　　　　　　　　　　　　　　　　　　50 000
　　应交税费——应交增值税（进项税额）　　　　　　　　　　　　　　　　6 500
　　贷：预付账款——乙公司　　　　　　　　　　　　　　　　　　　　　56 500

C. 以银行存款补付剩余货款时：

借：预付账款——乙公司　　　　　　　　　　　　　　　　　　　　　　　31 500
　　贷：银行存款　　　　　　　　　　　　　　　　　　　　　　　　　　31 500

练一练

（实务题）甲公司向乙公司采购一批商品500件，不含税单价为60元，增值税税率为13%。按照规定，甲公司先向乙公司预付货款的20%（不含税），收货后再将余下货款补齐。请编制甲公司预付时、收到商品时、结清余款时的会计分录。

任务6.3　应付款项

应付款项是指公共组织在经济活动中应当支付而尚未支付的各种款项。即应付款项是企业在生产经营活动过程中，因采购商品物资、原材料、接受劳务供应，应付未付供货单位的款项，主要包括应付账款、应付票据、应付股利、应付利息和其他应付款。

活动 6.3.1　应 付 账 款

一、应付账款的一般账务处理

应付账款通常是指因购买材料、商品或接受劳务供应等而发生的债务。它是买卖双方在购销活动中由于取得物资与支付货款在时间上不一致而产生的负债。其账务处理如下：

（1）购入材料、接受劳务等情况时：

借：原材料、生产成本、管理费用等
　　应交税费——应交增值税（进项税额）
　　　贷：应付账款（价款＋增值税＋运杂费）

（2）偿还或开出商业汇票抵付时：

借：应付账款
　　贷：银行存款（或应付票据）

（3）转销无法支付的应付账款时：

借：应付账款
　　贷：营业外收入

【例 6-26】　大华公司为增值税一般纳税人。2021 年 3 月 1 日，大华公司从 A 公司购入一批材料，增值税专用发票上注明的价款为 100 000 元，增值税额为 13 000 元。材料已验收入库（该公司材料按实际成本计价核算），款项尚未支付。4 月 10 日，大华公司以银行存款支付购入材料相关款项 113 000 元。大华公司编制会计分录如下：

A. 确认应付账款时：

借：原材料　　　　　　　　　　　　　　　　　　　　　　　　100 000
　　应交税费——应交增值税（进项税额）　　　　　　　　　　　 13 000
　　　贷：应付账款——A 公司　　　　　　　　　　　　　　　　　　　113 000

B. 实际支付材料款：

借：应付账款——A 公司　　　　　　　　　　　　　　　　　　113 000
　　　贷：银行存款　　　　　　　　　　　　　　　　　　　　　　　　113 000

二、现金折扣的账务处理

存在现金折扣时，即购货方在规定时间内将货款及时支付取得的折让，相关金额应当冲减财务费用。有关账务处理如下：

借：应付账款
　　贷：银行存款（实付款项）
　　　　财务费用（现金折扣）

【例6-27】 2021年4月2日,乙百货商场从B公司购入一批家电产品并将其验收入库。增值税专用发票上注明的该批家电的价款为1 000 000元,增值税额为130 000元。按照购货协议的规定,乙百货商场如在15天内付清货款,将获得1%的现金折扣(假定计算现金折扣时需考虑增值税)。2021年4月10日,乙百货商场按照扣除现金折扣后的金额,用银行存款付清了所欠B公司货款。乙百货商场采用实际成本核算库存商品。乙百货商场编制会计分录如下:

A. 4月2日,确认应付账款时:

借:库存商品 1 000 000
　　应交税费——应交增值税(进项税额) 130 000
　　贷:应付账款——B公司 1 130 000

B. 4月10日,付清货款时:

借:应付账款——B公司 1 130 000
　　贷:银行存款 1 118 700
　　　　财务费用(1 130 000×1%) 11 300

(实务题)2021年4月13日,甲公司向乙公司购入原材料500千克,不含税单价为100元,增值税税率为13%。乙公司规定,若甲公司在10天内付款将享受2%的现金折扣(计算现金折扣时考虑增值税)。甲公司在4月18日付清货款。请编制相关会计分录。

活动6.3.2　应付票据

应付票据是指在购买商品或劳务采用商业汇票结算的方式下,购买方未能及时支付货款而开出并承兑的商业汇票。它包括银行承兑汇票和商业承兑汇票两种。银行承兑汇票是银行承诺在某一日期将款付给收款人的商业汇票;商业承兑汇票是购货方承诺在某一日期将款付给收款人的商业汇票。在未到付款日期前,商业汇票是购货企业的一项流动负债。

其会计分录如下:

(1)企业因购买材料、商品和接受劳务供应等而开出、承兑的商业汇票时:

借:原材料等
　　应交税费——应交增值税(进项税额)
　　贷:应付票据(票面金额)

(2)企业因开出银行承兑汇票而支付银行的承兑汇票手续费时:

借:财务费用
　　贷:银行存款

(3)银行承兑或无力支付票款时:

借：应付票据
　　贷：短期借款/应付账款

【例 6-28】 甲企业为增值税一般纳税人，2021 年 2 月 6 日，甲企业购入原材料一批，增值税专用发票上注明的价款为 60 000 元，增值税额为 7 800 元，原材料已验收入库。甲企业开出并经开户银行承兑的商业汇票一张，面值为 67 800 元，期限为 5 个月；交纳银行承兑手续费 33.90 元，其中增值税额为 1.92 元。7 月 6 日，商业汇票到期，甲企业通知其开户银行以银行存款支付票款。甲企业编制会计分录如下：

A. 开出并承兑商业汇票以购入材料时：

借：原材料　　　　　　　　　　　　　　　　　　　　　　　60 000
　　应交税费——应交增值税（进项税额）　　　　　　　　　 7 800
　　贷：应付票据　　　　　　　　　　　　　　　　　　　　67 800

B. 支付商业汇票承兑手续费时：

借：财务费用　　　　　　　　　　　　　　　　　　　　　　 31.98
　　应交税费——应交增值税（进项税额）　　　　　　　　　　 1.92
　　贷：银行存款　　　　　　　　　　　　　　　　　　　　 33.90

C. 支付商业汇票款时：

借：应付票据　　　　　　　　　　　　　　　　　　　　　　67 800
　　贷：银行存款　　　　　　　　　　　　　　　　　　　　67 800

（实务题）甲公司向丙公司购买原材料 100 千克，不含税单价为 50 元，增值税税率为 13%。货已收到，甲公司开出一张为期 2 个月的商业承兑汇票。汇票到期，甲公司无力支付货款。请编制相应会计分录。

活动 6.3.3　应付股利

应付股利是指企业根据股东大会或类似机构审议批准的利润分配方案确定分配给投资者的现金股利或利润。企业董事会或类似机构通过的利润分配方案中拟分配的现金股利或利润不作账务处理，但应在附注中披露；企业分配的股票股利不通过"应付股利"账户核算。

其会计分录如下：

（1）宣告发放时：

借：利润分配——应付现金股利或利润
　　贷：应付股利

（2）实际发放时：

借：应付股利
　　贷：银行存款

【例6-29】 A有限责任公司有甲、乙两个股东,分别占注册资本的30%和70%。2021年,该公司实现净利润6 000 000元。经过股东会批准,该公司决定于2022年4月分配利润4 000 000元。已用银行存款支付。A有限责任公司编制会计分录如下:

A. 确认应付投资者利润时:

借:利润分配——应付现金股利或利润　　　　　　　　　　　　　　4 000 000
　　贷:应付股利——甲股东　　　　　　　　　　　　　　　　　　1 200 000
　　　　　　　　——乙股东　　　　　　　　　　　　　　　　　　2 800 000

B. 支付投资者利润时:

借:应付股利——甲股东　　　　　　　　　　　　　　　　　　　1 200 000
　　　　　　——乙股东　　　　　　　　　　　　　　　　　　　2 800 000
　　贷:银行存款　　　　　　　　　　　　　　　　　　　　　　　4 000 000

活动6.3.4　应付利息

应付利息是指企业按照合同约定应支付的利息。它包括短期借款、分期付息到期还本的长期借款、企业债券等应支付的利息。

其会计分录如下:

(1) 计提利息时:

借:在建工程/财务费用/研发支出
　　贷:应付利息

(2) 发放利息时:

借:应付利息
　　贷:银行存款

【例6-30】 甲企业借入5年期到期还本、每年付息的长期借款3 000 000元,合同约定年利率为6%。甲企业编制会计分录如下:

A. 每年计算确定利息费用时:

借:财务费用　　　　　　　　　　　　　　　　　　　　　　　　　180 000
　　贷:应付利息(3 000 000×6%)　　　　　　　　　　　　　　　　180 000

B. 每年实际支付利息时:

借:应付利息　　　　　　　　　　　　　　　　　　　　　　　　　180 000
　　贷:银行存款　　　　　　　　　　　　　　　　　　　　　　　180 000

温馨提示

持有的一次性还本付息方式的债券利息不用"应付利息"账户核算。由于分期付息方式形成了企业的流动负债,故采用"应付利息"账户核算,一次性还本付息是企业的非流动负债,故采用"长期借款——应计利息"账户进行核算。

活动 6.3.5 其他应付款

其他应付款是指企业除应付票据、应付账款、预收账款、应付职工薪酬、应交税费、应付股利等经营活动以外的其他各项应付、暂收的款项,如应付经营租金固定资产的租金、租入包装物租金、存入保证金等。企业应通过"其他应付款"账户核算其他应付款的增减变动及结余情况。

【例 6-31】 甲公司从 2021 年 1 月 1 日起以经营租赁方式租入管理用办公设备一批,每月租金为 8 000 元,按季支付。3 月 31 日,甲公司以银行存款支付应付租金 24 000 元,假定不考虑增值税。甲公司编制会计分录如下:

A. 1 月 31 日和 2 月 28 日,计提应付经营租入固定资产租金时:

借:管理费用　　　　　　　　　　　　　　　　　　　　　　　8 000
　贷:其他应付款　　　　　　　　　　　　　　　　　　　　　　8 000

B. 3 月 31 日,支付租金时:

借:其他应付款　　　　　　　　　　　　　　　　　　　　　　16 000
　　管理费用　　　　　　　　　　　　　　　　　　　　　　　8 000
　贷:银行存款　　　　　　　　　　　　　　　　　　　　　　　24 000

(1)(实务题)甲公司出租给 B 企业机器设备一台,收到租用押金 6 000 元。请编制相关会计分录。

(2)(实务题)B 企业租赁期结束退还该机器设备,甲公司退还押金 6 000 元。请编制相关会计分录。

任务 6.4　预 收 账 款

一、预收账款概述

预收账款是指企业按照合同规定预收的款项。它属于企业的负债。企业应设置"预收账款"账户来核算非《企业会计准则第 14 号——收入》范围预收款项的增减变动情况。预收账款情况不多的企业,可以不设"预收账款"账户,而通过"应收账款"账户核算。

对于销售商品、提供劳务预收的款项,则属于《企业会计准则第 14 号——收入》核算的范围,不记入"预收账款"账户,而使用"合同负债"账户。

二、预收账款的账务处理

预收账款的账务处理如下:

(1) 企业预收款项时：

借：银行存款
　　贷：预收账款
　　　　应交税费——应交增值税（销项税额）

(2) 分期确认收入时，按照实现的收入：

借：预收账款
　　贷：主营业务收入、其他业务收入

(3) 企业收到客户补付款项时：

借：银行存款
　　贷：预收账款
　　　　应交税费——应交增值税（销项税额）

(4) 退回客户多预付款项时：

借：预收账款
　　贷：银行存款

涉及增值税的，还应进行相关的会计处理。

【例6-32】 大华公司为增值税一般纳税人，适用的增值税税率为13%。2021年7月1日，大华公司与乙公司签订经营租赁（非主营业务）合同，向乙公司出租设备一台，期限为3个月，该设备租金（含税）共计67 800元。合同约定，合同签订日预付租金（含税）共计22 600元，合同到期结清全部租金余款。合同签订日，大华公司收到租金并存入银行，开具的增值税专用发票上注明的租金为20 000元、增值税额为2 600元。租赁期满日，大华公司收到租金余款及相应的增值税额。大华公司编制会计分录如下：

A. 收到乙公司预付租金时：

借：银行存款　　　　　　　　　　　　　　　　　　　　　22 600
　　贷：预收账款　　　　　　　　　　　　　　　　　　　　20 000
　　　　应交税费——应交增值税（销项税额）　　　　　　　　2 600

B. 每月末确认租金收入时：

借：预收账款　　　　　　　　　　　　　　　　　　　　　20 000
　　贷：其他业务收入　　　　　　　　　　　　　　　　　　20 000

C. 租赁期满收到租金余款及增值税额时：

借：银行存款　　　　　　　　　　　　　　　　　　　　　45 200
　　贷：预收账款　　　　　　　　　　　　　　　　　　　　40 000
　　　　应交税费——应交增值税（销项税额）　　　　　　　　5 200

注：如大华公司不设置"预收账款"账户，则将以上会计分录中的"预收账款"账户全部改为"应收账款"账户。

复习思考题

1. 企业的往来款项包括哪些内容？
2. 应收及预付款项主要包括哪几项内容？
3. 应付及预收款项主要包括哪几项内容？
4. 当应收款项减值时应当做怎样的会计处理？
5. 企业在不设"预收账款"账户的情况下，如何用"应收账款"账户处理业务？

模块测试

参考答案

一、单项选择题

1. 下列各项中，在确认销售收入时不影响应收账款入账金额的是（　　）。
   A. 销售价款　　　　　　　　　　　B. 增值税销项税额
   C. 现金折扣　　　　　　　　　　　D. 销售产品代垫的运杂费
2. 下列账户中，不属于应收款项的账户是（　　）。
   A. "应收账款"　　B. "应收票据"　　C. "预收账款"　　D. "其他应收款"
3. 下列项目中，属于应收账款范围的是（　　）。
   A. 应向接受劳务单位收取的款项　　B. 应收外单位的赔偿款
   C. 应收存出保证金　　　　　　　　D. 应向职工收取的各种垫付款项
4. 应收票据在贴现时，其贴现息应该记入的账户是（　　）。
   A. "财务费用"　　B. "销售费用"　　C. "管理费用"　　D. "应收票据"
5. 因资金周转需要，甲企业于2021年5月20日将一张同年4月23日签发的、面值为10 000元、期限为90天的不带息商业承兑汇票向银行申请贴现，年贴现率为10%，不考虑其他因素（1年按360天计算），则下列处理中，不正确的是（　　）。
   A. 贴现息应记入"管理费用"账户　　B. 贴现息为175元
   C. 实际收到的银行存款为9 825元　　D. 贴现时应减少应收票据面值10 000元
6. 企业开具的银行承兑汇票到期而无力支付票款，应按该票据的账面余额贷记的账户是（　　）。
   A. "应付账款"　　B. "其他货币资金"　　C. "短期借款"　　D. "其他应付款"
7. 企业支付包装物押金时，应借记的账户是（　　）。
   A. "应收账款"　　B. "应收票据"　　C. "其他应收款"　　D. "预付账款"
8. 下列各项中，企业应通过"其他应收款"账户核算的是（　　）。
   A. 出租包装物收取的押金　　　　　B. 为职工垫付的水电费
   C. 代购货方垫付的销售商品运费　　D. 销售商品未收到的货款
9. 企业未设置"预付账款"账户，发生预付货款业务时应借记的账户是（　　）。
   A. "预收账款"　　B. "其他应付款"　　C. "应收账款"　　D. "应付账款"

10. 当企业预付货款小于采购货物所需支付的款项时,应将不足部分补付,此时应该借记的账户是(   )。
   A. "预付账款"　　　B. "应付账款"　　　C. "其他应付款"　　　D. "其他应收款"
11. 下列各项中,不会引起"应收账款"账户账面价值发生变化的是(   )。
   A. 核销不能收回的坏账　　　　　　B. 计提应收账款坏账准备
   C. 收回已转销的应收账款　　　　　D. 转回多提的应收账款坏账准备
12. 按照现行《企业会计准则》规定,购货方实际享受的现金折扣,销货方应作会计处理的是(   )。
   A. 冲减当期主管业务收入　　　　　B. 增加当期财务费用
   C. 增加当期主管业务收入　　　　　D. 增加当期管理费用
13. B公司为增值税一般纳税人,2021年12月1日从A公司购入甲材料1 000千克,单价为50元,增值税税率为13%,当日以将于12月15日到期的票面金额为51 000元的应收C公司的商业承兑汇票抵偿购料款,差额部分以银行存款结清。则B公司应记入"银行存款"账户的方向和金额为(   )。
   A. 借方1 000元　　B. 贷方1 000元　　C. 借方7 000元　　D. 贷方5 500元
14. 企业对于应付的商业承兑汇票,如果到期不能足额付款,在会计处理上应该将其转作(   )。
   A. 其他应付款　　B. 短期借款　　　C. 应收账款　　　D. 应付账款
15. 应付票据在会计上应作为(   )管理和核算。
   A. 流动负债　　　B. 流动资产　　　C. 非流动负债　　D. 非流动资产
16. 冲销无法支付的应付账款,应该借记(   )账户。
   A. "应付账款"　　B. "应收账款"　　C. "营业外支出"　　D. "营业外收入"
17. 转销确实无法支付的应付账款,账面余额转入(   )。
   A. 管理费用　　　B. 财务费用　　　C. 其他业务收入　　D. 营业外收入
18. 下列各项中,应列入"其他应付款"账户的是(   )。
   A. 应付租入包装物租金　　　　　　B. 应付供货单位的货款
   C. 结转到期无力支付的应付票据　　D. 应付由企业负担的职工社会保险费
19. 预收账款属于企业的一项(   )。
   A. 资产　　　　　B. 负债　　　　　C. 所有者权益　　D. 利润
20. 当企业预付货款小于采购货物所需支付的款项时,应将不足部分补付,此时应该借记的账户是(   )。
   A. "预付账款"　　B. "应付账款"　　C. "其他应付款"　　D. "其他应收款"

二、多项选择题
1. 下列各项中,影响应收账款入账价值的有(   )。
   A. 赊销商品的价款和增值税的销项税额　　B. 销售货物发生的现金折扣
   C. 代购货方垫付的运杂费和保险费　　　　D. 销售货物发生的商业折扣
2. 按现行《企业会计准则》规定,不能用应收票据核算的包括(   )。
   A. 银行汇票存款　　　　　　　　　B. 银行承兑汇票
   C. 银行本票存款　　　　　　　　　D. 商业承兑汇票

3. 下列各项中,通过"应收票据"账户核算的有(   )。
   A. 采购货物开出的商业汇票
   B. 销售货物收到的商业承兑汇票
   C. 销售货物收到的银行承兑汇票
   D. 销售货物收到的银行汇票
4. 下列关于应收票据的表述中,正确的有(   )。
   A. 应收票据是指企业因销售商品、提供劳务等而收到的商业汇票
   B. 商业汇票是一种由出票人签发的,委托付款人在指定日期无条件支付确定金额给收款人或者持票人的票据
   C. 商业汇票的提示付款期限,自汇票到期日起 10 日
   D. 符合条件的商业汇票的持票人,可以持未到期的商业汇票连同贴现凭证向银行申请贴现
5. 下列关于"应收利息"账户的表述中,正确的有(   )。
   A. 借方登记应收利息的增加
   B. 贷方登记收到的利息
   C. 期末余额一般在借方,反映企业尚未收到的利息
   D. 期末余额一般在贷方,反映企业尚未收到的利息
6. 下列项目中,应通过"其他应收款"账户核算的有(   )。
   A. 拨付给企业各内部单位的备用金
   B. 应收的赔款
   C. 支付的各种押金
   D. 应向职工收取的垫付的医疗费
7. 2021 年 4 月 1 日,某企业高管出差预借差旅费 10 000 元,以库存现金支付。4 月 10 日,该高管出差归来,报销差旅费 9 000 元,将剩余现金缴回。则下列处理中,不正确的有(   )。
   A. 借:管理费用   10 000
         贷:库存现金   10 000
   B. 借:其他应收款   10 000
         贷:库存现金   10 000
   C. 借:管理费用   9 000
         库存现金   1 000
         贷:其他应收款   10 000
   D. 借:销售费用   9 000
         贷:库存现金   9 000
8. 下列各项中,应计提坏账准备的有(   )。
   A. 应收账款   B. 应收票据   C. 预付账款   D. 其他应收款
9. 下列各项中,应在"坏账准备"账户借方登记的有(   )。
   A. 冲减已计提的坏账准备
   B. 收回前期已核销的应收账款
   C. 核销实际发生的坏账损失
   D. 计提坏账准备
10. 下列关于"预付账款"账户的说法中,正确的有(   )。
    A. "预付账款"属于资产性质的账户
    B. 预付货款不多的企业,可以不单独设置"预付账款"账户,将预付的货款记入"应付账款"账户的借方
    C. "预付账款"账户贷方余额反映的是应付供应单位的款项

D. "预付账款"账户核算企业因销售业务产生的往来款项

11. 下列各项中,应通过"应付账款"账户核算的有(　　)。
   A. 应付租金　　　　　　　　　　B. 应付购入包装物的款项
   C. 应付存入保证金　　　　　　　D. 应付接受劳务款项

12. 下列各项中,应通过"其他应付款"账户核算的是(　　)。
   A. 经营租入固定资产的应付租金　B. 出租或出借包装物收取的押金
   C. 应付租入包装物租金　　　　　D. 购买债券应收的利息

三、判断题

1. 银行承兑汇票的出票人于汇票到期前未能足额交存票款的,承兑银行不需向持票人支付款项。（　　）
2. 企业开出银行承兑汇票而支付的手续费,应当计入当期财务费用。（　　）
3. 企业为职工垫付的水电费、应由职工负担的医药费等应该在企业的"其他应收款"账户核算。（　　）
4. 企业取得长期股权投资时,如果实际支付的价款中包含有已宣告但尚未分派的现金股利或利润,应作为应收股利处理。（　　）
5. 企业在确定应收账款减值的核算方式时,应根据企业实际情况,按照成本效益原则,在备抵法和直接转销法之间合理选择。（　　）
6. 企业租入包装物支付的押金应计入其他业务成本。（　　）
7. 企业将应收票据贴现时,应将应收票据账面价值与实际收到的金额之间的差额,计入财务费用。（　　）
8. 企业销售商品时应收账款应当以扣除商业折扣和现金折扣后的净额入账。（　　）
9. 预收货款业务不多的企业,可以不设置"预收账款"账户,预收的货款在"应收账款"账户中核算。（　　）
10. 企业确实无法收回的应收款项经批准作为坏账损失时,一方面冲减应收款项,另一方面冲减已计提的坏账准备。（　　）

四、业务计算及处理题

1. 甲公司向乙公司赊销一批产品,合同规定的销售价格为300 000元,增值税销项税额为39 000元。甲公司开发出票账单并发出产品。根据合同规定,产品赊销期为30天,现金折扣条件为"2/10, 1/20, 30/n",计算现金折扣时不包括增值税。

要求:按以下不同假定编制甲公司赊销产品和收回货款的会计分录。

(1) 假定乙公司在10天内付款。
(2) 假定乙公司超过10天但在20天内付款。
(3) 假定乙公司超过20天付款。

2. 甲公司为增值税一般纳税人,增值税税率为13%。2021年12月1日,甲公司"应收账款"账户借方余额为500万元,"坏账准备"账户贷方余额为25万元,甲公司通过对应收款项的信用风险特征进行分析,确定计提坏账准备的比例为期末应收账款余额的5%。

2021年12月,甲公司发生如下相关业务:

(1) 5日,向乙公司赊销商品一批,按商品价目表标明的价格计算的金额为1 000万元(不含增值税),由于是成批销售,甲公司给予乙公司10%的商业折扣。

(2) 9日,一客户破产,根据清算程序,有应收账款40万元不能收回,确认为坏账。

(3) 11日,收到乙公司前欠的销货款500万元,存入银行。

(4) 21日,收到2019年已转销为坏账的应收账款10万元,存入银行。

(5) 30日,向丙公司销售商品一批,增值税专用发票上注明的售价为100万元,增值税额为13万元。甲公司为了及早收回货款而在合同中规定的现金折扣条件为"2/10, 1/20, n/30",假定现金折扣不考虑增值税。截至12月31日,丙公司尚未付款。

要求:根据上述资料,作出相应的会计分录,并计提2021年年末的坏账准备。

3. 甲公司为增值税一般纳税人,存货按实际成本进行日常核算。2021年12月初,甲公司"应收账款"账户借方余额为800 000元(各明细账户无贷方余额),"应收票据"账户借方余额为300 000元,"坏账准备——应收账款"账户贷方余额为80 000元。2021年12月,甲公司发生如下经济业务:

(1) 10日,采用委托收款方式向乙公司销售一批商品,发出的商品满足收入确认条件,开具的增值税专用发票上注明的价款为500 000元,增值税额为65 000元;用银行存款为乙公司垫付运费40 000元,增值税额为3 600元,上述全部款项至月末尚未收到。

(2) 18日,购入一批原材料,取得并经税务机关认证的增值税专用发票上注明的价款为260 000元,增值税额为33 800元,材料验收入库。甲公司背书转让面值为290 000元、不带息的银行承兑汇票结算购料款,不足部分以银行存款补付。

(3) 25日,因丙公司破产,应收丙公司账款400 000元不能收回,经批准确认为坏账并予以核销。

(4) 31日,经评估计算,甲公司"坏账准备——应收账款"账户应保持的贷方余额为102 400元;计提2021年度的坏账准备。

要求:根据上述资料,编制相应的会计分录。

模块 7

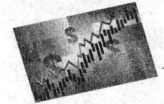

金融资产与长期股权投资会计岗位

[考核目标] 通过本岗位学习,学生应熟悉金融资产的管理规定;了解金融资产的来源和内容;掌握三种金融分类的账务处理;掌握长期股权投资的计算和账务处理。

[实践目标] 能够根据实训操作资料正确理解并对三种金融资产进行处理,并能够对企业长期股权投资进行相关会计核算。

[知识点思维导图]

金融资产与长期股权投资会计岗位
- 金融资产
  - 金融资产及其分类
  - 以摊余成本计量的金融资产——取得、持有、处置
  - 以公允价值计量且其变动计入当期损益的金融资产——取得、持有、处置
  - 以公允价值计量且其变动计入其他综合收益的金融资产
    - 其他债权投资
    - 其他权益工具投资
- 长期股权投资——确认、初始计量、后续计量

金融资产与长期股权投资会计岗位工作职责

(1) 协助有关部门制定公司投资管理制度和流程。
(2) 协助相关人员分析企业投资方向,拟订公司的投资计划、资本运作及撤资策划。
(3) 负责企业各项投资的账务处理。
(4) 协助相关人员对投资类项目进行后期评价和分析,为企业决策层提供参考意见。
(5) 定期向有关负责人汇报投资收益情况,提高资金的使用效益。

任务 7.1 金融资产

活动 7.1.1 金融资产及其分类

一、金融资产的含义

金融资产是指企业持有的现金(即广义现金,包括库存现金、银行存款、其他货币资金)、其他

方的权益工具(进行的股权投资)以及符合下列条件之一的资产(简单来讲,是债权或债权投资):

(1) 从其他方收取现金或其他金融资产的合同权利,如应收账款。

(2) 在潜在有利条件下,与其他方交换金融资产或金融负债的合同权利,如期权、选择权(买入或卖出的权利)。

例如,某企业购买京西商城的一项期权。假设2021年4月1日,京西商城股票市价为每股80元。期权合同约定:该企业将于10月1日以每股90元的价格买入京西商城公司的股票。如果股票的市价高于90元,就执行该期权合同(企业赚了);否则,就不执行该合同。

(3) 将来须用或可用企业自身权益工具进行结算的非衍生工具合同,且企业根据该合同将收到可变数量的自身权益工具。

(4) 将来须用或可用企业自身权益工具进行结算的衍生工具合同,但以固定数量的自身权益工具交换固定金额的现金或其他金融资产的衍生工具合同除外(换句话说,结算工具为可变数量)。

二、金融资产的分类

金融资产可分为以下三类:

(1) 以摊余成本计量的金融资产。

(2) 以公允价值计量且其变动计入当期损益的金融资产。

(3) 以公允价值计量且其变动计入其他综合收益的金融资产。

三类金融资产比较如表7-1所示。

表7-1　　　　　　　　　　三类金融资产比较

类别	交易费用	公允价值变动	参照
以摊余成本计量的金融资产	计入资产	不确认	持有债券
以公允价值计量且其变动计入当期损益的金融资产	计入投资收益	公允价值变动损益	出售债券 出售股票
以公允价值计量且其变动计入其他综合收益的金融资产	计入资产	其他综合收益	持有+出售债券+指定股票

三类金融资产有何不同?

活动7.1.2　以公允价值计量且其变动计入当期损益的金融资产

一、交易性金融资产的概念

交易性金融资产主要是指企业为了近期内出售而持有金融资产,如企业以赚取差价为目的从二级市场购入的股票、债券、基金等。

企业持有的"以公允价值计量且其变动计入当期损益的金融资产"和"直接指定为以公允

价值计量且其变动计入当期损益的金融资产"列入交易性金融资产核算。

二、账户设置

账户设置见表7-2。

表7-2　　　　　　　　　　　账户设置

账户名称	核算内容
交易性金融资产	资产类账户,核算企业分类为以公允价值计量且其变动计入当期损益的金融资产。该账户设置"成本""公允价值变动"两个明细账户
公允价值变动损益	损益类账户,借方登记资产负债表日企业持有的交易性金融资产等的公允价值低于账面余额的差额;贷方登记资产负债表日企业持有的交易性金融资产等的公允价值高于账面余额的差额
应收股利(股票)	应收股利核算企业应收取的现金股利和应收取其他单位分配的利润
应收利息(债券)	应收利息核算企业根据合同或协议规定应向债务人收取的利息
投资收益	损益类账户,借方登记取得交易性金融资产时支付的交易费用、出售交易性金融资产等发生的投资损失;贷方登记持有交易性金融资产的期间内取得的投资收益以及出售交易性金融资产等实现的投资收益

三、交易性金融资产的账务处理

交易性金融资产的账务处理内容包括取得、持有、处置三个部分(见表7-3)。

表7-3　　　　　　　　交易性金融资产的账务处理内容

交易性金融资产	账务处理内容
取得	(1) 按公允价值计量 (2) 交易费用不列入成本 (3) 取得环节垫付的股利或利息不列入成本
持有期间	(1) 收回取得时垫付的应收股利/利息 (2) 确认并收取持有期间应得的股利或利息,列入投资收益 (3) 公允价值变动(上升或下跌),增加或减少资产
处置	净售价(售价－交易费用)与交易性金融资产账面余额的差列入投资收益

(一) 取得时的账务处理

交易性金融资产取得时的账务处理见表7-4。

表7-4　　　　　　　交易性金融资产取得时的账务处理

初始确认	账务处理
(1) 以公允价值计量且其变动计入当期损益的金融资产初始确认时,应按公允价值计量,相关交易费用应当直接计入当期损益(投资收益的借方) (2) 支付的价款中,包含已宣告但尚未发放的现金股利或已到付息期尚未领取的债券利息,应当单独确认为应收项目	借:交易性金融资产——成本(公允价值) 　　应收股利(价款包含的股利) 　　应收利息(价款包含的利息) 　　投资收益(交易费用)(影响当期损益) 　　应交税费——应交增值税(进项税额) 　贷:其他货币资金——存出投资款

【例 7-1】 甲公司购入乙公司股票并划分为交易性金融资产,共支付价款 3 600 000 元(其中包含已宣告但尚未发放的现金股利 100 000 元),另支付相关交易费用 10 000 元,取得并经税务机关认证的增值税专用发票上注明的增值税额为 600 元。甲公司编制会计分录如下:

借:交易性金融资产——成本(3 600 000-100 000)　　　　　　　　3 500 000
　　应收股利　　　　　　　　　　　　　　　　　　　　　　　　　　100 000
　　投资收益　　　　　　　　　　　　　　　　　　　　　　　　　　 10 000
　　应交税费——应交增值税(进项税额)　　　　　　　　　　　　　　 600
　　贷:其他货币资金　　　　　　　　　　　　　　　　　　　　　　 3 610 600

注:交易费用是指可直接归属于购买、发行或处置金融工具的增量费用。增量费用是指企业没有发生购买、发行或处置相关金融工具的情形就不会发生的费用。它包括支付给代理机构、咨询公司、券商、证券交易所、政府有关部门等的手续费、佣金、相关税费以及其他必要支出,不包括债券溢价、折价、融资费用、内部管理成本和持有成本等与交易不直接相关的费用。

【例 7-2】 2021 年 7 月 1 日,乙公司购入甲公司 2020 年 1 月 1 日发行的债券,支付价款为 2 100 000 元(含已到付息期但尚未领取的债券利息 40 000 元),另支付交易费用 15 000 元,取得并经税务机关认证的增值税专用发票上注明的增值税额为 900 元。该债券面值为 2 000 000 元,票面年利率为 4%(票面利率等于实际利率),每半年付息一次,乙公司将其划分为交易性金融资产。乙公司编制会计分录如下:

借:交易性金融资产——成本　　　　　　　　　　　　　　　　　　 2 060 000
　　应收利息　　　　　　　　　　　　　　　　　　　　　　　　　　 40 000
　　投资收益　　　　　　　　　　　　　　　　　　　　　　　　　　 15 000
　　应交税费——应交增值税(进项税额)　　　　　　　　　　　　　　 900
　　贷:其他货币资金——存出投资款　　　　　　　　　　　　　　　 2 115 900

练一练

(1)(选择题)某企业购入 W 上市公司股票 180 万股,并划分为交易性金融资产,共支付款项 2 834.24 万元(其中包括已宣告但尚未发放的现金股利 126 万元),另支付相关交易费用 4 万元,取得的增值税专用发票上注明的增值税额为 0.24 万元。该项交易性金融资产的入账价值为(　　)万元。

　　A. 2 700　　　　B. 2 704　　　　C. 2 830　　　　D. 2 834

(2)(选择题)甲公司从上海证券交易所购入乙公司的股票 15 000 股,每股价格为 40 元(其中包含已宣告但尚未发放的现金股利 0.2 元),另支付相关交易费用 10 000 元,取得的增值税专用发票上注明的增值税税额为 600 元。甲公司将其划分为交易性金融资产,不考虑其他因素,下列关于该交易性金融资产取得的影响中,正确的有(　　)。

　　A. 交易性金融资产——成本 597 000 元　　B. 投资收益 10 600 元
　　C. 应收股利 3 000 元　　　　　　　　　　D. 其他货币资金 610 600 元

(3)(判断题)企业取得交易性金融资产时,应以其市场价格为基础确定其公允价值,作为其初始入账金额。(　　)

(4)(实务题)2021 年 6 月 1 日,甲公司从上海证券交易所购入 A 上市公司股票 1 000 000 股,支付价款 10 000 000 元(其中包含已宣告但尚未发放的现金股利 600 000 元),另支付相关交易费用 25 000 元,取得的增值税专用发票上注明的增值税额为 1 500 元。甲公司将其划分为交易性金融资产进行管理和核算。请编制相关会计分录。

(二) 持有期间的账务处理

交易性金融资产持有期间的账务处理见表 7-5。

表 7-5　　　　　　　　　交易性金融资产持有期间的账务处理

业务内容	账务处理
收到购买价款中包含的现金股利或利息	借:其他货币资金——存出投资款 　贷:应收股利、应收利息等
新宣告的现金股利或利息	借:应收股利、应收利息等 　贷:投资收益(影响当期损益) 借:其他货币资金——存出投资款 　贷:应收股利
公允价值变动(上升)	借:交易性金融资产——公允价值变动 　贷:公允价值变动损益(影响当期损益)
公允价值变动(下降)	借:公允价值变动损益(影响当期损益) 　贷:交易性金融资产——公允价值变动

注:公允价值变动=该期期末公允价值-初始(上期)期末公允价值

【例 7-3】 2021 年 5 月 1 日,甲公司购入乙公司股票 100 000 股,列入公允价值计量且其变动计入当期损益的金融资产核算,每股买价为 30 元,另支付交易费用 50 000 元,取得并经税务机关认证的增值税专用发票上注明的增值税额为 3 000 元,乙公司已于 4 月 25 日宣告分红,每股红利为 2 元,于 5 月 10 日发放。甲公司编制会计分录如下:

交易性金融资产的入账成本=(30-2)×100 000=2 800 000(元)

每股初始成本=28(元)

A. 5 月 1 日,购入股票时:

借:交易性金融资产——成本　　　　　　　　　　　　　　　　　2 800 000
　　应收股利　　　　　　　　　　　　　　　　　　　　　　　　　200 000
　　投资收益　　　　　　　　　　　　　　　　　　　　　　　　　　50 000
　　应交税费——应交增值税(进项税额)　　　　　　　　　　　　　 3 000
　贷:其他货币资金——存出投资款　　　　　　　　　　　　　　　3 053 000

B. 5 月 10 日,收到股利时:

借:银行存款　　　　　　　　　　　　　　　　　　　　　　　　　200 000
　贷:应收股利　　　　　　　　　　　　　　　　　　　　　　　　　200 000

C. 若 6 月 30 日每股市价为 25 元,每股下跌 3 元(28-25):

借:公允价值变动损益　　　　　　　　　　　　　　　　　　　　　 300 000
　贷:交易性金融资产——公允价值变动　　　　　　　　　　　　　 300 000

D. 10 月 3 日,乙公司再次宣告分红,每股红利为 1.5 元,于 10 月 25 日发放。

a. 10 月 3 日,宣告分红时:

| 借：应收股利 | 150 000 | |
| 贷：投资收益 | | 150 000 |

b. 10月25日，收到股利时：

| 借：银行存款 | 150 000 | |
| 贷：应收股利 | | 150 000 |

E. 若10月31日，每股市价为每股32元，每股上升7元（32－25）时：

| 借：交易性金融资产——公允价值变动 | 700 000 | |
| 贷：公允价值变动损益 | | 700 000 |

（三）出售交易性金融资产的账务处理

出售交易性金融资产时，应当将该金融资产出售时的公允价值与其账面余额之间的差额作为投资损益进行会计处理。账务处理如下：

借：其他货币资金——存出投资款
　　贷：交易性金融资产——成本
　　　　　　　　　　——公允价值变动（或借记）
　　　　投资收益（或借记）

【例7-4】 承[例7-3]，2021年12月20日，甲公司抛售所持股份100 000股，每股售价为26元，交易费用为20 000元。

净售价＝100 000×26－20 000＝2 580 000（元）

交易性金融资产公允价值变动结果＝－300 000＋700 000＝400 000（元）

借：其他货币资金	2 580 000	
投资收益	620 000	
贷：交易性金融资产——成本		2 800 000
——公允价值变动		400 000

四、转让金融商品应交增值税的账务处理

金融商品转让按照卖出价扣除买入价（不需要扣除已宣告未发放现金股利和已到付息期未领取的利息）后的金额作为销售额计算增值税。若扣除买入价后出现负数，可结转下下纳税期与下期转让金额商品销售额互抵，但年末时仍出现负数的不得转入下一会计年度。相关账务处理如下：

转让交易性金融资产应交增值税＝（售价－买价）÷（1＋6%）×6%

注：买价不得剔除包含的已宣告未发放股利及已到期未收到的利息。

A. 实现盈余时：

借：投资收益
　　贷：应交税费——转让金融商品应交增值税

B. 发生亏损时：

借：应交税费——转让金融商品应交增值税
　　贷：投资收益

C. 年末冲减损失时：

年末，如果"应交税费——转让金融商品应交增值税"账户有借方余额，说明本年度的金融商品转让损失无法弥补，且损失不可转入下年继续递减转让金融资产的收益，则应冲减投资收益。

借：投资收益
　　贷：应交税费——转让金融商品应交增值税

【例7-5】 甲公司处置持有的交易性金融资产，处置价款为3 500 000元，购入价款为2 600 000元。甲公司计算该项业务转让金融商品应交增值税时应编制会计分录如下：

转让金融商品应交增值税＝（3 500 000－2 600 000）÷（1＋6%）×6%＝50 943.40（元）

借：投资收益　　　　　　　　　　　　　　　　　　　　　　　　　50 943.40
　　贷：应交税费——转让金融商品应交增值税　　　　　　　　　　　50 943.40

【例7-6】 2021年3月，某企业转让金融商品，取得买卖负差价1 590 000元，假定不考虑其他情况，该企业转让金融商品时应编制会计分录如下：

A. 2021年3月，产生转让损失1 590 000元，则按可结转下月抵扣税额：

借：应交税费——转让金融商品应交增值税[1 590 000÷（1＋6%）×6%]　90 000
　　贷：投资收益　　　　　　　　　　　　　　　　　　　　　　　　90 000

B. 如果截至2021年年末，该企业没有其他转让金融商品业务，"应交税费——转让金融商品应交增值税"账户出现借方余额，则该企业2021年年末应编制会计分录如下：

借：投资收益　　　　　　　　　　　　　　　　　　　　　　　　　90 000
　　贷：应交税费——转让金融商品应交增值税　　　　　　　　　　　90 000

交易性金融资产从取得到处置时对损益的影响如下：

从取得至处置时的投资收益 ＝ 取得时的交易费用 ＋ 持有期间的取得的分红 ＋ 处置时产生的投资收益 ＋ 涉及的增值税

从取得至处置时的损益（营业利润） ＝ 从取得至处置时的投资收益 ＋ 公允价值变动损益

处置时投资收益（处置时损益） ＝ 处置时产生的投资收益 ＋ 转让该金融商品应交的增值税

（业务题）甲企业为增值税一般纳税人，2021年发生如下与交易性金融资产相关的经济业务：

（1）4月12日，从深圳证券交易所购入乙企业股票20 000股，该股票的公允价值为900 000元，另支付相关交易费用3 000元，取得的增值税专用发票上注明的增值税额为180元，发票已通过税务机关认证，甲企业将该股票划分为交易性金融资产。

（2）6月30日，甲企业持有乙企业股票的市价为920 000元。

(3) 7月6日,乙企业宣告以每股0.2元发放上年度的现金股利。7月10日,甲企业收到乙企业向其发放的现金股利,假定股利不考虑相关税费。

(4) 7月18日,将持有的乙企业股票全部出售,价款为1 006 000元,转让该金融商品应交增值税6 000元,款项已收到。

根据上述资料,假定甲企业取得的增值税专用发票均已经税务机关认证,不考虑其他因素,编制相关会计分录,并计算处置时的投资收益、从取得至处置时的投资收益、因该股票投资影响营业利润额。

活动7.1.3 以摊余成本计量的金融资产

一、确认为以摊余成本计量的金融资产条件

企业应当根据其管理金融资产的业务模式和金融资产的合同现金流量特征,将金融资产划分为以下三类:①以摊余成本计量的金融资产。②以公允价值计量且其变动计入其他综合收益的金融资产。③以公允价值计量且其变动计入当期损益的金融资产。企业管理金融资产的业务模式是指企业如何管理其金融资产以产生现金流量。业务模式决定企业所管理金融资产现金流量的来源是收取合同现金流量、出售金融资产还是两者兼有。

金融资产同时符合下列条件的,应当分类为以摊余成本计量的金融资产:企业管理该金融资产的业务模式是以收取合同现金流量为目标;该金融资产的合同条款规定,在特定日期产生的现金流量,仅为对本金和以未偿付本金金额为基础的利息的支付。例如,普通债券的合同现金流量是到期收回本金及按约定利率在合同期间收取固定或浮动利息。在没有特殊安排的情况下,普通债券通常可能符合本金加利息的合同现金流量特征。如果企业管理该债券的业务模式是以收取合同现金流量为目标,则该债券可以分类为以摊余成本计量的金融资产。又如,企业正常商业往来形成的具有一定信用期限的应收账款,如果企业根据应收账款的合同现金流量收取现金,且不打算提前处置应收账款,则该应收账款可以分类为以摊余成本计量的金融资产。

二、以摊余成本计量的金融资产的账务处理

(一)账户设置

(1)"债权投资"账户。该账户属于资产类账户,用于核算企业以摊余成本计量的债权投资的期末账面余额。该账户可按债权投资的类别和品种,分别"面值""利息调整""应计利息"等进行明细核算。

(2)"债权投资减值准备"账户。该账户属于资产类账户,是"债权投资"账户的备抵账户,用于核算企业以摊余成本计量的债权投资以预期信用损失为基础计提的损失准备。

(二)账务处理

1. 以摊余成本计量的金融资产的初始计量

企业初始确认金融资产时,应当按照公允价值进行初始计量,为购入该金融资产发生的相关交易费用计入初始确认金额。实际支付的价款中包含已到付息期但尚未领取的债券利息,应当在初始确认时计入应收项目。账务处理如下:

借：债权投资——成本（面值）
　　　　——利息调整（差额，或贷记）
　　应收利息或债权投资——应计利息
　贷：其他货币资金——存出投资款

注：分期付息，记入"应收利息"账户；一次还本付息，记入"债权投资——应计利息"账户。

【例7-7】 2021年1月9日，达邦公司购入B公司发行的债券，该债券的发行日为2021年1月1日，面值为1 000 000元，购买价为974 197元（含交易费用），债券期限为3年，票面年利率为7%，市场利率为8%，债券利息每年年末支付，本金到期支付。根据管理金融资产的业务模式和该债券的合同现金流量特征，将其划分为以摊余成本计量的金融资产。达邦公司取得该项金融资产时编制会计分录如下：

借：债权投资——成本　　　　　　　　　　　　　　　　1 000 000
　贷：其他货币资金——存出投资款　　　　　　　　　　　　974 197
　　　债权投资——利息调整　　　　　　　　　　　　　　　 25 803

2. 以摊余成本计量的金融资产的后续计量

企业应当采用实际利率法，按摊余成本对该类金融资产进行后续计量。

企业按照摊余成本和实际利率计算确认的利息收入，按实际利率计算的利息收入与按票面利率计算的应计利息的差额，即为本期摊销的溢价或折价。债券到期，溢价或折价的金额应分摊完毕。此时，债权投资的摊余成本与债券面值相等。

摊余成本是指该金融资产的初始确认金额经下列调整后的结果：①扣除已偿还的本金。②加上或减去采用实际利率法将该初始确认金额与到期日金额之间的差额进行摊销形成的累计摊销额。③扣除累计计提的损失准备。就债权投资而言，摊余成本就是其账面价值，若没有计提过减值准备，就是其账面余额。其计算公式如下：

债权投资的摊余成本＝债权投资－债权投资减值准备
　　　　　　　　　＝债权投资的账面价值

1）分期付息债券利息收入的确认

债权投资如为分期付息、一次还本债券，企业应当于付息日或资产负债表日计提债券利息，计提的利息通过"应收利息"账户核算，同时确认利息收入。付息日或资产负债表日，企业以债权投资面值和票面利率计算确定应收利息，以债权投资摊余成本和实际利率计算确认利息收入，按其差额确认利息调整。收到上列应收未收的利息时，确认银行存款。会计处理如下：

借：应收利息（债券面值×票面利率）
　贷：投资收益（期初摊余成本×实际利率）
　　　债权投资——利息调整（差额，或借记）
借：其他货币资金等
　贷：应收利息

【例7-8】 承[例7-7]，确认各年的实际利息收入，并摊销利息调整，到期收回本金。达邦公司编制会计分录如下：

A. 2021年12月31日，确认实际利息收入时：

借：应收利息（1 000 000×7%） 70 000
　　债权投资——利息调整 7 936
　　　贷：投资收益 77 936

注：期初摊余成本＝1 000 000－25 803＝974 197（元）
　　投资收益＝974 197×8%＝77 936（元）
　　利息调整＝77 936－70 000＝7 936（元）

实际收到债券利息时：

借：其他货币资金——存出投资款 70 000
　　　贷：应收利息 70 000

B. 2022年12月31日，确认实际利息收入时：

借：应收利息 70 000
　　债权投资——利息调整 8 571
　　　贷：投资收益 78 571

注：摊余成本＝974 197＋7 936＝982 133（元）
　　投资收益＝982 133×8%＝78 571（元）
　　利息调整＝78 571－70 000＝8 571（元）

实际收到债券利息时：
其分录同前，略。

C. 2023年12月31日，确认实际利息收入，收到债券利息时：

借：应收利息 70 000
　　债权投资——利息调整（25 803－7 936－8 571） 9 296
　　　贷：投资收益 79 296

D. 到期收回本金时：

借：其他货币资金——存出投资款 1 000 000
　　　贷：债权投资——成本 1 000 000

练一练

（实务题）甲公司于2021年1月1日购入乙公司于发行的面值800 000元的公司债券，该债券期限为3年，票面利率为5%，实际利率为4%，发行价格为822 300元（含交易费用），每年12月31日支付利息。该债券分类为以摊余成本计量的金融资产。请编制债券取得时、每年确认利息及收到利息时、到期收回本金时的会计分录。

2）到期一次还本付息债券利息的确认

债权投资如为一次还本付息的债券，企业应当于计息日或资产负债表日计提债券利息，计提的债券利息通过"债权投资——应计利息"账户核算；同时，按实际利率法确认利息收入并摊销利息调整。资产负债表日，应收利息、利息收入和利息调整的确认方法与分期付息债券相同。会计处理如下：

借:债权投资——应计利息(债券面值×票面利率)
　　贷:投资收益(期初摊余成本×实际利率)
　　　债权投资——利息调整(差额,或借记)

【例 7-9】 2021 年 1 月 2 日,甲公司购买了乙公司于 2021 年年初发行的公司债券,期限为 5 年,划分为以摊余成本计量的金融资产,买价为 900 000 元,另支付交易费用 50 000 元。该债券面值为 1 000 000 元,票面利率为 4%,实际利率 4.78%。到期一次还本付息。相关会计处理如下:

A. 取得债券时:

借:债权投资——成本　　　　　　　　　　　　　　　　　　　　　1 000 000
　　贷:其他货币资金——存出投资款　　　　　　　　　　　　　　　950 000
　　　债权投资——利息调整　　　　　　　　　　　　　　　　　　　50 000

B. 2021 年 12 月 31 日(第一年年末)计息时:

借:债权投资——应计利息　　　　　　　　　　　　　　　　　　　40 000
　　　　　——利息调整　　　　　　　　　　　　　　　　　　　　　5 410
　　贷:投资收益[(1 000 000-50 000)×4.78%]　　　　　　　　　　　45 410

C. 2022 年 12 月 31 日(第二年年末)计息时:

借:债权投资——应计利息　　　　　　　　　　　　　　　　　　　40 000.00
　　　　　——利息调整　　　　　　　　　　　　　　　　　　　　　7 580.60
　　贷:投资收益[(950 000+40 000+5 410)×4.78%]　　　　　　　　　47 580.60

D. 2023 年 12 月 31 日(第三年年末)计息时:

借:债权投资——应计利息　　　　　　　　　　　　　　　　　　　40 000.00
　　　　　——利息调整　　　　　　　　　　　　　　　　　　　　　9 854.95
　　贷:投资收益[(995 410+40 000+7 580.60)×4.78%]　　　　　　　49 854.95

E. 2024 年 12 月 31 日(第四年年末)计息时:

借:债权投资——应计利息　　　　　　　　　　　　　　　　　　　40 000.00
　　　　　——利息调整　　　　　　　　　　　　　　　　　　　　　12 238.02
　　贷:投资收益[(1 042 990.60+40 000+9 854.95)×4.78%]　　　　　52 238.02

F. 2024 年 12 月 31 日(第五年年末)收回本息时:

借:债权投资——应计利息　　　　　　　　　　　　　　　　　　　40 000.00
　　　　　——利息调整　　　　　　　　　　　　　　　　　　　　　14 916.43
　　贷:投资收益　　　　　　　　　　　　　　　　　　　　　　　　54 916.43

注:最后一期利息调整=50 000-5 410-7 580.60-9 854.95-12 238.02=14 916.43(元)

到期收回本息时:

借:银行存款　　　　　　　　　　　　　　　　　　　　　　　　　1 200 000
　　贷:债权投资——成本　　　　　　　　　　　　　　　　　　　　1 000 000
　　　　　　——应计利息　　　　　　　　　　　　　　　　　　　　200 000

 **练一练**

（实务题）2021年1月2日，甲公司购买了乙公司于2021年年初发行的公司债券，期限为4年，划分为以摊余成本计量的金融资产，买价为477 266元（含交易费用）。该债券面值为500 000元，票面利率为4‰，实际利率5‰，到期一次还本付息。请编制该债券从取得到收回本息的会计分录。

3. 债权投资提取减值的会计处理

企业应当在资产负债表日对以公允价值计量且其变动计入当期损益的金融资产以外的金融资产的账面价值进行检查，有客观证据表明该金融资产发生减值的，应当计提减值准备。债权性投资减值的主要迹象为债务人发生严重财务困难等。债权投资减值准备核算企业以摊余成本计量的债权投资以预期信用损失为基础计提的损失准备。债权投资减值后可以恢复但不得超过已提减值准备数。企业计提债权投资减值准备时编制会计分录如下：

借：信用减值损失
  贷：债权投资减值准备

【例7-10】 2021年1月2日，甲公司购买了乙公司于年初发行的债券，面值为100万元，票面年利率为4‰，每年年末付息，到期还本，期限5年。甲公司购入后将此债券投资划分为以摊余成本计量的金融资产。截至2021年12月31日，该债券的摊余成本为959 000元，可收回金额为762 800元。2021年12月31日，甲公司计提债权投资减值准备时，编制会计分录如下：

借：信用减值损失   196 200
  贷：债权投资减值准备（959 000－762 800）   196 200

4. 债权投资的处置

企业处置以摊余成本计量的债权投资时，应将所取得的价款与该债权投资账面价值之间的差额计入投资收益，处置时要冲减原确认的减值损失。一般会计处理如下：

借：银行存款（实际收到的金额）
  债权投资减值准备
  贷：债权投资——成本
      ——利息调整（或在借方）
  投资收益（差额，或借记）

【例7-11】 2021年1月1日，甲公司将原持有的划分为以摊余成本计量的金融资产债券出售，出售时该债券的账面余额为390 000元[其中，成本410 000元，利息调整（贷方）20 000元]，实际收到价款425 500元。甲公司编制会计分录如下：

借：其他货币资金——存出投资款   425 500
  债权投资——利息调整   20 000
  贷：债权投资——成本   410 000
    投资收益   35 500

活动 7.1.4 以公允价值计量且其变动计入其他综合收益的金融资产

对于公允价值能够可靠地计量的金融资产，企业可以将其直接指定为以公允价值计量且其变动计入其他综合收益的金融资产。如果企业没有将其划分为以摊余成本计量的金融资产和以公允价值计量且其变动计入当期损益的金融资产，则应将其作为以公允价值计量且其变动计入其他综合收益的金融资产处理。

从《企业会计准则第 22 号——金融工具确认和计量》规定的定义来看，以公允价值计量且其变动计入其他综合收益的金融资产既可以是其他权益工具投资，也可以是其他债权投资。

一、账户设置

企业可设置"其他债权投资""其他权益工具投资"账户来核算以公允价值计量且其变动计入其他综合收益的金融资产。

"其他债权投资"账户属于非流动资产类账户，其借方登记取得债券的面值、利息调整、应计利息；贷方登记出售债权投资的成本、利息调整、应计利息；期末余额在借方，反映企业债权投资的摊余成本。该账户可按照债权投资的类别和品种设置"成本""利息调整""应计利息"等明细账户进行核算。

"其他权益工具投资"账户属于非流动资产类账户，其借方登记取得股票的成本、资产负债表日确认公允价值高于其账面余额的差额；贷方登记出售权益投资的成本、资产负债表日确认公允价值低于其账面余额的差额；期末余额在借方，反映企业其他权益工具投资的成本。该账户可设置"成本""公允价值变动"等明细账户进行明细分类核算。

二、具体会计核算

（1）取得以公允价值计量且其变动计入其他综合收益的金融资产时：

A. 如果为股票投资：

借：其他权益工具投资——成本（公允价值＋交易费用）
　　应收股利（包含的已宣告但尚未发放的现金股利）
　贷：银行存款（按实际支付的金额）

B. 如果为债券投资：

借：其他债权投资——成本（债券面值）
　　应收利息（包含的已到付息期但尚未领取的利息）
　贷：银行存款（实际支付的金额）
　　其他债权投资——利息调整（差额记入借方或贷方）

（2）资产负债表日，以公允价值计量且其变动计入其他综合收益的金融资产为债券，确认利息收入时：

A. 以公允价值计量且其变动计入其他综合收益的金融资产为分期付息、一次还本债券时：

借：应收利息（面值×票面利率）
　　贷：投资收益（期初摊余成本×实际利率）
　　　　其他债权投资——利息调整（差额记入借方或贷方）

B. 以公允价值计量且其变动计入其他综合收益的金融资产为一次还本付息债券时：

借：其他债权投资——应计利息
　　贷：投资收益
　　　　其他债权投资——利息调整（或在借方）

（3）资产负债表日确认公允价值变动时：

A. 其他权益工具投资的公允价值高于其账面余额时：

借：其他权益工具投资——公允价值变动
　　贷：其他综合收益

B. 公允价值低于其账面余额时：

借：其他综合收益
　　贷：其他权益工具投资——公允价值变动

（4）以公允价值计量且其变动计入其他综合收益的金融资产处置时：

借：银行存款（实际收到的金额）
　　其他综合收益（转出的公允价值累计变动额）（或在贷方）
　　贷：其他债权（权益工具）投资——成本、公允价值变动、利息调整等
　　　　投资收益

【例 7-12】 A 公司为非上市公司，按年对外提供财务会计报告，有关股票投资的业务如下（所得税税率为 25%）：

（1）2021 年 11 月 6 日，A 公司购买 B 公司发行的股票 100 万股，成交价为每股 25.2 元，其中包含已宣告但尚未发放的现金股利每股 0.2 元，另支付交易费用 6 万元，占 B 公司有表决权资本的 1%。A 公司在两种不同划分下编制会计分录如表 7-6 所示。

表 7-6　　　　　　　　　　两种不同划分下的会计分录

划分以公允价值计量且其变动计入 其他综合收益的金融资产	划分交易性金融资产
初始成本＝100×(25.2－0.2)＋6＝2 506（万元） 借：其他权益工具投资——成本　　25 060 000 　　应收股利　　　　　　　　　　　　200 000 　　贷：银行存款　　　　　　　　　25 260 000	初始成本＝100×(25.2－0.2)＝2 500（万元） 借：交易性金融资产——成本　　25 000 000 　　投资收益　　　　　　　　　　　　60 000 　　应收股利　　　　　　　　　　　　200 000 　　贷：银行存款　　　　　　　　　25 260 000

（2）2021 年 11 月 10 日，收到上述现金股利。A 公司在两种不同划分下编制会计分录如表 7-7 所示。

表 7-7　　　　　　　　　　　两种不同划分下的会计分录

划分以公允价值计量且其变动计入 其他综合收益的金融资产	划分交易性金融资产
借：银行存款　　　　　　200 000 　　贷：应收股利　　　　　　200 000	借：银行存款　　　　　　200 000 　　贷：应收股利　　　　　　200 000

(3) 2021 年 12 月 31 日，该股票每股市价为 28 元。A 公司在两种不同划分下编制会计分录如表 7-8 所示。

表 7-8　　　　　　　　　　　两种不同划分下的会计分录

划分以公允价值计量且其变动 计入其他综合收益的金融资产	划分交易性金融资产
公允价值变动=100×28-2 506=294（万元） 借：其他权益工具投资——公允价值变动 　　　　　　　　　　　　2 940 000 　　贷：其他综合收益　　　　2 940 000	公允价值变动=100×28-2 500=3 000 000（万元） 借：交易性金融资产——公允价值变动 　　　　　　　　　　　　3 000 000 　　贷：公允价值变动损益　　3 000 000
2021 年资产负债表中"其他权益工具投资"项目列示 金额=100×28=2 800（万元） 影响 2021 年营业利润的金额=0 影响 2021 年其他综合收益税后净额的金额=294× 75%=220.5（万元）	2021 年资产负债表中"以公允价值计量且其变动 计入当期损益的金融资产"项目列示金额=100× 28=2 800（万元） 影响 2021 年营业利润的金额=-6+300=294 （万元）

(4) 2022 年 4 月 3 日，B 公司宣告发放现金股利每股 0.3 元。4 月 30 日，A 公司收到现金股利。A 公司在两种不同划分下编制会计分录如表 7-9 所示。

表 7-9　　　　　　　　　　　两种不同划分下的会计分录

划分以公允价值计量且其变动计入 其他综合收益的金融资产	划分交易性金融资产
借：应收股利（1 000 000×0.3）　300 000 　　贷：投资收益　　　　　　300 000 借：银行存款　　　　　　300 000 　　贷：应收股利　　　　　　300 000	借：应收股利（1 000 000×0.3）300 000 　　贷：投资收益　　　　　　300 000 借：银行存款　　　　　　300 000 　　贷：应收股利　　　　　　30 0000

(5) 2022 年 12 月 31 日，该股票每股市价为 26 元，假定判断为暂时性下跌。A 公司在两种不同划分下编制会计分录如表 7-10 所示。

表 7-10　　　　　　　　　　　两种不同划分下的会计分录

划分以公允价值计量且其变动计入 其他综合收益的金融资产	划分交易性金融资产
公允价值变动=100×(26-28)=-200（万元） 借：其他综合收益　　　　2 000 000 　　贷：其他权益工具投资——公允价值变动 　　　　　　　　　　　　2 000 000	公允价值变动=100×(26-28)=-200（万元） 借：公允价值变动损益　　2 000 000 　　贷：交易性金融资产——公允价值变动 　　　　　　　　　　　　2 000 000

(续表)

划分以公允价值计量且其变动计入其他综合收益的金融资产	划分交易性金融资产
2022年年末可供出售金融资产账面价值＝100×26＝2 600（万元） 影响2022年营业利润的金额＝30（万元） 影响2022年其他综合收益税后净额的金额＝－200×75%＝－150（万元）	2022年年末交易性金融资产账面价值＝100×26＝2 600（万元） 影响2022年营业利润的金额＝30－200＝－170（万元）

(6) 2023年2月6日，A公司出售B公司全部股票，出售价格为每股30元，另支付交易费用8万元。A公司在两种不同划分下编制会计分录如表7-11所示。

表7-11　　　　　　　　两种不同划分下的会计分录

划分以公允价值计量且其变动计入其他综合收益的金融资产	划分交易性金融资产
借：银行存款（1 000 000×30－80 000） 　　　　　　　　　　　　29 920 000 　　其他综合收益　　　　　　940 000 　贷：其他权益工具投资——成本　25 060 000 　　　　　　　　　——公允价值变动 　　　　　　　　（2 940 000 　　　　　　　　－2 000 000）940 000 　　　投资收益　　　　　　　4 860 000	借：银行存款（1 000 000×30－80 000） 　　　　　　　　　　　　29 920 000 　　公允价值变动损益　　　1 000 000 　贷：交易性金融资产——成本　25 000 000 　　　　　　　　——公允价值变动 　　　　　　（3 000 000－2 000 000） 　　　　　　　　　　　　1 000 000 　　　投资收益　　　　　　　4 920 000
其他权益工具投资快速计算： 处置时影响投资收益＝公允价值－初始成本＝2 992－2 506＝486（万元） 处置时影响营业利润＝公允价值－账面价值＋其他综合收益＝2 992－2 600＋94＝486（万元）	交易性金融资产快速计算： 处置时影响投资收益＝公允价值－初始成本＝2 992－2 500＝492（万元） 处置时影响营业利润＝公允价值－账面价值＝2 992－2 600＝392（万元）

练一练

（实务题）2021年1月1日，华邦有限公司支付价款9 732.50元购入某公司发行的3年期公司债券，该公司债券的面值为10 000元，票面利率为5%，实际利率为6%，利息每年年末支付，本金到期支付。华邦有限公司将该公司债券列入其他债权投资，假定不考虑交易费用及其他因素的影响。请编制相关会计分录。

任务7.2　长期股权投资

活动7.2.1　认知长期股权投资

长期股权投资是指投资方对被投资单位实施控制、重大影响的权益性投资，以及对其合营企业的权益性投资。长期股权投资包括投资方持有的对联营企业、合营企业和子公司的投资。

> **温馨提示**
>
> （1）长期股权投资核算的对象是股票，不会涉及债券。
>
> （2）在一般情况下，单从持股比例来看：①若投资方持有被投资方的股权比例在20%~50%（包括20%，不包括50%），投资方对被投资方具有重大影响。②若投资方和其他投资方对被投资方的持股比例相等，则属于共同控制。③若投资方持有被投资方50%以上的股权，投资方可以控制被投资方。

【例7-13】 假设A公司持有B公司35%的股权，不考虑其他因素，请判断A、B公司之间的关系。

A公司对B公司具有重大影响，B公司是A公司的联营企业。

【例7-14】 假设A公司、C公司和D公司分别持有B公司1/3的股权，不考虑其他因素，请判断A、B公司之间的关系。

A公司、C公司和D公司共同控制B公司，从A公司角度看，B公司是A公司的合营企业。

【例7-15】 假设A公司持有B公司60%的股权，不考虑其他因素，请判断A、B公司之间的关系。

A公司可以控制B公司，A公司是B公司的母公司，B公司是A公司的子公司（非全资子公司）。

【例7-16】 假设A公司持有B公司100%的股权，不考虑其他因素，请判断A、B公司之间的关系。

A公司可以控制B公司，A公司是B公司的母公司，B公司是A公司的子公司（全资子公司）。

活动7.2.2 长期股权投资的初始计量

一、同一控制下形成控股合并的长期股权投资的会计处理

（一）初始投资成本的确定

合并方以支付现金、转让非现金资产或承担债务方式作为合并对价的，应当在合并日按照所取得的被合并方在最终控制方合并财务会计报告中的净资产账面价值份额作为长期股权投资的初始投资成本。

（二）合并方发生的中介费用、交易费用的处理

合并方发生的审计、法律服务、评估咨询等中介费用以及其他相关管理费用，于发生时计入当期损益。与发行权益性工具作为合并对价直接相关的交易费用，应当冲减资本公积（资本溢价或股本溢价），资本公积（资本溢价或股本溢价）不足冲减的，依次冲减盈余公积和未分配利润。与发行债务性工具作为合并对价直接相关的交易费用，应当计入债务性工具的初始确认金额。

(三) 合并方长期股权投资的初始投资成本的确定

在按照合并日应享有被合并方在最终控制方角度净资产的账面价值份额确定长期股权投资的初始投资成本时,前提是合并前合并方与被合并方采用的会计政策应当一致。企业合并前合并方与被合并方采用的会计政策不同的,应基于重要性的会计信息质量要求,统一合并方与被合并方的会计政策。在按照合并方的会计政策对被合并方净资产的账面价值进行调整的基础上,计算确定长期股权投资的初始投资成本。

(四) 合并财务会计报告中长期股权投资的初始投资成本的确认基础

如果被合并方编制合并财务会计报告,则应当以合并日被合并方的合并财务会计报告为基础确认长期股权投资的初始投资成本。

【例7-17】 甲公司和乙公司同为A公司的子公司,且为A公司直接投资形成的子公司。2021年3月6日,甲公司与A公司签订合同,甲公司以银行存款2 000万元和一栋作为固定资产的办公楼为对价购买了A公司持有乙公司80%的表决权资本。2021年4月6日,甲公司与A公司股东大会批准该协议。2021年6月30日,甲公司以银行存款2 000万元支付给A公司,当日该办公楼的账面价值为14 000万元(原值为18 000万元,累计折旧为4 000万元),公允价值为20 000万元(不考虑增值税);同日,办理了必要的财产权交接手续并取得控制权。当日乙公司所有者权益的账面价值为18 000万元,乙公司所有者权益的公允价值为30 000万元;A公司(原母公司)合并财务会计报告中的乙公司净资产账面价值为22 000万元。甲公司另发生审计、法律服务、评估咨询等中介费用160万元(不考虑增值税因素)。甲公司编制会计分录如下：

甲、乙公司在合并前后均受A公司最终控制,故该交易为同一控制下的企业合并。合并方为甲公司,合并日为2021年6月30日。

同一控制下企业合并形成的长期股权投资,应在合并日按取得被合并方在最终控制方(原母公司A公司)合并财务会计报告中的净资产账面价值的份额,作为长期股权投资初始成本17 600万元(22 000×80%)。

借：固定资产清理	140 000 000
累计折旧	40 000 000
贷：固定资产	180 000 000
借：长期股权投资	176 000 000
贷：银行存款	20 000 000
固定资产清理	140 000 000
资本公积——股本溢价	16 000 000
借：管理费用	1 600 000
贷：银行存款	1 600 000

温馨提示

同一控制下的企业合并中,以非现金资产作为对价,不确认资产的处置损益。

二、非同一控制下形成控股合并的长期股权投资的会计处理

(一) 初始投资成本的确定

非同一控制下的企业合并中,购买方为了取得对被购买方的控制权而放弃的资产、发生或

承担的负债、发行的权益性证券等均应按其在购买日的公允价值计量。基于上述原则,购买方应当按照确定的企业合并成本作为长期股权投资的初始投资成本。其计算公式如下:

$$\begin{matrix}\text{长期股权投资的初始}\\\text{投资成本(合并成本)}\end{matrix} = \begin{matrix}\text{支付价款或付出}\\\text{资产的公允价值}\end{matrix} + \begin{matrix}\text{发生或承担的}\\\text{负债的公允价值}\end{matrix} + \begin{matrix}\text{发行的权益性}\\\text{证券的公允价值}\end{matrix}$$

温馨提示

(1) 非同一控制下的企业合并中,购买方为企业合并发生的审计、法律服务、评估咨询等中介费用,应当于发生时计入当期损益。

(2) 以发行债券方式进行的企业合并,与发行债券相关的佣金、手续费等应计入债务性证券的初始计量金额。

(3) 发行权益性证券作为合并对价的,与所发行权益性证券相关的佣金、手续费等应自所发行权益性证券的发行收入中扣减。

(二) 付出资产公允价值与账面价值的差额的处理

采用非同一控制下的企业控股合并时,支付合并对价的公允价值与账面价值的差额,分别不同情况处理:

(1) 合并对价为固定资产、无形资产的,公允价值与账面价值的差额计入资产处置损益。

(2) 合并对价为长期股权投资或金融资产的,公允价值与账面价值的差额计入投资收益。

(3) 合并对价为存货的,应当作为销售处理,以公允价值确认收入,同时结转相应的成本。

(4) 合并对价为投资性房地产的,以公允价值确认其他业务收入,同时结转其他业务成本。

三、不形成控股合并的长期股权投资

以支付现金取得的长期股权投资,应当按照实际支付的购买价款和直接相关的费用、税金和其他必要支出作为长期股权投资的初始投资成本。

(选择题)甲公司于2021年4月1日购得乙公司10%的股份,买价为560万元,发生手续费等必要支出3万元,该投资不具有重大影响,甲公司将其作为可供出售金融资产核算。2022年4月1日,甲公司又购入乙公司30%的股份,买价为1 800万元,取得该部分股权投资后,甲公司对乙公司具有重大影响。当日,甲公司原持有的股权投资的账面价值为590万元,公允价值为600万元。不考虑其他因素,则2022年4月1日该长期股权投资的初始投资成本为( )万元。

A. 2 400　　　　B. 2 390　　　　C. 2 360　　　　D. 1 800

活动 7.2.3　长期股权投资的后续计量

长期股权投资在持有期间,根据投资方对被投资单位的影响程度分别采用成本法和权益

法进行核算。根据《企业会计准则第 2 号——长期股权投资》，对子公司的长期股权投资应当按成本法核算，对合营企业、联营企业的长期股权投资应当按权益法核算，不允许选择按照《企业会计准则第 22 号——金融工具确认和计量》进行会计处理。

一、成本法

对被投资单位不具有控制、共同控制、重大影响，且公允价值不能可靠地计量的股权投资，根据新修订《企业会计准则第 2 号——长期股权投资》，按照金融资产会计核算方法处理。

（一）成本法的适用范围

投资方持有的对子公司投资应当采用成本法核算，投资方为投资性主体且子公司不纳入其合并财务会计报告的除外。投资方在判断对被投资单位是否具有控制时，应综合考虑直接持有的股权和通过子公司间接持有的股权。在个别财务会计报告中，投资方进行成本法核算时，应仅考虑直接持有的股权份额。

（二）成本法的具体会计核算

采用成本法核算的长期股权投资，在追加投资时，按照追加投资支付的对价的公允价值和发生的相关交易费用增加长期股权投资的账面价值。被投资单位宣告分派现金股利或利润的，投资方根据应享有的部分确认当期投资收益。

【例 7-18】 甲公司和乙公司均为我国境内居民企业。2021 年 1 月，甲公司自非关联方处以银行存款 86 000 万元取得对乙公司 80% 的股权，相关手续于当日完成，并能够对乙公司实施控制。2021 年 3 月，乙公司宣告分派现金股利 1 000 万元。2021 年度，乙公司实现净利润 6 000 万元。不考虑相关税费等其他因素影响。甲公司编制会计分录如下：

A. 2021 年 1 月，取得乙公司 80% 的股权时：

借：长期股权投资　　　　　　　　　　　　　　　　　　　860 000 000
　　贷：银行存款　　　　　　　　　　　　　　　　　　　　　　860 000 000

B. 2021 年 3 月，乙公司宣告分派现金股利时：

借：应收股利（10 000 000×80%）　　　　　　　　　　　　8 000 000
　　贷：投资收益　　　　　　　　　　　　　　　　　　　　　　8 000 000

2021 年年末，甲公司该项长期股权投资的账面价值为 86 000 万元。

企业按照上述规定确认自被投资单位应分得的现金股利或利润后，应当考虑长期股权投资是否发生减值。在判断该类长期股权投资是否存在减值迹象时，应当关注长期股权投资的账面价值是否大于享有被投资单位净资产（包括相关商誉）账面价值的份额等类似情况。出现类似情况时，企业应当按照《企业会计准则第 8 号——资产减值》对长期股权投资进行减值测试，可收回金额低于长期股权投资账面价值的，应当计提减值准备。

二、权益法

对合营企业和联营企业的投资应当采用权益法核算。投资方在判断对被投资单位是否具有共同控制、重大影响时，应综合考虑直接持有的股权和通过子公司间接持有的股权。在综合考虑直接持有的股权和通过子公司间接持有的股权后,如果认定投资方对被投资单位具有共同控制或重大影响,在个别财务会计报告中,投资方进行权益法核算时,应仅考虑直接持有的股权份额;在合并财务会计报告中,投资方进行权益法核算时,应同时考虑直接持有和间接持有的份额。

长期股权投资采用权益法核算的,应当在"长期股权投资"账户下分别"投资成本""损益调整""其他综合收益""其他权益变动"等明细账户进行明细核算。

(一)"长期股权投资——投资成本"明细账户的会计处理

(1)初始投资成本大于取得投资时应享有被投资单位可辨认净资产公允价值份额的,该部分差额是投资方在取得投资过程中通过作价体现出的与所取得股权份额相对应的商誉价值,这种情况下不要求对长期股权投资的成本进行调整。

(2)初始投资成本小于取得投资时应享有被投资单位可辨认净资产公允价值份额的,两者之间的差额体现为双方在交易作价过程中转让方的让步,该部分经济利益的流入应计入取得投资当期的营业外收入,同时调整增加长期股权投资的账面价值。

【例7-19】 2021年3月,A公司取得B公司30%的股权,支付价款7 000万元。A公司在取得B公司的股权后,能够对B公司施加重大影响。不考虑相关税费等其他因素影响。

假定一:取得投资时,被投资单位净资产账面价值为20 000万元(假定被投资单位各项可辨认净资产的公允价值与其账面价值相同)。A公司编制会计分录如下:

借:长期股权投资——投资成本　　　　　　　　　　　　　　　　70 000 000
　　贷:银行存款　　　　　　　　　　　　　　　　　　　　　　　70 000 000

此时,A公司不需要调整长期股权投资的账面价值。理由如下:长期股权投资的初始投资成本7 000万元大于取得投资时应享有被投资单位可辨认净资产公允价值的份额6 000万元(20 000×30%),该差额1 000万元不调整长期股权投资的账面价值。

假定二:取得投资时被投资单位可辨认净资产的公允价值为24 000万元,A公司按持股比例30%计算确定应享有被投资单位可辨认净资产公允价值的份额7 200万元(24 000×30%),则初始投资成本与应享有被投资单位可辨认净资产公允价值份额之间的差额200万元(7 200−7 000)应计入取得投资当期的营业外收入。A公司编制会计分录如下:

借:长期股权投资——投资成本　　　　　　　　　　　　　　　　72 000 000
　　贷:银行存款　　　　　　　　　　　　　　　　　　　　　　　70 000 000
　　　　营业外收入　　　　　　　　　　　　　　　　　　　　　　 2 000 000

(二)"长期股权投资——损益调整"明细账户的会计处理

(1)投资方根据被投资单位实现的净利润计算应享有的份额。其账务处理如下:

借:长期股权投资——损益调整
　　贷:投资收益

(2)投资方根据被投资单位发生的净亏损计算应承担的份额时。其账务处理如下:

借:投资收益
　　贷:长期股权投资——损益调整

练一练

（选择题）2021年1月1日，甲公司以现金1080万元取得乙公司60%的股权，能够控制乙公司，合并前双方无关联方关系。当日，乙公司可辨认净资产的公允价值为1400万元，可辨认资产、负债的公允价值均等于账面价值。2022年7月1日，乙公司向非关联方M公司定向增发新股，增资940万元，增资后甲公司对乙公司的持股比例降为40%，不能再控制乙公司，但能对其施加重大影响。2021年1月1日至2022年7月1日，B公司实现净利润650万元（其中2022年上半年实现净利润200万元），未发生其他导致所有者权益变动的事项。假定甲公司按10%计提盈余公积。2022年7月1日，甲公司应确认的投资收益为（　　）万元。

A. 16　　　　　　B. 276　　　　　　C. 96　　　　　　D. 34

活动7.2.4　长期股权投资核算方法的转换

投资方持有股权后，由于追加投资导致持股比例上升或由于减持投资引起持股比例下降，会引起其核算方法的转换。

一、增资引起的金融资产转为成本法

投资方因追加投资等原因能够对非同一控制下的被投资单位实施控制的，应将核算方法由公允价值计量转换为长期股权投资的成本法计量。其主要核算方法如下：

（1）应当按照原持有的股权投资账面价值加上新增投资成本之和，作为改按成本法核算的初始投资成本。

（2）原持有股权的公允价值与账面价值的差额计入投资收益。

（3）购买日之前持有的股权投资按照《企业会计准则第22号——金融工具确认和计量》的有关规定进行会计处理的，原计入其他综合收益的累计公允价值变动应当在改按成本法核算时转入当期投资损益。

【例7-20】　2021年3月1日，甲公司以银行存款1000万元购入乙公司10%的股权，对乙公司无重大影响，甲公司将其计入其他权益工具投资。2021年6月30日，该笔投资的公允价值为1100万元，2021年8月20日，甲公司又以银行存款6000万元从其他投资者手中购得乙公司60%股份，当日该其他权益工具投资的公允价值为1300万元，甲公司对乙公司实现了非同一控制下企业合并。甲公司编制会计分录如下：

A. 2021年3月1日，对乙公司投资时：

借：其他权益工具投资——成本　　　　　　　　　　　　　　　　　　　10 000 000
　　贷：银行存款　　　　　　　　　　　　　　　　　　　　　　　　　　　　10 000 000

B. 2021年6月30日，确认公允价值变动时：

借：其他权益工具投资——公允价值变动　　　　　　　　　　　　　　　 1 000 000
　　贷：其他综合收益　　　　　　　　　　　　　　　　　　　　　　　　　　 1 000 000

C. 2021年8月20日，追加投资时：

借：长期股权投资——投资成本　　　　　　　　　　　　　　　　　　60 000 000
　　贷：银行存款　　　　　　　　　　　　　　　　　　　　　　　　　　60 000 000

注意：公司对乙公司追加投资6 000万元，涉及金融工具与长期股权投资的转换。

D. 将原金融资产视同出售时：

借：长期股权投资——投资成本　　　　　　　　　　　　　　　　　　13 000 000
　　贷：其他权益工具投资——成本　　　　　　　　　　　　　　　　　10 000 000
　　　　　　　　　　　　——公允价值变动　　　　　　　　　　　　　 1 000 000
　　　　投资收益　　　　　　　　　　　　　　　　　　　　　　　　　 2 000 000

注意：此时甲公司应结清账面余额，公允价值与原账面价值的差额计入投资收益。

F. 结转其他综合收益时：

借：其他综合收益　　　　　　　　　　　　　　　　　　　　　　　　 1 000 000
　　贷：投资收益　　　　　　　　　　　　　　　　　　　　　　　　　 1 000 000

二、增资引起的金融资产转为权益法

投资方原持有的对被投资单位的长期股权投资，按照《企业会计准则第22号——金融工具确认和计量》确认为金融资产后，因追加投资等原因导致持股比例上升，能够对被投资单位施加共同控制或重大影响的，应将核算方法由公允价值计量转换为长期股权投资的权益法计量。

其主要核算方法如下：

（1）投资方应当按照《企业会计准则第22号——金融工具确认和计量》确定的原股权投资的公允价值加上为取得新增投资而应支付对价的公允价值，作为改按权益法核算的初始投资成本。即：改按权益法核算的初始投资成本＝原持有的股权投资的公允价值＋新增投资成本（公允价值）。

（2）改按权益法核算时，可供出售金融资产的公允价值与账面价值的差额计入投资收益。

（3）原持有的股权投资分类为可供出售金融资产的，其公允价值与账面价值之间的差额，以及原计入其他综合收益的累计公允价值变动应当转入改按权益法核算的当期损益。

（4）上述计算所得的初始投资成本，与按照追加投资后全新的持股比例计算确定的应享有被投资单位在追加投资日可辨认净资产公允价值份额之间的差额，前者大于后者的，不调整长期股权投资的账面价值；前者小于后者的，差额应调整长期股权投资的账面价值，并计入当期营业外收入。

【例7-21】 2021年6月，A公司以4 000万元现金自非关联方处取得B公司5%的股权。A公司将其确认为其他权益工具投资。2021年年末，该金融资产的公允价值为5 000万元。2022年3月2日，A公司又以16 500万元的现金自另一非关联方处取得B公司15%的股权，相关手续于当日完成。当日，B公司可辨认净资产公允价值总额为110 500万元，至此A公司对B公司的持股比例达到20%。取得该部分股权后，按照B公司章程规定，A公司能够对B公司施加重大影响，对该项股权投资转为采用权益法核算。不考虑相关税费等其他因素影响。当日，A公司原持有B公司5%股权投资的公允价值为5 500万元。A公司编制会计分录如下：

A. 2021年6月，对B公司投资时：

借：其他权益工具投资——成本　　　　　　　　　　　　　　40 000 000
　　贷：银行存款　　　　　　　　　　　　　　　　　　　　　　40 000 000

B. 2021年年末，确认公允价值变动时：

借：其他权益工具投资——公允价值变动　　　　　　　　　　10 000 000
　　贷：其他综合收益(50 000 000－40 000 000)　　　　　　　　10 000 000

C. 2022年3月2日，追加投资时：

初始投资成本 = 原持有5%股权的公允价值 + 取得新增投资而支付对价的公允价值 = 5 500＋16 500＝22 000(万元)

影响2022年投资收益＝原持有5%股权的公允价值与账面价值的差额
　　　　　　　　　＋其他综合收益＝(5 500－5 000)＋1 000＝1 500(万元)

或：

影响2020年投资收益＝原持有5%股权的公允价值－原持有5%股权初始成本
　　　　　　　　　＝5 500－4 000＝1 500(万元)

借：长期股权投资——投资成本　　　　　　　　　　　　　　220 000 000
　　贷：其他权益工具投资——成本　　　　　　　　　　　　　40 000 000
　　　　　　　　　　　　——公允价值变动　　　　　　　　　10 000 000
　　　　投资收益(55 000 000－50 000 000)　　　　　　　　　　5 000 000
　　　　银行存款　　　　　　　　　　　　　　　　　　　　　165 000 000

借：其他综合收益　　　　　　　　　　　　　　　　　　　　10 000 000
　　贷：投资收益　　　　　　　　　　　　　　　　　　　　　10 000 000

D. 2022年3月2日，调整长期股权投资成本时：

借：长期股权投资——投资成本　　　　　　　　　　　　　　1 000 000
　　贷：营业外收入　　　　　　　　　　　　　　　　　　　　1 000 000

注意：A公司对B公司新持股比例为20%，应享有B公司可辨认净资产公允价值的份额为22 100万元(110 500×20%)。由于初始投资成本(22 000万元)小于应享有B公司可辨认净资产公允价值的份额(22 100万元)，因此，A公司需调整长期股权投资成本100万元(22 100－22 000)。

三、减资引起的权益法转为金融资产

原持有的对被投资单位具有共同控制或重大影响的长期股权投资，因部分处置等原因导致持股比例下降，不能再对被投资单位实施共同控制或重大影响的，应改按《企业会计准则第22号——金融工具确认和计量》对剩余股权投资进行会计处理。其主要核算方法如下：

(1) 减资后剩余部分在丧失共同控制或重大影响之日的公允价值与账面价值之间的差额计入当期损益。

(2) 原采用权益法核算的相关其他综合收益应当在终止采用权益法核算时，采用与被投资单位直接处置相关资产或负债相同的基础进行会计处理。

（3）因被投资方除净损益、其他综合收益和利润分配以外的其他所有者权益变动而确认的所有者权益，应当在终止采用权益法核算时全部转入当期损益。

【例7-22】 甲公司原持有乙公司30%的有表决权股份，2021年10月，甲公司将该项投资中的50%出售给非关联方，取得价款1 800万元。相关手续于当日完成。出售时，该项长期股权投资的账面价值为3 200万元，其中投资成本为2 600万元，损益调整为300万元，其他综合收益为200万元（性质为被投资单位的其他权益工具投资的累计公允价值变动），除净损益、其他综合收益和利润分配外的其他所有者权益变动为100万元。剩余股权的公允价值为1 800万元。不考虑相关税费等其他因素影响。甲公司编制会计分录如下：

A. 2021年10月，出售股权取得收入，并按比例注销原长期股权投资的账面价值时：

借：银行存款　　　　　　　　　　　　　　　　　　　　　　18 000 000
　　贷：长期股权投资——投资成本（26 000 000×50%）　　　　13 000 000
　　　　　　　　　　——损益调整（3 000 000×50%）　　　　　1 500 000
　　　　　　　　　　——其他综合收益（2 000 000×50%）　　　1 000 000
　　　　　　　　　　——其他权益变动（1 000 000×50%）　　　　 500 000
　　　　投资收益　　　　　　　　　　　　　　　　　　　　　 2 000 000

B. 由于终止采用权益法核算，将原确认的相关其他综合收益全部转入当期损益时：

借：其他综合收益　　　　　　　　　　　　　　　　　　　　 2 000 000
　　贷：投资收益　　　　　　　　　　　　　　　　　　　　　 2 000 000

C. 由于终止采用权益法核算，将原计入资本公积的其他所有者权益变动全部转入当期损益时：

借：资本公积——其他资本公积　　　　　　　　　　　　　　 1 000 000
　　贷：投资收益　　　　　　　　　　　　　　　　　　　　　 1 000 000

D. 将剩余股权投资转为其他权益工具投资时：

借：其他权益工具投资　　　　　　　　　　　　　　　　　　18 000 000
　　贷：长期股权投资——投资成本　　　　　　　　　　　　 13 000 000
　　　　　　　　　　——损益调整　　　　　　　　　　　　　 1 500 000
　　　　　　　　　　——其他综合收益　　　　　　　　　　　 1 000 000
　　　　　　　　　　——其他权益变动　　　　　　　　　　　　 500 000
　　　　投资收益　　　　　　　　　　　　　　　　　　　　　 2 000 000

四、减资引起的成本法核算转为金融资产

投资方因处置部分权益性投资等原因丧失了对被投资单位控制的，转换模式为：由长期股权投资的成本法核算转为金融工具核算，此时应将其在丧失控制之日的公允价值与账面价值间的差额计入当期损益。

【例7-23】 2021年7月1日，甲公司以银行存款7 000万元购入乙公司70%的股权，对乙公司具有控制。2022年7月1日，甲公司将持有的乙公司60%的股权以6 600万元的价格

出售给丙公司(非乙公司关联方),出售股权后甲公司持有乙公司10%的股权,对原有乙公司不再具有重大影响,改按可供出售金融资产进行会计核算,剩余10%的股权公允价值为1 100万元。甲公司编制会计分录如下:

A. 2021年7月1日,对乙公司投资时:

借:长期股权投资——投资成本　　　　　　　　　　　　　　　70 000 000
　　贷:银行存款　　　　　　　　　　　　　　　　　　　　　　70 000 000

B. 2022年7月1日,出售持有的乙公司60%的股权时:

借:银行存款　　　　　　　　　　　　　　　　　　　　　　　66 000 000
　　贷:长期股权投资(70 000 000÷70%×60%)　　　　　　　　　60 000 000
　　　　投资收益　　　　　　　　　　　　　　　　　　　　　　6 000 000

C. 2022年7月1日,确认长期股权投资损益时:

借:其他权益工具投资——成本　　　　　　　　　　　　　　　11 000 000
　　贷:长期股权投资(70 000 000÷70%×10%)　　　　　　　　　10 000 000
　　　　投资收益(11 000 000-10 000 000)　　　　　　　　　　 1 000 000

五、减资引起的成本法转为权益法

投资方因处置投资等原因导致对被投资单位的影响能力由控制转为具有重大影响或实施共同控制的,核算方法就相应由成本法转为权益法。其主要核算方法如下:

(1)按处置或收回投资的比例结转应终止确认的长期股权投资成本。

(2)比较剩余的长期股权投资成本与按照剩余持股比例计算原投资时应享有被投资单位可辨认净资产公允价值的份额,属于商誉的不调整,属于负商誉的调整留存收益。

(3)对于原取得投资后至转为权益法核算之间被投资单位实现净损益中按持股比例计算应享有份额部分调整留存收益或当期损益;如果是发生的体现在被投资方账面上的其他权益变动,此时调整其他综合收益。

【例7-24】 A公司原持有B公司60%的股权,能够对B公司实施控制。2021年11月6日,A公司对B公司的长期股权投资的账面价值为6 000万元,未计提减值准备,A公司将其持有的对B公司长期股权投资中的1/3出售给非关联方,取得价款3 600万元,当日被投资单位可辨认净资产公允价值总额为16 000万元。相关手续于当日完成,A公司不再对B公司实施控制,但具有重大影响。A公司原取得B公司60%股权时,B公司可辨认净资产公允价值总额为9 000万元(假定公允价值与账面价值相同)。自A公司取得对B公司长期股权投资后至部分处置投资前,B公司实现净利润5 000万元。其中,自A公司取得投资日至2019年年初实现净利润4 000万元;B公司实现其他综合收益700万元。假定B公司一直未进行利润分配。除所实现净损益和其他综合收益外,B公司未发生计入其他资本公积的交易或事项。A公司按净利润的10%提取盈余公积。不考虑相关税费等其他因素影响。A公司在出售20%的股权后,对B公司的持股比例为40%,对B公司施加重大影响,因此,对B公司的长期股权投资应由成本法改为按照权益法核算。A公司编制会计分录如下:

A. 2021年11月6日,确认长期股权投资处置损益时:

借：银行存款	36 000 000	
贷：长期股权投资		20 000 000
投资收益		16 000 000

注意：剩余长期股权投资的账面价值为 4 000 万元（6 000－2 000），与原投资时应享有被投资单位可辨认净资产公允价值份额之间的差额 400 万元（4 000－9 000×40％）为商誉，该部分商誉的价值不需要对长期股权投资的成本进行调整。

B. 调整留存收益和其他综合收益时：

借：长期股权投资	20 000 000	
贷：盈余公积		1 600 000
利润分配——未分配利润		14 400 000
投资收益		4 000 000
借：长期股权投资	2 800 000	
贷：其他综合收益		2 800 000

注意：处置投资以后按照持股比例计算享有被投资单位自购买日至处置投资当期期初之间实现的净损益 1 600 万元（4 000×40％）应调整增加长期股权投资的账面价值，同时调整留存收益；处置投资当期期初至处置日之间实现的净损益 400 万元（1 000×40％）应调整增加长期股权投资的账面价值，同时，计入当期投资收益。经过调整，长期股权投资账面价值为 6 280 万元（4 000＋2 000＋280）。

六、增资引起的权益法转为成本法

投资方因追加投资等原因导致原持有的对联营企业或合营企业的投资转为对子公司的投资的，此时不需要进行追溯调整，应当以购买日之前所持被购买方的股权投资的账面价值与购买日新增投资成本之和，作为该项投资的初始投资成本；购买日之前持有的被购买方的股权涉及其他综合收益的，暂不进行处理，应在处置该项投资时再进行处理。

练一练

（实务题）2021 年 3 月 1 日，甲公司以银行存款 1 500 万元购入乙公司 10％的股权，对乙公司无重大影响，甲公司将其计入其他权益工具投资。2021 年 6 月 30 日，该笔投资的公允价值为 1 300 万元。2021 年 8 月 20 日，甲公司又以银行存款 6 000 万元从其他投资者手中购得乙公司 60％股份，当日该其他权益工具投资的公允价值为 1 300 万元，对乙公司实现了非同一控制下企业合并。请编制相关会计分录。

复习思考题

1. 金融资产分为哪几类？
2. 以摊余成本计量的金融资产如何确认与计量？

3. 以公允价值计量且其变动计入当期损益的金融资产涉及的业务类型是什么？
4. 同一控制下与非同一控制下企业合并形成的长期股权投资的初始计量有何不同？
5. 成本法与权益法各自的适用范围是什么？
6. 成本法与权益法会计处理的主要区别是什么？

模 块 测 试

参考答案

一、单项选择题

1. 企业为了近期内出售而持有的金融资产属于（   ）。
   A. 以公允价值计量且其变动计入当期损益的金融资产
   B. 以公允价值计量且其变动计入其他综合收益的金融资产
   C. 以摊余成本计量的金融资产
   D. 以可变现净值计量的金融资产

2. 甲公司为增值税一般纳税人，购入乙公司发行的公司债券，支付价款 600 万元，其中包含已到付息期但尚未领取的债券利息 12 万元，另支付相关交易费用 3 万元，取得增值税专用发票上注明的增值税税额为 0.18 万元。甲公司将其划分为交易性金融资产进行核算，该项交易性金融资产的入账金额为（   ）万元。
   A. 603   B. 591   C. 600   D. 588

3. 下列各项中，应计入交易性金融资产入账价值的是（   ）。
   A. 购买股票支付的买价
   B. 支付的税金、手续费
   C. 支付的买价中包含的已到付息期但尚未领取的利息
   D. 支付的买价中包含已宣告但尚未发放的现金股利

4. 下列关于交易性金融资产表述中，不正确的是（   ）。
   A. 取得交易性金融资产所发生的相关交易费用应当在发生时计入投资收益
   B. 资产负债表日交易性金融资产公允价值与账面余额的差额计入当期损益
   C. 取得交易性金融资产的购买价款中包含的已到付息期但尚未领取的债券利息计入当期损益
   D. 出售交易性金融资产时应将其公允价值与账面余额之间的差额确认为投资收益

5. 下列关于交易性金融资产计量的表述中，正确的是（   ）。
   A. 应当按取得该金融资产的公允价值和相关交易费用之和作为初始确认金额
   B. 取得时支付的价款中包含的已到付息期但尚未领取的利息应计入应收利息
   C. 资产负债表日，企业应将交易性金融资产的公允价值变动直接计入当期所有者权益
   D. 处置交易性金融资产时，其公允价值与初始入账金额之间的差额应确认为投资收益，同时结转公允价值变动损益

6. 下列各项中，资产负债表日企业计算确认所持有交易性金融资产的公允价值低于其账面余额的金额，应借记的账户是（   ）。
   A. "营业外支出"   B. "投资收益"

C."公允价值变动损益" D."其他业务成本"

7. 资产负债表日,交易性金融资产的公允价值高于其账面余额的差额,应贷记的账户是( )。
A."公允价值变动损益" B."投资收益"
C."交易性金融资产" D."应收股利"

8. 交易性金融资产持有期间确认被投资单位宣告发放的现金股利或利息时,应该贷记的账户是( )。
A."交易性金融资产" B."财务费用" C."应收股利" D."投资收益"

9. 某企业12月1日"交易性金融资产——A上市公司股票"账户借方余额为1 000 000元;12月31日,A上市公司股票的公允价值为1 050 000元。不考虑其他因素,下列各项中,该企业关于持有A上市公司股票相关会计处理中,正确的是( )。
A. 贷记"营业外收入"账户50 000元 B. 贷记"资本公积"账户50 000元
C. 贷记"公允价值变动损益"账户50 000元 D. 贷记"投资收益"账户50 000元

10. 2021年7月1日,某企业购入股票100万股,每股价格为10元,其中包含已宣告但尚未发放的现金股利为每股0.3元,另外支付交易费用5万元,企业将其划分为交易性金融资产。2021年12月31日,股票的公允价值为1 100万元。不考虑其他因素,2021年年末该交易性金融资产的账面价值为( )万元。
A. 1 100 B. 1 000 C. 970 D. 1 020

11. 2021年7月1日,甲公司购入乙公司2021年1月1日发行的债券,支付价款为2 000万元(含已到付息期但尚未领取的债券利息36万元),另支付交易费用15万元,增值税额为0.9万元。该债券面值为1 800万元,票面年利率为4%(票面利率等于实际利率),每半年付息一次,甲公司将其划分为交易性金融资产。不考虑其他因素,甲公司2021年度该项交易性金融资产应确认的投资收益为( )万元。
A. 21 B. 15 C. 51 D. 57

12. 2021年6月30日,甲公司通过证券交易所将持有的交易性金融资产全部出售,出售前交易性金融资产的账面价值为2 200万元(其中,成本为2 000万元,公允价值变动为200万元)。出售价款为2 636万元,转让金融商品增值税税率为6%。不考虑其他因素,甲公司2021年6月30日因出售该交易性金融资产应当确认的投资收益为( )万元。
A. 436 B. 472 C. 400 D. 600

13. 甲公司将其持有的交易性金融资产全部出售,售价为26 400 000元;出售前该金融资产的账面价值为25 700 000元;甲公司购入该交易性金融资产,支付价款26 000 000元(其中包含已到付息期但尚未领取的债券利息500 000元)。已知转让金融商品适用的增值税税率为6%,不考虑其他因素,该项业务转让金融商品应交增值税为( )元。
A. 39 622.64 B. 700 000 C. 22 641.51 D. 400 000

14. 下列关于以摊余成本计量的金融资产计量的说法中,不正确的是( )。
A. 应当按取得该金融资产的公允价值和相关交易费用之和作为初始确认金额
B. 应当按取得该金融资产的公允价值作为初始确认金额,相关交易费用在发生时计入当期损益
C. 采用摊余成本进行后续计量

D. 其摊余成本等于其账面价值

15. 甲公司购入债券,将其划分为摊余成本计量的金融资产,购买价款为400万元,另支付交易费用8万元,债券面值为360万元,票面利率10%,则该债权投资的入账价值为(　　)万元。
   A. 400　　　　　　B. 360　　　　　　C. 368　　　　　　D. 408

16. 下列关于债权投资的说法中,不正确的是(　　)。
   A. 企业取得债权投资的交易费用计入初始确认金额
   B. 企业在债权投资持有会计期间,应按摊余成本进行计量
   C. 企业取得债权投资时,支付的价款中包含已到付息期但尚未领取的利息应该记入"应收利息"账户
   D. 债权投资减值准备一经确认,在以后的会计期间不得转回

17. 甲公司于2021年1月1日购入某公司于当日发行的5年期、一次还本、分期付息的一般公司债券,次年1月3日支付利息,票面年利率为5%,面值总额为3 000万元,实际支付价款为3 130万元;另支付交易费用2.27万元,实际利率为4%。甲公司管理该项金融资产的业务模式以收取合同现金流量为目标。不考虑其他因素,下列关于甲公司会计处理的表述中,不正确的是(　　)。
   A. 该金融资产划分为以摊余成本计量的金融资产
   B. 2021年年末该金融资产摊余成本3 107.56万元
   C. 2022年年末该金融资产确认投资收益为124.30万元
   D. 2022年年末该金融资产摊余成本3 158.96万元

18. 2021年1月1日,A公司以1 096.9万元的价格购入了乙公司当日发行的5年期到期一次还本付息的债券,面值为1 000万元,票面年利率为8%。A公司根据其管理该债券的业务模式和该债券的合同现金流量特征,将乙公司债券分类为以摊余成本计量的金融资产。该债券的实际利率为5%。2022年12月31日,A公司该债券的摊余成本为(　　)万元。
   A. 1 096.9　　　　B. 1 151.75　　　　C. 1 160　　　　D. 1 209.34

19. 2021年3月20日,A公司以1 000万元的价格购进B公司于2020年1月1日发行的面值为900万元的5年期分期付息公司债券,其中买价中含有已到付息期但尚未领取的债券利息40万元,另支付相关税费为5万元。A公司根据其管理该债券的业务模式及合同现金流量特征将该债券分类为以摊余成本计量的金融资产。不考虑其他因素,A公司取得该债券投资时应记入"债权投资"账户的金额为(　　)万元。
   A. 1 005　　　　　B. 900　　　　　　C. 965　　　　　　D. 980

20. 2021年1月1日,甲公司从二级市场购入乙公司分期付息、到期还本的债券12万张,以银行存款支付价款1 050万元,另支付相关交易费用12万元。该债券系乙公司于2020年1月1日发行,每张债券面值为100元,期限为3年,票面年利率为5%,每年年末支付当年度利息。甲公司管理该金融资产的业务模式是以收取合同现金流量为目标。不考虑其他因素,则甲公司持有乙公司债券至到期累计应确认的投资收益是(　　)万元。
   A. 120　　　　　　B. 258　　　　　　C. 270　　　　　　D. 318

二、多项选择题

1. 根据企业管理金融资产的业务模式和金融资产的合同现金流量特征,金融资产可划分

为( )。
A. 以摊余成本计量的金融资产
B. 以可变现净值计量的金融资产
C. 以公允价值计量且其变动计入其他综合收益的金融资产
D. 以公允价值计量且其变动计入当期损益的金融资产

2. 下列各项中,不计入交易性金融资产入账价值的有( )。
A. 买入价
B. 支付的手续费
C. 支付的印花税
D. 已到付息期但尚未领取的利息

3. 企业在购入公司债券并将其作为交易性金融资产时可能用到的借方账户有( )。
A. "交易性金融资产"
B. "应收利息"
C. "财务费用"
D. "应交税费——应交增值税(进项税额)"

4. 下列各项中,属于企业取得交易性金融资产时所发生的交易费用的有( )。
A. 支付给证券交易所的手续费
B. 支付给政府有关部门的手续
C. 融资费用
D. 债券折价

5. 企业发生的下列事项中,不影响"投资收益"的有( )。
A. 交易性金融资产持有期间内,被投资单位宣告分配现金股利
B. 持有期间交易性金融资产的公允价值大于账面余额
C. 持有期间交易性金融资产的公允价值小于账面余额
D. 交易性金融资产持有期间收到包含在买价中的现金股利

6. 下列关于交易性金融资产会计处理的表述中,正确的有( )。
A. 购入的交易性金融资产实际支付的价款中包含的已宣告但尚未领取的现金股利或已到付息期但尚未领取的债券利息,应计入交易性金融资产的成本
B. 为购入交易性金融资产所支付的相关费用,不计入该资产的成本
C. 为购入交易性金融资产所支付的相关费用,应计入该资产的成本
D. 交易性金融资产在持有期间,被投资单位宣告分配的现金股利,应确认投资收益

7. 下列关于以公允价值计量且其变动计入当期损益的金融资产的会计处理方法中,正确的有( )。
A. 企业划分为以公允价值计量且其变动计入当期损益金融资产的股票、债券,应当按照取得时的公允价值和相关的交易费用作为初始确认金额
B. 支付的价款中包含已宣告但尚未发放的现金股利或债券利息,应当单独确认为应收项目
C. 企业确认的在持有期间宣告发放的现金股利,应当确认为投资收益
D. 资产负债表日,公允价值变动计入当期损益

8. 下列各项中,属于取得交易性金融资产时发生的交易费用有( )。
A. 支付给代理机构的手续费
B. 支付给咨询公司的手续费
C. 支付给券商的手续费

D. 可直接归属于购买、发行或处置金融工具新增的外部费用

9. 2021年6月1日,甲公司从上海证券交易所购入A上市公司股票1 000 000股,支付价款10 000 000元(其中包含已宣告但尚未发放的现金股利600 000元),另支付相关交易费用25 000元,取得的增值税专用发票上注明的增值税额为1 500元。甲公司将其划分为交易性金融资产进行管理和核算。下列关于甲公司购入交易性金融资产的会计处理中,正确的有( )。

A. 借:交易性金融资产——成本　　　　　　　　　　　　9 400 000
　　贷:其他货币资金——存出投资款　　　　　　　　　　9 400 000

B. 借:应收股利　　　　　　　　　　　　　　　　　　　　600 000
　　贷:其他货币资金——存出投资款　　　　　　　　　　　600 000

C. 借:交易性金融资产——成本　　　　　　　　　　　　10 000 000
　　贷:其他货币资金——存出投资款　　　　　　　　　　10 000 000

D. 借:投资收益　　　　　　　　　　　　　　　　　　　　25 000
　　　应交税费——应交增值税(进项税额)　　　　　　　　1 500
　　贷:其他货币资金——存出投资款　　　　　　　　　　　26 500

10. 以摊余成本计量的金融资产核算时应设置的明细账户有( )。

A. "成本" B. "公允价值变动" C. "利息调整" D. "应计利息"

11. 下列选项中,构成债权投资初始入账成本的有( )。

A. 投资时支付的不含应收利息的价款

B. 投资时支付的手续费

C. 投资时支付的税金

D. 投资时支付价款中所含的已到付息期尚未领取的利息

12. 以摊余成本计量的金融资产发生的事项中,会导致其摊余成本发生增减变动的有( )。

A. 计提减值准备

B. 采用实际利率法摊销利息调整

C. 分期付息的情况下,按照债券面值和票面利率计算的应收利息

D. 到期一次还本付息的情况下,按照债券面值和票面利率计算的应计利息

13. 下列关于以公允价值计量且其变动计入其他综合收益的金融资产债券投资业务的会计处理中,正确的有( )。

A. 债券投资应当按取得时的公允价值作为初始确认金额,相关交易费用计入当期投资损益

B. 购买债券投资支付的价款中包含的已到付息期但尚未领取的利息,单独确认为应收利息

C. 债券投资持有期间取得的利息,计入当期投资收益

D. 债券投资在资产负债表日的公允价值高于其账面余额的差额,计入其他综合收益

14. 企业取得投资时发生的下列支出中,应计入以公允价值计量且其变动计入其他综合收益的金融资产的初始入账价值的有( )。

A. 相关交易费用

B. 购买日的公允价值

C. 已到付息期但尚未领取的利息
D. 为购买金融资产取得的借款发生的利息

15. 下列关于其他债权投资的会计处理的表述中，不正确的有(   )。
A. 取得投资时支付的交易费用计入初始确认金额
B. 其他债权投资产生的所有利得和损失，均应该计入其他应收收益
C. 处置净损益计入营业外收支
D. 按摊余成本和实际利率计算确定的利息收入，应计入投资收益

三、判断题

1. 企业为取得交易性金融资产发生的交易费用应计入交易性金融资产的初始确认金额。(   )
2. 交易性金融资产期末采用公允价值计量，不计提减值准备。(   )
3. 企业持有交易性金融资产期间对于被投资单位宣告发放的现金股利，投资企业应确认投资收益。(   )
4. 应收票据不属于金融资产。(   )
5. 交易性金融资产在资产负债表中作为非流动资产列示。(   )
6. 月末，企业因转让金融商品发生的转让损失，按应纳税额，借记"资产处置损益"账户，贷记"应交税费——转让金融商品应交增值税"账户。(   )
7. 出售交易性金融资产时，应将原计入公允价值变动损益的公允价值变动金额转入营业外收支。(   )
8. 出售交易性金融资产发生的净损失应计入营业外支出。(   )
9. 如果"应交税费——转让金融商品应交增值税"账户有贷方余额，说明本年度的金融商品转让损失无法弥补，且本年度的金融资产转让损失不可转入下年度继续抵减转让金融资产的收益。(   )
10. 企业出售交易性金融资产，应将实际收到的价款小于其账面余额的差额计入公允价值变动损益。(   )
11. 出售交易性金融资产时，应将出售时的公允价值与其账面余额之间的差额确认为当期投资收益。(   )
12. 转让金融资产当月月末，如产生转让收益，则按应纳税额，借记"应交税费——转让金融商品应交增值税"账户，贷记"投资收益"等账户。(   )
13. 交易性金融资产处置时，将处置价款与处置时交易性金融资产的公允价值之间的差额计入公允价值变动损益。(   )
14. 企业出售交易性金融资产时，应将原计入公允价值变动损益的该金融资产的公允价值变动转出，由公允价值变动损益转为投资收益。(   )
15. 金融资产的摊余成本是指该金融资产的初始确认金额，扣除已偿还的本金，加上或减去采用实际利率法将该初始金额与到期日金额之间的差额进行摊销形成的累计摊销额，扣除已发生的减值损失后的金额。(   )

四、业务计算及处理题

1. 乙公司为增值税一般纳税人，2021—2022年发生如下与交易性金融资产相关的经济业务：
(1) 2021年1月1日，从上海证券交易所购入某公司债券，该笔债券于2020年7月1日

发行,面值为1 000万元。乙公司将该债券划分为交易性金融资产,共支付价款1 000万元(其中包含已到付息期但尚未领取的债券利息25万元),另支付交易费用5万元,取得的增值税专用发票上注明的增值税额为0.3万元,发票已通过税务机关认证。

(2) 2021年1月15日,收到该债券2020年的利息25万元。2021年6月30日,该债券的公允价值为980万元。

(3) 2021年12月31日,该债券的公允价值为1 010万元;确认该笔债券2021年度的利息收入50万元。

(4) 2022年1月15日,收到该债券2021年的利息。2022年3月31日,乙公司将该债券以1 020万元价格售出,转让该金融商品应交增值税2.5万元,款项已收到。

要求:根据以上业务编制相关会计分录。

2. A上市公司2021年发生的有关交易性金融资产经济业务如下:

(1) 1月5日,委托证券公司从股票交易所购入B上市公司股票100 000股,每股购买价款为5.5元(其中包含已宣告但尚未发放的现金股利每股0.2元),另支付相关交易费用30 000元,取得的增值税专用发票上注明的增值税额为1 800元,发票已通过税务机关认证,A上市公司将其划分为交易性金融资产。3月10日,A上市公司收到B公司向其发放的现金股利20 000元,款项已存入银行。

(2) 6月30日,A上市公司持有的B公司股票每股价格为6元。

(3) 8月2日,B公司宣告发放2021年现金股利,每股为0.3元。A上市公司于8月31日收到发放的现金股利。

(4) 9月30日,A上市公司持有的B公司股票每股价格为4.5元。10月1日,A上市公司将持有的B公司股票全部出售,售价为每股6.5元,转让金融资产增值税税率为6%,款项已存入银行。

要求:根据以上业务编制相关会计分录。

3. A公司为非上市公司,按年对外提供财务报告,按年计提利息。2021年1月1日,A公司购入B公司当日发行的一批5年期债券,面值为5 000万元,实际支付价款为4 639.52万元(含交易费用),票面利率为10%,每年年末支付利息,到期一次归还本金。A公司根据合同现金流量特征及管理该项金融资产的业务模式,将其划分为以摊余成本计量的金融资产,初始确认时确定的实际利率为12%。

要求:编制取得债权投资及确认各年利息、债券到期收回本金时的分录。

4. 甲公司于2021年1月1日购入某公司于当日发行的5年期、一次还本、分期付息的一般公司债券,次年1月3日支付利息,票面年利率为5%,面值总额为3 000万元,实际支付价款为3 130万元;另支付交易费用2.27万元,实际利率为4%。甲公司管理该项金融资产的业务模式以收取合同现金流量为目标(假定不考虑其他因素)。

要求:

(1) 编制2021年1月1日购入的会计分录。

(2) 确认2021年的投资收益。

(3) 计算2021年年末的摊余成本。

(4) 确认2022年的投资收益。

(5) 确认2022年年末的摊余成本。

模块 8

薪酬会计岗位

[考核目标] 通过本岗位学习,学生应熟悉薪酬会计的管理规定;了解职工和职工薪酬的范围及分类的内容;掌握薪酬的相关账务处理;掌握短期薪酬的计算和账务处理;掌握离职后福利、辞退福利的账务处理。

[实践目标] 能够根据实训操作资料,正确理解并审核相关原始凭证,并能够对企业薪酬进行相关会计核算。

[知识点思维导图]

```
                       ┌─ 职工和职工薪酬的范围及分类 ┬─ 职工的定义
                       │                              └─ 职工薪酬的概念及范围
                       │
                       │                              ┌─ 货币性短期薪酬
                       │                              │  短期带薪缺勤
                       ├─ 短期薪酬的确认与计量 ──────┤  短期利润分享计划
    薪酬会计岗位 ──────┤                              └─ 非货币性福利
                       │
                       ├─ 离职后福利的确认与计量 ────┬─ 设定提存计划的确认和计量
                       │                              └─ 设定受益计划的确认和计量
                       │
                       ├─ 辞退福利的确认与计量 ──────┬─ 辞退福利的确认
                       │                              └─ 辞退福利的计量
                       │
                       └─ 其他长期职工福利的确认与计量 ┬─ 其他长期职工福利的定义
                                                       └─ 其他长期职工福利的会计核算
```

薪酬会计岗位工作职责

(1) 协助人力资源部及相关部门拟订职工薪酬分配及发放方案。

(2) 严格按照本单位的工资、资金核算方法支付工资和各种资金,定期组织工资的发放工作。

(3) 根据考勤表或计件工资统计表,正确编制各类职工薪酬结算表,办理各种代扣款项,并进行账务处理。

(4) 根据国家规定正确提取职工福利费、职工教育经费、工会经费等有关费用,并进行账务处理。

(5) 按照工资受益对象和成本核算的要求,编制工资费用分配表,进行工资分配账务处理。

任务 8.1 职工和职工薪酬的范围及分类

一、职工的定义

《企业会计准则第 9 号——职工薪酬》中所称的职工,是指与企业订立劳动合同的所有人员,含全职、兼职和临时职工,也包括虽未与企业订立劳动合同但由企业正式任命的人员。具体而言,职工至少应当包括以下人员:

(1) 与企业订立劳动合同的所有人员,含全职、兼职和临时职工。即职工包括与企业订立了固定期限、无固定期限或者以完成一定工作作为期限的劳动合同的所有人员。

(2) 未与企业订立劳动合同但由企业正式任命的人员,如部分董事会成员、监事会成员等。虽然没有与企业订立劳动合同但属于由企业正式任命的人员,属于准则所称的职工的范畴。

(3) 在企业的计划和控制下,虽未与企业订立劳动合同或未由其正式任命,但向企业所提供服务与职工所提供服务类似的人员,也属于职工的范畴,包括通过企业与劳务中介公司签订用工合同而向企业提供服务的人员。这些劳务用工人员属于准则所称的职工的范畴。

职工薪酬中的"职工"只指与企业订立劳动合同的所有人员,包括全职、兼职和临时工,但不包括未与企业订立劳动合同但由企业正式任命的人员。这种说法对吗?

二、职工薪酬的概念及范围

职工薪酬是指企业为获得职工提供的服务或解除劳动关系而给予的各种形式的报酬或补偿。企业提供给职工配偶、子女、受赡养人、已故员工遗属及其他受益人等的福利,也属于职工薪酬。

职工薪酬主要包括短期薪酬、离职后福利、辞退福利和其他长期职工福利。

(一) 短期薪酬

短期薪酬是指企业预期在职工提供相关服务的年度报告期间结束后 12 个月内将全部予以支付的职工薪酬(因解除与职工的劳动关系给予的补偿除外)。因解除与职工的劳动关系给予的补偿属于辞退福利的范畴。

短期薪酬主要包括如下内容:

(1) 职工工资、奖金、津贴和补贴。

(2) 职工福利费。职工福利费是指企业向职工提供的生活困难补助、丧葬补助费、抚恤费、职工异地安家费、防暑降温费等职工福利。

(3) 医疗保险费、工伤保险费和生育保险费等社会保险费(为职工缴纳的养老、失业保险费属于离职后福利)。

(4) 住房公积金。
(5) 工会经费和职工教育经费。
(6) 短期带薪缺勤（长期带薪缺勤属于其他长期职工福利）。
(7) 短期利润分享计划（长期利润分享计划属于其他长期职工福利）。
(8) 其他短期薪酬（即指除上述薪酬以外的其他为获得职工提供的服务而给予的短期薪酬）。

(选择题)下列各项中，属于短期职工薪酬的是（   ）。
A. 因解除与职工的劳动关系给予的补偿　　B. 职工缴纳的养老保险
C. 失业保险　　　　　　　　　　　　　　D. 医疗保险

（二）离职后福利

离职后福利是指企业为获得职工提供的服务而在职工退休或与企业解除劳动关系后，提供的各种形式的报酬和福利（属于短期薪酬和辞退福利的除外）。按其特征可分为设定提存计划和设定受益计划。

（三）辞退福利

辞退福利是指企业在职工劳动合同到期之前解除与职工的劳动关系，或者为鼓励职工自愿接受裁减而给予职工的补偿。

（四）其他长期职工福利

其他长期职工福利是指除短期薪酬、离职后福利、辞退福利之外所有的职工薪酬，包括长期带薪缺勤、长期残疾福利、长期利润分享计划等。

(1)（选择题）下列项目中，属于职工薪酬的有（   ）。
A. 职工津贴和补贴　　　　　　　　　　　B. 发放给职工的实物福利
C. 辞退职工经济补偿　　　　　　　　　　D. 职工出差差旅费
(2)（选择题）下列各项中，企业应记入"应付职工薪酬"账户贷方的是（   ）。
A. 发放职工工资
B. 确认因解除与职工劳动关系应给予的补偿
C. 支付职工的培训费
D. 缴存职工基本养老保险费
(3)（选择题）下列各项中，属于"应付职工薪酬"账户核算内容的有（   ）。
A. 已订立劳动合同的全职职工的奖金　　　B. 已订立劳动合同的兼职职工的工资
C. 已订立劳动合同的临时职工的工资　　　D. 缴存的养老保险和失业保险
(4)（选择题）下列各项中，不属于职工薪酬的是（   ）。
A. 为职工报销因公差旅费　　　　　　　　B. 为职工交存的住房公积金
C. 为职工交纳的医疗保险　　　　　　　　D. 支付职工技能培训费

任务8.2 短期薪酬的确认与计量

企业应当在职工为其提供服务的会计期间,将实际发生的短期薪酬确认为负债,并将其计入当期损益或资产成本。

一、货币性短期薪酬

企业发生的职工工资、津贴和补贴等短期薪酬,应当根据职工提供服务情况和工资标准等计算应计入职工薪酬的工资总额,并按照受益对象计入当期损益或相关资产成本,借记"生产成本""制造费用""管理费用"等账户,贷记"应付职工薪酬"账户;发放薪酬时,借记"应付职工薪酬"账户,贷记"银行存款"等账户。

企业为职工缴纳的医疗保险费、工伤保险费、生育保险费等社会保险费和住房公积金,以及按规定提取的工会经费和职工教育经费,应当在职工为其提供服务的会计期间,根据规定的计提基础和计提比例计算确定相应的职工薪酬金额,并确认相关负债,按照受益对象计入当期损益或相关资产成本,借记"生产成本""制造费用""管理费用"等账户,贷记"应付职工薪酬"账户。

一般会计分录如下:

借:生产成本(一线工人薪酬)
　　制造费用(生产管理人员薪酬)
　　管理费用(行政人员薪酬)
　　销售费用(销售人员薪酬)
　　研发支出(从事研发人员的薪酬)
　　在建工程(从事工程建设人员的薪酬)
　　劳务成本(提供劳务人员薪酬)
　贷:应付职工薪酬

(一)工资、奖金、津贴和补贴

【例8-1】 甲企业2021年7月和8月应付职工薪酬情况如下:

(1) 7月份应计提工资总额为635 000元,"工资费用分配汇总表"中列示的产品生产人员工资为520 000元,车间管理人员工资为80 000元,企业行政管理人员工资为20 600元,专设销售机构人员工资为14 400元。甲企业应编制会计分录如下:

借:生产成本——基本生产成本　　　　　　　　　　　520 000
　　制造费用　　　　　　　　　　　　　　　　　　　 80 000
　　管理费用　　　　　　　　　　　　　　　　　　　 20 600
　　销售费用　　　　　　　　　　　　　　　　　　　 14 400
　贷:应付职工薪酬——工资　　　　　　　　　　　　635 000

(2) 8月10日,甲企业根据"工资费用分配汇总表"结算本月应付职工工资总额635 000元,其中收回代垫职工房租22 000元、家属医药费5 000元,代扣个人负担的社会保险费69 850元、住房公积金63 500元,代扣个人所得税16 800元,实发工资457 850元,通过银行转账支付。甲企业应编制会计分录如下：

借：应付职工薪酬——工资　　　　　　　　　　　　　　　635 000
　　贷：银行存款　　　　　　　　　　　　　　　　　　　　457 850
　　　　其他应收款——代垫医药费　　　　　　　　　　　　　5 000
　　　　　　　　　　——职工房租　　　　　　　　　　　　　22 000
　　　　其他应付款——社会保险费　　　　　　　　　　　　　69 850
　　　　　　　　　　——住房公积金　　　　　　　　　　　　63 500
　　　　应交税费——应交个人所得税　　　　　　　　　　　　16 800

（二）职工福利费

【例8-2】　承[例8-1]，甲企业按工资总额的10%将职工福利费拨付给职工食堂。甲企业应编制会计分录如下：

A. 分配职工福利费时：

借：生产成本——基本生产成本　　　　　　　　　　　　　　52 000
　　制造费用　　　　　　　　　　　　　　　　　　　　　　　8 000
　　管理费用　　　　　　　　　　　　　　　　　　　　　　　2 060
　　销售费用　　　　　　　　　　　　　　　　　　　　　　　1 440
　　贷：应付职工薪酬——职工福利费　　　　　　　　　　　　63 500

B. 支付职工福利费时：

借：应付职工薪酬——职工福利费　　　　　　　　　　　　　63 500
　　贷：银行存款　　　　　　　　　　　　　　　　　　　　　63 500

练一练

（实务题）乙公司下设一所职工食堂，每月根据在岗职工数量及岗位分布情况、相关历史经验数据等计算需要补贴食堂的金额，从而确定公司每期因补贴职工食堂需要承担的福利费金额。2021年9月，乙公司在岗职工共计100人，其中管理部门30人，生产车间生产人员70人，每个职工每月需补贴食堂300元。请编制确认和支付职工福利费时的会计分录。

（三）国家规定计提标准的职工薪酬

【例8-3】　承[例8-1]，甲企业根据当地政府规定的计提标准计提下列费用：

（1）按工资总额的13%向社会保险经办机构计提社会保险费（不含基本养老险和失业保险费），按10%计提住房公积金。甲企业应编制会计分录如下：

借：生产成本——基本生产成本　　　　　　　　　　　　　119 600
　　制造费用　　　　　　　　　　　　　　　　　　　　　　18 400
　　管理费用　　　　　　　　　　　　　　　　　　　　　　　4 738
　　销售费用　　　　　　　　　　　　　　　　　　　　　　　3 312
　　贷：应付职工薪酬——社会保险费　　　　　　　　　　　　82 550
　　　　　　　　　　　——住房公积金　　　　　　　　　　　63 500

（2）按工资总额的2%和8%确认提取工会经费和职工教育经费。甲企业应编制会计分录如下：

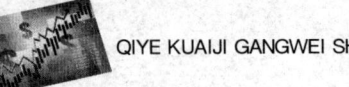

```
借：生产成本——基本生产成本                    52 000
    制造费用                                   8 000
    管理费用                                   2 060
    销售费用                                   1 440
  贷：应付职工薪酬——工会经费                 12 700
               ——职工教育经费                50 800
```

（实务题）乙企业 2021 年 6 月应付职工工资总额为 1 200 000 元，"工资费用分配汇总表"中列示的产品生产人员工资为 660 000 元，车间管理人员工资为 140 000 元，企业行政管理人员工资为 150 000 元，专设销售机构人员工资为 250 000 元。其中代扣个人负担的社会保险费 156 000 元、住房公积金 120 000 元，代扣个人所得税 15 000 元，实发工资 909 000 元。请编制相关会计分录。

（四）短期带薪缺勤

短期带薪缺勤应当根据其性质及其职工享有的权利，分为累积带薪缺勤和非累积带薪缺勤两类。

1. 累积带薪缺勤

累积带薪缺勤是指带薪权利可以结转下期的带薪缺勤。本期尚未用完的带薪缺勤权利可以在未来期间使用。企业应当在职工提供了服务从而增加了其未来享有的带薪缺勤权利时，确认与累积带薪缺勤相关的职工薪酬，并以累积未行使权利而增加的预期支付金额计量。

有些累积带薪缺勤在职工离开企业时，对于未行使的权利，职工有权获得现金支付。职工在离开企业时能够获得现金支付的，企业应当确认企业必须支付的、职工全部累积未使用权利的金额。企业应当根据资产负债表日因累积未使用权利而导致的预期支付的追加金额，作为累积带薪缺勤费用进行预计。

【例 8-4】 甲公司共有 1 000 名职工，从 2021 年 1 月 1 日起，甲公司实行累积带薪缺勤制度，每个职工每年可享受 5 个工作日的带薪年休假。2021 年 12 月 31 日，每个职工当年平均未使用带薪年休假为 2 天。甲公司预计 2022 年有 950 名职工将享受不超过 5 天的带薪年休假，剩余 50 名职工每人将平均享受 6 天半的带薪年休假，假定这 50 名职工全部为总部管理人员，该公司平均每名职工每个工作日工资为 500 元。该甲公司的累积带薪缺勤制度规定，未使用的年休假只能向后结转一个日历年度，超过 1 年未使用的权利作废；职工休年休假时，应先使用当年可享受的权利，不足部分再从上年结转的带薪年休假中扣除；职工离开公司时，对未使用的累积带薪年休假无权获得现金支付。甲公司编制会计分录如下：

```
借：管理费用                                  37 500
  贷：应付职工薪酬——累积带薪缺勤            37 500
```

注意：甲公司职工 2021 年已休带薪年休假的，由于在休假期间照发工资，因此相应的薪酬已经计入公司每月确认的薪酬金额中。与此同时，甲公司还需要预计职工 2021 年享有但尚未使用的、预期将在下一年度使用的累积带薪缺勤，并计入当期损益或者相关资产成本。在本例中，甲公司在 2021 年 12 月 31 日预计由于职工累积未使用的带薪年休假权利而导致预期将支付的工资负债，即 75 天(50×1.5)的年休假工资金额为 37 500 元(75×500)。

【例 8-5】 承[例 8-4]，2022 年 12 月 31 日，甲公司上述 50 名部门经理中，有 40 名享受了 6 天半带薪年休假，并随同正常工资以银行存款支付；有 10 名只享受了 5 天带薪年休假。由于该公司的带薪缺勤制度规定，未使用的权利只能结转 1 年，超过 1 年未使用的权利将作废。甲公司应编制会计分录如下：

借：应付职工薪酬——累积带薪缺勤(40×1.5×500)　　30 000
　　贷：银行存款　　　　　　　　　　　　　　　　　　30 000
借：应付职工薪酬——累积带薪缺勤(10×1.5×500)　　7 500
　　贷：管理费用　　　　　　　　　　　　　　　　　　7 500

【例 8-6】 承[例 8-4]，甲公司的带薪缺勤制度规定，职工累积未使用的带薪缺勤权利可以无限期结转，且可以于职工离开企业时以现金支付。甲公司的 1 000 名职工中，50 名为总部各部门经理，100 名为总部各部门职员，800 名为直接生产工人，50 名工人正在建造一幢自用办公楼。甲公司编制会计分录如下：

借：管理费用(150×2×500)　　　　　　　　　　　　150 000
　　生产成本(800×2×500)　　　　　　　　　　　　800 000
　　在建工程(50×2×500)　　　　　　　　　　　　　50 000
　　贷：应付职工薪酬——累积带薪缺勤　　　　　　　1 000 000

注意：甲公司在 2021 年 12 月 31 日应当预计由于职工累积未使用的带薪年休假权利而导致的全部金额，即相当于 2 000 天(1 000×2)的带薪年休假工资 100 万元(2 000×0.05)。

2. 非累积带薪缺勤

非累积带薪缺勤是指带薪权利不能结转下期的带薪缺勤。本期尚未用完的带薪缺勤权利将予以取消，并且职工离开企业时也无权获得现金支付。我国企业职工休婚假、产假、丧假、探亲假、病假期间的工资通常属于非累积带薪缺勤。由于职工提供服务本身不能增加其能够享受的福利金额，企业在职工未缺勤时不应当计提相关费用和负债。

为此，《企业会计准则第 9 号——职工薪酬》规定，企业应当在职工实际发生缺勤的会计期间确认与非累积带薪缺勤相关的职工薪酬。企业确认职工享有的与非累积带薪缺勤权利相关的薪酬，视同职工出勤确认的当期损益或相关资产成本。在通常情况下，与非累积带薪缺勤相关的职工薪酬已经包括在企业每期向职工发放的工资等薪酬中，因此，不必额外作相应的账务处理。

（五）短期利润分享计划

企业制订有短期利润分享计划的，如当职工完成规定业绩指标，或者在企业工作了特定期限后，能够享有按照企业净利润的一定比例计算的薪酬，企业应当按照《企业会计准则第 9 号——职工薪酬》的规定，进行有关会计处理。

短期利润分享计划同时满足下列条件的，企业应当确认相关的应付职工薪酬，并计入当期损益或相关资产成本：

(1) 企业因过去事项导致现在具有支付职工薪酬的法定义务或推定义务。

(2) 因利润分享计划所产生的应付职工薪酬义务能够可靠估计。属于下列三种情形之一的，视为义务金额能够可靠估计：①在财务会计报告批准报出之前企业已确定应支付的薪酬金额。②该短期利润分享计划的正式条款中包括确定薪酬金额的方式。③过去的惯例为企业确定推定义务金额提供了明显证据。

企业在计量利润分享计划产生的应付职工薪酬时,应当反映职工因离职而没有得到利润分享计划支付的可能性。

如果企业预期在职工为其提供相关服务的年度报告期间结束后12个月内,不需要全部支付利润分享计划产生的应付职工薪酬,该利润分享计划应当适用《企业会计准则第9号——职工薪酬》中其他长期职工福利的有关规定。

企业根据经营业绩或职工贡献等情况提取的奖金,属于奖金计划,应当比照短期利润分享计划进行处理。

【例8-7】 丙公司于2021年年初制订和实施了一项短期利润分享计划,以对公司管理层进行激励。该计划规定,公司全年的净利润指标为1 000万元,如果在公司管理层的努力下完成的净利润超过1 000万元,公司管理层将可以分享超过1 000万元净利润部分的10%作为额外报酬。假定至2021年12月31日,丙公司全年实际完成净利润1 500万元,不考虑离职等其他因素。丙公司编制会计分录如下:

借:管理费用　　　　　　　　　　　　　　　　　　　　　　　　　500 000
　　贷:应付职工薪酬——利润分享计划[(15 000 000-10 000 000)×10%]　　500 000

【例8-8】 甲公司制订了一项利润分享计划,要求甲公司将其至2021年12月31日止会计年度的税前利润的指定比例作为奖金支付给在2021年7月1日至2022年6月30日为甲公司提供服务的职工。该奖金于2022年6月30日支付。甲公司2021年12月31日止税前利润为1 000万元。如果甲公司在2021年7月1日前至2022年6月30日期间没有职工离职,则当年利润分享计划支付总额为税前利润的3%。甲公司估计职工离职将使支付额降低至税前利润的2.5%(其中,直接参加生产的职工享有1%,总部管理人员享有1.5%),不考虑个人所得税的影响。甲公司编制会计分录如下:

借:生产成本(10 000 000×50%×1%)　　　　　　　　　　　　　　50 000
　　管理费用(10 000 000×50%×1.5%)　　　　　　　　　　　　　　75 000
　　贷:应付职工薪酬——利润分享计划　　　　　　　　　　　　　　　125 000

注意:尽管甲公司2021年利润分享计划支付总额是按照截至2021年12月31日税前利润的3%计量的,但是业绩却是基于职工在2021年7月1日至2022年6月30日期间提供的服务。因此,甲公司在2021年12月31日应按照税前利润的50%的2.5%确认负债和成本费用,金额为12.5万元(1 000×50%×2.5%)。余下的利润分享金额,连同针对估计金额与实际支付金额之间的差额作出的调整额,在2022年予以确认。

【例8-9】 承[例8-8],2022年6月30日,甲公司的职工离职使其支付的利润分享金额为2021年度税前利润的2.8%(直接参加生产的职工享有1.1%,总部管理人员享有1.7%),在2022年确认余下的利润分享金额,连同针对估计金额与实际支付金额之间的差额作出调整额。甲公司编制会计分录如下:

借:生产成本(10 000 000×1.1%-50 000)　　　　　　　　　　　　60 000
　　管理费用(10 000 000×1.7%-75 000)　　　　　　　　　　　　95 000
　　贷:应付职工薪酬——利润分享计划(10 000 000×2.8%-125 000)　155 000

二、非货币性福利

企业向职工提供非货币性福利的,当按照公允价值计量;若公允价值不能可靠取得,可以采用成本计量。

(一) 以自产产品或外购商品发放给职工作为福利

企业以其生产的产品作为非货币性福利提供给职工的,应当按照该产品的公允价值和相关税费计量应计入成本费用的职工薪酬金额,相关收入的确认、销售成本的结转和相关税费的处理与正常商品销售相同。以外购商品作为非货币性福利提供给职工的,应当按照该商品的公允价值和相关税费计入成本费用。

温馨提示

在以自产产品或外购商品发放给职工作为福利的情况下,企业在进行账务处理时,应当先通过"应付职工薪酬"账户归集当期应计入成本费用的非货币性薪酬金额。

1. 以自产产品作为福利发放给职工的账务处理

(1) 决定发放时:

借:生产成本、制造费用、管理费用、销售费用等(以产品的价税合计认定)
　　贷:应付职工薪酬(含税公允价值)

(2) 实际发放时:

借:主营业务成本
　　贷:库存商品
借:应付职工薪酬
　　贷:主营业务收入
　　　　应交税费——应交增值税(销项税额)

【例 8-10】 甲公司是一家生产笔记本电脑的企业,适用的增值税税率为 13%。甲公司共有职工 2 000 名,其中 1 700 名为直接参加生产的职工,300 名为总部管理人员。2021 年 2 月 15 日,甲公司决定以其生产的笔记本电脑作为节日福利发放给公司每名职工。每台笔记本电脑的售价为 1.4 万元,成本为 1 万元。甲公司编制会计分录如下:

A. 决定发放时:

借:生产成本(1 700×14 000×1.13)	26 894 000
管理费用(300×14 000×1.13)	4 746 000
贷:应付职工薪酬——非货币性福利	31 640 000

B. 实际发放时:

借:主营业务成本	20 000 000
贷:库存商品	20 000 000
借:应付职工薪酬——非货币性福利	31 640 000
贷:主营业务收入(2 000×14 000)	28 000 000
应交税费——应交增值税(销项税额)	3 640 000

2. 购买商品发放给职工作为福利的账务处理

（1）决定发放时：

借：生产成本、管理费用等
　　贷：应付职工薪酬

（2）购买时：

借：库存商品
　　应交税费——应交增值税（进项税额）
　　贷：银行存款

（3）实际发放时：

借：应付职工薪酬
　　贷：库存商品
　　　　应交税费——应交增值税（进项税额转出）

【例 8-11】 乙企业共有职工 100 名，其中管理人员 10 名，车间生产工人 20 名，车间管理人员 30 名，销售人员 40 名。乙公司于 2021 年 8 月 16 日以外购的每台不含税价格 200 元的电风扇作为福利发放给公司每名职工，以银行存款支付所购商品的价款和增值税进项税额，已取得增值税专用发票，适用的增值税税率为 13%。乙公司编制会计分录如下：

A. 决定发放：

借：管理费用[10×200×(1+13%)]　　　　　　　　　　　　　　　2 260
　　生产成本[20×200×(1+13%)]　　　　　　　　　　　　　　　4 520
　　制造费用[30×200×(1+13%)]　　　　　　　　　　　　　　　6 780
　　销售费用[40×200×(1+13%)]　　　　　　　　　　　　　　　9 040
　　贷：应付职工薪酬——非货币性福利[100×200×(1+13%)]　　22 600

B. 购买时：

借：库存商品　　　　　　　　　　　　　　　　　　　　　　　20 000
　　应交税费——应交增值税（进项税额）　　　　　　　　　　 2 600
　　贷：银行存款　　　　　　　　　　　　　　　　　　　　　 22 600

C. 实际发放时：

借：应付职工薪酬　　　　　　　　　　　　　　　　　　　　　22 600
　　贷：库存商品　　　　　　　　　　　　　　　　　　　　　20 000
　　　　应交税费——应交增值税（进项税额转出）　　　　　　 2 600

（实务题）某公司向职工发放自产的加湿器作为福利，该产品的成本为每台 150 元，计税价格为每台 200 元，增值税税率为 13%。该公司共有职工 500 人，每人发放一台加湿器。则计入该公司应付职工薪酬的金额为（　　）元。

A. 113 000　　　　B. 75 000　　　　C. 100 000　　　　D. 92 000

(二) 将拥有的房屋等资产无偿提供给职工使用或租赁住房等资产供职工无偿使用

企业将拥有的房屋等资产无偿提供给职工使用的,应当根据受益对象,将住房每期的公允价值计入当期损益或相关资产成本,同时确认应付职工薪酬;公允价值无法可靠取得的,可以按照成本进行计量。

租赁住房等资产供职工无偿使用的,应当根据受益对象,将每期应付的租金计入相关资产成本或当期损益,并确认应付职工薪酬。

【例8-12】 2021年,丁公司为总部各部门经理级别以上职工提供免费使用的自建单位宿舍,同时为副总裁以上高级管理人员每人租赁一套住房。该公司总部共有部门经理以上职工60名,每人提供一间单位宿舍免费使用,假定每间单位宿舍每月计提折旧1 000元;该公司共有副总裁以上高级管理人员10名,公司为其每人租赁一套月租金为10 000元的公寓。丁公司每月编制会计分录如下:

借:管理费用　　　　　　　　　　　　　　　　　　60 000
　　贷:应付职工薪酬——非货币性福利　　　　　　　　　60 000

借:应付职工薪酬——非货币性福利　　　　　　　　　60 000
　　贷:累计折旧　　　　　　　　　　　　　　　　　　60 000

借:管理费用　　　　　　　　　　　　　　　　　　100 000
　　贷:应付职工薪酬——非货币性福利　　　　　　　　　100 000

借:应付职工薪酬——非货币性福利　　　　　　　　　100 000
　　贷:其他应付款　　　　　　　　　　　　　　　　　100 000

练一练

(选择题)企业以自有房屋无偿提供给本企业行政管理人员使用,下列关于计提房屋折旧的会计处理的表述中,正确的是(　　)。

A. 借记"其他业务成本"账户,贷记"累计折旧"账户
B. 借记"其他应收款"账户,贷记"累计折旧"账户
C. 借记"营业外支出"账户,贷记"累计折旧"账户
D. 借记"管理费用"账户,贷记"应付职工薪酬"账户;同时,借记"应付职工薪酬"账户,贷记"累计折旧"账户

(三) 向职工提供企业支付了补贴的商品或服务

企业有时会以低于企业取得资产或服务成本的价格向职工提供资产或服务,如以低于成本的价格向职工出售住房、以低于企业支付的价格向职工提供医疗保健服务等。以提供包含补贴的住房为例,企业在出售住房等资产时,应当将此类资产的公允价值与其内部售价之间的差额(即相当于企业补贴的金额)分别情况处理:

(1) 如果出售住房的合同或协议中规定了职工在购得住房后至少应当提供服务的年限,且如果职工提前离开则应退回部分差价,企业应当将该项差额作为长期待摊费用处理,并在合同或协议规定的服务年限内平均摊销,根据受益对象分别计入相关资产成本或当期损益。

【例8-13】 2021年12月20日,甲公司(房地产开发企业)与10名高级管理人员分别签订商品房销售合同。合同约定,甲公司将自行开发的10套房屋以每套600万元的优惠价格销

售给10名高级管理人员；高级管理人员自取得房屋所有权后必须在甲公司工作5年，如果在工作未满5年的情况下离职，需根据服务期限补交款项。2022年6月25日，甲公司收到10名高级管理人员支付的款项6 000万元。2022年6月30日，甲公司与10名高级管理人员办理完毕上述房屋的产权过户手续。上述房屋成本为每套500万元，市场价格为每套800万元。出售住房后，每年甲公司按照直线法在5年内摊销长期待摊费用。甲公司编制会计分录如下：

A. 出售住房时：

借：银行存款　　　　　　　　　　　　　　　　　　　　　60 000 000
　　长期待摊费用　　　　　　　　　　　　　　　　　　　20 000 000
　　　贷：主营业务收入　　　　　　　　　　　　　　　　　　　　　80 000 000

B. 结转售房成本时：

借：主营业务成本　　　　　　　　　　　　　　　　　　　50 000 000
　　　贷：开发产品　　　　　　　　　　　　　　　　　　　　　　　50 000 000

C. 每年摊销时：

借：管理费用（20 000 000÷5÷2）　　　　　　　　　　　　2 000 000
　　　贷：应付职工薪酬　　　　　　　　　　　　　　　　　　　　　2 000 000

借：应付职工薪酬　　　　　　　　　　　　　　　　　　　2 000 000
　　　贷：长期待摊费用　　　　　　　　　　　　　　　　　　　　　2 000 000

（2）如果出售住房的合同或协议中未规定职工在购得住房后必须服务的年限，企业应当将该项差额直接计入出售住房当期相关资产成本或当期损益。因为在这种情况下，该项差额相当于是对职工过去提供服务成本的一种补偿，不以职工的未来服务为前提，因此，应当立即确认为当期相关资产成本或当期损益。

通过"长期待摊费用"账户核算的内容：经营租入固定资产改良、预付经营租赁费用、向职工提供企业支付了补贴的商品或服务及其他已经发生但应由本期和以后各期负担的、分摊期限在1年以上的各项费用。

任务8.3　离职后福利的确认与计量

离职后福利是指企业为获得职工提供的服务而在职工退休或与企业解除劳动关系后，提供的各种形式的报酬和福利（属于短期薪酬和辞退福利的除外）。

离职后福利包括退休福利（如养老金和一次性的退休支付）和其他离职后福利（如离职后人寿保险和离职后医疗保障）。企业向职工提供了离职后福利的，无论其是否设立了单独主体接受提存金并支付福利，均要求对离职后福利进行会计处理。

离职后福利计划是指企业与职工就离职后福利达成的协议，或者企业为向职工提供离职后福利制定的规章或办法等。企业应当按照企业承担的风险和义务情况，将离职后福利计划分类为设定提存计划和设定受益计划两种类型。

一、设定提存计划

设定提存计划是指企业向单独主体(如基金等)缴存固定费用后,不再承担进一步支付义务的离职后福利计划(如职工缴纳的养老、失业保险)。

【例 8-14】 甲公司根据所在地政府规定,按照职工工资总额的 12% 计提基本养老保险费,缴存当地社会保险经办机构。2021 年 7 月,甲公司缴存的基本养老保险费,应计入生产成本的金额为 120 万元,应计入制造费用的金额为 24 万元,应计入管理费用的金额为 43.2 万元。甲公司编制会计分录如下:

借:生产成本 1 200 000
　　制造费用 240 000
　　管理费用 432 000
　　贷:应付职工薪酬——设定提存计划 1 872 000

【例 8-15】 甲企业为管理人员设立了一项企业年金:每月该企业按照每个管理人员工资的 5% 向独立于甲企业的年金基金缴存企业年金,年金基金将其计入该管理人员个人账户并负责资金的运作。该管理人员退休时可以一次性获得其个人账户的累积额,包括企业历年来的缴存额和相应的投资收益。甲企业除了按照约定向年金基金缴存之外不再负有其他义务,既不享有缴存资金产生的收益,也不承担投资风险。因此,该福利计划为设定提存计划。2019 年,按照计划安排,甲企业向年金基金缴存的金额为 1 000 万元。甲公司编制会计分录如下:

借:管理费用 10 000 000
　　贷:应付职工薪酬 10 000 000
借:应付职工薪酬 10 000 000
　　贷:银行存款 10 000 000

二、设定受益计划

设定受益计划是指除设定提存计划以外的离职后福利计划。与设定提存计划的区分取决于计划的主要条款和条件所包含的经济实质。

设定提存计划和设定受益计划的区分如图 8-1 所示。

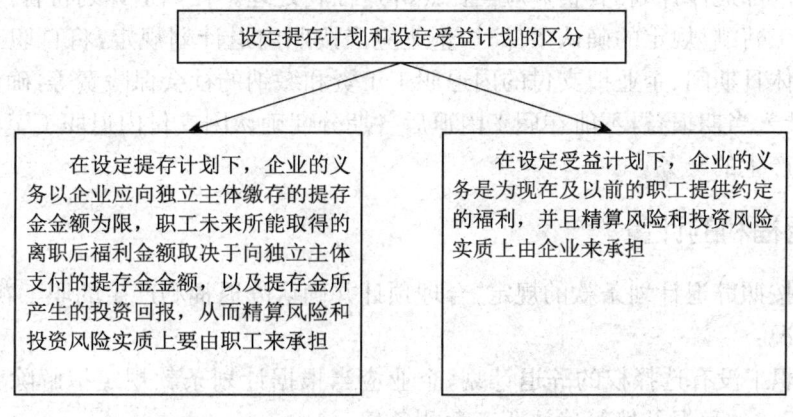

图 8-1　设定提存计划和设定受益计划的区分

练一练

（选择题）根据国家规定的计提基础和计提标准，A企业当月应计提的基本养老保险费用为60万元，基本医疗保险费为50万元，其他保险费为40万元和住房公积金为50万元。下列关于A企业计提基本养老保险会计处理的表述中，正确的是（　　）。

A．计提的基本养老保险费属于短期薪酬
B．计提的基本养老保险费属于离职后福利
C．应贷记"应付职工薪酬——社会保险——基本养老保险"账户60万元
D．应贷记"应付职工薪酬——设定提存计划——基本养老保险"账户60万元

任务8.4　辞退福利的确认与计量

一、辞退福利的确认

辞退福利是指企业在职工劳动合同到期之前解除与职工的劳动关系，或者为鼓励职工自愿接受裁减而给予职工的补偿。由于导致义务产生的事项是终止雇佣而不是为获得职工的服务，企业应当将辞退福利作为单独一类职工薪酬进行会计处理。

对于职工虽然没有与企业解除劳动合同，但未来不再为企业提供服务，不能为企业带来经济利益，企业承诺提供实质上具有辞退福利性质的经济补偿的，如发生"内退"的情况，应当按照离职后福利处理。

企业向职工提供辞退福利的，应当在企业不能单方面撤回因解除劳动关系计划或裁减建议所提供的辞退福利时、企业确认涉及支付辞退福利的重组相关的成本或费用时两者孰早日，确认辞退福利产生的职工薪酬负债，并计入当期损益。

企业有详细、正式的重组计划并且该重组计划已对外公告时，表明已经承担了重组义务。重组计划包括重组涉及的业务、主要地点、需要补偿的职工人数及其岗位性质、预计重组支出、计划实施时间等。

实施职工内部退休计划的，企业应当比照辞退福利处理。在内退计划符合《企业会计准则第9号——职工薪酬》规定的确认条件时，企业应当按照内退计划规定，将自职工停止提供服务日至正常退休日期间、企业拟支付的内退职工工资和缴纳的社会保险费等，确认为应付职工薪酬，一次性计入当期损益，不能在职工内退后各期分期确认因支付内退职工工资和为其缴纳社会保险费等产生的义务。

二、辞退福利的计量

企业应当按照辞退计划条款的规定，合理预计并确认辞退福利产生的职工薪酬负债，并具体考虑下列情况：

（1）对于职工没有选择权的辞退计划，企业应当根据计划条款规定拟解除劳动关系的职工数量、每一职位的辞退补偿等确认职工薪酬负债。

(2) 对于自愿接受裁减建议的辞退计划,由于接受裁减的职工数量不确定,企业应当根据《企业会计准则第 13 号——或有事项》的规定,预计将会接受裁减建议的职工数量,根据预计的职工数量和每一职位的辞退补偿等确认职工薪酬负债。

(3) 对于辞退福利预期在其确认的年度报告期间期末后 12 个月内完全支付的辞退福利,企业应当适用短期薪酬的相关规定。

(4) 对于辞退福利预期在年度报告期间期末后 12 个月内不能完全支付的辞退福利,企业应当适用《企业会计准则第 9 号——职工薪酬》中关于其他长期职工福利的相关规定,即实质性辞退工作在 1 年内实施完毕但补偿款项超过 1 年支付的辞退计划,企业应当选择恰当的折现率,以折现后的金额计量应计入当期损益的辞退福利金额。

【例 8-16】 甲公司是一家空调制造企业。2021 年 9 月,为了能够在下一年度顺利实施转产,甲公司管理层制订了一项辞退计划,计划规定,从 2022 年 1 月 1 日起,甲公司将以职工自愿方式,辞退其柜式空调生产车间的职工。辞退计划的详细内容,包括拟辞退的职工所在部门、数量、各级别职工能够获得的补偿以及计划大体实施的时间等均已与职工沟通,并达成一致意见,辞退计划已于 2021 年 12 月 10 日经董事会正式批准,将于下一个年度内实施完毕。

2021 年 12 月 31 日,甲公司预计各级别职工拟接受辞退职工数量的最佳估计数(最可能发生数)及其应支付的补偿如表 8-1 所示。

表 8-1　　　　　　　　　　拟接受辞退职工资料表　　　　　　　金额单位:万元

所属部门	职位	辞退数量(人)	工龄(年)	接受数量(人)	每人补偿额	补偿金额
空调车间	车间主任副主任	10	1~10	5	10	50
			10~20	2	20	40
			820~30	1	30	30
	高级技工	50	1~10	20	8	160
			10~20	10	18	180
			20~30	5	28	140
空调车间	一般技工	100	1~10	50	5	250
			10~20	20	15	300
			20~30	10	25	250
合计		160		123		1 400

甲公司编制会计分录如下:

借:管理费用　　　　　　　　　　　　　　　　　　　　　　　　14 000 000
　　贷:应付职工薪酬——辞退福利　　　　　　　　　　　　　　　　14 000 000

任务8.5 其他长期职工福利的确认与计量

一、其他长期职工福利的定义

其他长期职工福利是指除短期薪酬、离职后福利和辞退福利以外的其他所有职工福利。其他长期职工福利包括长期带薪缺勤、其他长期服务福利、长期残疾福利、长期利润分享计划和长期奖金计划等。

二、其他长期职工福利的会计核算

（一）设定提存计划条件

企业向职工提供的其他长期职工福利，符合设定提存计划条件的，应当按照设定提存计划的有关规定进行会计处理。

（二）符合设定受益计划条件

企业向职工提供的其他长期职工福利，符合设定受益计划条件的，企业应当按照设定受益计划的有关规定，确认和计量其他长期职工福利净负债或净资产。在报告期末，企业应当将其他长期职工福利产生的职工薪酬成本确认为下列组成部分：

（1）服务成本。

（2）其他长期职工福利净负债或净资产的利息净额。

（3）重新计量其他长期职工福利净负债或净资产所产生的变动。

为了简化相关会计处理，上述项目的总净额应计入当期损益或相关资产成本。

（三）长期残疾福利

长期残疾福利水平取决于职工提供服务期间长短的，企业应在职工提供服务的期间确认应付长期残疾福利义务，计量时应当考虑长期残疾福利支付的可能性和预期支付的期限；与职工提供服务期间长短无关的，企业应当在导致职工长期残疾的事件发生的当期确认应付长期残疾福利义务。

（四）递延酬劳

递延酬劳包括按比例分期支付或者经常性定额支付的递延奖金等。这类福利应当按照奖金计划的福利公式来对费用进行确认，或者按照直线法在相应的服务期间分摊确认。如果一个企业内部为其长期奖金计划或者递延酬劳设立一个账户，则这样其他长期职工福利不符合设定提存计划的条件。

【例8-17】 2021年年初，甲企业为其管理人员设立了一项递延奖金计划：将当年利润的5%提成作为奖金，但是2年后即2020年年末才向仍然在职的员工分发。假定2021年当年利润为100 000 000元，且该计划条款中明确规定：员工必须在这2年内持续为公司服务，如果提前离开将拿不到奖金。甲企业的具体会计处理步骤如下：

步骤一：根据预期累计福利单位法，采用无偏且相互一致的精算假设对有关人口统计变量和财务变量等作出估计，计量设定受益计划所产生的义务，并按照同期同币种的国债收益率将设定受益计划所产生的义务予以折现，以确定设定受益计划的现值和当期服务成本。假定不考虑死亡率和离职率等因素,2021年年初预计2年后企业为此计划的现金流支出5 000 000元,按照预期累计福利单位法归属于2019年的福利为2 500 000元(5 000 000÷2),选择同期同币种的国债收益率作为折现率(5%)进行折现,则2021年的当期服务成本为2 380 952元[2 500 000÷(1+5%)^1]。假定2019年年末折现率变为3%,则2021年年末的设定受益计划义务现值即设定受益负债为2 427 184元[2 500 000÷(1+3%)^1]。精算损失为46 232元(2 427 184-2 380 952)。

步骤二:核实设定受益计划有无计划资产,假设在本例中,该项设定受益计划没有计划资产,2021年年末的设定受益计划净负债(即设定受益计划负债)为2 427 184元。

步骤三:确定应当计入当期损益的金额,如步骤一所示,本例中发生利润从而导致负债的当年,即2021年当期服务成本为2 380 952元。由于期初负债为0,2021年年末,设定受益计划净负债的利息费用为0。

步骤四:确定重新计量设定受益计划净负债或净资产所产生的变动,包括精算利得或损失、计划资产回报和资产上限影响的变动三个部分,计入当期损益。由于假设本例中没有计划资产,因此重新计量设定受益计划净负债或净资产所产生的变动仅包括精算利得或损失。

甲企业编制会计分录如下:

A. 2021年年末:

借:管理费用——当期服务成本　　　　　　　　　　　　　　　2 380 952
　　　　　——精算损失　　　　　　　　　　　　　　　　　　46 232
　　贷:应付职工薪酬——递延奖金计划　　　　　　　　　　　　2 427 184

B. 2022年年末:

借:管理费用　　　　　　　　　　　　　　　　　　　　　　　2 500 000
　　财务费用　　　　　　　　　　　　　　　　　　　　　　　72 816
　　贷:应付职工薪酬——递延奖金计划　　　　　　　　　　　　2 572 816

注意:2022年年末,假设折现率仍为3%,甲企业当期服务成本为2 500 000元,则设定受益计划净负债的利息费用为72 816元(2 427 184×3%)。

C. 实际支付该项递延奖金时:

借:应付职工薪酬——递延奖金计划　　　　　　　　　　　　　5 000 000
　　贷:银行存款　　　　　　　　　　　　　　　　　　　　　5 000 000

(选择题)某公司从应付职工薪酬中代扣的个人所得税,应贷记的账户是(　　)。

A. "其他应付款"　　　　　　　　　　　　B. "应付职工薪酬"
C. "其他应收款"　　　　　　　　　　　　D. "应交税费"

复习思考题

1. 职工薪酬包括哪些内容? 短期薪酬的内容是什么?
2. 应付职工薪酬应如何进行计量?

3. 非货币性福利业务应如何进行核算？
4. 养老保险和失业保险属于短期薪酬吗？

模块测试

参考答案

一、单项选择题

1. 下列各项中，不属于职工福利费用的是（　　）。
   A. 医疗保险费　　　　　　　　　　B. 防暑降温费
   C. 丧葬补助费　　　　　　　　　　D. 职工异地安家费

2. 下列关于企业因解除与职工的劳动关系给予职工补偿而发生的职工薪酬的说法中，正确的是（　　）。
   A. 应借记"管理费用"账户　　　　　B. 应借记"应付职工薪酬"账户
   C. 应借记"其他应付款"账户　　　　D. 应借记"银行存款"账户

3. 企业计提在建工程人员的职工薪酬，下列会计处理中，正确的是（　　）。
   A. 借记"管理费用"账户，贷记"应付职工薪酬"账户
   B. 借记"固定资产"账户，贷记"应付职工薪酬"账户
   C. 借记"在建工程"账户，贷记"应付职工薪酬"账户
   D. 借记"研发支出"账户，贷记"应付职工薪酬"账户

4. 企业在无形资产开发阶段发生的符合资本化条件的职工薪酬，最终应当计入（　　）。
   A. 无形资产　　　B. 管理费用　　　C. 劳务成本　　　D. 在建工程

5. 甲企业结算本月行政管理部门人员的工资共 250 000 元，代扣该部门职工个人所得税 15 000 元，实发工资 235 000 元，下列账务处理中，不正确的是（　　）。

   A. 借：管理费用　　　　　　　　　　　　　　　　　250 000
   　　　贷：应付职工薪酬　　　　　　　　　　　　　　　　　250 000
   B. 借：应付职工薪酬　　　　　　　　　　　　　　　　15 000
   　　　贷：应交税费——应交个人所得税　　　　　　　　　　15 000
   C. 借：其他应收款　　　　　　　　　　　　　　　　　15 000
   　　　贷：应交税费——应交个人所得税　　　　　　　　　　15 000
   D. 借：应付职工薪酬　　　　　　　　　　　　　　　　235 000
   　　　贷：银行存款　　　　　　　　　　　　　　　　　　　235 000

6. 某企业为增值税一般纳税人，适用的增值税税率为 13%。2021 年 12 月，该企业以其生产的每台成本为 150 元的加湿器作为福利发放给职工，每名职工发放 1 台，该型号的加湿器每台市场售价为 200 元（不含税）。该企业共有职工 200 名，其中生产工人 180 名，总部管理人员 20 名。不考虑其他因素，下列关于该企业确认非货币性职工薪酬的会计处理结果中，正确的是（　　）。
   A. 确认应付职工薪酬 45 200 元　　　B. 确认管理费用 45 200 元
   C. 计入生产成本 4 520 元　　　　　　D. 确认管理费用 40 680 元

7. 某公司从应付职工薪酬中代扣的个人所得税，应贷记的账户是（　　）。

A."应付职工薪酬"　　B."其他应付款"　　C."其他应收款"　　D."应交税费"

8. 企业为高管租赁公寓免费使用,租赁费按月以银行存款支付。此业务应编制的会计分录是(　　)。

A. 借记"管理费用"账户,贷记"银行存款"账户

B. 借记"管理费用"账户,贷记"应付职工薪酬"账户

C. 借记"管理费用"账户,贷记"应付职工薪酬"账户;同时,借记"应付职工薪酬"账户,贷记"银行存款"账户

D. 借记"资本公积"账户,贷记"银行存款"科目;同时,借记"应付职工薪酬"账户,贷记"资本公积"账户

9. 甲公司为增值税一般纳税人,适用的增值税税率为13%。2021年年末,甲公司将20台本企业自产的冰箱作为福利发给本企业职工,该冰箱的单位成本为1 000元,市场售价为2 000元/台(不含增值税)。则下列说法中,正确的是(　　)。

A. 实际发放时,计入应付职工薪酬的金额为40 000元

B. 实际发放时,计入应交税费——应交增值税(销项税额)的金额为2 600元

C. 将自产产品作为福利发放给员工不视同销售,但需要确认收入结转成本

D. 将自产产品作为福利发放给员工视同销售,并且要确认收入结转成本

10. 2021年10月,某企业将自产的300台空调作为福利发放给职工,每台成本为0.18万元,市场售价为0.2万元(不含增值税),该企业适用的增值税税率为13%,假定不考虑其他因素,该企业由此而贷记"应付职工薪酬"账户的发生额为(　　)万元。

A. 67.8　　　　　　B. 62.64　　　　　　C. 54　　　　　　D. 60

二、多项选择题

1. 下列各项中,应通过"应付职工薪酬"账户核算的有(　　)。

A. 支付职工的工资、奖金及津贴　　　　B. 按规定计提的职工教育经费

C. 向职工发放的防暑降温费　　　　　　D. 职工出差报销的差旅费

2. 下列各项中,应列入资产负债表"应付职工薪酬"项目的有(　　)。

A. 支付临时工的工资　　　　　　　　　B. 发放困难职工的补助金

C. 交纳职工的工伤保险费　　　　　　　D. 支付辞退职工的经济补偿金

3. 下列各项中,应记入"应付职工薪酬"账户核算的有(　　)。

A. 向职工发放非货币性福利　　　　　　B. 职工因工出差的差旅费

C. 按规定支付的工会经费　　　　　　　D. 提供给职工配偶、子女的福利费

4. 下列关于职工薪酬处理的说法中,正确的有(　　)。

A. 职工福利费为非货币性福利的,应当按照公允价值计量

B. 企业应当将辞退福利分类为设定提存计划和设定受益计划

C. 短期薪酬是指企业在职工提供相关服务的年度开始12个月内需要全部支付的职工薪酬

D. 在职工提供服务从而增加了其未来享有的带薪缺勤权利时,企业应确认与累积带薪缺勤相关的职工薪酬

5. 下列职工薪酬中,不能直接在"管理费用"账户中列支的有(　　)。

A. 生产人员的薪酬　　　　　　　　　　B. 行政人员的薪酬

C. 车间管理人员的薪酬 D. 研发人员的薪酬

6. 下列各项中,应确认为应付职工薪酬的有(   )。
A. 非货币性福利 B. 社会保险费和辞退福利
C. 职工工资、福利费 D. 工会经费和职工教育经费

7. 下列各项中,可以享受短期带薪缺勤的有(   )。
A. 年休假 B. 婚假 C. 产假 D. 探亲假

8. 下列关于确认应付职工薪酬的会计处理中,正确的有(   )。
A. 生产车间管理人员的职工薪酬应计入生产成本
B. 财务人员的职工薪酬应计入财务费用
C. 销售人员的职工薪酬应计入销售费用
D. 管理人员的职工薪酬应计入管理费用

9. 某企业为增值税一般纳税人,销售商品适用的增值税税率为13%。该企业将其自产的空调200台发放给生产车间管理人员作为福利,每台自产空调市场售价为5 000元,成本为3 000元。不考虑其他因素,下列会计处理中,正确的有(   )。

A. 结转成本时:
借:主营业务成本　　　　　　　　　　　　　　　　　　　　　　600 000
　　贷:生产成本——空调　　　　　　　　　　　　　　　　　　600 000

B. 确认福利时:
借:制造费用　　　　　　　　　　　　　　　　　　　　　　　1 130 000
　　贷:应付职工薪酬——非货币性福利　　　　　　　　　　　1 130 000

C. 结转成本时:
借:主营业务成本　　　　　　　　　　　　　　　　　　　　　　600 000
　　贷:库存商品——空调　　　　　　　　　　　　　　　　　　600 000

D. 发放福利时:
借:应付职工薪酬——非货币性福利　　　　　　　　　　　　　1 130 000
　　贷:主营业务收入　　　　　　　　　　　　　　　　　　　1 000 000
　　　　应交税费——应交增值税(销项税额)　　　　　　　　　　130 000

10. 某企业为增值税一般纳税人,2021年12月,该企业将500台自产加湿器作为福利发放给基本生产车间工人,每台成本为100元,每台不含税市场售价为200元,销售商品适用的增值税税率为13%。不考虑其他因素,下列关于该项经济业务的相关会计科目处理中,正确的有(   )。
A. 借记"生产成本"账户113 000元
B. 借记"主营业务成本"账户50 000元
C. 贷记"应付职工薪酬"账户63 000元
D. 贷记"应交税费——应交增值税(销项税额)"账户13 000元

三、判断题

1. 企业应当在职工提供了服务从而增加了其未来享有的带薪缺勤权利时,确认与非累积

带薪缺勤相关的职工薪酬。( )

2. 在通常情况下,与非累积带薪缺勤相关的职工薪酬已经包括在企业每期向职工发放的工资等薪酬中,因此,不必额外作相应的账务处理。( )

3. 我国企业职工休婚假、产假、丧假、探亲假、病假期间的工资属于累积带薪缺勤。( )

4. 企业按规定计算的代扣代缴的职工个人所得税,借记"管理费用"等账户,贷记"其他应付款"账户。( )

5. 资产负债表日企业按工资总额的一定比例计提的基本养老保险属于设定提存计划,应确认为应付职工薪酬。( )

6. 累计带薪缺勤是指带薪权利可以结转下期的带薪缺勤,本期尚未完成的带薪权利可以在未来期间使用。( )

7. "应付职工薪酬"项目反映企业根据有关规定应付给职工的工资、职工福利、社会保险费、住房公积金、工会经费、职工教育经费,但不包括非货币性福利、辞退福利等薪酬。( )

8. 企业因解除与职工的劳务关系而给予的补偿应该通过"应付职工薪酬"账户核算。( )

9. 计提应付职工薪酬时,国家规定了计提基础和计提比例的,应当按照国家规定的标准计提;没有规定计提基础和计提比例的,企业不得预计当期应付职工薪酬。( )

10. 提供给职工配偶、子女、受赡养人等的福利不属于应付职工薪酬内容。( )

四、计算及业务处理题

1. 甲企业为增值税一般纳税人,适用的增值税税率为13%。2021年12月,该企业发生有关交易或事项如下:

(1) 计算当月应付职工工资总额为5 000 000元,"工资费用分配汇总表"中列示的产品生产工人工资为3 500 000元,车间管理人员工资为700 000元,企业行政管理人员工资为500 000元,专设销售机构人员工资为300 000元。

(2) 10日,以自产的空调200台发放给生产车间管理人员作为福利,每台自产空调市场售价为5 000元,成本为3 000元。

(3) 31日,计提无偿提供给本企业行政管理人员使用的自有房屋的折旧10 000元。

(4) 按工资总额的10%和12%计提企业职工基本医疗保险费和基本养老保险费。

要求:编制以上业务的会计分录。

2. 甲企业为增值税一般纳税人,2021年7月,该企业将自产台灯作为福利发放给每位职工。甲企业共有职工500人,其中基本生产车间工人300人,行政管理部门职工50人,销售人员150人,每台台灯的成本为100元,每台台灯不含税市场售价为180元,销售商品适用的增值税税率为13%。

要求:假定不考虑其他因素,编制相关会计分录。

3. 某企业为增值税一般纳税人,主营业务是生产销售家电。2021年12月,该企业专设销售机构发生与职工薪酬有关的业务如下:

(1) 3日,以银行存款支付当月职工宿舍房租16 500元。该宿舍专供销售人员免费居住。

(2) 10日,以银行存款发放上月销售机构人员职工薪酬465 000元。应付上月销售人员职工薪酬总额为480 000元,按税法规定应代扣代缴的职工个人所得税共计12 000元。发放时收回代职工家属缴纳的医药费3 000元。

(3) 17～21日，销售机构职工张某休探亲假5天，按照规定，确认为非累积带薪缺勤。

(4) 31日，确认12月销售机构人员工资为560 000元。按国家规定计提标准应缴纳的基本养老保险费为112 000元，基本医疗保险费、工伤保险费共计53 200元，计提工会经费和职工教育经费共计56 000元。

要求：根据上述资料，不考虑其他因素，分析回答下列小题。

〈1〉根据资料(1)，下列关于该企业确认并支付职工宿舍租金的会计处理的表述中，正确的是（　　）。

A. 借记"销售费用"账户，贷记"应付职工薪酬"账户
B. 借记"主营业务成本"账户，贷记"应付职工薪酬"账户
C. 借记"应付职工薪酬"账户，贷记"银行存款"账户
D. 借记"销售费用"账户，贷记"银行存款"账户

〈2〉根据资料(2)，下列关于该企业发放11月销售机构人员职工薪酬的会计处理中，正确的是（　　）。

A. 代扣款项时：

借：应付职工薪酬　　　　　　　　　　　　　　　　　　　　　　　　　3 000
　　贷：其他应收款——代垫医药费　　　　　　　　　　　　　　　　　　　　　3 000

B. 发放职工薪酬时：

借：应付职工薪酬　　　　　　　　　　　　　　　　　　　　　　　　465 000
　　贷：银行存款　　　　　　　　　　　　　　　　　　　　　　　　　　　465 000

C. 代扣个人所得税时：

借：应付职工薪酬　　　　　　　　　　　　　　　　　　　　　　　　 12 000
　　贷：应交税费——应交个人所得税　　　　　　　　　　　　　　　　　　12 000

D. 发放职工薪酬时：

借：销售费用　　　　　　　　　　　　　　　　　　　　　　　　　　465 000
　　贷：银行存款　　　　　　　　　　　　　　　　　　　　　　　　　　　465 000

〈3〉根据资料(3)，下列关于该企业非累积带薪缺勤会计处理的表述中，正确的是（　　）。

A. 本期尚未用完的带薪缺勤权利不能结转下期
B. 视同职工出勤，不额外作账务处理
C. 确认非累积带薪缺勤时借记"管理费用"账户
D. 本期尚未用完的带薪缺勤权利可以结转下期

〈4〉根据资料(4)，该企业12月31日应记入"应付职工薪酬——设定提存计划"账户的金额是（　　）元。

A. 25 200　　　　B. 165 200　　　　C. 112 000　　　　D. 53 200

〈5〉根据资料(1)～(4)，该企业12月销售费用增加的金额是（　　）元。

A. 750 400　　　　B. 1 246 900　　　　C. 797 700　　　　D. 725 200

模块 9

财务成果会计岗位

[考核目标] 通过本岗位学习,学生应理解收入的确认和计量,把握其各项确认条件,确定收入金额;结合各销售方式、提供劳务方式、让渡资产使用权的类型,分别掌握各类业务的会计处理;学习所得税的计算和递延所得税的相关内容。

[实践目标] 能够了解收入的构成以及相关的账务处理,了解各类费用的核算内容和账务处理,能够正确计算相关利润指标并掌握其会计处理。

[知识点思维导图]

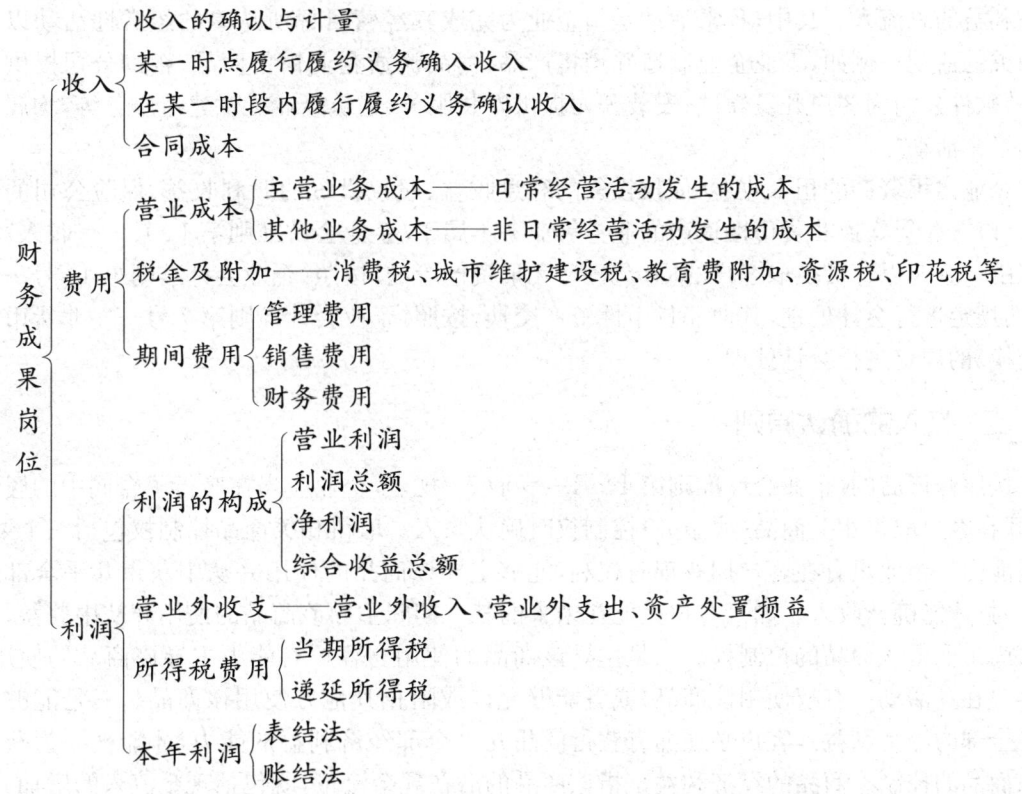

 财务成果岗位工作职责

(1) 负责编制收入、费用、利润及利润分配计划。
(2) 办理销售业务、提供劳务等各项收入款项结算业务。
(3) 对与利润有关的成本、费用业务进行账务处理。
(4) 进行利润形成及利润分配的核算。
(5) 及时向相关负责人汇报收入、费用和利润情况。
(6) 为企业增加收入、减少成本费用提出合理化建议。

任务9.1 收 入

活动9.1.1 收入的确认与计量

一、收入的概念

收入是指企业在日常活动中形成的、会导致所有者权益增加的、与所有者投入资本无关的经济利益的总流入。其中,日常活动是指企业为完成其经营目标所从事的经常性活动以及与之相关的活动。例如,工业企业制造并销售产品、商品流通企业销售商品、咨询公司提供咨询服务、软件公司为客户开发软件、安装公司提供安装服务、建筑企业提供建造服务等,均属于企业的日常活动。

企业出租资产的租金收益、债权投资的利息收益、股权投资的股利收益、保险公司的保费收入、以非存货交换非货币性资产的业务等业务不属于《企业会计准则第14号——收入》核算的范围。企业以存货换取客户的固定资产、无形资产等的,按照《企业会计准则第14号——收入》的规定进行会计处理,其他非货币性资产交换,按照《企业会计准则第7号——非货币性资产交换》的规定进行会计处理。

二、收入的确认原则

按照修订后的《企业会计准则第14号——收入》规定,企业应当在履行了合同中的履约义务,即在客户取得相关商品(或服务)控制权时确认收入。取得相关商品控制权包括三个要素:一是能力。企业只有在客户拥有现时权利,能够主导该商品的使用并从中获得几乎全部经济利益时,才能确认收入。如果客户只能在未来的某一期间主导该商品的使用并从中获益,则表明其尚未取得该商品的控制权。二是主导该商品的使用。客户有能力主导该商品的使用,是指客户在其活动中有权使用该商品,或者能够允许或阻止其他方使用该商品。三是能够获得几乎全部的经济利益。客户必须拥有获得商品几乎全部经济利益的能力,才能被视为获得了对该商品的控制。商品的经济利益是指该商品的潜在现金流量,既包括现金流入的增加,也包括现金流出的减少。客户可以通过使用、消耗、出售、处置、交换、抵押或持有等多种方式直接或间接地获得商品的经济利益。

三、收入确认和计量的步骤

根据修订后的《企业会计准则第 14 号——收入》，收入确认和计量大致分为以下五个步骤：

第一步，识别客户合同。
第二步，识别合同中的单项履约义务。
第三步，确定合同交易价格。
第四步，将合同交易价格分摊至各项履约义务之中。
第五步，在履行单项履约义务时确认收入。

其中，第一、第二、第五步涉及收入的确认问题，第三、第四步涉及收入的计量问题。

以上五个步骤的核心是，确定合同交易价格，按照一定方式把交易价格分摊到各单项履约义务上。《企业会计准则》是为会计核算服务的。收入核算的目标就是要确定一个合同之中每个单项履约义务应确认的收入。

(一) 收入的确认

1. 识别与客户订立的合同

《企业会计准则第 14 号——收入》所称客户，是指与企业订立合同以向该企业购买其日常活动产出的商品或服务（以下简称"商品"）并支付对价的一方。其中，合同是指双方或多方之间订立有法律约束力的权利义务的协议。合同包括书面形式、口头形式和其他形式（如隐含于商业惯例或企业以往的习惯做法中等）。企业与客户之间的合同同时满足下列五项条件的（收入确认的前提条件），企业应当在履行了合同中的履约义务，即在客户取得相关商品控制权时确认收入：

(1) 该合同明确了合同各方与所转让的商品相关的权利和义务。
(2) 该合同有明确的与所转让的商品相关的支付条款。
(3) 合同各方已批准该合同并承诺将履行各自义务。
(4) 该合同具有商业实质，即履行该合同将改变企业未来现金流量的风险、时间分布或金额；关于商业实质，应按照《企业会计准则第 7 号——非货币性资产交换》的有关规定进行判断。
(5) 企业因向客户转让商品而有权取得的对价很可能收回。

2. 识别合同中的单项履约义务

合同开始日，企业应当先对合同进行评估，识别该合同所包含的各单项履约义务，并确定各单项履约义务是在某一时段内履行，还是在某一时点履行；然后在履行了各单项履约义务时分别确认收入。其中，履约义务是指合同中企业向客户转让可明确区分商品的承诺。

下列情况下，企业应当将向客户转让商品的承诺作为单项履约义务：
(1) 企业向客户转让可明确区分商品（或者商品的组合）的承诺。
(2) 企业向客户转让一系列实质相同且转让模式相同的、可明确区分商品的承诺。

企业承诺向客户转让的商品通常会在合同中明确约定，然而，在某些情况下，虽然合同中没有明确约定，但是企业已公开宣布的政策、特定声明或以往的习惯做法等可能隐含了企业将向客户转让额外商品的承诺。例如,企业向客户销售商品,虽然合同没有约定,但是,企业在其宣传广告中宣称,对于购买该商品的客户,企业将为其提供为期5年的免费保养服务,如果该广告使客户对于企业提供的保养服务形成合理预期,企业应当考虑该项服务是否构成单项履约义务。企业需要评估其对于客户的承诺是否构成单项履约义务,并进行相应的会计处理。又如,甲公司与其经销商乙公司签订合同,将其生产的产品销售给乙公司,乙公司再将该产品销售给最终用户。乙公司是甲公司的客户。合同约定,从乙公司购买甲公司产品的最终用户可以享受甲公司提供的该产品正常质量保证范围之外的免费维修服务。甲公司委托乙公司代为提供该维修服务,并且按照约定的价格向乙公司支付相关费用;如果最终用户没有使用该维修服务,则甲公司无需向乙公司付款。甲公司在该合同下的承诺包括销售产品和提供维修服务两项履约义务。若甲公司和乙公司签订的合同在合同开始日并未包含提供维修服务的承诺,甲公司也未通过其他明确或隐含的方式承诺向乙公司或最终用户提供该项服务,因此,甲公司在该合同下的承诺只有销售产品一项履约义务。

3. 履行每一单项履约义务时确认收入

企业应当在履行了合同中的履约义务,即客户取得相关商品控制权时确认收入。企业将商品的控制权转移给客户,该转移可能在某一时段内(即履行履约义务的过程中)发生,也可能在某一时点(即履约义务完成时)发生。对于在某一时段内履行的履约义务,企业应当选取恰当的方法来确定履约进度,按照履约进度确认收入,但履约进度不能合理确定的除外。对于在某一时点履行的履约义务,企业应当在客户取得相关商品控制权时点确认收入。

(二) 收入的计量

1. 确定交易价格

交易价格是指企业因向客户转让商品而预期有权收取的对价金额。企业代第三方收取的款项(如增值税)以及企业预期将退还给客户的款项,应当作为负债进行会计处理,不计入交易价格。合同标价并不一定代表交易价格,企业应当根据合同条款,并结合以往的习惯做法确定交易价格。

2. 将交易价格分摊至各单项履约义务

当合同中包含两项或多项履约义务时,需要将交易价格分摊至各单项履约义务,以使企业分摊至各单项履约义务(或可明确区分的商品)的交易价格能够反映其因向客户转让已承诺的相关商品而预期有权收取的对价金额。分摊的一般原则是合同中包含两项或多项履约义务的,企业应当在合同开始日,按照各单项履约义务所承诺商品的单独售价的相对比例,将交易价格分摊至各单项履约义务。

【例9-1】 甲公司与客户签订合同,向其销售 A、B、C 三种产品,合同价款为 10 000 元。A、B、C 产品的单独售价分别为 5 000 元、2 500 元和 7 500 元,合计 15 000 元。上述价格均不包含增值税。各产品应分摊的交易价格如下:

A 产品应当分摊的交易价格=5 000÷15 000×10 000= 3 333(元)

B 产品应分摊的交易价格=2 500÷15 000×10 000 =1 667(元)

C 产品应当分摊的交易价格=10 000-3 333-1 667= 5 000(元)

活动 9.1.2　某一时点履行履约义务确认收入

一、控制权转移迹象

对于在某一时点履行的履约义务,企业应当在客户取得相关商品控制权时点确认收入。在判断客户是否已取得商品控制权时,企业应当考虑下列五个迹象:

(1)企业就该商品享有现时收款权利,即客户负有现时付款义务。例如,甲企业与客户签订销售商品合同,约定客户有权定价且在收到商品无误后 10 日内付款。在客户收到甲企业开具的发票、商品验收入库后,客户能够自主确定商品的销售价格或商品的使用情况,此时甲企业享有收款权利,客户负有现时付款义务。

(2)企业已将该商品的法定所有权转移给客户,即客户已拥有该商品的法定所有权。例如,房地产企业向客户销售商品房,在客户付款后取得房屋产权证时,表明企业已将该商品房的法定所有权转移给客户。

(3)企业已将该商品实物转移给客户,即客户已实物占有该商品。例如,企业与客户签订交款提货合同,在企业销售商品并送货到客户指定地点,客户验收合格并付款,表明企业已将该商品实物转移给客户,即客户已占有该商品实物。

(4)企业已将该商品所有权上的主要风险和报酬转移给客户,即客户已取得该商品所有权上的主要风险和报酬。例如,甲房地产公司向客户销售商品房办理产权转移手续后,该商品房价格上涨或下跌带来的利益或损失全部属于客户,表明客户已取得该商品房所有权上的主要风险和报酬。

(5)客户已接受该商品。例如,企业向客户销售为其定制生产的节能设备,客户收到并验收合格后办理入库手续,表明客户已接受该商品。

需要强调的是,在上述五个迹象中,并没有哪一个或哪几个迹象是决定性的,企业应当根据合同条款和交易实质进行分析,综合判断其是否将商品的控制权转移给客户以及何时转移的,从而确定收入确认的时点。此外,企业应当从客户的角度进行评估,而不应当仅考虑企业自身的看法。

二、账务处理

(一) 账户设置

1. "主营业务收入"账户

该账户核算企业确认的销售商品、提供服务等主营业务的收入,可按主营业务的种类进行明细核算。企业在履行了合同中的单项履约义务时,应按照已收或应收的合同价款,加上应收取的增值税额,借记"银行存款""应收账款""应收票据""合同资产"等账户,按应确认的收入金额,贷记"主营业务收入"账户,按应收取的增值税额,贷记"应交税费——应交增值税(销项税额)"等账户。期末,该账户的余额应转入"本年利润"账户,结转后该账户应无余额。

2. "其他业务收入"账户

该账户核算企业确认的除主营业务活动以外的其他经营活动实现的收入,包括出租固定资产、出租无形资产、出租包装物和商品、销售材料、用材料进行非货币性交换(非货币性资产交换具有商业实质且公允价值能够可靠计量)或债务重组等实现的收入。该账户可按其他业务的种类进行明细核算。期末,该账户的余额应转入"本年利润"账户,结转后该账户应无余额。

3. "主营业务成本"账户

该账户核算企业确认销售商品、提供服务等主营业务收入时应结转的成本。该账户可按主营业务的种类进行明细核算。期末,企业应根据本期销售各种商品、提供各种服务等实际成本,计算应结转的主营业务成本,借记"主营业务成本"账户,贷记"库存商品""合同履约成本"等账户。期末,该账户的余额应转入"本年利润"账户,结转后该账户应无余额。

4. "其他业务成本"账户

该账户核算企业确认的除主营业务活动以外的其他经营活动所发生的支出,包括销售材料的成本、出租固定资产的折旧额、出租无形资产的摊销额、出租包装物的成本或摊销额等。该账户可按其他业务成本的种类进行明细核算。期末,该账户的余额应转入"本年利润"账户,结转后该账户无余额。

5. "发出商品"账户

该账户核算企业商品已发出但客户未取得商品控制权时的商品成本。发出商品时,借记"发出商品"账户,贷记"库存商品"账户,待发出商品满足收入确认条件时,应结转销售成本,借记"主营业务成本"账户,贷记"发出商品"账户。

6. "合同资产"账户

该账户属于资产类,核算企业已向客户转让商品而有权收取对价的权利,且该权利取决于时间流逝之外的其他因素(如履行合同中的其他履约义务)。合同资产与应收账款的区别是应收账款属于无条件收款权利,合同资产属于附带有条件的收款权利。如企业向客户销售两项可明确区分的商品,企业因已交付其中一项商品而有权收取款项,但收取该款项还取决于企业交付另一项商品的,企业应当将该收款权利列入合同资产。

(二)账务处理

1. 一般销售商品业务收入的账务处理

借:银行存款、应收账款、应收票据等
　　贷:主营业务收入
　　　　应交税费——应交增值税(销项税额)
借:主营业务成本
　　贷:库存商品

如果计提了存货跌价准备,则相应的存货跌价准备应转入主营业务成本。

借:存货跌价准备
　　贷:主营业务成本

【例9-2】 甲公司为增值税一般纳税人,适用的增值税税率为13%。2021年10月,该公司发生以下销售业务:

(1) 8日,向乙公司销售商品一批,开出的增值税专用发票上注明的售价为300 000元,增值税额为39 000元,甲公司收到乙公司开出的不带息银行承兑汇票一张,票面金额为339 000元,期限为3个月;甲公司以银行存款支付代垫运费,增值税专用发票上注明的运费为3 000元,增值税额为270元,所垫运费尚未收到。该批商品成本为220 000元;乙公司收到商品并验收入库。甲公司应编制会计分录如下：

A. 确认商品销售收入并结转销售成本时：

借：应收票据 339 000
　　贷：主营业务收入 300 000
　　　　应交税费——应交增值税（销项税项） 39 000
借：主营业务成本 220 000
　　贷：库存商品 220 000

B. 支付代垫运费时：

借：应收账款 3 270
　　贷：银行存款 3 270

【例9-3】承[例9-2]，若销售运费由甲公司承担，以银行存款支付销售运费，收到增值税专用发票上注明的运输费为3 000元，增值税额为270元。甲公司编制会计分录如下：

借：销售费用 3 000
　　应交税费——应交增值税（进项税项） 270
　　贷：银行存款 3 270

(2) 16日，与丙公司签订了一项合同，以200 000元的价格（不含税）向丙公司出售A、B两种产品。A、B两种产品的单独售价（不含税）分别为80 000元和120 000元，成本分别为55 000元和86 000元。合同约定，A产品于10月16日交付丙公司，B产品于11月16日交付丙公司，只有当A、B两种产品全部交付丙公司后，甲公司才有权收取200 000元的合同对价，甲公司按合同约定的日期先后发出A产品和B产品。丙公司收到上列产品并验收入库。甲公司编制会计分录如下：

A. 2021年10月16日，向丙公司交付A产品时：

借：合同资产——丙公司 90 400
　　贷：主营业务收入 80 000
　　　　应交税费——应交增值税（销项税额） 10 400
借：主营业务成本 55 000
　　贷：库存商品 55 000

B. 11月16日，向丙公司交付B产品时：

借：应收账款——丙公司 226 000
　　贷：主营业务收入 120 000
　　　　应交税费——应交增值税（销项税额） 15 600
　　　　合同资产——丙公司 90 400
借：主营业务成本 86 000
　　贷：库存商品 86 000

练一练

（实务题）甲公司向乙公司销售商品一批，开出的增值税专用发票上注明的售价为400 000

元,增值税额为 52 000 元。甲公司收到乙公司开出的不带息银行承兑汇票一张,票面金额为 452 000 元,期限为 2 个月。该批商品成本为 320 000 元,该商品计提存货跌价准备为 20 000 元。乙公司收到商品并验收入库。请编制相关会计分录。

2. 已经发出商品但不能确认收入的处理

企业向客户转让商品的对价未达到"很可能收回"的收入确认条件,在发出商品时,企业不应确认收入,将发出商品的成本记入"发出商品"账户。相关账务处理如下:

（1）发出商品不满足收入条件时：

借：发出商品
　　贷：库存商品

（2）满足收入确认条件时：

借：应收账款等
　　贷：主营业务收入
　　　　应交税费——应交增值税（销项税额）

借：主营业务成本
　　贷：发出商品

【例 9-4】 甲公司委托乙公司销售 W 商品 1 000 件,W 商品已经发出,每件成本为 70 元。合同约定乙公司应按每件 100 元的价格对外销售,甲公司按不含增值税的销售价格的 10% 向乙公司支付手续费。除非这些商品在乙公司存放期间内由于乙公司的责任发生毁损或丢失,否则在 W 商品对外销售之前,乙公司没有义务向甲公司支付货款。乙公司不承担包销责任,没有售出的 W 商品须退回给甲公司,同时甲公司也有权要求收回 W 商品或将其销售给其他客户。

乙公司对外实际销售 1 000 件,开出的增值税专用发票上注明的销售价格为 100 000 元,增值税额为 13 000 元,款项已经收到,乙公司立即向甲公司开具代销清单并支付货款。甲公司收到乙公司开具的代销清单时,向乙公司开具一张相同金额的增值税专用发票。假定甲公司发出 W 商品时纳税义务尚未发生,手续费增值税税率为 6%,不考虑其他因素。

A. 甲公司编制会计分录如下：

a. 发出商品时：

借：发出商品——乙公司　　　　　　　　　　　　　　　　70 000
　　贷：库存商品——W 商品　　　　　　　　　　　　　　　　70 000

b. 收到代销清单时：

借：应收账款——乙公司　　　　　　　　　　　　　　　　113 000
　　贷：主营业务收入——销售 W 商品　　　　　　　　　　　100 000
　　　　应交税费——应交增值税（销项税额）　　　　　　　　13 000

借：主营业务成本——销售 W 商品　　　　　　　　　　　　70 000
　　贷：发出商品——乙公司　　　　　　　　　　　　　　　　70 000

借：销售费用——代销手续费　　　　　　　　　　　　　　10 000
　　应交税费——应交增值税（进项税额）　　　　　　　　　　600
　　贷：应收账款——乙公司　　　　　　　　　　　　　　　10 600

c. 收到乙公司支付的货款时：

借：银行存款　　　　　　　　　　　　　　　　　　　　　　　　　　105 400
　　贷：应收账款——乙公司　　　　　　　　　　　　　　　　　　　　　　105 400

B. 乙公司编制会计分录如下：

a. 收到商品时：

借：受托代销商品——甲公司　　　　　　　　　　　　　　　　　　　　100 000
　　贷：受托代销商品款——甲公司　　　　　　　　　　　　　　　　　　　100 000

b. 对外销售时：

借：银行存款　　　　　　　　　　　　　　　　　　　　　　　　　　113 000
　　贷：受托代销商品——甲公司　　　　　　　　　　　　　　　　　　　　100 000
　　　　应交税费——应交增值税(销项税额)　　　　　　　　　　　　　　　　13 000

c. 收到增值税专用发票时：

借：受托代销商品款——甲公司　　　　　　　　　　　　　　　　　　　　100 000
　　应交税费——应交增值税(进项税额)　　　　　　　　　　　　　　　　　13 000
　　贷：应付账款——甲公司　　　　　　　　　　　　　　　　　　　　　　113 000

d. 支付货款并计算代销手续费时：

借：应付账款——甲公司　　　　　　　　　　　　　　　　　　　　　　116 000
　　贷：银行存款　　　　　　　　　　　　　　　　　　　　　　　　　　105 400
　　　　其他业务收入——代销手续费　　　　　　　　　　　　　　　　　　 10 000
　　　　应交税费——应交增值税(销项税额)　　　　　　　　　　　　　　　　　 600

练一练

(1)（选择题）甲公司于2021年7月1日发给乙公司商品500件，增值税专用发票注明的货款为30 000元，增值税额为3 900元，代垫运杂费1 000元，该批商品的成本为25 000元。甲公司发出货物后得知乙公司资金周转十分困难，预计暂时不能收回货款，但纳税义务已经发生。则甲公司的下列相关会计处理中，正确的有(　　)。

A. 借：发出商品　　　　　　　　　　　　　　　　　　　　　　　　　25 000
　　　贷：库存商品　　　　　　　　　　　　　　　　　　　　　　　　　25 000

B. 借：营业外支出　　　　　　　　　　　　　　　　　　　　　　　　25 000
　　　贷：主营业务成本　　　　　　　　　　　　　　　　　　　　　　　25 000

C. 借：应收账款　　　　　　　　　　　　　　　　　　　　　　　　　 1 000
　　　贷：银行存款　　　　　　　　　　　　　　　　　　　　　　　　　 1 000

D. 借：应收账款　　　　　　　　　　　　　　　　　　　　　　　　　 3 900
　　　贷：应交税费——应交增值税(销项税额)　　　　　　　　　　　　　　 3 900

(2)（判断题）发出商品不符合收入确认条件时，如果销售该商品的纳税义务已经发生(如已经开出增值税专用发票)，则应确认应交的增值税销项税额，并确认销售成本。(　　)

(3)（判断题）如果销售商品不符合收入确认条件，在商品发出时不需要进行会计处理。
（　　）

3. 商业折扣、现金折扣的处理
1）商业折扣的处理

商业折扣是企业为促进商品销售而给予的价格扣除。商业折扣在销售时即已发生，并不构成最终成交价格的一部分。企业销售商品涉及商业折扣时，应按照扣除商业折扣后的金额确定销售商品收入金额。商业折扣部分无需作账处理。涉及商业折扣时的账务处理如下：

借：应收账款等（扣除商业折扣后的价款＋销项税额＋代垫运杂费）
　　贷：主营业务收入（扣除商业折扣后的价款）
　　　　应交税费——应交增值税（销项税额）
　　　　银行存款（代垫运杂费）

【例9-5】　某企业为增值税一般纳税人，适用的增值税税率为13%。2021年7月1日，该企业对外销售M商品20 000件，每件不含增值税的销售价格为15元，给予对方10%的商业折扣，符合收入确认条件，并代垫运费1 900元。该企业编制会计分录如下：

借：应收账款　　　　　　　　　　　　　　　　　　　　　　　　307 000
　　贷：主营业务收入[20 000×15×(1－10%)]　　　　　　　　　270 000
　　　　应交税费——应交增值税（销项税额）　　　　　　　　　 35 100
　　　　银行存款　　　　　　　　　　　　　　　　　　　　　　　1 900

（填空题）某企业销售商品6 000件，每件售价为60元，增值税税率为13%，该企业为购货方提供的商业折扣为10%。该企业在这项交易中应确认的销售收入金额为（　　）元，应收的价税款为（　　）元。

2）现金折扣的处理

现金折扣是指债权人为了鼓励债务人在规定期限内付款而给予的债务扣除。现金折扣一般用符号"折扣率/付款期限"表示。例如，"2/10，1/20，n/30"的折扣条件表示：如果购货方在10天之内付款，那么销售方就给予总价款的2%的优惠，如果购货方在20天内付款，销售方就给予总价款的1%的优惠，如果对方在30天内付款，不给予任何优惠折扣。现金折扣不影响应收账款和销售收入的入账金额，只影响实际收到的款项。企业在计算现金折扣时，是否应包含增值税，视具体情况而定。现金折扣实际上是企业为了尽快回笼资金而发生的理财费用，实际发生时计入当期财务费用。相关会计分录如下：

借：应收账款（不考虑现金折扣）
　　贷：主营业务收入（不考虑现金折扣）
　　　　应交税费——应交增值税（销项税额）

【例9-6】　甲公司为增值税一般纳税企业，2021年10月8日，销售A商品200件并开具增值税专用发票，每件商品的标价为260元（不含增值税），A商品适用的增值税税率为13%；每件商品的实际成本为190元；由于是成批销售，甲公司给予购货方10%的商业折扣，并在销售合同中规定现金折扣条件为"2/10,1/20,n/30";A商品于10月8日发出,客户于10月15日付款。该项销售业务属于在某一时点履行的履约义务,假定计算现金折扣时不考虑增值税。甲公司编制会计分录如下:

A. 10月8日,销售实现时:

借:应收账款　　　　　　　　　　　　　　　　　　　　　　52 884
　　贷:主营业务收入[200×260×(1−10%)]　　　　　　　46 800
　　　　应交税费——应交增值税(销项税额)　　　　　　　6 084
借:主营业务成本　　　　　　　　　　　　　　　　　　　　38 000
　　贷:库存商品　　　　　　　　　　　　　　　　　　　　38 000

B. 10月15日,收到货款时:

借:银行存款　　　　　　　　　　　　　　　　　　　　　　51 948
　　财务费用(46 800×2%)　　　　　　　　　　　　　　　　936
　　贷:应收账款　　　　　　　　　　　　　　　　　　　　52 884

【例9-7】　承[例9-6],若客户于10月20日付款,则享受的现金折扣为468元(46 800×1%)。收到货款时,甲公司编制会计分录如下:

借:银行存款　　　　　　　　　　　　　　　　　　　　　　52 416
　　财务费用　　　　　　　　　　　　　　　　　　　　　　468
　　贷:应收账款　　　　　　　　　　　　　　　　　　　　52 884

【例9-8】　承[例9-6],若客户于10月30日付款,则应按全额付款。收到货款时,甲公司编制会计分录如下:

借:银行存款　　　　　　　　　　　　　　　　　　　　　　52 884
　　贷:应收账款　　　　　　　　　　　　　　　　　　　　52 884

温馨提示

商业折扣和现金折扣的对比,如表9-1所示。

表9-1　　　　　　　　　　　　商业折扣和现金折扣的对比

交易事项	对应收账款的影响	对销售收入的影响	会计处理
商业折扣	减少	减少	扣除商业折扣后的金额确认收入
现金折扣	不影响	不影响	实际付款时计入财务费用

练一练

(1)(选择题)某企业为增值税一般纳税人,确认商品销售收入同时结转成本。2021年11月2日,该企业赊销一批商品,开具的增值税专用发票上注明的价款为100 000元,增值税额为13 000元,合同规定的现金折扣条件为"1/10,0.5/20,n/30"。该批商品的成本为70 000元,符合收入确认条件。不考虑其他因素,下列关于该企业销售商品的会计处理中,正确的有(　　)。

A. 借记"主营业务成本"账户 70 000 元　　B. 贷记"主营业务收入"账户 99 000 元
C. 借记"应收账款"账户 113 000 元　　　D. 贷记"库存商品"账户 70 000 元

(2) (选择题) 甲、乙公司均为增值税一般纳税人,适用的增值税税率为 13%。2021 年 3 月 2 日,甲公司向乙公司赊销商品一批,商品标价总额为 200 万元 (不含增值税)。由于成批销售,乙公司应享受 10% 的商业折扣,销售合同规定的现金折扣条件为"2/10, 1/20, n/30",假定计算现金折扣时不考虑增值税。乙公司于 3 月 9 日付清货款,甲公司收到的款项为(　　)万元。

A. 226　　　　B. 203.4　　　　C. 222.4　　　　D. 199.8

4. 销售折让和销售退回的处理

1) 销售折让的处理

销售折让是指企业因出售的商品质量不合格等原因而在售价上给予的减让。需要明确的是,销售折让实际发生时间是在确认销售收入之前还是之后,销售收入确认的时间不同,处理方式也不同。发生在销售收入确认之后的销售折让,应直接冲减发生当期的销售收入;属于资产负债表日后事项的,应当按照有关资产负债表日后事项的相关规定进行处理,先转入"以前年度损益调整",然后再调整应交纳的所得税和盈余公积,最后将"以前年度损益调整"转入"利润分配"账户。

【例 9-9】　甲公司为增值税一般纳税人,2021 年 2 月 1 日,向乙公司销售一批商品,开出的增值税专用发票上注明的价款为 60 000 元,增值税额为 7 800 元。商品已发出,当日已确认该批商品的销售收入,该批商品成本为 40 000 元。2 月 5 日,乙公司收到货物后发现质量不合规,要求甲公司按售价给予 10% 的销售折让,甲公司经认定后同意,并于当日开出红字增值税专用发票,相关款项尚未收到。甲公司编制会计分录如下:

A. 2 月 1 日,确认销售收入时:

借:应收账款	67 800
贷:主营业务收入	60 000
应交税费——应交增值税(销项税额)	7 800
借:主营业务成本	40 000
贷:库存商品	40 000

B. 2 月 5 日,给予销售折让时:

借:主营业务收入	6 000
应交税费——应交增值税(销项税额)	780
贷:应收账款	6 780

(实务题) 甲公司向乙公司销售一批产品,增值税专用发票上注明的售价为 40 000 元,增值税额为 5 200 元,该批产品的成本为 25 000 元。货到后,乙公司发现商品质量与合同要求不一致,经与甲公司协商后,甲公司同意给予价款 5% 的折让,并开具增值税红字发票。编制会计分录。

2) 销售退回的处理

销售退回是指企业售出的商品由于质量问题等问题而发生的退款退货。需要指出的是，根据销售退回实际发生的时间是否在确认销售收入之前还是之后，可分为两种情况进行处理：

（1）尚未确认收入的售出商品发生退回的，被退回货物验收入库后，编制会计分录如下：

借：库存商品
　　贷：发出商品

（2）已经确认收入的售出商品发生退回的（除资产负债表日后事项外），被退回货物验收入库后，直接冲减退回当月的收入和成本，相应的现金折扣一并返转。如该项销售退回已发生现金折扣，应同时调整相关财务费用的金额。

【例 9-10】 2021 年 5 月 20 日，甲公司销售 A 商品一批，增值税专用发票上注明的售价为 350 000 元，增值税额是 45 500 元，该批商品成本为 182 000 元。A 商品于 2021 年 5 月 20 日发出，购货方于 5 月 27 日付款，甲公司对该项销售确认了销售收入。2021 年 9 月 16 日，该商品质量出现严重问题，购货方将该批商品全部退回给甲公司。甲公司同意退货，于退货当日支付了退货款，并按规定向购货方开具了增值税专用发票（红字）。甲公司编制会计分录如下：

A. 2021 年 5 月 20 日，确认收入时：

借：应收账款　　　　　　　　　　　　　　　　　　　　　　395 500
　　贷：主营业务收入　　　　　　　　　　　　　　　　　　　　350 000
　　　　应交税费——应交增值税（销项税额）　　　　　　　　　 45 500
借：主营业务成本　　　　　　　　　　　　　　　　　　　　182 000
　　贷：库存商品　　　　　　　　　　　　　　　　　　　　　　182 000

B. 2021 年 5 月 27 日，收到货款时：

借：银行存款　　　　　　　　　　　　　　　　　　　　　　395 500
　　贷：应收账款　　　　　　　　　　　　　　　　　　　　　　395 500

C. 2021 年 9 月 16 日，销售退回时：

借：主营业务收入　　　　　　　　　　　　　　　　　　　　350 000
　　应交税费——应交增值税（销项税额）　　　　　　　　　 45 500
　　贷：银行存款　　　　　　　　　　　　　　　　　　　　　　395 500
借：库存商品　　　　　　　　　　　　　　　　　　　　　　182 000
　　贷：主营业务成本　　　　　　　　　　　　　　　　　　　　182 000

练一练

（1）（判断题）企业售出商品发生销售退回，对于已确认收入且不属于资产负债表日后事项的，企业收到退回的商品时，应退回货款或冲减应收账款，并冲减销售当期的主营业务收入和增值税销项税额。　　　　　　　　　　　　　　　　　　　　　　　　　　（　　）

（2）（选择题）下列各项中，已确认销售成本的售出商品被退回，应借记的账户是（　　）。
A."发出商品"　　　B."主营业务成本"　　　C."销售费用"　　　D."库存商品"

(3)（选择题）企业售出商品发生销售退回，该商品销售尚未确认收入且增值税纳税义务尚未发生，该企业收到退回的商品应贷记的账户是（　　）。

A．"应收账款"　　　　　　　　　　B．"其他业务成本"
C．"发出商品"　　　　　　　　　　D．"主营业务成本"

5. 采用预收款销售

企业向客户预收销售商品款项时，属于企业在转让承诺的商品之前已收取的款项，应当将该款项确认为合同负债，待履行了相关履约时再确认收入。"合同负债"账户核算企业已收或应收客户对价而应向客户转让商品的义务。企业应按照已收或应收的金额，借记"银行存款""应收账款""应收票据"等账户，贷记"合同负债"账户；企业向客户转让相关商品时，借记"合同负债"账户，贷记"主营业务收入""其他业务收入"等账户；涉及增值税的，还应进行相应的处理。

【例9-11】 2021年11月1日，甲公司与乙公司签订了一项合同对价为565 000元（含增值税）的商品转让合同。合同约定：乙公司要购买甲公司商品，需在合同签订的第二天预付全部合同款，甲公司于12月10日向乙公司交付商品。假定甲公司按时收到款项，并于合同规定时间向乙公司交付商品。甲、乙公司为增值税一般纳税人，适用的增值税税率为13%。甲公司编制会计分录如下：

A．11月2日，收到乙公司预付的价款时：

借：银行存款　　　　　　　　　　　　　　　　　　　　　　　　　65 000
　　贷：合同负债　　　　　　　　　　　　　　　　　　　　　　　　　65 000

B．12月10日，向乙公司交付商品时：

借：合同负债　　　　　　　　　　　　　　　　　　　　　　　　　565 000
　　贷：主营业务收入　　　　　　　　　　　　　　　　　　　　　　500 000
　　　　应交税费——应交增值税（销项税额）　　　　　　　　　　　　65 000

6. 销售原材料

企业发生销售原材料、随同商品发出且单独计价的包装物等业务，视同商品销售处理，取得的收入以及结转的相关成本，通过"其他业务收入""其他业务成本"账户核算。

【例9-12】 甲公司销售一批原材料，开出的增值税专用发票上注明的售价为10 000元，增值税额为1 300元，款项已由银行收妥。该批原材料的实际成本为9 000元；乙公司收到原材料并验收入库。甲公司编制会计分录如下：

A．取得原材料销售收入时：

借：银行存款　　　　　　　　　　　　　　　　　　　　　　　　　11 300
　　贷：其他业务收入　　　　　　　　　　　　　　　　　　　　　　10 000
　　　　应交税费——应交增值税（销项税额）　　　　　　　　　　　　1 300

B．结转已销原材料的实际成本时：

借：其他业务成本　　　　　　　　　　　　　　　　　　　　　　　9 000
　　贷：原材料　　　　　　　　　　　　　　　　　　　　　　　　　9 000

练一练

（选择题）某企业为增值税一般纳税人，增值税税率为13%。本月销售一批材料，含税价款为5 876元。该批材料计划成本为4 200元，材料成本差异率为2%，该企业销售材料应确认的损益为（　　）元。

A. 916　　　　　　B. 1 000　　　　　　C. 1 832　　　　　　D. 1 968

活动 9.1.3　在某一时段内履行履约义务确认收入

一、在某一时段内履行履约义务的条件

满足下列条件之一的，属于在某一时段内履行履约义务，相关收入应当在该履约义务履行的期间内确认：

（1）客户在企业履约的同时即取得并消耗企业履约所带来的经济利益。企业在履约过程中是持续地向客户转移企业履约所带来的经济利益的，该履约义务属于在某一时段内履行的履约义务，企业应当在履行履约义务的期间确认收入。企业提供的运输服务属于在某一时段内履行的履约义务。对于如保洁服务的一些服务类的合同而言，企业可以通过直观的判断获知，企业在履行履约义务（即提供保洁服务）的同时，客户即取得并消耗了企业履约所带来的经济利益。

（2）客户能够控制企业履约过程中在建的商品。企业在履约过程中在建的商品包括在产品、在建工程、尚未完成的研发项目、正在进行的服务等，由于客户控制了在建的商品，客户在企业提供商品的过程中获得其利益，因此，该履约义务属于在某一时段内履行的履约义务，企业应当在该履约义务履行的期间内确认收入。例如，甲企业与客户签订合同，在客户拥有的土地上按照客户的设计要求为其建造厂房。在建造过程中客户有权修改厂房设计，并与甲企业重新协商设计变更后的合同价款。客户每月末按当月工程进度向甲企业支付工程款。如果客户终止合同，已完成建造部分的厂房归客户所有。

（3）企业履约过程中所产出的商品具有不可替代用途，且该企业在整个合同期间内有权就累计至今已完成的履约部分收取款项。其中，具有不可替代用途是指因合同限制或实际可行性限制，企业不能轻易地将商品用于其他用途。当企业产出的商品只能提供给某特定客户，而不能被轻易地用于其他用途（如销售给其他客户）时，该商品就具有不可替代用途。企业在整个合同期间内有权就累计至今已完成的履约部分收取款项。其中，有权就累计至今已完成的履约部分收取款项是指由于客户或其他方原因终止合同的情况下，企业有权就累计至今已完成的履约部分收取能够补偿其已发生成本和合理利润的款项，并且该权利具有法律约束力。

二、履约进度的测算

对于在某一时段内履行的履约义务，企业应当在该段时间内按照履约进度确认收入，但是，履约进度不能合理确定的除外。企业应当考虑商品的性质，采用产出法或投入法确定恰当的履约进度。实务中，企业通常按照累计实际发生的成本占预计总成本的比例（即成本法）确

定履约进度,累计实际发生的成本包括企业向客户转移商品过程中所发生的直接成本和间接成本,如直接人工、直接材料、分包成本以及其他与合同相关的成本。预计总成本包括实际发生的成本和预计还要发生的成本。当履约进度不能合理确定时,已经发生的成本预计能够得到补偿的,企业应当按照已经发生的成本金额确认收入,直到履约进度能够合理确定为止。

三、收入金额的确认

资产负债表日,企业按照合同的交易价格总额乘以履约进度扣除以前会计期间累计已确认的收入后的金额,确认为当期收入。具体计算公式如下:

$$当期收入=总收入\times完工进度-已确认过的收入$$
$$当期成本=总成本\times完工进度-已确认过的成本$$

注:当履约进度不能合理确定时,已经发生的成本预计能够得到补偿的,企业应当按照已经发生的成本金额确认收入,直到履约进度能够合理确定为止。

四、账务处理

(一) 账户设置

1. "合同履约成本"账户

该账户属于成本类账户。该账户核算企业为履行当前或预期取得的合同所发生的、不属于其他具体会计准则规范范围且按照修订后的《企业会计准则第14号——收入》应当确认为一项资产的成本。该账户可按合同,分别"服务成本""工程施工"等进行明细核算。企业发生上述合同履约成本时,借记"合同履约成本"账户,贷记"银行存款""应付职工薪酬""原材料"等账户;对合同履约成本进行摊销时,借记"主营业务成本""其他业务成本"等账户,贷记"合同履约成本"账户;涉及增值税的,还应进行相应的处理。该账户期末借方余额反映企业尚未结转的合同履约成本。

2. "合同负债"账户

合同负债是指企业已收或应收客户对价而应向客户转让商品的义务,如企业在转让承诺的商品之前已收取的款项。该账户属于负债类,其期末贷方余额反映企业在向客户转让商品之前,已经收到的合同对价或已经取得的无条件收取合同对价权利的金额。企业因转让商品收到的预收款适用收入准则进行会计处理时,不再使用"预收账款"账户和"递延收益"账户。

(二) 账务处理

【例9-13】甲公司为增值税一般纳税人,2021年12月1日,甲公司与乙公司签订一项为期3个月的装修合同,合同约定装修价款为800 000元,装修服务适用增值税税率为9%。增值税额为45 000元,装修费用每月末按完工进度支付。2021年12月31日,专业测量师经测量后,确定该项劳务的完工程度为30%;乙公司按完工进度支付价款及相应的增值税款。

截至2021年12月31日,甲公司为完成该合同累计发生劳务成本180 000元(假定均为装修人员薪酬),估计还将发生劳务成本420 000元。假定该业务属于甲公司的主营业务,全部由其自行完成;该装修服务构成单项履约义务,属于在某一时段内履行的履约义务,甲公司按照实际测量的完工进度确定履约进度。甲公司编制会计分录如下:

A. 2021 年 12 月 31 日,实际发生劳务成本时:

借:合同履约成本 180 000
　　贷:应付职工薪酬 180 000

B. 2021 年 12 月 31 日,确认劳务收入并结转劳务成本时:

借:银行存款 261 600
　　贷:主营业务收入(800 000×30%－0) 240 000
　　　　应交税费——应交增值税(销项税额) 21 600

借:主营业务成本 180 000
　　贷:合同履约成本 180 000

【例 9-14】 承[例 9-13],2022 年 1 月 31 日,专业测量师经测量后,确定该项劳务的完工进度为 70%;乙公司按完工进度支付价款同时支付对应的增值税款。2022 年 1 月,甲公司为完成该合同发生劳务成本 240 000 元(假定均为装修人员薪酬),为完成该合同估计还将发生劳务成本 180 000 元。甲公司编制会计分录如下:

A. 2022 年 1 月,实际发生劳务成本时:

借:合同履约成本 240 000
　　贷:应付职工薪酬 240 000

B. 2022 年 1 月 31 日,确认劳务收入并结转劳务成本时:

借:银行存款 348 800
　　贷:主营业务收入(800 000×70%－240 000) 320 000
　　　　应交税费——应交增值税(销项税额) 28 800

借:主营业务成本[(180 000＋240 000＋180 000)×70%－180 000] 240 000
　　贷:合同履约成本 240 000

【例 9-15】 承[例 9-14],2022 年 2 月 28 日,装修完工;乙公司验收合格,按完工进度支付价款同时支付对应的增值税款。2022 年 2 月,甲公司为完成该合同发生劳务成本 180 000 元(假定均为装修人员薪酬)。甲公司编制会计分录如下:

A. 2022 年 2 月,实际发生劳务成本时:

借:合同履约成本 180 000
　　贷:应付职工薪酬 180 000

B. 2022 年 2 月 28 日,确认劳务收入并结转劳务成本时:

借:银行存款 261 600
　　贷:主营业务收入(800 000－240 000－320 000) 240 000
　　　　应交税费——应交增值税(销项税额) 21 600

借:主营业务成本 180 000
　　贷:合同履约成本 180 000

练一练

(1)(选择题)2021 年 10 月,某企业签订一项劳务合同,合同收入为 300 万元,预计合同成

本为240万元,合同价款在签订合同时已收取,该企业采用履约进度确认收入,2021年已确认收入80万元,截至2022年年底,累计完工进度为60%,不考虑其他因素,2022年企业应确认该项业务的收入为(　　)万元。

　　A. 64　　　　　　B. 144　　　　　　C. 100　　　　　　D. 180

(2)(选择题)属于在某一时段内履行的履约义务,应满足的条件为(　　)。

　　A. 客户在企业履约的同时即取得并消耗企业履约所带来的经济利益
　　B. 客户已接受该商品
　　C. 企业履约过程中所产出的商品具有不可替代用途
　　D. 企业就该商品享有现时收款的权利

【例9-16】　甲公司经营一家健身俱乐部。2021年8月1日,某客户与甲公司签订合同,成为甲公司的会员,并向甲公司支付会员费6 000元(不含税价),可在未来的12个月内在该俱乐部健身,且没有次数的限制。该业务适用的增值税税率为6%。甲公司于每月末确认收入时开具增值税专用发票并收到税款。

分析:甲公司在该合同下的履约义务是承诺随时准备在客户需要时为其提供健身服务,因此,该履约义务属于在某一时段内履行的履约义务,并且该履约义务在会员的会籍期间内随时间的流逝而被履行。因此,甲公司按照直线法确认收入,每月应当确认的收入为500元(6 000÷12)。甲公司编制会计分录如下:

　　A. 2021年8月1日,收到会员费时:

借:银行存款　　　　　　　　　　　　　　　　　　　　　　　　　　　　　　6 000
　　贷:合同负债　　　　　　　　　　　　　　　　　　　　　　　　　　　　　6 000

　　B. 2021年8月31日,确认收入,开具增值税专用发票并收到税款时:

借:合同负债　　　　　　　　　　　　　　　　　　　　　　　　　　　　　　500
　　银行存款　　　　　　　　　　　　　　　　　　　　　　　　　　　　　　30
　　贷:主营业务收入　　　　　　　　　　　　　　　　　　　　　　　　　　　500
　　　　应交税费——应交增值税(销项税额)　　　　　　　　　　　　　　　　　30

2021年9月至2022年7月,每月确认收入的会计分录同上。

活动9.1.4　合　同　成　本

一、合同取得成本

　　企业为取得合同发生的增量成本预期能够收回的,应当作为合同取得成本确认为一项资产。其中,增量成本是指企业不取得合同就不会发生的成本,如销售佣金等。企业因现有合同续约或发生合同变更需要支付的额外佣金,也属于为取得合同发生的增量成本。

　　企业为取得合同发生的、除预期能够收回的增量成本之外的其他支出,如无论是否取得合同均会发生的差旅费、投标费、为准备投标资料发生的相关费用等,应当在发生时计入当期损益,除非这些支出明确由客户承担。

"合同取得成本"账户属于成本类账户,用于核算企业取得合同发生的、预计能够收回的增量成本。该账户借方登记发生的合同取得成本;贷方登记摊销的合同取得成本;对合同取得成本进行摊销时,按照其相关性借记"销售费用"等账户,贷记"合同取得成本"账户;涉及增值税的,还应进行相应的处理。该账户期末借方余额反映企业尚未结转的合同取得成本。企业取得合同发生的增量成本已经确认为资产的,应当采用与该资产相关的商品收入确认相同的基础进行摊销,计入当期损益。为简化实务操作,该资产摊销期限不超过1年的,可以在发生时计入当期损益。

【例 9-17】 甲公司是一家咨询公司,其通过竞标赢得一个服务期 4 年的新客户,该客户每年支付含税咨询费 636 000 元。为取得与该客户的合同,甲公司聘请外部律师进行尽职调查支付的相关费用为 15 000 元,为投标而发生的差旅费为 10 000 元,支付销售人员佣金 20 000 元。甲公司预期这些支出未来均能够收回。此外,甲公司根据其年度销售目标、整体盈利情况及个人业绩等,向销售部门经理支付年度奖金 10 000 元。

分析:在本例中,甲公司因签订该客户合同而向销售人员支付的佣金属于取得合同发生的增量成本,应当将其作为合同取得成本确认为一项资产;甲公司聘请外部律师进行尽职调查发生的支出、为投标发生的差旅费以及向销售部门经理支付的年度奖金(不能直接归属于可识别的合同)不属于增量成本,应当于发生时直接计入当期损益。甲公司编制会计分录如下:

A. 支付相关费用时:

借:合同取得成本　　　　　　　　　　　　　　　　　　　24 000
　　管理费用　　　　　　　　　　　　　　　　　　　　　25 000
　　销售费用　　　　　　　　　　　　　　　　　　　　　10 000
　　贷:银行存款　　　　　　　　　　　　　　　　　　　　　　59 000

B. 每月确认服务收入并摊销销售佣金时:

借:应收账款　　　　　　　　　　　　　　　　　　　　　53 000
　　贷:主营业务收入[636 000÷(1+6%)÷12]　　　　　　　　　50 000
　　　　应交税费——应交增值税(销项税额)　　　　　　　　　3 000
借:销售费用　　　　　　　　　　　　　　　　　　　　　　500
　　贷:合同取得成本(24 000÷4÷12)　　　　　　　　　　　　　500

练一练

(选择题)下列各项关于合同取得成本的表述中,正确的有(　　)。
A. 企业为取得合同发生的增量成本,应当作为合同取得成本确认为一项资产
B. 取得合同发生的为准备投标资料发生的相关费用等,应当在发生时计入当期损益
C. "合同取得成本"账户核算企业取得合同发生的、预计能够收回的成本
D. 合同取得成本摊销期限不超过1年的,可以在发生时计入当期损益

二、合同履约成本

合同履约成本是指企业为履行当前或预期取得的合同所发生的、属于《企业会计准则第 14 号——收入》(2018)规范范围并且按照该准则应当确认为一项资产的成本。

企业为履行合同可能会发生各种成本,在确认收入的同时应当对这些成本进行分析,属于《企业会计准则第14号——收入》(2018)规范范围且同时满足下列条件的,应当作为合同履约成本确认为一项资产:

(1) 该成本与一份当前或预期取得的合同直接相关。①与合同直接相关的成本包括直接人工(如支付给直接为客户提供所承诺服务的人员的工资、奖金等)。②直接材料(如为履行合同耗用的原材料、辅助材料、构配件、零件、半成品的成本和周转材料的摊销及租赁费用等)。③制造费用或类似费用(如组织和管理生产、施工、服务等活动发生的费用,包括管理人员的职工薪酬、劳动保护费、固定资产折旧费及修理费、物料消耗、取暖费、水电费、办公费、差旅费、财产保险费、工程保修费、排污费、临时设施摊销费等)。④明确由客户承担的成本以及仅因该合同而发生的其他成本(如支付给分包商的成本、机械使用费、设计和技术援助费用、施工现场二次搬运费、生产工具和用具使用费、检验试验费、工程定位复测费、工程点交费用、场地清理费等)。

(2) 该成本增加了企业未来用于履行(或持续履行)履约义务的资源。

(3) 该成本预期能够收回。

企业应当在下列支出发生时,将其计入当期损益:①管理费用,除非这些费用明确由客户承担。②非正常消耗的直接材料、直接人工和制造费用(或类似费用),这些支出为履行合同发生,但未反映在合同价格中。③与履约义务中已履行(包括已全部履行或部分履行)部分相关的支出,即该支出与企业过去的履约活动相关。④无法在尚未履行的与已履行(或已部分履行)的履约义务之间区分的相关支出。

相关账务处理如下:

A. 发生合同履约成本时:

借:合同履约成本
　　贷:银行存款
　　　　应付职工薪酬

B. 摊销合同履约成本时:

借:主营业务成本
　　其他业务成本
　　贷:合同履约成本

【例 9-18】 甲公司经营一家酒店,该酒店是甲公司的自有资产。2021年12月,甲公司计提与酒店经营直接相关的酒店、客房以及客房内的设备家具等折旧50 000元、酒店土地使用权摊销费用80 000元,经计算,当月确认房费、餐饮等服务含税收入318 000元,全部存入银行。甲公司编制会计分录如下:

A. 确认资产的折旧费、摊销费时:

借:合同履约成本　　　　　　　　　　　　　　　　　　　　　　130 000
　　贷:累计折旧　　　　　　　　　　　　　　　　　　　　　　　50 000
　　　　累计摊销　　　　　　　　　　　　　　　　　　　　　　　80 000

B. 确认酒店服务收入并摊销合同履约成本时:

借：银行存款	318 000	
贷：主营业务收入		300 000
应交税费——应交增值税（销项税额）		18 000
借：主营业务成本	130 000	
贷：合同履约成本		130 000

任务9.2　费　　用

活动9.2.1　营　业　成　本

一、主营业务成本

主营业务成本是指企业开展日常经营活动（如销售商品、提供劳务等）所发生的成本。

企业应该通过"主营业务成本"账户来核算主营业务成本的确认和结转情况。一般企业在确认销售商品、提供劳务取得的收入时，将销售商品、提供劳务的成本确认为主营业务成本；期末，则将"主营业务成本"账户的余额转入"本年利润"账户。

【例9-19】　2021年1月20日，甲公司向乙公司销售一批产品，开出的增值税专用发票上注明的价款为200 000元，增值税额为26 000元；甲公司已收到乙公司支付的款项226 000元，并将提货单送交乙公司；该批产品成本为150 000元。甲公司编制会计分录如下：

A. 销售实现时：

借：银行存款	226 000	
贷：主营业务收入		200 000
应交税费——应交增值税（销项税额）		26 000
借：主营业务成本	150 000	
贷：库存商品		150 000

B. 期末，将主营业务成本结转至"本年利润"账户时：

借：本年利润	150 000	
贷：主营业务成本		150 000

(1)（实务题）2021年3月末，某公司计算已销售的甲、乙、丙三种产品的实际成本，分别为8 000元、50 000元和86 000元。请编制该公司月末结转已销甲、乙、丙产品成本时的会计分录。

(2)（填空题）甲企业销售库存商品一批，收到价款200万元，该批商品的成本为170万元，已提存货跌价准备35万元，应结转销售成本为（　　）万元。

二、其他业务成本

其他业务成本是企业开展除主营业务活动以外的其他日常活动（如销售材料、出租固定资产、出租无形资产等）所发生的支出，企业应通过"其他业务成本"账户来核算其他业务成本的确认和结转情况。

企业应当将销售材料的成本、出租固定资产的折旧额、出租无形资产的摊销额等在发生时计入其他业务成本；期末，则将"其他业务成本"账户的余额转入"本年利润"账户。

【例9-20】 2021年8月9日，某公司销售一批原材料，开出的增值税专用发票上注明的售价为30 000元，增值税额为3 900元，款项已由银行收妥。该批原材料的实际成本为22 000元。该公司编制会计分录如下：

A. 销售实现时：

借：银行存款 33 900
　　贷：其他业务收入 30 000
　　　　应交税费——应交增值税（销项税额） 3 900

借：其他业务成本 22 000
　　贷：原材料 22 000

B. 期末，将其他业务成本结转至"本年利润"账户时：

借：本年利润 22 000
　　贷：其他业务成本 22 000

（实务题）2021年10月22日，某公司因销售商品而领用单独计价的包装物，其实际成本为20 000元，增值税专用发票上注明的价款为30 000元，增值税额为3 900元，款项已存入银行。请编制该公司出售包装物、结转出售包装物成本时的会计分录。

活动9.2.2　税金及附加

税金及附加是指企业经营活动应负担的相关税费。它包括消费税、城市维护建设税、教育费附加、房产税、车船税、城镇土地使用税、印花税、资源税、房地产开发企业销售房地产应交纳的土地增值税等。企业应当设置"税金及附加"账户，核算企业经营活动发生的消费税、城市维护建设税、教育费附加、房产税、车船税、城镇土地使用税、印花税、资源税等相关税费。企业交纳的印花税不通过"应交税费"账户核算，于购买印花税票时，直接借记"税金及附加"账户，贷记"银行存款"账户。

温馨提示

税金及附加不包括增值税、企业所得税、个人所得税、契税、车辆购置税和耕地占用税。

【例9-21】 2021年1月，甲公司发生如下经济业务：

(1) 销售商品,实际应交增值税 50 000 元,应交消费税 10 000 元,适用的城市维护建设税税率为 7%,教育费附加征收率为 3%。甲公司编制会计分录如下:

借:税金及附加[(50 000+10 000)×(7%+3%)]　　　　　　　　　　6 000
　　贷:应交税费——应交城市维护建设税　　　　　　　　　　　　　　4 200
　　　　　　　——应交教育费附加　　　　　　　　　　　　　　　　　1 800

(2) 取得应纳消费税的销售商品收入 2 000 000 元,该产品适用的消费税税率为 30%。甲公司编制会计分录如下:

A. 计算应交消费税时:

借:税金及附加　　　　　　　　　　　　　　　　　　　　　　　　　600 000
　　贷:应交税费——应交消费税(2 000 000×30%)　　　　　　　　600 000

B. 交纳消费税时:

借:应交税费——应交消费税　　　　　　　　　　　　　　　　　　　600 000
　　贷:银行存款　　　　　　　　　　　　　　　　　　　　　　　　　600 000

(3) 甲公司一幢房产的原值为 4 000 000 元,已知房产税税率为 1.2%,当地规定的房产税扣除比例为 30%。甲公司编制会计分录如下:

A. 计算应交房产税额时:

借:税金及附加　　　　　　　　　　　　　　　　　　　　　　　　　33 600
　　贷:应交税费——应交房产税[4 000 000×(1-30%)×1.2%]　　33 600

B. 交纳房产税时:

借:应交税费——应交房产税　　　　　　　　　　　　　　　　　　　33 600
　　贷:银行存款　　　　　　　　　　　　　　　　　　　　　　　　　33 600

(4) 当月实际应交车船税 30 000 元,应交城镇土地使用税 100 000 元。甲公司编制会计分录如下:

A. 计算应交车船税、城镇土地使用税时:

借:税金及附加　　　　　　　　　　　　　　　　　　　　　　　　　130 000
　　贷:应交税费——应交车船税　　　　　　　　　　　　　　　　　　30 000
　　　　　　　——应交城镇土地使用税　　　　　　　　　　　　　　100 000

B. 交纳车船税、城镇土地使用税时:

借:应交税费——应交车船税　　　　　　　　　　　　　　　　　　　30 000
　　　　　　——应交城镇土地使用税　　　　　　　　　　　　　　　100 000
　　贷:银行存款　　　　　　　　　　　　　　　　　　　　　　　　　130 000

活动 9.2.3　期　间　费　用

期间费用是指企业日常经营活动发生的不能计入特定核算对象的成本,而应计入发生当期损益的费用。它包括管理费用、销售费用和财务费用。期间费用不计入有关核算对象的成本,而是计入当期损益。

一、管理费用

管理费用是指企业为组织和管理生产经营发生的各种费用。它包括企业在筹建期间内发生的开办费、董事会和行政管理部门在企业的经营管理中发生的以及应由企业统一负担的公司经费(包括行政管理部门职工薪酬、物料消耗、低值易耗品摊销、办公费和差旅费等)、行政管理部门负担的工会经费、董事会费(包括董事会成员津贴、会议费和差旅费等)、聘请中介机构费、咨询费(含顾问费)、诉讼费、业务招待费、技术转让费、研究费用、企业生产车间(部门)和行政管理部门发生的固定资产修理费用等。

【例 9-22】 甲公司本月发生业务招待费 2 000 元,以银行存款支付。甲公司编制会计分录如下:

借:管理费用   2 000
    贷:银行存款   2 000

(1)(填空题)A 公司 2021 年发生下列支出:行政办公楼计提折旧 50 万元,生产机械设备改良支出 40 万元,管理用设备的修理费 20 万元,专设销售机构房屋的修理费 20 万元。A 公司应计入管理费用的金额是( )万元。

(2)(选择题)下列各项中,企业发生的诉讼费应借记的账户是( )。
A."其他业务成本"   B."管理费用"
C."信用减值损失"   D."营业外支出"

(3)(选择题)2021 年 4 月,某企业发生行政管理部门工资 50 万元,诉讼费 5 万元,销售商品时发生的装卸费价税合计 3 万元,发生银行汇票手续费 2 万元。不考虑其他因素,该企业 4 月应计入管理费用的金额是( )万元。
A. 55   B. 50   C. 60   D. 58

(4)(选择题)下列各项中,不应计入企业管理费用的是( )。
A. 支付筹建期间的开办费   B. 支付的业务招待费
C. 支付中介机构的咨询费   D. 支付短期租入车间厂房的租金

(5)(选择题)下列各项中,应通过"管理费用"账户核算的有( )。
A. 企业专设销售机构的设备折旧费
B. 中介机构咨询费
C. 生产用机器设备的日常修理费
D. 财务人员的薪酬

二、销售费用

销售费用是指企业在销售商品、材料和提供劳务的过程中发生的各项费用。它包括保险费、包装费、展览费和广告费、商品维修费、预计产品质量保证损失、运输费、装卸费等,以及为销售本企业商品而专设的销售机构的职工薪酬、业务费、折旧费等。

【例 9-23】 甲公司的销售部门本月共发生费用 10 000 元,其中销售人员的薪酬为 8 000

元,专用设备折旧为1 000元,以银行存款支付业务费为1 000元。甲公司编制会计分录如下:

借:销售费用　　　　　　　　　　　　　　　　　　　　　　10 000
　　贷:应付职工薪酬　　　　　　　　　　　　　　　　　　　　8 000
　　　　累计折旧　　　　　　　　　　　　　　　　　　　　　　1 000
　　　　银行存款　　　　　　　　　　　　　　　　　　　　　　1 000

(1)(选择题)下列各项中,属于企业销售费用核算范围的有(　　)。
A. 商标侵权案发生的诉讼费　　　　　　B. 行政管理部门负担的工会经费
C. 专设销售机构固定资产的管理费　　　D. 向中介机构支付的咨询费

(2)(选择题)下列各项中,企业应记入"销售费用"账户的有(　　)。
A. 随同商品出售不单独计价的包装物成本
B. 已售商品成本
C. 销售商品过程中发生的保险费
D. 专设销售机构的房屋折旧费

(3)(选择题)下列各项中,企业应通过"销售费用"账户核算的有(　　)。
A. 专设的售后服务网点的业务费　　　　B. 销售商品发生的保险费
C. 专设的销售网点的折旧费　　　　　　D. 销售商品发生的运输费

(4)(选择题)企业发生的产品广告费应记入的账户是(　　)。
A."主营业务成本"　B."其他业务成本"　C."营业外支出"　D."销售费用"

三、财务费用

财务费用是指企业为筹集生产经营所需资金等而发生的筹资费用。它包括利息支出、汇兑损益和相关的手续费、现金折扣等。

(1)(选择题)下列各项中,应记入"财务费用"账户的是(　　)。
A. 银行汇票贴现的贴现利息　　　　　　B. 购买交易性金融资产的手续费
C. 外币汇兑损失　　　　　　　　　　　D. 发行股票的手续费

(2)(填空题)某公司于2021年12月1日向银行借入生产经营用短期借款108 000元,期限为6个月,年利率为5%,该借款本金到期后一次归还,利息分月预提,按季支付。该借款应计入财务费用的总金额为(　　)。

(3)(选择题)2021年度,某企业"财务费用"账户核算内容如下:短期借款利息支出600万元,银行存款利息收入20万元,银行手续费支出10万元。不考虑其他因素,2021年度该企业利润表中"财务费用"项目本年度金额为(　　)万元。
A. 580　　　　　B. 590　　　　　C. 600　　　　　D. 610

(4)(选择题)2021年5月,某企业销售一批商品,已经确认收入,并给予现金折扣1 000元。6月,因商品发生质量问题,所有商品被退回。2021年6月,该企业发生商品退回时,下列关于现金折扣的相关会计处理中,正确的是( )。

A. 冲减营业外支出 1 000 元　　　　B. 冲减财务费用 1 000 元
C. 冲减销售费用 1 000 元　　　　　D. 冲减管理费用 1 000 元

(5)(选择题)2021 年 10 月,某企业计提短期借款利息 300 万元,发生汇兑损失 96 万元,收到现金折扣 180 万元,存款利息 15 万元。不考虑其他因素,该企业 2021 年 10 月应计入财务费用的金额为( )万元。

A. 201　　　　　B. 216　　　　　C. 396　　　　　D. 380

任务 9.3　利　　润

活动 9.3.1　利润的构成

利润是指企业在一定会计期间的经营成果。利润包括收入减去费用后的净额、直接计入当期利润的利得和损失。其中,利得指由企业非日常活动所形成的、会导致所有者权益增加的、与所有者投入资本无关的经济利益的流入,如现金盘盈利得、捐赠利得等;损失指由企业非日常活动所发生的、会导致所有者权益减少的、与向所有者分配利润无关的经济利益的流出,如捐赠支出、罚款支出等。

利润由营业利润、利润总额、净利润和综合收益总额四个层次组成。

一、营业利润

其计算公式如下:

营业利润 = 营业收入 − 营业成本 − 税金及附加 − 销售费用 − 管理费用 − 研发费用
　　　　　− 财务费用 + 其他收益 + 投资收益 + 净敞口套期收益
　　　　　+ 公允价值变动收益 + 信用减值损失 + 资产减值损失 + 资产处置收益①

温馨提示

营业收入是指企业经营活动所确认的收入,包括主营业务收入和其他业务收入;营业成本是指企业经营活动所发生的实际成本,包括主营业务成本和其他业务成本。

(1)(填空题)甲公司当月主营业务收入为 600 万元,主营业务成本为 260 万元,管理费用为 4 万元,资产减值损失为 1.5 万元,投资收益为 8 万元,假定不考虑其他因素。甲公司当月的营业利润为( )元。

(2)(选择题)某企业 2021 年发生的销售商品收入为 1 000 万元,销售商品成本为 600 万

---

① 营业利润的计算公式中,投资收益、净敞口套期收益、公允价值变动收益、信用减值损失、资产减值损失、资产处置收益等项,若为损失,以"−"号填列。

元,销售过程中发生广告宣传费用20万元,管理人员工资费用为50万元,短期借款利息费用为10万元,股票投资收益为40万元,资产减值损失为70万元,公允价值变动损益为80万元(收益),因自然灾害发生固定资产的净损失为25万元,因违约支付罚款15万元。不考虑其他因素,该企业2021年的营业利润为(　　)万元。

　　A. 370　　　　　B. 330　　　　　C. 320　　　　　D. 390

(3)(选择题)下列各项中,会导致企业当期营业利润增加的是(　　)。

　　A. 确认无法查明原因的现金溢余　　　B. 转销无法偿付的应付账款
　　C. 结转出售生产设备收益　　　　　　D. 分配在建工程人员薪酬

(4)(选择题)下列各项中,不影响企业营业利润的是(　　)。

　　A. 确认的资产减值损失　　　　　　　B. 销售商品发生的展览费
　　C. 违反合同约定支付的违约金　　　　D. 出售包装物取得的收入

二、利润总额

利润总额是指营业利润加上营业外收入减去营业外支出后的金额。其计算公式如下:

$$利润总额 = 营业利润 + 营业外收入 - 营业外支出$$

(计算题)甲公司2021年年末结账前有关资料为:主营业务收入329 000元,其他业务收入4 000元,营业外收入101 000元,投资收益32 000元,主营业务成本183 000元,税金及附加16 120元,其他业务成本7 900元,销售费用11 540元,管理费用32 300元,财务费用5 340元,营业外支出6 580元。请计算甲公司2021年度的营业利润和利润总额。

三、净利润

净利润又称税后利润,是指利润总额扣除所得税费用后的净额。其计算公式如下:

$$净利润 = 利润总额 - 所得税费用$$

(填空题)乙公司当月主营业务收入为1 000万元,主营业务成本为450万元,管理费用为4万元,资产减值损失为3万元,投资收益为10万元,营业外收入为2万元,营业外支出为6万元,适用的所得税税率为25%。则甲公司当月的净利润为(　　)元。

四、综合收益总额

综合收益总额反映了企业净利润与其他综合收益的合计金额。其中,其他综合收益反映企业根据《企业会计准则》的规定未在损益中确认的各项利得和损失扣除所得税影响后的净额。综合收益总额的计算公式如下:

$$综合收益总额 = 净利润 + 其他综合收益的税后净额$$

活动 9.3.2 营业外收支

一、营业外收入

(一) 营业外收入核算的内容

营业外收入是指企业确认的与其日常经营活动无直接关系的各项利得。它包括盘盈利得、政府补助、捐赠利得、非货币性资产交换利得、债务重组利得、确实无法支付而按照规定程序报经批准后转作营业外收入的应付款项等。期末，企业应将"营业外收入"账户贷方余额转入"本年利润"账户。

(二) 营业外收入的账务处理

【例 9-24】 甲公司收到盘盈现金 2 000 元，无法查明原因。甲公司编制会计分录如下：

A. 批准前：

借：库存现金　　　　　　　　　　　　　　　　　　　　　　　2 000
　　贷：待处理财产损溢——待处理流动资产损溢　　　　　　　　　　2 000

B. 批准后：

借：待处理财产损溢——待处理流动资产损溢　　　　　　　　　　2 000
　　贷：营业外收入　　　　　　　　　　　　　　　　　　　　　　2 000

(选择题)下列各项中，应计入营业外收入的有(　　)。
A. 无法支付的应付账款　　　　　　B. 接受捐赠利得
C. 固定资产盘盈利得　　　　　　　D. 交易性金融资产处置收益

二、营业外支出

(一) 营业外支出核算的内容

营业外支出是指企业发生的与其日常活动无直接关系的各项损失。它主要包括盘亏损失、罚款支出、公益性捐赠支出、非常损失、非流动资产毁损报废损失等。

(二) 营业外支出的账务处理

【例 9-25】 某企业发生原材料因自然灾害损失 270 000 元，经批准全部转作营业外支出。该企业对原材料采用实际成本进行日常核算。该企业编制会计分录如下：

A. 发生原材料意外灾害损失时：

借：待处理财产损溢——待处理流动资产损溢　　　　　　　　　270 000
　　贷：原材料　　　　　　　　　　　　　　　　　　　　　　　270 000

B. 批准处理时：

借：营业外支出　　　　　　　　　　　　　　　　　　　　　　270 000
　　贷：待处理财产损溢——待处理流动资产损溢　　　　　　　　　270 000

【例9-26】 甲公司将由于发生火灾造成的原材料损失1 000元批准后作转出处理。甲公司编制会计分录如下：

借：营业外支出　　　　　　　　　　　　　　　　　　　　　　　　　1 000
　　贷：待处理财产损溢——待处理流动资产损溢　　　　　　　　　　　　　1 000

（1）（填空题）某公司因山洪暴发造成损失共计50万元，其中流动资产为15万元，非流动资产为35万元；获得保险公司赔偿为30万元，不考虑其他因素，则该公司计入营业外支出的金额为（　　）万元。

（2）（填空题）2021年9月，某企业发生公益性捐赠支出8万元，非专利技术转让损失20万元，补交纳税收滞纳金3万元。不考虑其他因素，该企业2021年9月应记入"营业外支出"账户的金额是（　　）万元。
　A. 28　　　　　　B. 31　　　　　　C. 11　　　　　　D. 23

（3）2021年9月，某企业因合同纠纷导致专利权提前失效，该专利权入账价值为100万元，累计摊销为80万元，该企业支付合同纠纷诉讼费10万元，律师服务费3万元。不考虑其他因素，该企业当月转销专利权计入营业外支出的金额应为（　　）万元。
　A. 33　　　　　　B. 3　　　　　　C. 20　　　　　　D. 13

三、资产处置损益

"资产处置损益"账户核算企业出售划分为持有待售的非流动资产（金融工具、长期股权投资和投资性房地产除外）或处置组（子公司和业务除外）时确认的处置利得或损失，以及处置未划分为持有待售的固定资产、在建工程、生产性生物资产及无形资产而产生的处置利得或损失。该账户按照处置的资产类别或处置组进行明细核算。债务重组中因处置非流动资产产生的利得或损失和非货币性资产交换中换出非流动资产产生的利得或损失也在该账户核算。

温馨提示

资产处置收益项目不包括以下资产的处置：①存货、消耗性生物资产、应收账款等流动性资产的处置。②金融工具、长期股权投资的处置。③投资性房地产的处置。④债务重组利得或损失和非货币性资产交换利得或损失的处置。⑤子公司业务的处置。

【例9-27】 2021年10月8日，彤升公司提前报废一台机器设备，设备原值为150 000元，已计提折旧60 000元，已计提减值准备20 000元，报废后取得残料价值10 000元，不考虑增值税。彤升公司编制会计分录如下：

A. 固定资产转入清理时：

借：累计折旧　　　　　　　　　　　　　　　　　　　　　　　　　60 000
　　固定资产减值准备　　　　　　　　　　　　　　　　　　　　　　20 000
　　固定资产清理　　　　　　　　　　　　　　　　　　　　　　　　70 000
　　贷：固定资产　　　　　　　　　　　　　　　　　　　　　　　　　150 000

B. 出售取得残料收入时：

借：原材料　　　　　　　　　　　　　　　　　　　　　　　　　　　10 000
　　贷：固定资产清理　　　　　　　　　　　　　　　　　　　　　　　　　10 000

C. 结转清理净损益时：

借：营业外支出——非流动资产损失　　　　　　　　　　　　　　　　　60 000
　　贷：彤定资产清理　　　　　　　　　　　　　　　　　　　　　　　　　60 000

【例 9-28】　承［例 9-27］，假如该设备不是报废，而是出售给 B 公司，其他条件不变。彤升公司编制会计分录如下：

会计分录 A、B 同［例 9-27］。

C. 清理净损益结转时：

借：资产处置损益——非流动资产损失　　　　　　　　　　　　　　　60 000
　　贷：固定资产清理　　　　　　　　　　　　　　　　　　　　　　　　60 000

活动 9.3.3　所得税费用

企业所得税费用包括当期所得税和递延所得税两个部分，其中，当期所得税是指当期应交所得税；递延所得税包括递延所得税资产和递延所得税负债。

温馨提示

递延所得税资产是指以未来期间很可能取得用来抵扣暂时性差异的应纳税所得额为限确认的一项资产；递延所得税负债是指根据应纳税暂时性差异计算的未来期间应付所得税的金额。

一、应交所得税的计算

应交所得税是指企业按照税法规定计算确定的针对当期发生的交易或事项，应交纳给税务部门的所得税金额，即当期应交的所得税。应纳税所得额是在企业税前会计利润（即利润总额）的基础上调整确定的。其计算公式如下：

$$应纳税所得额 = 税前会计利润 + 纳税调整增加额 - 纳税调整减少额$$
$$应交所得税 = 应纳税所得额 \times 所得税税率$$

纳税调整增加额主要包括税法规定允许扣除项目中，企业已计入当期费用但超过税法规定扣除标准的金额，以及企业已计入当期损失但税法规定不允许扣除项目的金额。常见的纳税调整项目有：企业发生的合理的工资、薪金支出准予据实扣除，企业发生的职工福利费支出，不超过工资、薪金总额 14% 的部分准予扣除；职工教育经费以工资薪金的 8% 扣除为限额；工会经费以工资薪金的 2% 为扣除限额；公益性捐赠支出以利润总额的 12% 为扣除限额；业务招待费以营业收入的 5‰ 与业务招待费的 60% 两者较低者为扣除限额；广告和业务宣传费以营业收入的 15% 为扣除限额；计提的资产减值准备全部调增；预计的费用，实际未发生的，全部调增；固定资产折旧年限少于税法规定的部分差额调增；罚金、罚款、税收滞纳金全额调增；非公益性捐赠支出全额调增。

纳税调整减少额主要是税收上规定当年可以税前列支或提取而企业尚未税前列支或提取的调整金额。其主要包括按税法规定允许弥补的亏损和准予免税的项目，如前5年内未弥补的亏损和国债利息收入等。

（填空题）甲公司当年工资总额为300万元，营业收入为5 000万元，广告费为900万元，业务招待费为40万元，职工福利费为36万元，则当年需纳税调整职工福利费（　　　）元、广告费（　　　）元、业务招待费（　　　）元。

【例9-29】　甲公司2021年度利润总额（税前会计利润）为5 000 000元，所得税税率为25％。甲公司全年实发工资、薪金为3 000 000元，职工福利费为600 000元，工会经费为300 000元，职工教育经费为300 000元；经查，甲公司当年营业外支出中有80 000元为税收滞纳罚金。假定甲公司全年无其他纳税调整因素。甲公司计算当期应交所得税如下：

纳税调整数 =（600 000 − 3 000 000 × 14％）+（300 000 − 3 000 000 × 2％）
　　　　　　 +（300 000 − 3 000 000 × 8％）+ 80 000
　　　　　 = 560 000（元）

应纳税所得额 = 5 000 000 + 560 000 = 5 560 000（元）

当期应交所得税额 = 5 560 000 × 25％ = 1 390 000（元）

（填空题）某企业2021年度税前会计利润为300万元，其中本年国债利息收入为12万元，税收滞纳金为2万元，企业所得税税率为25％，假定不考虑其他因素，该企业2021年所得税费用为（　　　）万元。

二、所得税的账务处理

所得税费用的计算公式如下：

所得税费用 = 当期所得税 + 递延所得税

$$递延所得税 = \left(\begin{array}{c}递延所得税负债\\期末余额\end{array} - \begin{array}{c}递延所得税负债\\期初余额\end{array}\right) - \left(\begin{array}{c}递延所得税资产\\期末余额\end{array} - \begin{array}{c}递延所得税资产\\期初余额\end{array}\right)$$

递延所得税资产是指以未来期间很可能取得用来抵扣可抵扣暂时性差异的应纳税所得额为限确认的一项资产。递延所得税负债是指根据应纳税暂时性差异计算的未来期间应付所得税的金额。

由于资产、负债的账面价值与计税基础的不同产生的差异，称为暂时性差异，暂时性差异分为应纳税暂时性差异和可抵扣暂时性差异。通常而言，当会计确认的收益大于税务确认的收益时，形成应纳税暂时性差异，应确认为递延所得税负债；当会计确认的损失大于税法确认的损失时，就会产生可抵扣暂时性差异，一般情况下可抵扣暂时性差异确认为递延所得税资产。相关计算公式如下：

$$递延所得税负债 = 应纳税暂时性差异 \times 所得税税率$$

$$递延所得税资产 = 可抵扣暂时性差异 \times 所得税税率$$

【例9-30】 甲公司2021年度当期应交所得税税额为100 000元，递延所得税负债年初数为10 000元，年末数为20 000元；递延所得税资产年初数为25 000元，年末数为30 000元。甲公司编制会计分录如下：

$$递延所得税 = (20\,000 - 10\,000) - (30\,000 - 25\,000) = 5\,000(元)$$

$$所得税费用 = 当期所得税 + 递延所得税 = 100\,000 + 5\,000 = 105\,000(元)$$

借：所得税费用　　　　　　　　　　　　　　　　　　　105 000
　　递延所得税资产(30 000－25 000)　　　　　　　　　 5 000
　　贷：应交税费——应交所得税　　　　　　　　　　　　　　100 000
　　　　递延所得税负债(20 000－10 000)　　　　　　　　　　 10 000

(1)（选择题）甲公司递延所得税负债年初数为4万元，年末数为5万元；递延所得税资产年初数为10万元，年末数为12万元，本年应交所得税为100万元，本年的所得税费用为(　　)万元。

A. 100　　　　　B. 101　　　　　C. 99　　　　　D. 98

(2)（选择题）甲企业2021年应交所得税100万元；"递延所得税负债"账户年初余额为30万元，年末余额为35万元；"递延所得税资产"账户年初余额为20万元，年末余额为18万元。甲企业2021年的所得税费用为(　　)万元。

A. 127　　　　　B. 97　　　　　C. 107　　　　　D. 105

(3)（选择题）某企业适用的所得税税率为25%，2021年实现利润总额1 350万元，其中，取得国债利息收入150万元，发生税收滞纳金3万元。不考虑其他因素，该企业2021年度利润表中"所得税费用"项目期末余额为(　　)万元。

A. 374.25　　　　　B. 337.5　　　　　C. 338.25　　　　　D. 300.75

(4)（判断题）企业计算确定的当期所得税与递延所得税之和，即为应从当期利润总额中扣除的所得税费用。　　　　　　　　　　　　　　　　　　　　　　　　　　(　　)

活动9.3.4　本 年 利 润

一、结转本年利润的方法

（一）表结法

在表结法下，各损益类科目每月末只需结出本月发生额和月末累计余额，不结转至"本年利润"账户，只需在年末时才将全年累计余额转入"本年利润"账户。但每月末需将损益类账户的本月发生额合计数填入利润表的"本期金额"栏，同时将本月累计余额填入利润表的"本年累计金额"栏。

（二）账结法

在账结法下，每月末均需编制转账凭证，将在账上结转出的各损益类账户的余额结转入"本年利润"账户。

温馨提示

表结法并不影响利润表的编制和相关损益指标的利用，同时减少了转账环节和工作量；账结法在各月均可通过"本年利润"账户提供当月或本年累计的利润额，但增加了转账环节和工作量。

二、结转本年利润的账务处理

企业应设置"本年利润"账户来核算企业本年实现的净利润。会计期末，企业应将各损益类账户结转至该账户；年度终了时，还需将该账户的余额转入"利润分配——未分配利润"账户。

【例9-31】 甲公司2021年有关损益类账户的年末余额如表9-2所示。

表9-2　　　　　　　　　　损益类账户年末余额　　　　　　　　　　单位：元

账户	借或贷	年末余额
主营业务收入	贷	600 000
其他业务收入	贷	70 000
公允价值变动损益	贷	15 000
投资收益	贷	60 000
营业外收入	贷	5 000
主营业务成本	借	400 000
其他业务成本	借	40 000
税金及附加	借	8 000
销售费用	借	50 000
管理费用	借	77 000
财务费用	借	20 000
资产减值损失	借	10 000
营业外支出	借	25 000

甲公司编制会计分录如下：

A. 将各损益类账户结转至"本年利润"账户时：

借：主营业务收入　　　　　　　　　　　　　　　　　　　　　　600 000
　　其他业务收入　　　　　　　　　　　　　　　　　　　　　　 70 000
　　公允价值变动损益　　　　　　　　　　　　　　　　　　　　 15 000
　　投资收益　　　　　　　　　　　　　　　　　　　　　　　　 60 000
　　营业外收入　　　　　　　　　　　　　　　　　　　　　　　 5 000
　　贷：本年利润　　　　　　　　　　　　　　　　　　　　　　750 000

借:本年利润	630 000	
贷:主营业务成本		400 000
其他业务成本		40 000
税金及附加		8 000
销售费用		50 000
管理费用		77 000
财务费用		20 000
资产减值损失		10 000
营业外支出		25 000

B. 计算并结转所得税费用时:

借:所得税费用[(750 000－630 000)×25%]　　　　　　　　30 000
　　贷:应交税费——应交所得税　　　　　　　　　　　　　　30 000
借:本年利润　　　　　　　　　　　　　　　　　　　　　　30 000
　　贷:所得税费用　　　　　　　　　　　　　　　　　　　　30 000

C. 将"本年利润"账户贷方余额转入"利润分配——未分配利润"账户时:

借:本年利润　　　　　　　　　　　　　　　　　　　　　　90 000
　　贷:利润分配——未分配利润　　　　　　　　　　　　　　90 000

练一练

(1)(选择题)某企业采用表结法结转本年利润。2021年度,该企业营业利润为3 000万元,营业外收入为50万元,营业外支出为40万元。该企业年末从"本年利润"账户结转至"利润分配"账户全年累计余额是(　　)万元。
　　A. 325　　　　B. 2 257.5　　　　C. 3 010　　　　D. 3 000

(2)(选择题)下列关于企业采用"表结法"期末结转本年利润的表述中,正确的是(　　)。
　　A. 每月末需要编制将损益类账户发生额合计结转到"本年利润"账户的转账凭证
　　B. 1~11月损益类账户发生额合计无需转入"本年利润"账户
　　C. 月末"本年利润"账户的余额反映当月实现的利润或发生的亏损
　　D. 不需要设置"本年利润"账户

(3)(判断题)企业采用账结法结转本年利润时,各损益类账户每月月末只需结计出本月发生额和月末累计金额,年末将全年累计金额转入"本年利润"账户。(　　)

(4)(判断题)企业采用账结法结转本年利润时,需要每月末都编制记账凭证,将损益类账户的余额结转至"本年利润"账户。(　　)

复习思考题

1. 商品销售收入确认的条件是什么?
2. 已发出但不符合销售收入确认条件的商品应如何处理?

3. 商业折扣与现金折扣有什么主要差异？
4. 销售折让与销售退回有什么主要差异？
5. 劳务的开始和完成分属于不同的会计期间且提供劳务交易的结果能够可靠估计的，应采用什么方法确认劳务收入？
6. 期间费用包括哪些？
7. 营业利润、利润总额和净利润分别如何计算？
8. 所得税费用包括哪两个部分？

模块测试

参考答案

一、单项选择题

1. 下列关于结转本年利润方法的表述中，不正确的是（　　）。
A. 表结法减少了月末转账环节工作量，且不影响利润表的编制
B. 账结法无需每月编制转账凭证，仅在年末一次性编制
C. 表结法下每月末需将损益类账户本月发生额合计数填入利润表的"本期金额"栏内
D. 期末结转本年利润的方法有表结法和账结法两种

2. 某企业2021年3月份发生如下事项：计提车间用固定资产折旧10万元，发生车间管理人员薪酬40万元，支付专设销售机构的固定资产修理费30万元，享受现金折扣20万元，出售一项固定资产时确认处置净损失100万元。假定不考虑其他因素，则该企业2021年3月份的期间费用总额为（　　）万元。
A. 60　　　　　　B. 10　　　　　　C. 30　　　　　　D. 70

3. 企业销售商品确认收入后，对于客户实际享受的现金折扣，应当（　　）。
A. 确认当期财务费用　　　　　　B. 冲减当期主营业务收入
C. 确认当期管理费用　　　　　　D. 确认当期主营业务成本

4. 企业对于已经发出但不符合收入确认条件的商品，其成本应借记的账户是（　　）。
A. "在途物资"　　　　　　　　　B. "发出商品"
C. "库存商品"　　　　　　　　　D. "主营业务成本"

5. 某企业于2021年接受一项开发软件任务，采用完工百分比法确认劳务收入，合同总收入为100万元，已预收款项50万元，余款在安装完成时收回。截至2021年12月31日，该企业实际发生成本30万元，预计还将发生成本50万元，按已经发生的成本占估计总成本的比例来确定完工进度。则该企业当期利润总额增加（　　）万元。
A. 7.5　　　　　　B. 7　　　　　　C. 8　　　　　　D. 8.5

6. 2021年4月12日，某企业与客户签订一项工程劳务合同，合同期为1年，合同收入总额为2 000万元，预计合同总成本为1 600万元。截至2021年12月31日，该企业实际发生的总成本为1 200万元。但提供的劳务交易结果不能可靠估计，估计只能从工程款中收回成本1 050万元。2021年度该企业确认的劳务收入为（　　）万元。
A. 2 100　　　　　B. 1 400　　　　　C. 1 050　　　　　D. 2 900

7. 下列各项中，应计入营业外支出的是（　　）。

A. 合同违约金 B. 法律诉讼费
C. 出租无形资产的摊销额 D. 广告宣传费

8. 某企业 2020 年发生亏损 300 万元,2021 年实现税前会计利润 1 000 万元,其中包括国债利息收入 20 万元,税收滞纳金 10 万元。该企业适用的所得税税率为 25%,则该企业 2021 年的所得税费用为( )万元。
A. 112 B. 175.5 C. 172.5 D. 140

9. 2021 年 10 月,甲公司销售商品实际应交增值税 40 万元、应交消费税 10 万元;提供运输劳务实际应交增值税 20 万元;适用的城市维护建设税税率为 7%,教育费附加为 3%。假定不考虑其他因素,甲公司当月应列入利润表"税金及附加"项目的金额为( )万元。
A. 21 B. 17 C. 23 D. 19

10. 甲公司为增值税一般纳税人,适用的增值税税率为 13%。2021 年 9 月 3 日,甲公司向乙公司销售商品 600 件,每件标价为 3 000 元(不含增值税),实际成本为 2 500 元。双方约定,甲公司给予乙公司 10% 的商业折扣,9 月 3 日商品发出,符合收入确认条件。9 月 18 日,甲公司收到货款,不考虑其他因素,甲公司应确认的商品销售收入为( )元。
A. 1 895 400 B. 1 500 000 C. 1 800 000 D. 1 620 000

11. 乙公司 2021 年全年税前会计利润为 988 万元,经查乙公司当年营业外支出中有 12 万元为税收滞纳金,适用所得税税率为 25%。已知乙公司递延所得税负债年初数为 40 万元,年末数为 50 万元,递延所得税资产年初数为 25 万元,年末数为 20 万元。乙公司 2021 年的所得税费用为( )万元。
A. 260 B. 250 C. 265 D. 255

12. A 公司 2021 年发生如下业务:出租固定资产一台,相关折旧为 50 万元;销售剩余原材料的成本为 150 万元;将成本为 50 万元的自产产品对外捐赠;将成本为 600 万元的自产产品对外投资。A 公司 2021 年的"营业成本"为( )万元。
A. 250 B. 500 C. 800 D. 850

13. 2021 年 8 月 2 日,甲公司向乙公司赊销一批商品。增值税专用发票上注明的价款为 300 万元,增值税额为 39 万元,符合收入确认条件。9 月 15 日,乙公司发现该批商品外观有问题,要求甲公司按不含税销售价格给予 5% 的折让。甲公司同意并开具了红字增值税专用发票。同日收到乙公司支付的货款。下列关于甲公司销售折让会计处理结果的表述中,不正确的是( )。
A. 冲减应交税费 1.95 万元 B. 冲减主营业务收入 15 万元
C. 增加销售费用 16.95 万元 D. 冲减应收账款 16.95 万元

14. 2021 年 9 月 1 日,甲公司赊销给乙公司一批商品,售价为 10 000 元,增值税额为 1 300 元,双方约定的现金折扣条件为"3/10,2/20,n/30",假定计算现金折扣不考虑增值税因素。2021 年 9 月 16 日,甲公司收到乙公司支付的款项,则甲公司实际收到的金额是( )元。
A. 11 300 B. 11 100 C. 11 500 D. 11 600

15. 2021 年 5 月 1 日,A 公司采用预收款方式销售甲商品,预收货款 20 万元,商品总价为 50 万元。双方约定于 7 月 1 日发出商品并交付剩余款项。下列说法中,正确的是( )。
A. A 公司应于 5 月 1 日确认收入 50 万元

B. A公司应于5月1日确认收入20万元

C. A公司应于7月1日确认收入50万元

D. A公司应于5月1日确认成本20万元

16. 下列关于本年利润结转方法的表述中,正确的是(　　)。
    A. 采用表结法,增加"本年利润"账户的结转环节和工作量
    B. 采用表结法,每月末应将各损益类账户的余额结转记入"本年利润"账户
    C. 采用账结法,每月末应将各损益类账户的余额结转记入"本年利润"账户
    D. 采用账结法,减少"本年利润"账户的结转环节和工作量

17. 甲企业2021年取得国库券投资的利息30 000元和其他公司债券投资利息70 000元,全年税前利润为690 000元,所得税税率为25%。若无其他纳税调整项目,则2021年该企业的净利润为(　　)元。
    A. 542 500　　　B. 442 500　　　C. 525 000　　　D. 495 000

18. 下列各项中,应列入利润表"管理费用"项目的是(　　)。
    A. 计提的坏账准备　　　　　　B. 出租无形资产的摊销额
    C. 支付中介机构的咨询费　　　D. 处置固定资产的净损失

19. 下列各项中,属于"营业外支出"账户核算内容的是(　　)。
    A. 无法查明原因的现金短缺　　B. 报废固定资产的净损失
    C. 因计量误差造成的存货盘亏　D. 结转售出固定资产的成本

20. 下列各项中,不应计入企业管理费用的是(　　)。
    A. 计提的生产车间职工的养老保险　　B. 应向董事会成员支付的津贴
    C. 发生的内部控制咨询费　　　　　　D. 发生的会计师事务所审计费

21. 2021年12月20日,某企业销售商品开出的增值税专用发票上注明的价款为100万元,增值税额为13万元,全部款项已收存银行。该商品的成本为80万元,相应的跌价准备金额为5万元。不考虑其他因素,该业务使该企业2021年12月营业利润增加(　　)万元。
    A. 20　　　B. 25　　　C. 30　　　D. 15

22. 下列关于销售商品收入确认的表述中,正确的是(　　)。
    A. 采用预收货款方式,应在收到货款时确认收入
    B. 已经发出但不符合收入确认条件,不确认收入和增值税
    C. 采用交款提货方式,应在开出发票收到货款时确认收入
    D. 采用支付手续费委托代销方式,应在发出商品时确认收入

二、多项选择题

1. 下列关于现金折扣会计处理的表述中,正确的有(　　)。
    A. 购买方在偿付应付账款时将实际发生的现金折扣冲减财务费用
    B. 购买方在购入商品时将现金折扣直接抵减应付账款
    C. 销货方在确认销售收入时将现金折扣直接抵减收入
    D. 销货方在收到货款时将实际发生的现金折扣计入财务费用

2. 下列各项中,应记入"财务费用"账户的有(　　)。
    A. 应付财务人员的工资　　　　B. 生产经营用短期借款支付的利息
    C. 汇兑业务支付的手续费　　　D. 发生的现金折扣

3. 下列账户中,期末余额不需要结转到"本年利润"账户的有( )。
   A. "固定资产减值准备"   B. "所得税费用"
   C. "税金及附加"   D. "应交税费"
4. 下列各项中,应通过"管理费用"账户核算的有( )。
   A. 支付的企业年度财务报告审计费   B. 业务招待费
   C. 支付的广告费   D. 发生的罚款支出
5. 下列各项中,计算应纳税所得额需要进行纳税调整的项目有( )。
   A. 税收滞纳金   B. 超过税法规定标准的业务招待费
   C. 国债利息收入   D. 超过税法规定标准的职工福利费
6. 下列各项中,应计入财务费用的有( )。
   A. 银行承兑汇票手续费   B. 购买交易性金融资产手续费
   C. 外币应收账款汇兑损失   D. 商业汇票贴现发生的贴现息
7. 下列各项中,应计入销售费用的有( )。
   A. 分配的专设销售机构职工薪酬
   B. 参加博览会支付的展览费
   C. 预计产品质量保证损失
   D. 结转随同产品出售但不单独计价的包装物成本
8. 下列商品销售中,实质上未满足收入确认条件,通常不应确认收入的有( )。
   A. 收入金额不能合理的估计
   B. 客户不具有对商品的现时权利
   C. 货物已发出,但得知购货方发生严重财务困难,预计款项很难收回
   D. 采用托收承付方式销售商品,且已办妥托收手续
9. 下列各项中,既影响营业利润又影响利润总额的业务有( )。
   A. 计提坏账准备   B. 对外捐赠固定资产
   C. 计提所得税费用   D. 转让股票所得收益
10. 下列税金中,通常能够影响企业当期损益的有( )。
    A. 消费税   B. 车船税
    C. 城市维护建设税   D. 个人所得税
11. 甲公司本年度委托乙商店代销一批零配件,代销价款为200万元。本年度收到乙商店交来的代销清单,代销清单列明已销售代销零配件的60%,甲公司收到代销清单时向乙商店开具增值税专用发票。乙商店按代销价款的5%收取手续费,增值税税率为6%。该批零配件的实际成本为110万元。下列说法中,错误的是( )。
    A. 甲公司应确认销售收入120万元   B. 甲公司应确认销售收入200万元
    C. 甲公司应确认销售费用6万元   D. 甲公司应确认管理费用6万元
12. 下列各项中,不影响商品销售收入确认金额的有( )。
    A. 发生的商业折扣   B. 收取的销项税额
    C. 实际发生的销售折让   D. 代垫的运杂费
13. 下列各项中,当年已确认收入销售成本的售出商品被退回,涉及的账户有( )。
    A. "主营业务收入"   B. "主营业务成本"   C. "发出商品"   D. "库存商品"

14. 甲企业2021年12月10日收到乙公司因质量问题而退回的商品5件,每件商品成本为200元。该批商品系甲公司2021年9月13日出售给乙公司,每件商品售价为400元,适用的增值税税率为13%,货款尚未收到,甲公司已于2021年9月13日确认销售商品收入,并开出增值税专用发票。因乙公司提出的退货要求符合销售合同约定,甲公司同意退货。假定发生的销售退回允许扣减当期增值税销项税额。甲公司应在验收退货入库时作会计处理中,正确的有( )。

    A. 借:库存商品   1 000
       贷:主营业务成本   1 000
    B. 借:主营业务收入   2 000
       应交税费——应交增值税(销项税额)   260
       贷:应收账款   2 260
    C. 借:库存商品   1 000
       贷:发出商品   1 000
    D. 借:应收账款   320
       贷:应交税费——应交增值税(销项税额)   320

15. 下列各项中,应计入工业企业其他业务收入的有( )。
    A. 随同商品出售且单独计价的包装物取得的收入
    B. 经营性租赁固定资产的租金收入
    C. 债权投资取得的利息收入
    D. 股权投资取得的现金股利

16. 收入确认和计量的步骤包括( )。
    A. 识别与客户订立的合同
    B. 识别合同中的单项履约义务
    C. 确定交易价格,将交易价格分摊至各项履约义务
    D. 履行各单项履约义务时确认收入

17. 收入确认的前提条件有( )。
    A. 该合同明确了合同各方与所转让的商品相关的权利和义务
    B. 该合同有明确的与所转让的商品相关的支付条款
    C. 合同各方已批准该合同并承诺将履行各自义务
    D. 该合同具有商业实质,企业因向客户转让商品而有权取得的对价很可能收回

18. 企业应当在履行了合同中的履约义务,即在客户取得相关商品控制权时确认收入,取得相关商品控制权的三个要素为( )。
    A. 客户有能力主导该商品的使用
    B. 客户能够获得商品几乎全部的经济利益
    C. 客户必须拥有现时权利
    D. 客户在未来的某一期间主导该商品

三、判断题

1. 企业已确认销售收入的售出商品发生销售折让,且不属于资产负债表日后事项的,应在发生时冲减销售收入。   ( )

2. 企业持不带息的商业汇票向银行办理贴现，其贴现利息应计入财务费用。（   ）

3. 企业采用支付手续费方式委托代销，应将支付的手续费计入其他业务成本。（   ）

4. 在表结法下，每月末均需编制转账凭证，将在账上结计出的各损益类账户的余额结转至"本年利润"账户。（   ）

5. 凡是记入"税金及附加"账户的税费，贷方对应的均为"应交税费"账户；同理，凡是记入"应交税费"账户，借方也一定对应"税金及附加"账户。（   ）

6. 在账结法下，企业的"营业外收入"账户在期末可以有余额。（   ）

7. 企业提供劳务时，如资产负债表日不能对交易的结果作出可靠估计，应按已经发生并预计能够得到补偿的劳务成本确认收入，并按相同金额结转成本。（   ）

8. 如果销售商品不符合收入确认条件，在商品发出时不需要进行会计处理。（   ）

9. 企业为了鼓励客户在规定的时间内付款而给予的现金折扣，应在发生时计入销售费用。（   ）

10. 企业摊销合同履约成本时，应借记"合同履约成本"账户，贷记"主营业务成本""其他业务成本"等账户。（   ）

四、不定项选择题

甲公司为增值税一般纳税人，其主营业务为生产并销售A和B产品。A、B产品的售价中不包含增值税，确认销售收入的同时结转销售成本。该公司2021年适用的增值税税率为13%。甲公司第四季度发生经济业务如下：

（1）10月10日，甲公司向乙公司销售A产品200件并开具增值税专用发票，每件产品的售价为110元，实际成本为70元。A产品已发出并符合收入确认条件。此外，现金折扣条件为"2/10、1/20、n/30"，假定甲公司计算时现金折扣不考虑增值税。10月24日，乙公司付清了扣除现金折扣后的剩余款项。

（2）10月16日，甲公司委托丙公司销售A产品400件，每件成本为70元，合同约定丙公司按每件110元的价格对外销售。甲公司按照售价的10%支付手续费。10月31日，甲公司收到丙公司开具的代销清单和已经税务机关认证的增值税专用发票。丙公司实际对外销售A产品200件，应收代销手续费2 200元，增值税额为132元，全部款项尚未结算。

（3）11月29日，甲公司向丁公司销售A产品1 000件并开具了增值税专用发票，每件产品的售价为110元，实际成本为70元，由于是成批销售，甲公司给予丁公司10%的商业折扣，A产品于当日发出，符合销售收入确认条件，全部款项至月末尚未收到。

（4）12月3日，因上月29日售出A商品存在质量瑕疵，丁公司要求退货，甲公司同意其要求并开出增值税专用发票（红字），全部退货款从应收丁公司款项中扣减。

（5）12月15日，甲公司向丁公司销售B商品一批，开具的增值税专用发票上注明的增值税价款30 000元，增值税额为3 900元，该批商品实际成本为25 000元。销售商品时，已知丁公司资金周转困难，但为了减少库存仍向丁公司发货。

要求：根据上述资料，不考虑其他因素，分析回答下列小题。

〈1〉根据资料（1），下列关于甲公司向乙公司销售A产品相关会计处理中，正确的是（   ）。

A. 10月24日，借记"银行存款"账户24 860元

B. 10月10日，贷记"主营业务收入"账户22 000元

C. 10月10日，贷记"库存商品"账户14 000元
D. 10月24日，借记"财务费用"账户220元

〈2〉根据资料（2），下列关于甲公司委托丙公司代销A产品的会计处理中，正确的是（　　）。

A. 10月16日，向丙公司发出A产品时：

借：应收账款　　　　　　　　　　　　　　　　　　　　　　49 720
　　贷：主营业务收入　　　　　　　　　　　　　　　　　　44 000
　　　　应交税费——应交增值税（销项税额）　　　　　　　5 720

B. 10月16日，向丙公司发出A产品时：

借：发出商品　　　　　　　　　　　　　　　　　　　　　　44 000
　　贷：库存商品　　　　　　　　　　　　　　　　　　　　44 000

C. 10月31日，收到丙公司代销清单时：

借：销售费用　　　　　　　　　　　　　　　　　　　　　　2 200
　　应交税费——应交增值税（进项税额）　　　　　　　　　132
　　贷：应收账款　　　　　　　　　　　　　　　　　　　　2 332

D. 10月31日，收到丙公司代销清单时：

借：主营业务成本　　　　　　　　　　　　　　　　　　　　14 000
　　贷：发出商品　　　　　　　　　　　　　　　　　　　　14 000

〈3〉根据资料（3），下列关于甲公司向丁公司销售A产品的会计处理结果中，正确的是（　　）。

A. 结转主营业务成本63 000元　　　B. 结转主营业务成本70 000元
C. 确认主营业务收入110 000元　　　D. 确认主营业务收入99 000元

〈4〉根据资料和（4）和资料（5），下列关于甲公司给予丁公司A商品销售退回的会计处理结果中，正确的是（　　）。

A. 退回A产品冲减主营业务收入99 000元
B. 退回A产品冲减主营业务成本70 000元
C. 发出B产品应确认主营业务收入30 000元
D. 应交税费的净发生额为-8 970元

〈5〉根据资料（1）～（5），下列关于销售A产品应列入甲公司2021年度利润表"营业收入"项目本期金额中，正确的是（　　）元。

A. 41 800　　　B. 44 000　　　C. 41 580　　　D. 43 780

五、业务计算及处理题

1. 甲公司向乙公司销售商品一批，开出的增值税专用发票上注明售价为100 000元，增值税额为13 000元，甲公司收到乙公司开出的不带息银行承兑汇票一张，票面金额为113 000元，期限为5个月；甲公司以银行存款支付代垫运费，增值税专用发票上注明运输费2 000元，增值税额为180元，所垫运费尚未收到；该批商品成本为70 000元，已计提过存货跌价准备5 000元；乙公司收到商品并验收入库。

要求：编制相关会计分录。

2. 甲公司与乙公司均为增值税一般纳税人。2021年4月3日，甲公司与乙公司签订委托代销合同，甲公司委托乙公司销售 A 商品 500 件，A 商品已经发出，每件商品成本为 60 元。合同约定乙公司应按每件 90 元的价格对外销售，甲公司按不含增值税的销售价格的 10% 向乙公司支付手续费。除非这些商品在乙公司存放期间内由于乙公司的责任发生毁损或丢失，否则在 A 商品对外销售之前，乙公司没有义务向甲公司支付货款。乙公司不承担包销责任，没有售出的 A 商品须退回给甲公司，同时，甲公司也有权要求收回 A 商品或将其销售给其他的客户。截至 2021 年 5 月 20 日，乙公司实际对外销售 500 件，开出的增值税专用发票上注明的销售价款为 45 000 元，增值税额为 5 850 元。

要求：编制甲公司发出商品、确定收入和支付手续费、收回货款时的相关会计分录。

3. 甲公司为增值税一般纳税人，2021 年 3 月 1 日，销售 A 商品 200 件并开具增值税专用发票，每件商品的标价为 300 元（不含增值税），A 商品适用的增值税税率为 13%；每件商品的实际成本为 190 元；由于是成批销售，甲公司给予购货方 10% 的商业折扣，并在销售合同中规定现金折扣条件为"2/10，1/20，n/30"；A 商品于 9 月 1 日发出，符合销售收入实现条件，购货方于 3 月 9 日付款（假定计算现金折扣不考虑增值税）。

要求：编制相关会计分录。

4. 2021 年 3 月 20 日，甲公司销售 A 商品一批，增值税专用发票上注明的售价为 400 000 元，增值税额为 52 000 元，该批商品成本为 280 000 元。A 商品于 2021 年 3 月 20 日发出，购货方于 3 月 27 日付款，甲公司对该项销售确认了销售收入。2021 年 4 月 16 日，该商品质量出现严重问题，客户将该批商品全部退回给甲公司。甲公司同意退货，于退货当日支付了退货款，并按规定向购货方开具了增值税专用发票（红字）。

要求：编制相关会计分录。

5. 甲公司为增值税一般纳税人，安装服务适用增值税税率为 9%。2021 年 12 月 1 日，甲公司与乙公司签订一项为期 3 个月的装修合同，合同约定装修价款为 500 000 元，增值税额为 45 000 元，装修费用每月末按完工进度支付。2021 年 12 月 31 日，专业测量师经测量后，确定该项劳务的完工程度为 25%；乙公司按完工进度支付价款及相应的增值税款。截至 2021 年 12 月 31 日，甲公司为完成该合同累计发生劳务成本 100 000 元（假定均为装修人员薪酬），估计还将发生劳务成本 300 000 元。假定该业务属于甲公司的主营业务，全部由其自行完成；该装修服务构成单项履约义务，属于在某一时段内履行的履约义务；甲公司按照实际测量的完工进度确定履约进度。

要求：请确认 2021 年度收入和成本，并编制相关会计分录。

模块 10

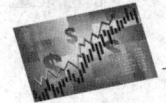

财务会计报告会计岗位

[考核目标] 通过本岗位学习,学生应了解财务会计报告的构成、作用;掌握资产负债表和利润表的编制,掌握现金流量表和所有者权益变动表的结构及各报表项目反映的内容;了解会计报表附注的内容。

[实践目标] 能够根据实训操作资料,正确编制资产负债表、利润表,进一步了解会计的基本核算流程,了解报表生成的流程,学会分析应用报表数据,为企业生产经营和管理提供合理化的建议。

[知识点思维导图]

财务会计报告会计岗位
- 财务会计报告概述
- 资产负债表——概念、结构、内容、编制
- 利润表——概念、结构、编制
- 现金流量表——概念及作用、结构、编制
- 所有者权益变动表——概念、结构、编制
- 会计报表附注——概念、内容

 财务会计报告岗位工作职责

(1) 审核、汇总所有记账凭证,编制科目汇总表。
(2) 登记总账,主动与各明细账会计核对账户余额。
(3) 保证账证相符、账实相符。
(4) 编制月度、季度及年度的会计报表,保管会计档案。
(5) 分析会计报表数据,为企业经营管理提出合理化建议,提高资金使用效益。

任务 10.1　财务会计报告概述

一、财务会计报告的概念和组成部分

财务会计报告是指企业对外提供的反映企业某一特定日期的财务状况和某一会计期间经

营成果、现金流量等会计信息的文件。财务会计报告包括会计报表及其附注和其他应当在财务会计报告中披露的相关信息和资料。会计报表至少应当包括资产负债表、利润表、现金流量表等报表。

二、财务会计报告的作用

财务会计报告的目标是向财务会计报告使用者提供与企业财务状况、经营成果和现金流量等有关的会计信息，反映企业管理层受托责任履行情况，有助于财务会计报告使用者作出经济决策。

（1）财政、税务、银行、审计等国家经济管理部门，运用单位上报的财务会计报告，可以了解各单位的财务状况和经营成果，便于检查、监督各单位财经政策、法规、纪律、制度的执行情况，更好地发挥国家经济管理部门的指导、监督、调控作用。同时，各地区、各部门的汇总财务会计报告提供的信息，为国家制定和修订经济政策、编制国民经济计划、进行综合调控等工作提供可靠的依据。

（2）企业的投资者、潜在投资者、债权人和潜在债权人，利用财务会计报告提供的财务信息，可以了解有关经营成果、财务状况及其变动情况，分析企业的偿债能力和获利能力，预测发展前景，以便作出正确的投资决策和信贷决策。

（3）企业、行政、事业等单位的各级管理人员，可通过财务会计报告了解各单位在一定时期内的经济活动情况和成果，了解财务、成本各项指标的完成状况和计划经费收支预算的执行情况，从而分析、考核内部各部门的工作业绩，总结经验，发现问题，采取措施，改进管理，提高经济效益。因此，财务会计报告为单位进行经济预测和决策提供了重要依据。

三、会计报表的种类

会计报表是对企业财务状况、经营成果和现金流量的结构性表述。它可以根据需要按照不同的标准进行分类，具体分类见表10-1。

表 10-1　　会计报表的种类

分类标准	种类	备注
按反映的经济内容不同	静态报表	是指综合反映企业某一特定日期资产、负债和所有者权益状况的会计报表。静态报表的数字来自有关账簿的期末余额，如资产负债表
	动态报表	是指综合反映企业一定时期的经营成果或现金流动情况的会计报表。动态报表的数字来自有关账簿的本期发生额，如利润表、现金流量表、所有者权益变动表
按服务对象不同	内部报表	满足内部管理用，没有统一格式，如管理费用明细表、制造费用明细表
	外部报表	内容和格式由财政部统一设定，如资产负债表、利润表、现金流量表、所有者权益变动表
按编报时间不同	中期会计报表	是指以中期为基础编制的会计报表。按《企业会计准则》的要求，凡报告期间短于一个完整的会计年度的会计报表均属于中期会计报表，如月报、季报和半年报
	年度会计报表	简称年报，每年年末编制，要求充分揭示、全面反映，所以对外报送的所有会计报表年末均须编制

(续表)

分类标准	种类	备注
按编制基本不同	单位会计报表	是指由企业在自身会计核算基础上编制的会计报表
	汇总会计报表	是指由企业主管部门或专业公司将所附属单位报送的会计报表，连同本单位会计报表汇总而编制的综合性会计报表
	合并会计报表	是指由母公司或控股公司编制的，以母公司或控股公司的个别报表为基础编制的综合反映企业集团财务状况、经营成果和现金流量情况的会计报表

四、财务会计报告的报送时间

企业至少应当编制年度财务报告。月度财务报告应于月度终了后 6 天内（遇节假日顺延，下同）对外提供，季度财务报告应当季度终了后 15 天内对外提供，半年度财务报告应当于年度中期结束后 60 天内对外提供，年度财务报告应当于年度终了后 4 个月内对外提供。

五、财务会计报告的编制要求

为了保证财务会计报告的质量，充分发挥其在经济管理中的作用；为了使财务会计报告能够最大限度地满足各有关方面的需要，使财务会计报告使用者能清楚地了解企业的财务状况和经营成果，企业在编制财务会计报告时应做到真实可靠、相关可比、全面完整、编报及时和便于理解。

（一）真实可靠

财务会计报告必须如实地反映企业的财务状况、经营成果和现金流动情况，使财务会计报告各项目的数据建立在真实可靠的基础上。因此，财务会计报告编制者必须以核实无误的账簿记录和其他资料为依据编制，不得以任何方式弄虚作假。

（二）相关可比

企业财务会计报告所提供的财务会计信息必须与财务会计报告使用者进行决策所需要的信息相关，并且便于财务会计报告使用者在不同企业之间，以及同一企业前后各期之间进行比较。因此，企业对于对外报送的财务会计报告要按统一的格式编制。

（三）全面完整

财务会计报告应当全面反映企业生产经营活动的全貌，全面反映企业的财务状况和经营成果，以满足财务会计报告使用者对会计信息多方面的需要。为保证财务会计报告的全面完整，企业在编制财务会计报告时，凡是国家要求编报的会计报表，必须按照有关准则、制度规定的种类、格式和内容填写，特别是对于企业某些重要的事项，应当按照要求在会计报表附注中说明。

（四）编报及时

财务会计报告所提供的资料具有很强的时效性，企业只有及时编制和报送财务会计报告，才能为会计信息使用者提供决策所需的信息资料；否则，企业便失去其应有的价值。因此，企业要按照规定期限或财务会计报告使用者的要求，如期编制和报送财务会计报告。

（五）便于理解

企业编制的财务会计报告应清晰明了，易于理解，能够为使用者提供决策参考依据。

(1)（选择题）按编报时间不同，会计报表可分为（　　）。
A. 年度会计报表　　　B. 内部报表　　　C. 中期会计报表　　　D. 外部报表
(2)（选择题）企业对外提供的会计报表包括（　　）。
A. 资产负债表　　　　　　　　　　　　B. 现金流量表
C. 所有者权益变动表　　　　　　　　　D. 管理费用明细表
(3)（判断题）会计报表按期反映的内容，可以分为动态报表和静态报表。资产负债表属动态报表。（　　）

任务 10.2　资产负债表

一、资产负债表的定义与结构

（一）资产负债表的定义

资产负债表是反映企业在某一特定日期的财务状况的报表。资产负债表的编制依据为"资产=负债+所有者权益"这一会计恒等式，资产负债表反映企业的财务状况，属于静态报表。

（二）资产负债表的结构

资产负债表由表头和表体两部分组成。

表头部分应列明报表名称、编制单位名称、编制日期、金额计量单位、报表编号；表体部分反映资产、负债和所有者权益的内容。

表体构成报表的主体部分。表体主要有两种格式：一是账户式；二是报告式。我国的资产负债表采用账户式的格式。资产负债表分左右两方：左方列示资产项目；右方列示负债和所有者权益项目。左方资产项目按流动性大小顺序排列，流动性大的资产排在前面；右方的负债项目，按清偿时间先后顺序排列，先清偿的排在前面；所有者权益项目，实收资本（或股本）在前，留存收益在后。资产负债表的结构见表10-2。

表 10-2　　　　　　　　　　　　　资产负债表　　　　　　　　　　　　　会企01表

编制单位：　　　　　　　　　　　　　　年　月　日　　　　　　　　　　　　　单位：元

资产	期末余额	上年年末余额	负债和所有者权益（或股东权益）	期末余额	上年年末余额
流动资产：			流动负债：		
货币资金			短期借款		
交易性金融资产			交易性金融负债		
衍生金融资产			衍生金融负债		
应收票据			应付票据		
应收账款			应付账款		
应收款项融资			预收款项		

(续表)

资产	期末余额	上年年末余额	负债和所有者权益（或股东权益）	期末余额	上年年末余额
预付款项			合同负债		
其他应收款			应付职工薪酬		
存货			应交税费		
合同资产			其他应付款		
持有待售资产			持有待售负债		
一年内到期的非流动资产			一年内到期的非流动负债		
其他流动资产			其他流动负债		
流动资产合计			流动负债合计		
非流动资产：			非流动负债：		
债权投资			长期借款		
其他债权投资			应付债券		
长期应收款			其中：优先股		
长期股权投资			永续债		
其他权益工具投资			租赁负债		
其他非流动金融资产			长期应付款		
投资性房地产			预计负债		
固定资产			递延收益		
在建工程			递延所得税负债		
生产性生物资产			其他非流动负债		
油气资产			非流动负债合计		
使用权资产			负债合计		
无形资产			所有者权益（或股东权益）：		
开发支出			实收资本（或股本）		
商誉			其他权益工具		
长期待摊费用			其中：优先股		
递延所得税资产			永续债		
其他非流动资产			资本公积		
非流动资产合计			减：库存股		
			其他综合收益		
			专项储备		
			盈余公积		
			未分配利润		
			所有者权益（或股东权益）合计		
资产总计			负债和所有者权益（或股东权益）总计		

对于资产负债表中项目,学生应能够区分出流动资产、非流动资产、流动负债、非流动负债所包含的项目名称。报表项目≠会计科目,报表项目与会计科目不是一一对应关系。

(1)(选择题)下列各项中,属于企业资产负债表负债项目的是(　　)。
A. "递延收益"　　　　　　　　　　　B. "预付账款"
C. "其他收益"　　　　　　　　　　　D. "其他综合收益"

(2)(选择题)下列各项中,属于企业流动负债的有(　　)。
A. 应收客户的购货款项　　　　　　　B. 本期从银行借入的3年期借款
C. 赊购材料应支付的货款　　　　　　D. 销售应税消费品应交纳的消费税

(3)(选择题)下列资产负债表项目中,属于非流动资产的有(　　)。
A. "开发支出"　　B. "其他应收款"　　C. "固定资产"　　D. "在建工程"

二、资产负债表的数据填列方法

(一)"上年年末余额"栏的填列

资产负债表的"上年年末余额"栏内各项数字,应根据上年年末资产负债表的"期末余额"栏内所列数字填列。如果上年度资产负债表规定的各个项目的名称和内容与本年度不相一致,应按照本年度的规定对上年年末资产负债表各项目的名称和数字进行调整,填入本表"上年年末余额"栏内。

(二)"期末余额"栏的填列

资产负债表的期末余额的填列方法见表10-3。

表10-3　　　　　　　　资产负债表的"期末余额"栏的填列方法

填列方法	例举项目
根据总账科目余额填列	(1)直接填列:如"短期借款""实收资本(或股本)""资本公积"等项目 (2)计算填列:如"货币资金""其他应付款""未分配利润"等项目
根据明细账科目余额计算填列	如"预收款项""预付款项""应付账款""开发支出"等项目
根据总账科目和明细账科目余额分析填列	如"长期借款"项目
根据有关科目余额减去其备抵科目余额后的净额填列	如"应收账款""应收票据""固定资产""无形资产"等项目
综合运用上述填列方法分析填列	如"存货"项目

三、资产负债表具体项目的填列

(一)根据总账科目余额填列

1. 直接填列

例如,"短期借款""实收资本(或股本)""资本公积"等项目根据对应总账科目余额直接填列。

练一练

（填空题）2021年10月31日，甲公司"短期借款"科目的余额如下所示：银行质押借款30万元，信用借款20万元。则2021年10月31日，甲公司资产负债表中"短期借款"项目"期末余额"栏的列报金额为（　　）万元。

2. 计算填列

例如，下列项目根据几个总账科目的余额计算填列：

（1）"货币资金"项目，应根据"库存现金""银行存款""其他货币资金"三个总账科目余额的合计数填列。

（2）"其他应付款"项目，应根据"应付利息""应付股利""其他应付款"三个总账科目余额的合计数填列。

（3）"未分配利润"项目，应根据"本年利润""利润分配"两个总账科目余额的合计数填列。（未弥补亏损以"－"号填列）

练一练

（1）（填空题）2021年12月31日，甲公司"库存现金"科目余额为10 000元，"银行存款"科目余额为520 000元，"其他货币资金"科目余额为380 000元，则2021年12月31日，甲公司资产负债表中"货币资金"项目"期末余额"栏的列报金额为（　　）元。

（2）（填空题）2021年9月1日，甲公司"库存现金"科目余额为3 000元，"银行存款"科目余额为850 000元，"其他货币资金"科目余额为500 000元；本月销售货物收到银行汇票10万元、收到银行承兑汇票20万元，采购货物开出30万元银行汇票，则2021年9月30日，甲公司资产负债表中"货币资金"项目"期末余额"栏填列（　　）元。

（3）（填空题）某企业"本年利润"科目的期末借方余额为7万元，"利润分配"科目和"其他应付款"科目的期末贷方余额分别为18万元和12万元，则当期资产负债表中"未分配利润"项目的期末余额应为（　　）万元。

（4）（填空题）下列资产负债表项目中，根据总账科目余额填列的有（　　）。

A."货币资金"　　　　B."固定资产"　　　　C."短期借款"　　　　D."应付账款"

（二）根据明细账科目余额计算填列

1. "预收款项""应付账款""预付款项"等项目

（1）"预收款项"项目，应根据"预收账款"科目和"应收账款"科目所属的相关明细科目的期末贷方余额合计数填列。如"预收账款"科目所属明细科目期末为借方余额的，应在资产负债表"应收账款"项目内填列。

（2）"应付账款"项目，应根据"应付账款"科目和"预付账款"科目所属的相关明细科目的期末贷方余额合计数填列。

（3）"预付款项"项目，应根据"预付账款"科目和"应付账款"科目所属的相关明细科目的期末借方余额（如预付账款有坏账准备，要减去相应的坏账准备）合计数填列。

2. "开发支出"项目

"开发支出"项目，应根据"研发支出"科目所属的"资本化支出"明细科目期末余额填列。

3. "应付职工薪酬"项目

"应付职工薪酬"项目,应根据"应付职工薪酬"科目所属的相关明细科目期末贷方余额分析填列。

【例10-1】 甲公司2021年12月31日有关科目余额见表10-4。甲公司资产负债表中"预收款项""预付款项""应收账款""应付账款"项目的相关计算如下:

表10-4　　　　　　　　　　科目余额表　　　　　　　　　　单位:元

科目名称	总账余额	明细科目余额	
		借方余额	贷方余额
应收账款	100 000(借方)	120 000(A公司)	20 000(B公司)
预收账款	5 000(贷方)	3 000(甲公司)	8 000(乙公司)
应付账款	120 000(贷方)	30 000(丙公司)	150 000(丁公司)
预付账款	6 000(借方)	10 000(C公司)	4 000(D公司)

"预收款项"项目"期末余额"栏的列报金额＝20 000＋8 000＝28 000(元)

"预付款项"项目"期末余额"栏的列报金额＝10 000＋30 000＝40 000(元)

"应付账款"项目"期末余额"栏的列报金额＝150 000＋4 000＝154 000(元)

如果"预付账款——C公司"明细科目有坏账准备贷方余额1 000元,则:"预付款项"项目"期末余额"栏的列报金额＝10 000＋30 000－1 000＝39 000(元)

练一练

(1)(填空题)2021年10月31日,甲企业"预收账款"总账科目贷方余额为15万元,其明细科目余额如下:"预收账款——乙企业"明细科目贷方余额为25万元,"预收账款——丙企业"明细科目借方余额为10万元。假定不考虑其他因素,甲企业年末资产负债表中"预收款项"项目的期末余额为(　　)万元。

(2)(填空题)2021年11月30日,某企业"应付账款——甲企业"明细科目贷方余额为40 000元,"应付账款——乙企业"明细科目借方余额为10 000元,"预付账款——丙企业"明细科目借方余额为30 000元,"预付账款——丁企业"明细科目贷方余额为6 000元。假定不考虑其他因素,该企业2021年11月30日资产负债表"应付账款"项目期末余额为(　　)元。

(3)(填空题)2021年12月31日,某企业"应付账款"总账科目贷方余额为1 250万元,其中"应付账款——甲公司"明细科目贷方余额为1 255万元,"应付账款——乙公司"明细科目借方余额为5万元。"预付账款"总账科目借方余额为5万元,其中"预付账款——丙公司"明细科目借方余额为20万元,"预付账款——丁公司"明细科目贷方余额为15万元。假定不考虑其他因素,该企业12月31日资产负债表中"预付款项"项目期末余额为(　　)万元。

(4)(选择题)下列关于资产负债表项目的填列中,正确的有(　　)。

A. "短期借款"项目,应根据"短期借款"总账科目期末余额直接填列

B. "实收资本"项目,应根据"实收资本"总账科目期末余额直接填列

C. "开发支出"项目,应根据"研发支出"科目所属"资本化支出"明细科目期末余额填列

D. 资产负债表中的"货币资金"项目,应根据"库存现金""银行存款""其他货币资金"三个总账科目期末余额的合计数填列

(5)（填空题）某企业"应付职工薪酬"科目的期末各明细科目余额为：工资奖金30万元，社会保险费5万元、设定提存计划3万元，住房公积金2万元，工会经费和职工教育经费3万元，则当期资产负债表中"应付职工薪酬"项目的期末余额应为（　　）万元。

（三）根据总账科目和明细账科目余额分析填列

1."长期借款"项目

"长期借款"项目，应根据"长期借款"总账科目余额扣除"长期借款"科目所属明细科目中将于1年内到期且不能将清偿义务展期的长期借款。

【例10-2】 2021年12月31日，甲公司"长期借款"科目余额为2 000 000元，其中自乙银行借入的500 000元借款将于1年内到期，甲公司不具有自主展期清偿的权利。则甲公司2021年12月31日资产负债表中：

"长期借款"项目"期末余额"栏的列报金额＝2 000 000－500 000＝1 500 000（元）

"一年内到期的非流动负债"项目"期末余额"栏的列报金额＝500 000（元）

2."其他非流动资产"项目和"其他非流动负债"项目

例如，"应交税费"科目所属明细科目"应交增值税""未交增值税"等出现借方余额时，属于以后可以少交税的权利，列入资产类中"其他流动资产"或"其他非流动资产"项目；"待转销项税额"出现贷方余额时，则列入"其他流动负债"或"其他非流动负债"项目。

（四）根据有关科目余额减去备抵科目余额后的净额填列

1."应收账款"项目

"应收账款"项目，应根据"应收账款"科目的期末余额减去"坏账准备"科目中相关坏账准备期末余额后的金额分析填列。

2."应收票据"项目

"应收票据"项目，应根据"应收票据"科目的期末余额减去"坏账准备"科目中相关坏账准备期末余额后的金额分析填列。

3."固定资产"项目

"固定资产"项目，应根据"固定资产"科目的期末余额减去"累计折旧"科目和"固定资产减值准备"科目的期末余额后的金额，以及"固定资产清理"科目的期末余额后的金额填列。

4."无形资产"项目

"无形资产"项目，应根据"无形资产"科目的期末余额减去"累计摊销"科目和"无形资产减值准备"科目的期末余额后的金额填列。

5."在建工程"项目

"在建工程"项目，应根据"在建工程"科目和"在建工程减值准备"科目期末余额之差，加上"工程物资"科目和"工程物资减值准备"科目期末余额之差后的金额填列。

6."其他应收款"项目

"其他应收款"项目，应根据"其他应收款""应收股利""应收利息"三个科目期末余额的合计数，减去"坏账准备"科目中相关坏账准备期末余额后的金额填列。

【例10-3】 2021年12月31日，甲公司有关科目余额如下：

（1）"应收账款"科目的余额为200万元、"坏账准备"科目中有关应收账款计提的坏账准备余额为20万元。则资产负债表中"应收账款"项目"期末余额"栏列报金额为：

"应收账款"项目"期末余额"栏列报金额＝200－20＝180（万元）

(2)"应收票据"科目的余额为1 300万元,"坏账准备"科目中有关应收票据计提的坏账准备余额为45万元。资产负债表中"应收票据"项目"期末余额"的列报金额为:

"应收票据"项目"期末余额"栏列报金额=1 300-45=1 255(万元)

(3)"固定资产"科目借方余额为5 000万元,"累计折旧"科目贷方余额为2 000万元,"固定资产减值准备"科目贷方余额为500万元,"固定资产清理"科目借方余额500万元;在建工程借方余额20万元,工程物资借方余额30万元。则2021年12月31日,资产负债表中"固定资产"项目和"在建工程"项目的"期末余额"栏的列报金额为:

"固定资产"项目"期末余额"栏列报金额=5 000-2 000-500+500=3 000(万元)

"在建工程"项目"期末余额"栏列报金额=20+30=50(万元)

(4)"无形资产"科目借方余额为800万元,"累计摊销"科目贷方余额为200万元,"无形资产减值准备"科目贷方余额为100万元,则资产负债表中"无形资产"项目"期末余额"栏的列报金额为:

"无形资产"项目"期末余额"栏列报金额=800-200-100=500(万元)

(5)"其他应收款"科目借方余额为1 000万元,"应收利息"科目借方余额为200万元,"应收股利"科目借方余额为150万元,"坏账准备"中有关其他应收款计提的坏账金额为60万元。不考虑其他因素,则资产负债表中"其他应收款"项目"期末余额"栏列报金额为:

"其他应收款"项目"期末余额"栏列报金额=1 000+200+150-60=1 290(万元)

练一练

(1)(选择题)下列科目的月末余额中,应列入资产负债表"在建工程"项目的是(   )。

A."在途物资"　　　　　　　　B."工程物资"

C."委托加工物资"　　　　　　D."固定资产清理"

(2)(选择题)下列会计科目的期末余额中,应列入资产负债表"固定资产"项目的有(   )。

A."累计摊销"　　B."在建工程"　　C."固定资产清理"　　D."累计折旧"

(3)(选择题)某企业2021年12月31日"固定资产"科目余额为3 000万元,"累计折旧"科目余额为800万元,"固定资产减值准备"科目余额为200万元,"固定资产清理"科目借方余额为50万元,"在建工程"科目余额为200万元。不考虑其他因素,该企业2021年12月31日资产负债表中"固定资产"项目金额为(   )万元。

A. 3 000　　　　B. 1 950　　　　C. 2 050　　　　D. 3 200

(4)(选择题)下列资产负债表项目中,应根据有关科目余额减去其备抵科目余额之后的净额填列的是(   )。

A."固定资产"　　B."开发支出"　　C."无形资产"　　D."应收账款"

(五)综合运用上述填列方法分析填列

综合运用上述填列方法分析填列的项目主要有"存货"项目。

"存货"项目,应根据"原材料""库存商品""委托加工物资""周转材料""材料采购""在途物资""发出商品""生产成本""受托代销商品"等科目的期末借方余额之和,加上"材料成本差异"科目期末借方余额(或减去"材料成本差异"期末贷方余额),再减去"受托代销商品款"科目和"存货跌价准备"科目期末贷方余额填列。

【例 10-4】 2021 年 10 月 31 日,甲公司有关科目余额如下:

"发出商品"科目借方余额为 800 万元,"生产成本"科目借方余额为 300 万元,"原材料"科目借方余额为 100 万元,"委托加工物资"科目借方余额为 200 万元,"材料成本差异"科目贷方余额为 25 万元,"存货跌价准备"科目贷方余额为 100 万元,"受托代销商品"科目借方余额为 400 万元,"受托代销商品款"科目贷方余额为 400 万元。则 2020 年 10 月 31 日,则甲公司资产负债表中"存货"项目"期末余额"栏列报金额为:

"存货"项目"期末余额"栏列报金额＝800＋300＋100＋200－25－100＋400－400＝1 275(万元)。

练一练

(选择题)2021 年 12 月 31 日,某企业有关科目余额如下:"生产成本"科目借方余额为 500 万元,"原材料"科目借方余额为 300 万元,"材料成本差异"科目贷方余额为 20 万元,"存货跌价准备"科目贷方余额为 10 万元,"工程物资"科目借方余额为 200 万元。不考虑其他因素,该企业 2021 年 12 月 31 日资产负债表中"存货"项目金额为(　　)万元。

A. 970　　　　　B. 770　　　　　C. 780　　　　　D. 790

四、其他重要项目的填列说明

(一) 其他资产项目的填列说明

其他资产项目的填列方法见表 10-5。

表 10-5　　　　　　　　　　其他资产项目的填列方法

项目	填列方法
"交易性金融资产"	根据"交易性金融资产"科目的相关明细科目期末余额分析计算填列。自资产负债表日起超过 1 年到期且预期持有超过 1 年的以公允价值计量且其变动计入当期损益的非流动金融资产的期末账面价值,在"其他非流动金融资产"项目反映
"合同资产"	根据"合同资产"科目的相关明细科目期末余额分析填列,同一合同下的合同资产和合同负债应当以净额列示。净额为借方余额的,应当根据其流动性在"合同资产"或"其他非流动资产"项目中填列,已计提减值准备的,还应以减去"合同资产减值准备"科目中相关的期末余额后的金额填列;净额为贷方余额的,应当根据其流动性在"合同负债"或"其他非流动负债"项目中填列
"应收款项融资"	反映以公允价值计量且其变动计入其他综合收益的应收票据和应收账款等
"持有待售资产"	根据"持有待售资产"科目的期末余额,减去"持有待售资产减值准备"科目的期末余额后的金额填列
"一年内到期的非流动资产"	通常反映预计自资产负债表日起 1 年内变现的非流动资产。它包括下一年要到期的"长期应收款"减去相应的"未实现融资收益",再加上下一年到期的"债权投资"减去相应的"债权投资减值准备"。(注:不包括下年度到期的长期待摊费用)。对于按照相关会计准则采用折旧(或摊销、折耗)方法进行后续计量的固定资产、使用权资产、无形资产和长期待摊费用等非流动资产,折旧(或摊销、折耗)年限(或期限)只剩 1 年或不足 1 年的,或预计在 1 年内(含 1 年)进行折旧(或摊销、折耗)的部分,不得归类为流动资产,仍在各该非流动资产项目中填列,不转入"一年内到期的非流动资产"项目

(续表)

项目	填列方法
"债权投资"	根据"债权投资"科目的相关明细科目期末余额,减去"债权投资减值准备"科目中相关减值准备的期末余额后的金额分析填列。自资产负债表日起一年内到期的长期债权投资的期末账面价值,在"一年内到期的非流动资产"项目反映
"其他债权投资"	应根据"其他债权投资"科目的相关明细科目的期末余额分析填列。自资产负债表日起1年内到期的长期债权投资的期末账面价值,在"一年内到期的非流动资产"项目反映。企业购入的以公允价值计量且其变动计入其他综合收益的1年内到期的债权投资的期末账面价值,在"其他流动资产"项目反映
"长期应收款"	根据"长期应收款"科目期末余额减去"未实现融资收益"科目和"坏账准备"科目期末余额后的金额填列
"长期股权投资"	根据"长期股权投资"科目期末余额减去"长期股权投资减值准备"科目期末余额后的金额填列
"其他权益工具投资"	根据"其他权益工具投资"科目的期末余额填列
"投资性房地产"	根据"投资性房地产"科目期末余额减去"投资性房地产累计折旧(或摊销)"科目和"投资性房地产减值准备"科目期末余额后的金额填列
"使用权资产"	根据"使用权资产"科目期末余额减去"使用权资产累计折旧"科目和"使用权资产减值准备"科目期末余额后的金额填列
"长期待摊费用"	根据"长期待摊费用"科目余额填列
"递延所得税资产"	根据"递延所得税资产"科目的期末余额填列

(二)其他负债项目和所有者权益项目的填列方法

其他负债项目和所有者权益项目的填列方法见表10-6。

表10-6　　　　其他负债项目和所有者权益项目的填列方法

项目	填列方法
"应付票据"	应根据"应付票据"科目的期末余额填列。应付票据包括银行承兑汇票和商业承兑汇票
"应交税费"	按照税法规定应交纳的企业所得税、增值税等税费,根据其余额性质在资产负债表进行填列。其中: (1)"应交税费"科目下的"应交增值税""未交增值税""待抵扣进项税额""待认证进项税额""增值税留抵税额"等明细科目期末借方余额应根据情况,在资产负债表中的"其他流动资产"或"其他非流动资产"项目列示 (2)"应交税费"下的"待转销项税额"等科目期末贷方余额应根据情况,在资产负债表中的"其他流动负债"或"其他非流动负债"项目列示 (3)"应交税费"科目下的"未交增值税""简易计税""转让金融商品应交增值税""代扣代交增值税"等科目期末贷方余额应在资产负债表中的"应交税费"项目列示
"一年内到期的非流动负债"	根据1年内到期的"长期借款""长期应付款""应付债券""预计负债"科目的余额填列
"应付债券"	应根据"应付债券"科目的期末余额减去1年内到期部分的金额填列
"长期应付款"	应根据"长期应付款"科目的期末余额,减去相关的"未确认融资费用"科目的期末余额,减去1年内到期部分的金额后的金额,以及"专项应付款"科目的期末余额填列

(续表)

项目	填列方法
"预计负债"	根据"预计负债"科目期末余额减去1年内到期的预计负债部分的金额填列
"递延收益"	根据"递延收益"科目的期末余额填列
"递延所得税负债"	根据"递延所得税负债"科目的期末余额填列
"其他非流动负债"	根据除"长期借款""应付债券"等负债以外的其他非流动负债的期末余额之和填列
"租赁负债"	反映承租人企业尚未支付的租赁付款额的期末账面价值。根据"租赁负债"科目的期末余额填列
"专项储备"	反映高危行业企业按国家规定提取的安全生产费的期末账面价值。根据"专项储备"科目的期末余额填列

 练一练

(1)(填空题)甲公司"应付票据"科目的余额如下所示:50万元的银行承兑汇票,30万元的商业承兑汇票,则甲公司资产负债表中"应付票据"项目"期末余额"栏的列报金额为(　　)元。

(2)(选择题)下列关于资产负债表项目填列方法的表述中,正确的有(　　)。
A."短期借款"项目应根据"短期借款"总账科目余额直接填列
B."长期借款"项目应根据"长期借款"总账科目余额直接填列
C."实收资本"项目应根据"实收资本"总账科目余额直接填列
D."预收款项"项目应根据"预收账款"科目和"应收账款"科目所属各明细科目的期末贷方余额合计数填列

(3)(选择题)资产负债表的填列方法有(　　)。
A. 根据总账科目余额填列
B. 根据几个明细账科目余额计算填列
C. 根据总账科目和明细账科目余额分析计算填列
D. 根据有关总账科目余额减去其备抵科目余额后的净

(4)(选择题)下列项目中,属于资产负债表中"流动负债"项目的有(　　)。
A."预收款项"　　　　　　　　　　B."应付债券"
C."长期应付款"　　　　　　　　　D."一年内到期的长期借款"

(5)(选择题)2021年12月31日,某企业"预付账款"科目所属明细科目的借方余额合计为120万元,"应付账款"科目所属明细科目的借方余额合计为8万元;"坏账准备"科目中有关预付账款计提的坏账准备余额为6万元。不考虑其他因素,该企业年末资产负债表中"预付款项"项目"期末余额"栏的列报金额为(　　)万元。
A. 122　　　　B. 118　　　　C. 120　　　　D. 128

(6)(选择题)某企业一笔长期借款将于2021年7月1日到期,下列各项中,该笔长期借款应列于企业2020年12月31日资产负债表的项目是(　　)。
A."一年内到期的非流动负债"　　　B."其他非流动资产"
C."短期借款"　　　　　　　　　　D."长期借款"

(7)（选择题）2021年12月31日，某企业"其他应收款"科目借方余额为500万元，"应收利息"科目借方余额为50万元，"应收股利"科目借方余额为30万元，"坏账准备"中有关其他应收款计提的坏账金额为10万元。不考虑其他因素，该企业2021年12月31日资产负债表中"其他应收款"项目金额为（　　）万元。

　　A. 570　　　　　　B. 490　　　　　　C. 580　　　　　　D. 500

(8)（选择题）2021年12月31日，某企业"生产成本"账户借方余额为100万元，"原材料"账户借方余额为30万元，"材料成本差异"账户借方余额为6万元，"存货跌价准备"账户贷方余额为3万元，"工程物资"账户借方余额为200万元。不考虑其他因素，该企业2021年12月31日资产负债表中"存货"项目金额为（　　）万元。

　　A. 130　　　　　　B. 133　　　　　　C. 33　　　　　　D. 330

(9)（选择题）2021年12月初，某企业"应收账款"科目借方余额为500万元，相应的"坏账准备"科目贷方余额为20万元，2021年12月31日，经减值测试，该企业应补提坏账准备10万元。假定不考虑其他因素，2021年12月31日该企业资产负债表"应收账款"项目的金额为（　　）万元。

　　A. 470　　　　　　B. 474　　　　　　C. 475　　　　　　D. 480

(10)（判断题）企业资产负债表中"预付款项"项目应根据"预付账款"总账科目和"应付账款"总账科目所属各明细科目的期末借方余额，减去与预付账款有关的坏账准备的借方余额的净额填列。（　　）

(11)（判断题）"开发支出"项目根据"研发支出"科目所属"费用化支出"明细科目期末余额填列。（　　）

任务10.3　利　润　表

一、利润表的概念

利润表是指反映企业在一定会计期间的经营成果的会计报表。利润表根据"收入－费用＝利润"的会计平衡公式，将应填列的项目分为收入项目、费用项目和利润项目。把一定期间的收入和相对应的费用进行配比，计算出一定期间的各项利润指标。利润表是反映企业一定时期经营成果的动态报表。通过利润表，决策者可以判断各项利润指标的质量及其风险，从而作出正确的决策。

（选择题）下列各项中，不属于利润表要素的有（　　）。

　　A. 资产　　　　　　B. 收入　　　　　　C. 费用　　　　　　D. 利润

二、利润表的结构

由于不同的国家和地区对会计报表的信息要求不完全相同，利润表的结构也不完全相同。

但目前比较普遍的利润表的结构有多步式利润表和单步式利润表两种。我国利润表采用多步式,其格式如表 10-7 所示。

表 10-7　　　　　　　　　　　　　　利　润　表　　　　　　　　　　会企 02 表

编制单位：　　　　　　　　　　　　　　　年　月　　　　　　　　　　　单位:元

项　目	本期金额	上期金额
一、营业收入		
减:营业成本		
税金及附加		
销售费用		
管理费用		
研发费用		
财务费用		
其中:利息费用		
利息收入		
加:其他收益		
投资收益(损失以"－"号填列)		
其中:对联营企业和合营企业的投资收益		
以摊余成本计量的金融资产终止确认收益（损失以"－"号填列)		
净敞口套期收益(损失以"－"号填列)		
公允价值变动收益(损失以"－"号填列)		
信用减值损失(损失以"－"号填列)		
资产减值损失(损失以"－"号填列)		
资产处置收益(损失以"－"号填列)		
二、营业利润(亏损以"－"号填列)		
加:营业外收入		
减:营业外支出		
三、利润总额(亏损总额以"－"号填列)		
减:所得税费用		
四、净利润(净亏损以"－"号填列)		
(一)持续经营净利润(净亏损以"－"号填列)		
(二)终止经营净利润(净亏损以"－"号填列)		
五、其他综合收益的税后净额		
(一)不能重分类进损益的其他综合收益		
1.重新计量设定受益计划变动额		
2.权益法下不能转损益的其他综合收益		

(续表)

项 目	本期金额	上期金额
3. 其他权益工具投资公允价值变动		
4. 企业自身信用风险公允价值变动		
……		
（二）将重分类进损益的其他综合收益		
1. 权益法下可转损益的其他综合收益		
2. 其他债权投资公允价值变动		
3. 金融资产重分类计入其他综合收益的金额		
4. 其他债权投资信用减值准备		
5. 现金流量套期储备		
6. 外币财务报表折算差额		
……		
六、综合收益总额		
七、每股收益：		
（一）基本每股收益		
（二）稀释每股收益		

练一练

（选择题）多步式利润表可以反映企业的（　　）等项目。
A."所得税费用"　　　　　　　　　　B."营业利润"
C."利润总额"　　　　　　　　　　　D."净利润"

三、利润表的编制

（一）"上期金额"栏的填列方法

利润表"上期金额"栏内各项目数字，应根据上年该期利润表"本期金额"栏内所列数字填列。如果上年该期利润表规定的各个项目的名称和内容同本期不一致，应对上年该期利润表各项目的名称和数字按本期的规定进行调整，填入"上期金额"栏。

（二）"本期金额"栏的填列方法

利润表内"本期金额"栏内各项目数字，一般应根据损益类账户的发生额分析填列。具体填列方法如表 10-8 所示。

表 10-8　　　　　　　　　　利润表内各项目的填列方法

项目	填列方法
"营业收入"	＝"主营业务收入"科目的发生额＋"其他业务收入"科目的发生额
"营业成本"	＝"主营业务成本"科目的发生额＋"其他业务成本"科目的发生额
"税金及附加"	＝"税金及附加"科目的发生额
"销售费用"	＝"销售费用"科目的发生额

(续表)

项目	填列方法
"管理费用"	＝"管理费用"科目的发生额－"管理费用"科目下"研发费用""无形资产摊销"等明细科目发生额填列
"研发费用"	＝"管理费用"科目下"研发费用"明细科目发生额＋"管理费用"科目下"无形资产摊销"明细科目发生额
"财务费用"（收益以"－"号填列）	＝"财务费用"科目的发生额
其中：利息费用	应根据"财务费用"科目的相关明细科目的发生额分析填列。该项目作为"财务费用"项目的其中项，以正数填列
"利息收入"	反映企业按照相关会计准则确认的应冲减财务费用的利息收入。该项目应根据"财务费用"科目的相关明细科目的发生额分析填列。该项目作为"财务费用"项目的其中项，以正数填列
"其他收益"	＝"其他收益"科目的发生额。反映计入其他收益的政府补助，以及其他与日常活动相关且计入其他收益的项目。企业作为个人所得税的扣缴义务人，根据《中华人民共和国个人所得税法》收到的扣缴税款手续费，应作为其他与日常活动相关的收益在该项目中填列
"投资收益"	＝"投资收益"科目的发生额
"净敞口套期收益"	＝"净敞口套期损益"科目的发生额。该项目反映净敞口套期下被套期项目累计公允价值变动转入当期损益的金额或现金流量套期储备转入当期损益的金额
"公允价值变动收益"	＝"公允价值变动损益"科目的发生额
"信用减值损失"	＝"信用减值损失"科目的发生额
"资产减值损失"	＝"资产减值损失"科目的发生额
"资产处置收益"	＝"资产处置损益"科目的发生额
"营业利润"	＝"营业收入"－"营业成本"－"税金及附加"－"销售费用"－"管理费用"－"研发费用"－"财务费用"＋"其他收益"＋"投资收益"＋"净敞口套期收益"＋"公允价值变动收益"＋"信用减值损失"＋"资产减值损失"＋"资产处置收益"
"营业外收入"	＝"营业外收入"科目的发生额。该项目反映企业发生的除营业利润以外的收益，主要包括与企业日常活动无关的政府补助、盘盈利得、捐赠利得（企业接受股东或股东的子公司直接或间接的捐赠，经济实质属于股东对企业的资本性投入的除外）等
"营业外支出"	＝"营业外支出"科目的发生额。该项目反映企业发生的除营业利润以外的支出，主要包括公益性捐赠支出、非常损失、盘亏损失、非流动资产毁损报废损失等。其中，非流动资产毁损报废损失通常包括因自然灾害发生毁损、已丧失使用功能等原因而报废清理产生的损失
"利润总额"	＝营业利润＋营业外收入－营业外支出
"所得税费用"	＝"所得税费用"科目的发生额
"净利润"	＝利润总额－所得税费用
"其他综合收益的税后净额"	反映未在损益中确认的各项利得和损失扣除所得税后的净额
"综合收益总额"	＝净利润＋其他综合收益的税后净额
"每股收益"	包括基本每股收益和稀释每股收益两项指标，反映普通股或潜在普通股已公开交易的企业，以及正处于公开发行普通股或潜在普通股过程中的企业的每股收益信息

练一练

(1)（选择题）下列各项中，应记入利润表"营业收入"项目核算的是（　　）。
A. 经营租赁租金收入　　　　　　　B. 出售专利技术净收益
C. 债券利息收入　　　　　　　　　D. 接受捐赠利得

(2)（选择题）2021年12月，某企业结转销售商品成本100 000元，结转销售材料成本2 000元，对外捐赠支出为5 000元。不考虑其他因素，该企业2021年12月利润表"营业成本"项目的本期金额为（　　）元。
A. 105 000　　　B. 107 000　　　C. 102 000　　　D. 100 000

(3)（选择题）2021年11月，某企业计提短期借款利息7.2万元，折扣期内支付赊购货款，取得现金折扣1.5万元，开具银行承兑汇票支付手续费0.5万元。不考虑增值税及其他因素，该企业11月份利润表中"财务费用"项目金额为（　　）万元。
A. 7.7　　　B. 5.2　　　C. 6.2　　　D. 5.7

(4)（选择题）下列关于利润表项目本期金额填列方法的表述中，正确的有（　　）。
A. "税金及附加"项目应根据"应交税费"科目的本期发生额分析填列
B. "营业利润"项目应根据"本年利润"科目的本期发生额分析填列
C. "营业收入"项目应根据"主营业务收入"科目和"其他业务收入"科目的本期发生额分析填列
D. "管理费用"项目应根据"管理费用"科目的本期发生额分析填列

(5)（选择题）2021年，甲企业发生短期借款利息120万元，享受购货现金折扣10万元，收到银行存款利息收入30万元。2021年年末，甲企业利润表中"财务费用"项目应列报的金额是（　　）万元。
A. 120　　　B. 90　　　C. 80　　　D. 100

(6)（选择题）下列各项中，属于企业利润表列示项目的有（　　）。
A. 每股收益　　　B. 综合收益总额　　　C. 其他收益　　　D. 信用减值损失

(7)（选择题）下列各项中，不属于利润表"利润总额"项目的内容的是（　　）。
A. 确认的资产减值损失　　　　　　B. 无法查明原因的现金溢余
C. 确认的所得税费用　　　　　　　D. 收到政府补助确认的其他收益

(8)（判断题）利润表中的"综合收益总额"项目，可以为财务会计报告使用者提供企业实现净利润和其他综合收益（税后净额）的信息。（　　）

【例10-5】 杰西公司2021年度相关科目的发生额如表10-9所示。

表10-9　　　　　　　　　　　相关科目发生额表　　　　　　　　　　单位：万元

科目名称	借方发生额	贷方发生额
主营业务收入	150	4 500
主营业务成本	2 400	120
其他业务收入		300
其他业务成本	225	

(续表)

科目名称	借方发生额	贷方发生额
税金及附加	150	
销售费用	75	
管理费用	270	
财务费用	30	
资产减值损失	240	15
公允价值变动损益	60	105
投资收益	90	150
营业外收入		135
营业外支出	60	
所得税费用	450	

根据上述资料，杰西公司编制2021年度利润表(简表)，如表10-10所示。

表10-10　　　　　　　　　利润表(简表)　　　　　　　　会企02表
编制单位：杰西公司　　　　　　　2021年度　　　　　　　　单位：万元

项　　目	本期金额
一、营业收入	4 650
减：营业成本	2 505
税金及附加	150
销售费用	75
管理费用	270
研发费用	
财务费用	30
加：其他收益	
投资收益(损失以"－"号填列)	60
净敞口套期收益(损失以"－"号填列)	
公允价值变动收益(损失以"－"号填列)	45
信用减值损失(损失以"－"号填列)	225
资产减值损失(损失以"－"号填列)	
资产处置收益(损失以"－"号填列)	
二、营业利润(亏损以"－"号填列)	1 500
加：营业外收入	135
减：营业外支出	60
三、利润总额(亏损总额以"－"号填列)	1 575
减：所得税费用	450
四、净利润(净亏损以"－"号填列)	1 125

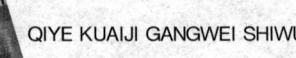

利润表中的各项目应根据有关损益类账户的本期发生额或余额分析计算填列。这种说法对吗？

(1)(实务题)辉煌公司2021年12月31日结账前各损益类科目余额如表10-11所示。

表10-11　　　　　　　　损益类科目余额表

科目名称	结账前余额	科目名称	结账前余额
主营业务收入	2 600 000	其他业务收入	320 000
主营业务成本	1 700 000	营业外收入	60 000
税金及附加	50 000	投资收益	25 000
其他业务成本	200 000	营业外支出	80 000
销售费用	130 000	所得税费用	
财务费用	20 000		
管理费用	30 000		

请计算该公司2021年度的所得税费用(假定没有纳税调整事项，所得税税率为25%)、营业利润、利润总额和净利润。

(2)(实务题)欣欣公司2021年12月各损益类科目发生额如表10-12所示。

表10-12　　　　　　　　损益类科目发生额表　　　　　　　　单位：元

科目	借方发生额	贷方发生额	科目	借方发生额	贷方发生额
主营业务收入		90 000	其他业务收入		3 000
主营业务成本	50 000		其他业务成本	1 000	
税金及附加	4 500		投资收益		1 500
销售费用	2 000		营业外收入		3 500
管理费用	8 500		营业外支出	1 800	
财务费用	2 000		所得税费用	9 400	

请根据上述资料编制该公司2021年12月的利润表(简表)，如表10-13所示。

表10-13　　　　　　　　利润表(简表)　　　　　　　　会企02表
编制单位：欣欣公司　　　　　　　　2021年12月　　　　　　　　单位：元

项　目	本期金额
一、营业收入	
减：营业成本	
税金及附加	

(续表)

项 目	本期金额
销售费用	
管理费用	
财务费用	
加:投资收益	
二、营业利润(亏损以"一"号填列)	
加:营业外收入	
减:营业外支出	
三、利润总额(亏损以"一"号填列)	
减:所得税费用	
四、净利润(亏损以"一"号填列)	

任务 10.4　现金流量表

一、现金流量表的概念及作用

现金流量表是指反映企业在一定会计期间现金和现金等价物流入和流出的会计报表。其中,现金是指企业库存现金和可以随时用于支付的存款。现金的概念类似于会计核算中的货币资金,即库存现金、银行存款和其他货币资金。现金等价物是指企业持有的期限短(购买日至到期日小于3个月的短期债券投资)、流动性强、易于转换为已知金额现金、价值变动风险很小的投资。

现金流量表的作用主要体现在以下几个方面:一是有助于评价企业支付能力、偿债能力和周转能力;二是有助于预测企业未来现金流量;三是有助于分析企业收益质量及影响现金净流量的因素,掌握企业经营活动、投资活动、筹资活动的现金流量,可以从现金流量的角度了解净利润的质量,以更好地分析企业的财务前景。

练一练

(选择题)下列各项中,属于现金流量表中"现金及现金等价物"项目的有(　　)。
A. 库存现金　　　　　　　　　　B. 银行本票存款
C. 银行承兑汇票　　　　　　　　D. 持有2个月内到期的国债

二、现金流量表的结构

根据企业业务活动的性质和现金流量的来源,现金流量表在结构上将企业一定期间产生的现金流量分为三类:经营活动产生的现金流量、投资活动产生的现金流量和筹资活动产生的现金流量。现金流量表的具体格式如表10-14所示。

表 10-14 现金流量表 会企 03 表

编制单位： ___年_月 单位:元

项目	本期金额	上期金额
一、经营活动产生的现金流量：		
销售商品、提供劳务收到的现金		
收到的税费返还		
收到其他与经营活动有关的现金		
经营活动现金流入小计		
购买商品、接受劳务支付的现金		
支付给职工以及为职工支付的现金		
支付的各项税费		
支付其他与经营活动有关的现金		
经营活动现金流出小计		
经营活动产生的现金流量净额		
二、投资活动产生的现金流量：		
收回投资收到的现金		
取得投资收益收到的现金		
处置固定资产、无形资产和其他长期资产收回的现金净额		
处置子公司及其他营业单位收到的现金净额		
收到其他与投资活动有关的现金		
投资活动现金流入小计		
购建固定资产、无形资产和其他长期资产支付的现金		
投资支付的现金		
取得子公司及其他营业单位支付的现金净额		
支付其他与投资活动有关的现金		
投资活动现金流出小计		
投资活动产生的现金流量净额		
三、筹资活动产生的现金流量：		
吸收投资收到的现金		
取得借款收到的现金		
收到其他与筹资活动有关的现金		
筹资活动现金流入小计		

(续表)

项　　目	本期金额	上期金额
偿还债务支付的现金		
分配股利、利润或偿付利息支付的现金		
支付其他与筹资活动有关的现金		
筹资活动现金流出小计		
筹资活动产生的现金流量净额		
四、汇率变动对现金及现金等价物的影响		
五、现金及现金等价物净增加额		
加:期初现金及现金等价物余额		
六、期末现金及现金等价物余额		

练一练

(1)(选择题)下列各项中,属于现金流量表中"经营活动产生的现金流量"项目的有(　　)。

A. 收到的税费返还　　　　　　　　　B. 偿还债务支付的现金
C. 销售商品、提供劳务收到的现金　　D. 支付给职工以及为职工支付的现金

(2)(选择题)下列各项中,属于筹资活动现金流量的有(　　)。

A. 分配股利支付的现金　　　　　　　B. 清偿应付账款支付的现金
C. 偿还债券利息支付的现金　　　　　D. 清偿长期借款支付的现金

三、现金流量表的编制

在编制现金流量表时需要填列每个项目的"本期金额"栏和"上期金额"栏。其中,"上期金额"栏内各项目的填列,应根据上年本期现金流量表的"本期金额"栏内所列金额填列。下面主要对现金流量表各项目"本期金额"栏的填列方法进行说明。

(一)经营活动产生的现金流量

1. 销售商品、提供劳务收到的现金

该项目反映企业因销售商品、提供劳务而实际收现的价款及销项税额。其计算公式如下:

$$\text{销售商品、提供劳务收到的现金} = \text{本期销售商品或提供劳务收到的营业收入} + \text{本期发生的增值税销项税额} + \text{应收账款(期初余额－期末余额)(不扣除坏账准备)}$$

$$+ \text{应收票据(期初余额－期末余额)} + \text{预收款项(期末余额－期初余额)}$$

$$- \text{本期由于收到非现金资产抵债减少的应收账款、应收票据的金额} - \text{本期发生的现金折扣}$$

$$- \text{本期发生的票据贴现利息(不附追索权)} + \text{收到的带息票据的利息} + \text{本期收回前期被注销的坏账}$$

【例10-6】　杰西公司2021年度有关资料如下:

(1) 应收账款：年初数 7 万元，年末数 10 万元。

(2) 应收票据：年初数 16 万元，年末数 5 万元。

(3) 预收账款：年初数 20 万元，年末数 30 万元。

(4) 主营业务收入：400 万元。

(5) 应交税费——应交增值税（销项税额）：52.7 万元。

(6) 其他有关资料：本期计提坏账准备 5 万元（该公司采用备抵法核算坏账损失），本期发生坏账回收 1 万元，工程项目领用的本企业产品 10 万元产生增值税销项税额 1.6 万元。

该公司"销售商品、提供劳务收到的现金"计算如下：

分析：杰西公司采用备抵法核算坏账损失时，涉及资产减值损失和坏账准备，并没有涉及现金流量问题。工程项目领用产生的增值税已包含在销项税额里，但并没有产生现金流入，所以应该减去。故：

"销售商品、提供劳务收到的现金"项目的金额 = 400＋52.7＋(7－10)＋(16－5)＋(30－20)＋1－1.6
= 470.1（万元）

（选择题）某企业当期销售商品实现收入 100 000 元，"应收账款"账户期初借方余额 20 000 元，期末借方余额 50 000 元；"预收账款"账户期初借方余额 10 000 元，期末借方余额 30 000 元。则该企业当期现金流量表中"销售商品、提供劳务收到的现金"项目的本期金额是（　　）元。

A. 50 000　　　　B. 90 000　　　　C. 110 000　　　　D. 150 000

2. 收到的税费返还

该项目反映企业收到返还的各种税费，如收到返还的增值税、消费税、所得税退税和收到的教育费附加返还等。该项目按"营业外收入"等账户分析填列。

3. 收到其他与经营活动有关的现金

该项目反映企业除上述各项目外，收到的其他与经营活动有关的现金流入，包括企业收到的罚款收入、属于流动资产的现金赔款收入、经营租赁的租金和押金收入、银行存款的利息收入等。

4. 购买商品、接受劳务支付的现金

该项目反映企业因购买商品、接受劳务而在本期兑现的价款及进项税额。其计算公式如下：

购买商品、接受劳务支付的现金 ＝ 营业成本 ＋ 存货（期末余额－期初余额）（不扣除存货跌价准备）＋ 本期发生的增值税进项税额
＋ 应付账款（期初余额－期末余额）＋ 应付票据（期初余额－期末余额）
＋ 预付款项（期末余额－期初余额）－ 本期以非现金资产抵债减少的应付账款、应付票据的金额
＋ 本期支付的应付票据的利息 － 本期取得的现金折扣 ＋ 本期毁损的外购商品成本
－ 本期销售产品成本和期末存货中产品成本中所包含的不属于购买商品、接受劳务支付现金的费用（如未支付的工资、职工福利费和制造费用中除材料以外的其他费用）± 其他特殊调整业务

【例 10-7】 杰西公司 2021 年度有关资料如下：

(1) 应付账款：年初数 100 万元，年末数 120 万元。

(2) 应付票据：年初数 40 万元，年末数 20 万元。

(3) 预付账款：年初数 90 万元，年末数 100 万元。

(4) 存货：年初数为 90 万元，年末数为 70 万元。

(5) 主营业务成本：500 万元。

(6) 应交税费——应交增值税(进项税额)：68 万元。

杰西公司"购买商品、接受劳务支付的现金"项目的金额计算如下：

"购买商品、接受劳务支付的现金"项目的金额＝500＋(70－90)＋68＋(100－90)＋(40－20)＋(100－120)
＝558(万元)

(选择题)某企业 2021 年度发生以下业务：以银行存款购买将于 2 个月后到期的国债 500 万元，偿还应付账款 200 万元，支付生产人员工资 150 万元，购买固定资产 300 万元。假定不考虑其他因素，该企业 2021 年度现金流量表中"购买商品、接受劳务支付的现金"项目的金额为( )万元。

A. 200   B. 350
C. 650   D. 1 150

5. 支付给职工以及为职工支付的现金

该项目包括企业为职工所支付的各种现金。该项目不包括：①支付的离退休人员的各项费用(此内容应记入"支付其他与经营活动有关的现金"项目)。②支付给在建工程人员的现金(此内容应计入投资活动产生的现金流量中的购建固定资产、无形资产和其他长期资产收回的现金净额)。其计算公式如下：

$$\text{支付给职工以及为职工支付的现金} = \text{本期生产成本、制造费用、管理费用中的职工薪酬} + \text{应付职工薪酬(除在建工程、无形资产承担的人员)(期初余额－期末余额)}$$

6. 支付的各项税费

该项目反映企业按规定支付的各项税费，包括本期发生并支付的税费，以及本期支付以前各期发生的税费和预交的税金，如支付的教育费附加、矿产资源补偿费、印花税、房产税、土地增值税、车船税等。该项目按"应交税费""银行存款"等账户分析填列。其计算公式如下：

$$\text{支付的各项税费} = \text{税金及附加} + \text{所得税费用} + \text{已交纳的增值税} + \text{应交税费(不包括增值税)(期初余额－期末余额)}$$

7. 支付其他与经营活动有关的现金

该项目反映企业除上述各项目外，支付的其他与经营活动有关的现金流出，如罚款支出、支付的差旅费、经营租赁的租金、业务招待费现金支出、支付的保险费、支付给离退休人员的各种费用等。其计算公式如下：

支付其他与经营活动有关的现金 = "管理费用"中除职工薪酬、支付的税金和未支付现金的费用外的费用(即支付的其他费用) + "制造费用"中除职工薪酬和未支付现金的费用外的费用(即支付的其他费用) + "销售费用"中除职工薪酬和未支付现金的费用外的费用(即支付的其他费用) + "财务费用"中支付的结算手续费 + "其他应收款"中支付职工预借的差旅费 + "其他应付款"中支付的经营租赁的租金 + "营业外支出"中支付的罚款支出等

【例10-8】 杰西公司2021年度发生的管理费用为2 200万元。其中：以现金支付退休职工统筹退休金350万元和管理人员工资950万元，存货盘亏损失25万元，计提固定资产折旧420万元，无形资产摊销200万元，计提坏账准备150万元，其余均以现金支付。该公司"支付其他与经营活动有关的现金"项目的金额计算如下：

分析：支付的离退休职工统筹退休金本身就是该项目的内容，不需调整；管理人员工资属于"支付给职工以及为职工支付的现金"项目内容，不属于本项目，应减去；存货盘亏损失、计提固定资产折旧、无形资产摊销、计提坏账准备，不影响现金，应减去。故：

"支付其他与经营活动有关的现金"项目的金额 = 2 200 - 950 - 25 - 420 - 200 - 150 = 455(万元)

(二) 投资活动产生的现金流量

1. 收回投资收到的现金

该项目反映企业出售、转让或到期收回除现金等价物以外的交易性金融资产、其他债权投资、其他权益工具投资、长期股权投资(除处置子公司及其他营业单位)和收回债权投资本金而收到的现金。该项目包括转让收益，但不包括收到的现金股利和利息。

2. 取得投资收益收到的现金

该项目反映企业因各种投资收到的现金股利、利润和利息等。

3. 处置固定资产、无形资产和其他长期资产收回的现金净额

该项目反映企业因股权性质投资而分得的现金股利，从子公司、联营企业或合营企业分回利润而收到的现金，以及因债权性投资而取得的现金利息收入。该项目可根据"应收利息""应收股利""投资收益"等账户分析填列。

4. 处置子公司及其他营业单位收到的现金净额

该项目反映企业处置子公司及其他营业单位收到的现金，减去相关税费以后的净额。

5. 收到其他与投资活动有关的现金

该项目反映企业除上述各项目外，收到的其他与投资活动有关的现金流入，如收到的属于购买时买价中所包含的现金股利或已到付息期的利息等。

6. 购建固定资产、无形资产和其他长期资产支付的现金

该项目反映企业购买、建造固定资产，购买无形资产和其他长期资产所支付的现金。该项目不包括资本化的借款利息、融资租入固定资产所支付的租赁费等款项，这些项目在筹资活动产生的现金流量中反映。

7. 投资支付的现金

该项目反映企业进行各种投资(除取得子公司及其他营业单位)所支付的现金，但不包括购买股票和债券时买价中所包含的已宣告发放但尚未领取的现金股利或已到付息期但尚未领

取的利息等,这些现金支出应在投资活动产生的现金流量中"支付其他与投资活动有关的现金"项目中反映。该项目根据"交易性金融资产""债权投资""其他债权投资""其他权益工具投资""投资性房地产""长期股权投资"等账户分析填列。

8. 取得子公司及其他营业单位支付的现金净额

该项目反映企业取得其子公司及其他营业单位所支付的现金,扣除因取得该子公司及其他营业单位而取得的现金后的净额。该项目根据"长期股权投资"等账户分析填列。

9. 支付其他与投资活动有关的现金

该项目反映企业除上述各项外,支付的其他与投资活动有关的现金。如购买股票和债券时,支付的买价中所包含的已宣告发放但尚未领取的现金股利或已到付息期但尚未领取的利息等。

(三) 筹资活动产生的现金流量

1. 吸收投资收到的现金

该项目反映企业收到的投资者投入的现金。该项目包括发行股票收到的股款净额(发行收入减去券商直接从发行收入中扣除的发行费用);发行债券收到的现金(发行收入减去银行等直接从发行收入中扣除的发行费用)。企业发行股票时由企业直接支付的评估费、审计费、咨询费以及发行债券支付的印刷费等发行费用,不能从该项目中扣除。该项目根据"实收资本(或股本)"等账户分析填列。

2. 取得借款收到的现金

该项目反映企业本期实际借入短期借款、长期借款所收到的现金。但本期偿还借款支付的现金不能从该项目中扣除。该项目根据"短期借款""长期借款"等账户分析填列。

3. 收到其他与筹资活动有关的现金

该项目反映企业除上述各项目外,收到的其他与筹资活动有关的现金,如接受现金捐资等。

4. 偿还债务支付的现金

该项目反映企业以现金偿还短期借款、长期借款和应付债券的本金。该项目不包括偿还的借款利息、债券利息。该项目根据"短期借款""长期借款"等账户分析填列。

【例 10-9】 杰西公司 2021 年偿还长期借款 46 万元,其中利息 6 万元;从另外一家金融企业取得长期借款 100 万元。该公司现金流量表中的相关项目金额计算如下:

"偿还债务支付的现金"项目的金额=46-6=40(万元)

"分配股利、利润或偿付利息支付的现金"项目的金额=6(万元)

"取得借款收到的现金"项目的金额=100(万元)

注意:取得借款与偿还借款应分别反映,分别填列,不得相互抵销。

5. 分配股利、利润或偿付利息支付的现金

该项目反映企业实际支付的现金股利、利润或支付的借款利息、债券利息等。该项目根据"应付股利""应付利息""利润分配"等账户分析填列。

6. 支付其他与筹资活动有关的现金

该项目反映企业除上述各项目外,支付的其他与筹资活动有关的现金,如支付的筹资费用、支付的融资租赁费、分期付款购建固定资产除第一期外其他各期支付的款项等。该项目根据"长期应付款"等账户分析填列。

用银行存款购买 2 个月后到期的国债属于购买了现金等价物,对现金流量是否产生影响?

任务 10.5　所有者权益变动表

一、所有者权益变动表的概念

所有者权益变动表是指反映构成所有者权益各组成部分当期的增减变动情况的会计报表。所有者权益变动表应当全面反映一定时期所有者权益变动的情况,不仅包括所有者权益总量的增减变动,还包括所有者权益增减变动的重要结构性信息,让报表使用者准确理解所有者权益增减变动的根源。

二、所有者权益变动表的结构

企业的所有者权益变动表应当至少单独列示下列项目:
(1) 综合收益总额。
(2) 会计政策变更和前期差错更正的累积影响金额。
(3) 所有者投入资本和向所有者分配利润等。
(4) 提取盈余公积。
(5) 实收资本、其他权益工具、资本公积、其他综合收益、专项储备、盈余公积、未分配利润的期初和期末余额及其调节情况。

所有者权益变动表的具体格式如表 10-15 所示。

三、所有者权益变动表的编制

(一)"上年金额"栏的填列方法

所有者权益变动表"上年金额"栏内各项数字,应根据上年度所有者权益变动表"本年金额"栏内所列数字填列。如果上年度所有者权益变动表规定的项目的名称和内容与本年度不一致,应对上年度所有者权益变动表各项目的名称和金额按照本年度的规定进行调整,填入所有者权益变动表"上年金额"栏内。

(二)"本年金额"栏的填列方法

所有者权益变动表"本年金额"栏内各项数字一般应根据"实收资本(或股本)""其他权益工具""资本公积""盈余公积""其他综合收益""利润分配""库存股""以前年度损益调整"等账户及其明细账户的发生额分析填列。

(1)"上年年末余额"项目,反映企业上年同期实收资本(或股本)、资本公积、库存股、盈余公积、未分配利润的年末余额。该项目应根据上年同期所有者权益变动表中"实收资本(或股本)""资本公积""库存股""盈余公积""未分配利润"项目的期末余额分析填列。

所有者权益变动表

表 10-15

编制单位：　　　　　　　　　　　　　　　　　　　　　　　　　年度　　　　　　　　　　　　　　　　　　　　　　　　　会企 04 表
单位：元

项目	本年金额										上年金额									
	实收资本（或股本）	其他权益工具			资本公积	减:库存股	其他综合收益	专项储备	盈余公积	未分配利润	所有者权益合计	实收资本（或股本）	其他权益工具			资本公积	减:库存股	其他综合收益	专项储备	盈余公积	未分配利润	所有者权益合计
		优先股	永续债	其他									优先股	永续债	其他							
一、上年末余额																						
加：会计政策变更																						
前期差错更正																						
其他																						
二、本年初余额																						
三、本年增减变动金额（减少以"-"号填列）																						
（一）综合收益总额																						
（二）所有者投入和减少资本																						
1. 所有者投入的普通股																						
2. 其他权益工具持有者投入资本																						
3. 股份支付计入所有者权益的金额																						
4. 其他																						
（三）利润分配																						
1. 提取盈余公积																						
2. 对所有者（或股东）的分配																						
3. 其他																						
（四）所有者权益内部结转																						
1. 资本公积转增资本（或股本）																						
2. 盈余公积转增资本（或股本）																						
3. 盈余公积弥补亏损																						
4. 设定受益计划变动额结转留存收益																						
5. 其他综合收益结转留存收益																						
6. 其他																						
四、本年末余额																						

(2)"会计政策变更"和"前期差错更正"项目,分别反映企业采用追溯调整法处理的会计政策变更的累积影响金额和采用追溯重述法处理的会计差错更正的累积影响金额。为了体现会计政策变更和前期差错更正的影响,企业应当在上年年末所有者权益余额的基础上进行调整得出本年年初所有者权益,根据"盈余公积""利润分配""以前年度损益调整"等账户的发生额分析填列。

(3)"本年年初余额"项目,反映企业经调整后的本年实收资本(或股本)、资本公积、库存股、盈余公积、未分配利润的年初余额。该项目应根据所有者权益变动表中"上年年末余额"项目加上"会计政策变更"项目和"前期差错更正"项目后的金额分析填列。

(4)"本年增减变动额"项目,分别反映如下内容:

A."综合收益总额"项目,反映企业当年实现的净利润(或净亏损)金额和当年直接计入所有者权益的利得和损失金额的合计额。

B."所有者投入和减少资本"项目,反映企业当年所有者投入的资本和减少的资本。其中:

a."所有者投入的普通股"项目,反映企业接受投资者投入形成的实收资本(或股本)和资本溢价或股本溢价,并对应横向列示在"实收资本(或股本)"栏和"资本公积"栏。

b."其他权益工具持有者投入资本"项目,反映企业发行在外的除普通股以外分类为权益工具的金融工具持有者投入资本的金额。该项目应根据金融工具类科目的相关明细科目的发生额分析填列。

c."股份支付计入所有者权益的金额"项目,反映企业处于等待期中的权益结算的股份支付当年计入资本公积的金额,并对应横向列示在"资本公积"栏。

C."利润分配"项目,反映当年对所有者(或股东)分配的利润(或股利)金额和按照规定提取的盈余公积金额,并对应横向列示在"未分配利润"栏和"盈余公积"栏。其中:

a."提取盈余公积"项目,反映企业按照规定提取的盈余公积,并对应横向列示在"盈余公积"栏和"未分配利润"栏。

b."对所有者(或股东)的分配"项目,反映对所有者(或股东)分配的利润(或股利)金额,并对应横向列示在"未分配利润"栏。

c."其他"项目,反映对其他权益工具持有者分配的利润(或股利)金额,并对应横向列示在"未分配利润"栏。

D."所有者权益内部结转"项目,反映不影响当年所有者权益总额的所有者权益各组成部分之间当年的增减变动。为了全面反映所有者权益各组成部分的增减变动情况,所有者权益内部结转也是所有者权益变动表的重要组成部分,主要是指不影响所有者权益总额、所有者权益的各组成部分当期的增减变动。其中:

a."资本公积转增资本(或股本)"项目,反映企业以资本公积转增资本或股本的金额,并对应横向列示在"实收资本(或股本)"栏和"资本公积"栏。

b."盈余公积转增资本(或股本)"项目,反映企业以盈余公积转增资本或股本的金额,并对应横向列示在"实收资本(或股本)栏和"盈余公积"栏。

c."盈余公积弥补亏损"项目,反映企业以盈余公积弥补亏损的金额,并对应横向列示在"盈余公积"栏和"未分配利润"栏。

d."设定受益计划变动额结转留存收益"项目,反映企业重新计量设定受益计划净负债或净资产所产生的变动的金额,并对应横向列示在"其他综合收益"栏。

e."其他综合收益结转留存收益"项目,主要反映:①企业指定为以公允价值计量且其变动计入其他综合收益的非交易性权益工具投资终止确认时,之前计入其他综合收益的累计利得或损失从其他综合收益中转入留存收益的金额。②企业指定为以公允价值计量且其变动计入当期损益的金融负债终止确认时,之前由企业自身信用风险变动引起而计入其他综合收益的累计利得或损失从其他综合收益中转入留存收益的金额等。该项目应根据"其他综合收益"账户的相关明细账户的发生额分析填列。

(5)"本年年末余额"项目,反映企业本年实收资本(或股本)、资本公积、库存股、盈余公积、未分配利润的年末余额。该项目应根据所有者权益变动表中"本年年初余额"项目加上"本年增减变动金额"项目后的金额分析填列。

(选择题)下列各项中,属于所有者权益变动表项目的有(　　)。

A. 净利润　　　　　B. 利润总额　　　　　C. 盈余公积　　　　　D. 所得税费用

任务 10.6　会计报表附注

一、会计报表附注的概念

附注是会计报表不可或缺的组成部分,是对资产负债表、利润表、现金流量表和所有者权益变动表等会计报表中列示项目的文字说明或明细资料,以及对未能在这些会计报表中列示项目的说明等。

会计信息披露的目的在于帮助报表使用者作出更为合理的决策,而这些信息受到会计诸要素的限制,并不能完全体现在会计报表中,并且不同的报表使用者对信息需求的要求也各有侧重,会计报表信息并不能满足所有报表使用者的需要,通过会计报表附注,以文字辅以数字、图表等方式对会计报表信息进行解释,并补充一些以前或未来的信息,就可提高会计信息的使用价值。报表使用者想要更进一步了解企业的财务状况、经营成果和现金流量,就应当全面阅读附注。

二、会计报表附注的内容

会计报表附注至少应披露下列内容:

(1)企业的基本情况。①企业注册地、组织形式和总部地址。②企业的业务性质和主要经营活动。③母公司以及集团最终母公司的名称。④财务会计报告的批准报出者和财务会计报告批准报出日。按照有关法律、行政法规等规定,企业所有者或其他方面有权对报出的财务会计报告进行修改的事实。

(2)财务会计报告的编制基础。

(3)遵循《企业会计准则》的声明。企业应当明确说明编制的财务会计报告符合企业会计准则体系的要求,真实、公允地反映了企业的财务状况、经营成果和现金流量。

（4）重要会计政策和会计估计。企业应当披露重要的会计政策和会计估计。不具有重要性的会计政策和会计估计可以不披露。

（5）会计政策、会计估计变更和会计差错更正的说明。

（6）重要报表项目的说明。企业应当尽可能以列表形式披露重要报表项目的构成或当期增减变动情况。对重要报表项目的明细说明，应当按照资产负债表、利润表、现金流量表、所有者权益变动表的顺序和报表项目列示的顺序进行披露，采用文字和数字描述相结合进行披露，并与报表项目相互参照。

（7）其他需要说明的重要事项。这主要包括或有事项和承诺事项、资产负债表日后非调整事项、关联方关系及其交易等。

（8）有助于财务会计报告使用者评价企业管理资本的目标、政策及程序信息。

复习思考题

1. 一套完整的财务会计报告由哪几部分构成？
2. 从结构上看，我国的资产负债表是账户式还是报告式？该类型的资产负债表中的资产和负债应当如何分别列示？
3. 我国企业的利润表是分步式还是多步式？利润表的编制分为哪几个步骤？
4. 利润表中的"营业收入"项目和"营业成本"项目包括什么内容？
5. 资产负债表与利润表的钩稽关系是什么？
6. 现金流量分为哪几类？简述企业编制现金流量表的方法。
7. 在所有者者权益变动表上，企业至少应单独列示哪些项目？
8. 会计报表附注的主要内容有哪些？

模块测试

参考答案

一、单项选择题

1. 2021年12月31日，某企业"应付账款——甲企业"明细科目贷方余额为40 000元，"应付账款——乙企业"明细科目借方余额为10 000元，"预付账款——丙企业"明细科目借方余额为30 000元，"预付账款——丁企业"明细科目贷方余额为6 000元。不考虑其他因素，该企业2021年12月31日资产负债表"应付账款"项目的期末余额为（　　）元。
   A. 36 000　　　B. 40 000　　　C. 30 000　　　D. 46 000

2. 企业期末结账后，"无形资产"科目的余额为80万元，"累计摊销"科目的余额为10万元，"无形资产减值准备"科目的余额为5万元，则当期资产负债表中"无形资产"项目的金额为（　　）万元。
   A. 80　　　　　B. 70　　　　　C. 75　　　　　D. 65

3. 企业期末"生产成本"科目的余额为100万元，"发出商品"科目的余额为50万元，"原材料"科目的余额为60万元，"材料成本差异"科目的贷方余额为5万元，"存货跌价准备"科目的余额为20万元。假定不考虑其他因素,计算企业资产负债表中"存货"项目的金额为(　　)万元。

A. 75　　　　　　B. 100　　　　　　C. 60　　　　　　D. 185

4. 企业2021年12月31日"固定资产"科目借方余额为200万元,"累计折旧"科目贷方余额为80万元,"固定资产减值准备"科目贷方余额为10万元,"固定资产清理"科目借方余额为50万元。该企业2021年12月31日资产负债表中"固定资产"项目的金额为(　　)万元。

A. 160　　　　　　B. 110　　　　　　C. 120　　　　　　D. 190

5. 企业期末"本年利润"科目的借方余额为17万元,"利润分配"科目的贷方余额为18万元,则当期资产负债表中"未分配利润"项目金额应为(　　)万元。

A. 18　　　　　　B. 1　　　　　　C. 35　　　　　　D. 17

6. 企业"主营业务收入"科目的贷方发生额为500万元,借方发生额为20万元(发生的购买方退货);"其他业务收入"科目的贷方发生额为30万元;"营业外收入"科目贷方发生额为5万元。则企业当期营业收入为(　　)万元。

A. 515　　　　　　B. 555　　　　　　C. 510　　　　　　D. 500

7. 企业"主营业务成本"科目的借方发生额为400万元,"其他业务成本"科目借方发生额为200万元;"营业外支出"科目借方发生额为3万元,"所得税费用"科目的借方发生额为30万元,则当期营业成本为(　　)万元。

A. 567　　　　　　B. 630　　　　　　C. 570　　　　　　D. 600

8. 下列各项中,属于资产负债表中非流动负债项目的是(　　)。

A. "预收款项"　　B. "其他应付款"　　C. "短期借款"　　D. "应付债券"

9. 资产负债表中应根据总账余额直接填列的项目是(　　)。

A. "实收资本"　　　　　　　　　　B. "货币资金"
C. "应收票据"　　　　　　　　　　D. "其他应收款"

10. 下列各项中,不属于资产负债表中流动资产项目的是(　　)。

A. "交易性金融资产"　　　　　　　B. "一年内到期的非流动资产"
C. "预付款项"　　　　　　　　　　D. "在建工程"

11. 2021年10月31日,甲企业"预收账款"总账科目贷方余额为15万元,其明细科目余额如下:"预收账款——乙企业"科目贷方余额为25万元,"预收账款——丙企业"科目借方余额为10万元。"应收账款"总账科目借方余额为50万元,其明细科目余额如下:"应收账款——A公司"科目借方余额为55万元,"应收账款——B公司"科目贷方余额为5万元。甲企业2021年年末资产负债表中"预收款项"项目的期末余额为(　　)万元。

A. 30　　　　　　B. 25　　　　　　C. 15　　　　　　D. 50

12. 资产负债表中"无形资产"项目应根据其(　　)填列在"期末余额"栏。

A. 总账科目余额直接
B. 总账科目和明细科目余额分析计算
C. 总账科目余额减去其备抵科目余额后的净额
D. 明细科目余额直接

13. (　　)能反映企业一定期间的经营成果。

A. 资产负债表　　　　　　　　　　B. 利润表
C. 现金流量表　　　　　　　　　　D. 所有者权益变动表

14. 下列各项中,不属于资产负债表中"货币资金"项目的是(   )。
   A. 交易性金融资产   B. 银行结算户存款   C. 信用卡存款   D. 外埠存款
15. 甲工业企业期末"原材料"科目借方余额为300万元,"生产成本"科目借方余额为70万元,"材料成本差异"科目贷方余额为5万元,"库存商品"科目借方余额为150万元,"工程物资"科目借方余额为200万元。则甲工业企业期末资产负债表中"存货"项目的金额为(   )万元。
   A. 445   B. 515   C. 525   D. 715

二、多项选择题

1. 下列项目中,属于资产负债表中"流动资产"项目的有(   )。
   A. "预付款项"   B. "固定资产"   C. "交易性金融资产"   D. "存货"
2. 下列项目中,属于资产负债表中"流动负债"项目的有(   )。
   A. "预收款项"   B. "应付债券"
   C. "长期应付款"   D. "一年内到期的长期借款"
3. 下列科目中,其期末余额应列入资产负债表"存货"项目的有(   )。
   A. "在途物资"   B. "发出商品"
   C. "周转材料"   D. "委托加工物资"
4. 下列各项中,应在企业利润表"营业收入"项目列示的有(   )。
   A. 无形资产出租收入   B. 对外投资取得的收入
   C. 应收票据利息收入   D. 对外销售商品收入
5. 下列各项中,影响企业营业利润的有(   )。
   A. 出售原材料成本   B. 计提无形资产减值准备
   C. 公益性捐赠支出   D. 出售交易性金融资产损失
6. 下列各项中,应列入利润表"营业成本"项目的有(   )。
   A. 销售材料成本   B. 无形资产处置净损失
   C. 固定资产盘亏净损失   D. 经营出租固定资产折旧费
7. 下列各项中,影响企业营业利润的有(   )。
   A. 出售固定资产净收益   B. 出租包装物取得的收入
   C. 接受公益性捐赠利得   D. 经营租出固定资产的折旧费
8. 下列各项中,应在利润表"营业收入"项目列示的有(   )。
   A. 出售商品收入   B. 固定资产出租收入
   C. 出售原材料收入   D. 出租包装物收入
9. 下列各项中,可以通过资产负债表反映的有(   )。
   A. 某一时点的财务状况   B. 某一时点的偿债能力
   C. 某一期间的经营成果   D. 某一期间的获利能力
10. 财务会计报告的使用者通常包括(   )。
    A. 投资者   B. 债权人   C. 政府   D. 社会公众
11. 下列关于我国企业利润表的表述中,正确的有(   )。
    A. 利润表应按照多步式进行列示
    B. 利润表应按照账户式进行列示

C. 利润表反映企业在一定会计期间的经营成果

D. 利润表反映企业在特定时点的经营成果

12. 下列各项中,在所有者权益变动表中单独填列的项目有(　　)。

A. "综合收益总额"　　　　　　　　　B. "公允价值变动收益"

C. "提取的盈余公积"　　　　　　　　D. "股份支付计入所有者权益的金额"

13. 下列科目中,所有者权益变动表"本年金额"栏内各项数字应根据其发生额分析填列的有(　　)。

A. "以前年度损益调整"　　　　　　　B. "库存股"

C. "盈余公积"　　　　　　　　　　　D. "利润分配"

14. 下列项目中,上市公司应在其会计报表附注中披露的有(　　)。

A. 会计政策变更当期和各个列报前期财务报表中受影响的项目名称和调整金额

B. 会计估计变更的原因

C. 未决诉讼

D. 与关联方交易的定价政策规定

15. 下列科目中,其期末余额影响"固定资产"项目列示金额的有(　　)。

A. "在建工程"　　　　　　　　　　　B. "工程物资"

C. "固定资产减值准备"　　　　　　　D. "累计折旧"

三、判断题

1. "生产成本"科目余额不应该反映在资产负债表中,应该列示在利润表中。（　　）
2. 利润表是反映企业某一时期经营成果的会计报表。（　　）
3. 我国企业利润表的结构是单步式利润表。（　　）
4. 主营业务收入在资产负债表中列入所有者权益项目列报。（　　）
5. 无形资产项目根据"无形资产""累计摊销""无形资产减值准备"科目列报。（　　）
6. "货币资金"项目包括库存现金、银行存款、其他货币资金和交易性金融资产。（　　）

四、业务计算及处理题

1. 丙公司2021年3月31日有关总账科目和明细账科目的余额如表10-16所示。

表10-16　　　　　　　有关总账科目和明细账科目的余额

2021年3月31日　　　　　　　　　　　　　　　　　单位:元

资产类科目	借或贷	余额	负债和所有者权益类科目	借或贷	余额
库存现金	借	1 500	短期借款	贷	250 000
银行存款	借	800 000	应付票据	贷	25 500
其他货币资金	借	90 000	应付账款	贷	71 000
交易性金融资产	借	115 000	——丙企业	贷	91 000
应收票据	借	20 000	——丁企业	借	20 000
应收账款	借	75 000	预收账款	贷	14 700
坏账准备	贷	2 000	——C公司	贷	14 700
预付账款	借	36 100	其他应付款	贷	12 000

(续表)

资产类科目	借或贷	余额	负债和所有者权益类科目	借或贷	余额
——A公司	借	31 000	应交税费	贷	28 000
——B公司	借	5 100	长期借款	贷	506 000
其他应收款	借	8 500	应付债券	贷	563 700
原材料	借	816 600	其中:一年内到期的应付债券	贷	23 000
生产成本	借	265 400	实收资本	贷	4 040 000
库存商品	借	193 200	盈余公积	贷	158 100
材料成本差异	贷	42 200	利润分配	贷	1 900
固定资产	借	2 888 000	——未分配利润	贷	1 900
累计折旧	贷	4 900	本年利润	贷	36 700
在建工程	借	447 400			

要求:编制丙公司2021年3月31日资产负债表(简表),如表10-17所示。

表10-17　　　　　　　　　资产负债表(简表)　　　　　　　会企01表

制表单位:丙公司　　　　　　　2021年3月31日　　　　　　　单位:元

资产	期末余额	上年年末余额	负债和所有者权益	期末余额	上年年末余额
流动资产:		(略)	流动负债:		(略)
货币资金			短期借款		
交易性金融资产			应付票据		
应收票据			应付账款		
应收账款			预收款项		
预付款项			应交税费		
其他应收款			其他应付款		
存货			一年内到期的非流动负债		
流动资产合计			流动负债合计		
非流动资产:			非流动负债:		
固定资产			长期借款		
在建工程			应付债券		
非流动资产合计			非流动负债合计		
			负债合计		
			所有者权益:		
			实收资本		
			盈余公积		
			未分配利润		
			所有者权益合计		
资产总计			负债和所有者权益总计		

2. 甲公司 2021 年 12 月 31 日结账前各损益类科目余额如表 10-18 所示。

表 10-18　　　　　　　　　　　损益类科目余额表

科目	贷方	科目	借方
主营业务收入	2 000 000	主营业务成本	1 200 000
其他业务收入	350 000	其他业务成本	220 000
投资收益	200 000	税金及附加	40 000
公允价值变动损益	150 000	销售费用	250 000
资产处置损益	250 000	管理费用	500 000（其中研发费用 200 000 元）
其他收益	400 000	财务费用	20 000
营业外收入	50 000	信用减值损失	50 000
		资产减值损失	120 000
		营业外支出	70 000
		所得税费用	180 000

注：其他综合收益总额为 300 000 元。

要求：根据以上资料编制利润表（见表 10-19）。

表 10-19　　　　　　　　　　利润表（简表）　　　　　　　　　　会企 02 表
编制单位：甲公司　　　　　　　　2021 年 12 月　　　　　　　　　　单位：元

项目	本期金额	上期金额
一、营业收入		（略）
减：营业成本		
税金及附加		
销售费用		
管理费用		
研发费用		
财务费用		
加：其他收益		
投资收益		
公允价值变动收益		
信用减值损失		
资产减值损失		
资产处置收益		
二、营业利润		
加：营业外收入		

(续表)

项目	本期金额	上期金额
减：营业外支出		（略）
三、利润总额		
减：所得税费用		
四、净利润		
五、其他综合收益的税后净额		
六、综合收益总额		
七、每股收益：	（略）	

3. 甲有限责任公司（以下简称"甲公司"）为一家从事机械制造的增值税一般纳税企业。2021年1月1日，甲公司所有者权益总额为5 400万元，其中实收资本4 000万元，资本公积400万元，盈余公积800万元，未分配利润200万元。2021年度，甲公司发生如下经济业务：

（1）经批准，甲公司接受乙公司投入不需要安装的设备一台并交付使用，合同约定的设备价值为3 500万元（与公允价值相符），增值税额为455万元；同时甲公司增加实收资本2 000万元，相关法律手续已办妥。

（2）出售一项专利技术，售价为25万元，增值税额为1.5万元，款项已存入银行。该项专利技术实际成本为50万元，累计摊销额为38万元，未计提减值准备。

（3）结转毁损的固定资产清理净收益81万元。

（4）年末，某研发项目完成并形成无形资产，该项目研发支出资本化金额为200万元。

（5）除上述经济业务外，甲公司当年实现营业收入10 500万元，发生营业成本4 200万元，税金及附加为600万元、销售费用为200万元、管理费用为300万元、财务费用为200万元，经计算确定的营业利润为5 013万元。按税法规定当年准予税前扣除的职工福利费120万元，实际发生并计入当年利润总额的职工福利费150万元。除此之外，甲公司不存在其他纳税调整项目，也未发生递延所得税。所得税税率为25%。确认并结转全年所得税费用。

（6）年末将"本年利润"科目贷方余额3 813万元结转至"利润分配——未分配利润"明细科目。

（7）年末提取法定盈余公积381.3万元，提取任意盈余公积360万元。

要求：回答下述问题。

〈1〉根据以上资料，下列利润表项目的表述中，正确的是（　　）。

A．"资产处置收益"13万元 B．"营业外收入"81万元
C．"所得税费用"1 281万元 D．"净利润"3 813万元

〈2〉根据所给资料，下列资产负债表项目的表述中，正确的是（　　）。

A．"实收资本"6 000万元 B．"资本公积"1 955万元
C．"盈余公积"1 541.3万元 D．"未分配利润"3 271.7万元

附 录

附录1　网络资源推荐

1. 中华人民共和国财政部(http://www.mof.gov.cn)
推荐理由:国内权威,众多信息发布。
2. 中华人民共和国商务部(http://www.mofcom.gov.cn/)
推荐理由:政策发布、统计发布、新闻发布、中国外商企业投资协会等信息发布。
3. 中国注册会计师协会(http://www.cicpa.org.cn)
推荐理由:专业标准、行业监管、经济数据、法律法规库、内审信息公布。
4. 中国会计视野(http://www.esnai.com)
推荐理由:由上海国家会计学院主办,提供行业资讯、专业文章、职业发展资料、网络交流等。
5. 中华会计网校(http://www.chinaacc.com)
推荐理由:权威专业的会计门户网站,正保教育美国纽交所上市公司,会计初级、中级、高级专业技术资格、注册会计师、注册税务师品牌培训网站。

附录2　会计基本操作技能

一、审核原始凭证

(一) 审核原始凭证的合法性

原始凭证是编制会计凭证、登记账簿、进行会计核算的唯一合法依据。因此,在审核过程中,会计人员应提高警惕,注意识别原始凭证的真伪。会计人员应关注凭证的纸张厚薄度、印刷质量、色则、光亮度、印章等方面是否异常,当发现明显不正常时,如纸张特别薄或特别厚、印刷比较粗糙、着色太浓或太淡、印章模糊不清等情况,表明该票据有伪造的嫌疑,遇到这种情况时可用标准原始票据进行比对,出于谨慎性会计信息质量要求的考虑,可将其暂缓报销,查明原因,以保证所报销经济业务是真实发生。

不真实的原始凭证(如假发票、假收据等)、虽然真实但制度不允许报销(如个人因私购买物品、外出旅游);虽能报销,但超过规定比例和限额的部分(如职工出差超标准住宾馆)也是不合法的。

(二) 审核原始凭证的完整性

原始凭证应具备的要素必须完整，手续必须齐全。原始凭证一般应记载开票日期、客户单位名称、内容摘要、单位、数量、单价、小写金额、大写金额、开票人姓名、收款人姓名、联次、发票编号、税局监制章、出票单位印章等。

(三) 审核原始凭证的真实性

原始凭证的业务内容、日期、数据等是否真实可靠，要看是否有相关的"证物"，证明其来源可靠真实。例如，支付款项的原始凭证必须要有收款单位和收款人的收款证明，不能仅凭支付款项时的凭证代替，如果购买实物，除了有采购发票外，还要有实物验收证明，从农副产品经营者个人手中取得的原始凭证，应有填制人员的手印、签名或者印章，对本单位的自制原始凭证，如入库单、领料单等，一般应由单位自行设计并印制标准的样式，由有关责任人认真填写，并由单位负责人(或其指定人员及直接负责人)的签名或盖章。

二、填制记账凭证

记账凭证是登记账簿的依据，正确填制记账凭证，是保证账簿记录正确的基础。填制记账凭证应符合以下基本要求。

(一) 审核无误

即在对原始凭证审核无误的基础上填制记账凭证。这是内部控制制度的一个重要环节。

(二) 内容完整

即记账凭证应该包括的内容都要具备。应该注意的是：记账凭证的日期一般为编制记账凭证当天的日期，按权责发生制原则计算收益、分配费用、结转成本利润等。

(三) 分类正确

即根据经济业务的内容，正确区别不同类型的原始凭证，正确应用会计科目。在此基础上，记账凭证可以根据每一张原始凭证填制，或者根据若干张同类原始凭证汇总编制，也可以根据原始凭证汇总表填制，但不能将不同内容和类别的原始凭证汇总填制在一张记账凭证上。

(四) 连续编号

即记账凭证应连续编号。这有利于分清会计事项处理的先后，便于记账凭证与会计账簿之间的核对，确保记账凭证的完整。

三、登记会计账簿

依据《会计基础工作规范》第六十条规定，登记会计账簿的基本要求如下。

(一) 准确完整

登记会计账簿时，应当将会计凭证日期、编号、业务内容摘要、金额和其他有关资料逐项记入账内，做到数字准确、摘要清楚、登记及时、字迹工整。

(二) 注明记账符号

登记完毕后，要在记账凭证上签名或者盖章，并注明已经登账的符号，表示已经记账。

(三) 文字和数字必须整洁清晰，准确无误

在登记书写时，不要滥造简化字，不得使用同音异义字，不得写怪字体；摘要文字紧靠左线；数字要写在金额栏内，不得越格错位、参差不齐；文字、数字上面要留有适当空距，一般应占格宽的1/2，以备按规定的方法改错。记录金额时，如为没有角分的整数，应分别在角分栏内

写上"0",不得省略不写,或者以"－"号代替。

(四) 使用蓝黑墨水

登记账簿要用蓝黑墨水或者碳素墨水书写,不得使用圆珠笔(银行的复写账簿除外)或者铅笔书写。

(五) 特殊记账使用红墨水

下列情况下,可以用红色墨水记账:

(1) 按照红字冲账的记账凭证,冲销错误记录。

(2) 在不设借贷等栏的多栏式账页中,登记减少数。

(3) 在三栏式账户的余额栏前,如未印明余额方向的,在余额栏内登记负数余额。

(4) 根据国家统一会计制度的规定可以用红字登记的其他会计记录。

(六) 顺序连续登记

各种账簿按页次顺序连续登记,不得跳行、隔页。如果发生跳行、隔页,应当将空行、空页划线注销,或者注明"此行空白""此页空白"字样,并由记账人员签名或者盖章。

(七) 结出余额

凡需要结出余额的账户,结出余额后,应当在"借或贷"等栏内写明"借"或者"贷"等字样。没有余额的账户,应当在"借或贷"等栏内写"平"字,并在余额栏内用"0"表示。现金日记账和银行存款日记账必须逐日结出余额。一般说来,对于没有余额的账户,在余额栏内标注的"0"应当放在"元"位。

(八) 过次承前

每一账页登记完毕结转下页时,应当结出本页合计数及余额,写在本页最后一行和下页第一行有关栏内,并在摘要栏内注明"过次页"和"承前页"字样;也可以将本页合计数及金额只写在下页第一行有关栏内,并在摘要栏内注明"承前页"字样。

(九) 登记发生错误时

必须按规定方法进行更正,严禁刮、擦、挖、补,或使用化学药物清除字迹。发现差错必须根据差错的具体情况采用划线更正法、红字更正法、补充登记法等方法进行更正。

(十) 定期打印

《会计基础工作规范》第六十一条规定:"实行会计电算化的单位,总账和明细账应当定期打印。发生收款和付款业务的,在输入收款凭证和付款凭证的当天必须打印出现金日记账和银行存款日记账,并与库存现金核对无误。"

四、编制财务会计报告

财务会计报告是指企业对外提供的反映企业某一特定日期的财务状况和某一会计期间的经营成果、现金流量等会计信息的文件。财务会计报告包括会计报表及其附注和其他应当在财务会计报告中披露的相关信息的资料。编制财务会计报告应符合以下基本要求。

(一) 数字真实

真实性是对会计核算工作和会计信息的基本质量要求,只有利用真实的会计信息才能客观地反映和评价企业经营活动的过程和结果。账簿记录是编制会计报表的主要依据,为保证账簿记录的真实可靠,企业在编制会计报表之前,应做好以下几项准备工作:

(1) 按期结账:本期所有的经济业务必须全部登记入账,包括需要调整的账项。所有经济业务登记入账后,结出各账户的本期发生额及期末余额,并核对各会计账簿之间的余额。

(2) 核对账目:核对各会计账簿记录与会计凭证的内容、金额等是否一致,记账方向是否相符,保证账证、账账相符。

(3) 清查财产:在编制年度会计报表前,应全面清查资产、核实债务。对于财产清查中发现的账实不符情况,应查明原因,按规定办法和程序调整账面记录,以保证账实相符。

(二) 计算准确

企业编制会计报表时,各项目的数额应按规定方法正确计算填列;报表之间有关联的数字必须相互衔接一致,以保持其钩稽关系。

(三) 内容完整

企业应按规定的种类、格式、项目和内容填列会计报表,不能遗漏,以保证会计报表体系所反映经济内容的完整性。

(四) 编制及时

企业应及时编制会计报表,但不能为了赶编会计报表而提前结账,应按规定的结账日进行结账。年度结账日为公历年度每年的 12 月 31 日,半年度、季度、月度结账日分别为公历年度每半年、每季、每月的最后一天。

五、报送财务会计报告

财务会计报告分为年度、半年度、季度、月度财务会计报告。企业在按上述要求编制出会计报表后,对于向企业外部提供的会计报表应依次编定页数,加具封面,装订成册,加盖公章,并由企业负责人、主管会计工作的负责人、会计机构负责人签名并盖章。企业的负责人对本企业会计报表的真实性、完整性负责。

企业应按规定的期限及时将会计报表报送当地财税机关、开户银行、主管部门等,以便有关方面及时掌握企业的财务状况、经营成果等情况。月度会计报表应于月份终了后 15 日内报出(节假日顺延),年度会计报表应于年度终了后 5 个月内报出。

六、装订会计凭证

会计凭证的装订是指将会计凭证装订成册,从而方便保管和使用。

(一) 装订设计

一本会计凭证厚度一般以 1.5~2.0 厘米为宜。会计凭证装订一般以月份为单位,每月订成一册或若干册。

(二) 装订准备

要以会计凭证的左上侧为准,放齐,准备好小锤、装订机或小手电钻、线绳、铁夹、胶水、凭证封皮、包角纸。

(三) 装订方法

(1) 将会计凭证封面和封底裁开,分别附在会计凭证前面和后面,再拿一张质地相同的纸放在封面上角,做护角线。

(2) 在凭证的左上角画一边长为 5 厘米的等腰三角形,用夹子夹住,用装订机在底线上分布均匀地打两个眼儿。

(3) 用大针引线绳穿过两个眼儿。如果没有针,可以将回形别针顺直,然后将两端折成同一个方向,将线绳从中穿过并夹紧,即可把线引过来。

（4）在凭证的背面打结,把凭证两端也系上。

（5）将护角向左上侧折,并将一侧剪开至凭证的左上角,然后抹上胶水。

（6）向后折叠,并将侧面和背面的线绳扣粘上。

（7）待晾干后,在凭证皮的脊背上面写上"某年某月第几册共几册"的字样。装订人在装订线封签处签名或盖章。

教学课件索取单

敬爱的老师：

感谢您使用我们出版社的教材。为了方便教学，教材配有相关教学课件。如果您需要，请您填写下面表格中的相关信息，并以电子邮件的形式发到我社，我们在核对您的信息后，即免费向您提供教学课件。

我们的联系方式：

地　址：上海市中山西路 2230 号 1 号楼 1507 室　　邮　编：200235

　　　　立信会计出版社　　　　　　　　　　　　　电　话：(021)64411223(O)

电子邮件：victoria_tysx@126.com　　　　　　　　联系人：余榕

教材名称					作者姓名	
教师姓名		性别		身份证号		
学　　校			院系		教研室	
学校地址					邮　编	
职　　务			职称		办公电话	
E-mail			手机		宅　电	
通信地址					邮　编	
教材用量		册	委托订购单位			

您对本教材的意见和建议是：